Praxiswissen Betriebliche Altersversorgung

Prof. Dr. Gregor Thüsing, Dr. Thomas Granetzny

Praxiswissen Betriebliche Altersversorgung

1. Auflage

Haufe Group
Freiburg · München · Stuttgart

Bibliografische Information der Deutschen Nationalbibliothek

Die Deutsche Nationalbibliothek verzeichnet diese Publikation in der Deutschen Nationalbibliografie; detaillierte bibliografische Daten sind im Internet über http://dnb.dnb.de abrufbar.

Print: ISBN 978-3-648-10558-0 Bestell-Nr. 14050-0001
ePub: ISBN 978-3-648-10559-7 Bestell-Nr. 14050-0100
ePDF: ISBN 978-3-648-10560-3 Bestell-Nr. 14050-0150

Prof. Dr. Gregor Thüsing, Dr. Thomas Granetzny
Praxiswissen Betriebliche Altersversorgung
1. Auflage 2019

© 2019 Haufe-Lexware GmbH & Co. KG, Freiburg
www.haufe.de
info@haufe.de
Produktmanagement: Anne Rathgeber

Lektorat: Text+Design Jutta Cram, Augsburg
Satz: Reemers Publishing Services GmbH, Krefeld
Umschlag: RED GmbH, Krailling

Inhaltsverzeichnis

Vorwort

Gesetze vermehren sich wie Kaninchen. Doch die Lebensspanne eines Kaninchens ist begrenzt; Gesetze überdauern. Das Recht der betrieblichen Altersversorgung hat sich aus kleinen Anfängen entwickelt. Ganz früher gab es nur die Generalklausel von Treu und Glauben, aus der richterrechtlich mühsam konkrete Schlüsse gezogen werden mussten: Unverfallbarkeit und Vertrauensschutz waren zu Beginn Lückenfüllungen des Richterrechts, die ein Untermaß an legislativer Regulierung kompensiert haben. Dass es 1974 zum BetrAVG kam, ist gut und richtig; dass es danach immer wieder in die Hand genommen und angepasst wurde, ebenso (insgesamt jetzt 33 Mal!). Dennoch: Heute mögen wir an einem Punkt sein, an dem wir uns nicht über einen Mangel an Regulierung Gedanken machen müssen, sondern über ein Übermaß. Wo es keines Gesetzes bedarf, darf es kein Gesetz geben. Das Recht der betrieblichen Altersversorgung ist heute wahrlich eine Spezialmaterie für Experten geworden. Das Bundesarbeitsgericht hat einen eigenen Senat, der sich fast ausschließlich mit dieser Materie beschäftigt, die beiden größten Kommentare umfassen jeweils rund 3.000 Seiten.

Die andere Seite der Medaille: Kein Arbeitgeber ist verpflichtet, betriebliche Altersversorgung zu gewähren. Zu viele Einschränkungen können ihn davon abhalten, das Sinnvolle und Wünschenswerte zu tun. »Prüfet alles und behaltet das Gute«, mahnt uns der Apostel Paulus (auch wenn er dabei sicherlich nicht an die Betriebsrente gedacht hat). Übertragen gilt das auch hier: Wie jede neu geschaffene arbeitsrechtliche Norm sich den Vergleich gefallen lassen muss, ob das Mehr an Arbeitnehmerschutz die damit verbundene Belastung der Arbeitgeberseite und Gefährdung der Arbeitsmarktentwicklung aufwiegt, muss umgekehrt jede Abschaffung von Arbeitsrecht darlegen, dass sie geeignet und erforderlich ist, neue Arbeitsplätze zu schaffen. Wie allgemein im Arbeitsrecht geht es auch hier um eine bessere Balance, um eine besser austarierte Gewichtung von Freiheit und Schutz.

Dieser Leitfaden ist für die Praxis geschrieben. Er will einen Überblick über die wichtigsten Grundstrukturen dieser Materie sowie Hinweise für die Praxis geben und eine komprimierte Zusammenfassung der einschlägigen Rechtsprechung sein. Dabei haben geholfen: Prof. Klaus Bepler, Vorsitzender Richter des BAG a. D. und ehemals Mitglied des Betriebsrentensenats des BAG, der die Ordnung der Entscheidungsübersicht übernommen und uns freundlicherweise zur Verfügung gestellt hat, und Dr. Luca Rawe, Rechtsanwalt bei Freshfields Bruckhaus Deringer, der das Kapitel zur Auslegung von Versorgungszusagen übernommen und dem ein oder anderen unvollkommenen

Manuskriptteil den Feinschliff gegeben hat. Dankbar sind wir zudem Katja Röhlen und Patrick Baumann für die wertvollen Anregungen und die kritische Durchsicht des Manuskripts.

Über Hinweise aus der Praxis würden wir uns freuen.

Bonn und Düsseldorf im Juli 2018
Gregor Thüsing und Thomas Granetzny

A. Worum es geht: Versorgungsleistungen auf betrieblicher Grundlage

Betriebliche Altersversorgung ist kein neues Thema. Wer weit genug zurückblickt, der findet Vorläufer bereits vor langer Zeit: Das Gnadenbrot, das wir heute nur mit der Tierpflege verbinden, war die Leistung des ehrenvollen Gutsinhabers an seine Hintersassen und Leibeigenen, die, alt geworden, ihre Dienste nicht mehr verrichten konnten. Älteste Wurzeln also. Die klassische betriebliche Altersversorgung freilich reicht zurück in die Mitte des 19. Jahrhunderts. Sie war eine Folge der Industrialisierung, die das soziale System der Großfamilie und den kleinen Handwerksbetrieb zerstört hatte. Die Beteiligten, Arbeitgeber wie Arbeitnehmer, erkannten das Problem recht bald und sahen sich gezwungen – zunächst auf freiwilliger Grundlage – zumindest für die in Not geratenen Arbeiter Unterstützungseinrichtungen zu gründen. Die frühen industriemäßigen Verhältnisse im Bergbau hatten zur Bildung von Knappschaftskassen aufgrund des preußischen Berggesetzes von 1854 geführt und damit erstmals Vorbilder für das übrige Gewerbe geschaffen. Staatliche Gesetzgebung flankierte dies, und mehr und mehr zeichnete sich die Idee ab, dass staatliche und private Vorsorge eine Einheit bilden sollen. Eine freiwillige betriebliche Altersversorgung wurde schon 1850 bei der Gutehoffnungshütte, 1858 bei Krupp und Friedrich Henschel eingeführt. Weitere deutsche Unternehmen folgten in den 1860er- bis 1870er-Jahren.

Was seinen Ursprung in unzweifelhaft patriarchalischem Denken hatte, wandelte sich im Laufe der Zeit zu einem Instrument der Personalgewinnung, -bindung und -incentivierung. Die betriebliche Altersversorgung, die seit 1974 insbesondere durch das BetrAVG geregelt wird, hat gänzlich andere Züge. Die betriebliche Altersversorgung von heute ist nicht mehr patriarchalische Wohltat, sondern Lohnbestandteil. Sie hat Versorgungs-, aber eben auch Entgeltcharakter und ist letztlich »Entgelt für Betriebstreue«, das der Arbeitgeber denjenigen Arbeitnehmern gewähren will, die durch langjährigen Arbeitseinsatz im Betrieb zum Erfolg seines Unternehmens beigetragen haben. Sie dient damit den Interessen des Arbeitgebers und der Betriebsgemeinschaft, aber durch ihre Funktion der sozialen Absicherung auch der staatlichen Gemeinschaft als solche. Eben deshalb wird sie umfassend durch staatliche Vergünstigungen gefördert. Gäbe es die betriebliche Altersversorgung nicht, wäre die gesetzliche nicht ausreichend und ergänzende Sozialleistungen müssten und könnten in Anspruch genommen werden.

Das Alterssicherungssystem in Deutschland beruht heute auf dem **Drei-Säu-len-Konzept**. Die drei Säulen sind
1. die gesetzliche Rentenversicherung,
2. die betriebliche Altersversorgung und
3. die private Altersvorsorge.

Idealerweise wird die Alterssicherung durch alle drei Säulen gewährleistet. Dies ist in der Realität jedoch nicht die Regel. Insbesondere im Niedriglohnbereich sind die zweite und erst recht die dritte Säule regelmäßig nicht vorhanden.

Die Verbreitung der betrieblichen Altersversorgung ist sehr branchenabhängig. Insbesondere in der Kredit- und Versicherungsbranche sowie im verarbeitenden Gewerbe ist die betriebliche Altersversorgung überproportional stark verbreitet. Demgegenüber hat durchschnittlich nur jeder vierte Beschäftigte im Gaststättengewerbe eine betriebliche Altersversorgung. Auch ist zu erkennen, dass Leistungen der betrieblichen Altersversorgung in Konzern der Regelfall sind, während die Verbreitung in kleinen und mittelständischen Unternehmen (KMU) überschaubar ist.

Entwicklung der Zahl der aktiven bAV-Anwartschaften nach Durchführungswegen von 2001 bis 2015 (einschl. Mehrfachanwartschaften)

	2001	2003	2005	2007	2009	2011	2013	2015
				in Mio.				
Direktzusagen und Unterstützungskassen	3,9	4,0	4,7	4,5	4,5	4,6	4,8	4,7
Direktversicherungen	4,2	4,2	4,1	4,2	4,3	4,7	4,9	5,1
Pensionsfonds		0,1	0,1	0,3	0,3	0,4	0,4	0,4
Pensionskassen	1,4	3,2	4,1	4,5	4,5	4,6	4,8	4,8
Öffentliche Zusatzversorgungsträger	5,1	5,4	5,3	5,2	5,1	5,2	5,3	5,4
Insgesamt	**14,6**	**16,9**	**18,3**	**18,6**	**18,7**	**19,5**	**20,2**	**20,4**

Quelle: Bundesministerium für Arbeit und Soziales (2016): Ergänzender Bericht der Bundesregierung zum Rentenversicherungsbericht 2016 gemäß § 154 Abs. 2 SGB VI (Alterssicherungsbericht 2016), S. 131, Tab. D.1.1

Aufgrund des Wegfalls des Einkommens im Versorgungsfall stellt die betriebliche Altersversorgung die wichtigste Sozialleistung des Arbeitgebers dar. Häufig sind Arbeitnehmer erst durch das Zusammenspiel von gesetzlicher Rente und Betriebsrente in der Lage, ihren Lebensunterhalt aus der aktiven Phase während der Rentenphase zumindest ansatzweise zu halten. Dies gilt vor dem Hintergrund des demografischen Wandels und des damit verbundenen prognostizierten Rückgangs des gesetzlichen Rentenniveaus für zukünftige Generationen umso mehr.

Zugleich ist die betriebliche Altersversorgung aber auch **ein Instrument des Arbeitgebers zur langfristigen Bindung von Arbeitnehmern,** wodurch auf Unternehmensseite nicht unerhebliche Fluktuationskosten vermieden werden können. Auch die Mitarbeitermotivation kann durch ein ausgewogenes Versorgungssystem aufrechterhalten werden. Nicht zu unterschlagen ist, dass der Arbeitgeber durch die Zusage von Altersversorgungsleistung auch seiner sozialen Verantwortung gerecht wird. Auf der anderen Seite führen betriebliche Versorgungssysteme zu einer erheblichen finanziellen Belastung beim Arbeitgeber. Auch sieht sich der Arbeitgeber aufgrund der Langlebigkeit der Versorgungsverpflichtungen stets neuen tatsächlichen und rechtlichen Herausforderungen gegenüber.

Das Recht der betrieblichen Altersversorgung allgemein und insbesondere die teils äußerst komplizierten Vorschriften im **Betriebsrentengesetz (BetrAVG)** werden als äußerst zähe und schwierige Materie empfunden. Es soll nicht in Abrede gestellt werden, dass das Betriebsrentenrecht einige Spezifika aufweist, die nicht ohne eine vertiefte Auseinandersetzung zugänglich sind. Die nachfolgenden Ausführungen greifen dies auf und gehen auf die wesentlichen Praxisprobleme der betrieblichen Altersversorgung ein. Dabei richtet sich das Werk vorwiegend an Praktiker, die sich in ihrer tagtäglichen Arbeit mit der betrieblichen Altersversorgung konfrontiert sehen. Diesen soll es als Nachschlagewerk dienen und die praktische Handhabung der betrieblichen Altersversorgung erleichtern.

B. Grundlagen der betrieblichen Altersversorgung

Was aber ist betriebliche Altersversorgung und wie wird sie geregelt? Für den praktischen und rechtssicheren Umgang mit Leistungen der betrieblichen Altersversorgung ist es unerlässlich, mit den **wesentlichen Grundlagen der betrieblichen Altersversorgung** vertraut zu sein. Ohne deren Kenntnis sind viele praxisrelevante Fragen nicht bzw. wenig nachvollziehbar. Neben allgemeinen arbeitsrechtlichen Fragestellungen gilt es hier insbesondere die folgenden betriebsrentenrechtlichen Spezifika zu kennen und zu berücksichtigen.

1   Der Begriff der betrieblichen Altersversorgung[1]

Nicht jede Leistung des Arbeitgebers ist eine betriebliche Altersversorgung und unterfällt damit den Schutzregelungen des BetrAVG. Dies hat weitreichende Folgen: So sind Zusagen mit Versorgungscharakter, die nicht dem BetrAVG unterfallen, im Falle einer Insolvenz des Arbeitgebers nicht über den Pensions-Sicherungs-Verein aG (PSV) insolvenzgeschützt (dazu unter B. 8). Dies hat wiederum zur Folge, dass die Versorgungsansprüche im Rahmen des Insolvenzverfahrens lediglich allgemeine Masseforderungen darstellen und nur quotal oder im schlechtesten Fall überhaupt nicht befriedigt werden. Ein derartiger Ausfall kann dann zu einem existenziellen Problem für den Versorgungsberechtigten werden.

Betriebliche Altersversorgung liegt nach der **Legaldefinition des §1 Abs. 1 Satz 1 BetrAVG** nur vor, wenn dem Arbeitnehmer Leistungen der Alters-, Invaliditäts- oder Hinterbliebenenversorgung aus Anlass seines Arbeitsverhältnisses vom Arbeitgeber zugesagt worden sind. Leistungen der betrieblichen Altersversorgung zeichnen sich nach der gesetzlichen Konzeption folglich durch das Vorliegen der nachfolgenden drei Kriterien aus:
- Versorgungszweck,
- Absicherung eines biologischen Ereignisses und
- Zusage aus Anlass eines Arbeitsverhältnisses.

O-Ton Rechtsprechung   !

»Nach §1 Abs. 1 Satz 1 BetrAVG handelt es sich um betriebliche Altersversorgung, wenn Leistungen der Alters-, der Invaliditäts- oder der Hinterbliebenenversorgung aus Anlass seines Arbeitsverhältnisses dem Arbeitnehmer vom Arbeitgeber zugesagt sind. Die Zusage muss einem Versorgungszweck dienen und die Leistungspflicht nach dem Inhalt der Zusage durch ein im Gesetz genanntes biologisches Ereignis, nämlich Alter, Invalidität oder Tod ausgelöst werden. Erforderlich und ausreichend ist weiter, dass durch die vorgesehene Leistung ein im Betriebsrentengesetz angesprochenes biometrisches Risiko teilweise übernommen wird. Die Altersversorgung deckt einen Teil der ›Langlebigkeitsrisiken‹, die Hinterbliebenenversorgung einen Teil der Todesfallrisiken und die Invaliditätssicherung einen Teil der Invaliditätsrisiken ab. Die Risikoübernahme muss in einer Versorgung bestehen. Der Begriff der Versorgung ist weit auszulegen. Versorgung sind alle Leistungen, die den Lebensstandard des Arbeitnehmers oder seiner Hinterbliebenen im Versorgungsfall verbessern sollen.«[2]

---

1   BAG, 19.1.2010 – 3 AZR 42/08, NZA 2010, 1066, vgl. auch Anhang – Begriff der betrieblichen Altersversorgung Nr. 1.
2   BAG v. 16.3.2010 – 3 AZR 594/09, NZA-RR 2011, 155, 158.

Eine vom Arbeitgeber gewährte Sozialleistung ist im Einzelfall anhand der vorstehenden Kriterien zu überprüfen. Das Vorliegen dieser Voraussetzungen ist von der Rechtsprechung etwa bei einem in ein Altersversorgungssystem eingebrachten Weihnachtsgeld für Betriebsrentner bejaht[3] – demgegenüber bei Krankheitsbeihilfen abgelehnt worden.[4] Eine Einordnung als betriebliche Altersversorgung ist auch bei Unterstützungsleistungen im Notfall abgelehnt worden.[5] Auch für Tantiemen und Gewinnbeteiligungen ist der Charakter als betriebliche Altersversorgung grundsätzlich nicht anerkannt, es sei denn, die Auszahlung erfolgt erst mit Eintritt des Versorgungsfalls.[6] Sterbegelder, die lediglich zur Deckung der Bestattungskosten gezahlt werden, sind von der Rechtsprechung ebenfalls nicht als betriebliche Altersversorgung eingeordnet worden.[7]

In der Regel handelt es sich bei Leistungen der betrieblichen Altersversorgung um **Geldleistungen**, die dem Arbeitnehmer entweder als laufende Leistungen oder als einmalige Kapitalleistungen zufließen. Aber auch andere Leistungen des Arbeitgebers wie **Sach- und Nutzleistungen** (Deputate oder Werkswohnungen) können die vorgenannten Voraussetzungen des § 1 Abs. 1 Satz 1 BetrAVG erfüllen.

!

Gelten diese Nebenleistungen als betriebliche Altersversorgung?

Bei anderen Sozial- bzw. Nebenleistungen des Arbeitgebers erfolgt die Abgrenzung – unabhängig von der gewählten Bezeichnung – danach, ob diese objektiv der Versorgung des Arbeitnehmers dienen sollen:

- Weihnachtsgelder für Rentner: ja (BAG v. 19.5.1981, DB 1981, 2333)
- Treueprämien/Jubiläumsgaben: nein, sofern Auszahlung nicht nur bei Ausscheiden im Alter
- Versicherungen: nein, außer bei Personenversicherung mit Leistungen im Alter, bei Berufsunfähigkeit und Tod und Bezugsrecht des AN
- Unterstützungsleistungen im Notfall: nein, sofern unabhängig vom Eintritt eines biologischen Ereignisses (vgl. BAG v. 12.12.2006, NZA-RR 2007, 653)
- Vermögensbildungsleistungen: nein (LAG Hamm v. 6.4.1982, DB 1982, 1523)
- Gewinnbeteiligung/Tantiemen: nein, es sei denn, die Auszahlung erfolgt erst im Versorgungsfall (BAG v. 30.10.1980, DB 1981, 644)
- Übergangsgelder, Überbrückungszahlungen, Abfindungen: nein, auch wenn von Höhe des Ruhegeldes abhängig (BGH v. 28.9.1981, DB 1982, 126), es sei denn, die Auszahlung erfolgt erst im Pensionsalter (BAG v. 8.5.1990, NZA 1990, 931)
- Leibrenten, Kaufpreisrenten: nein (vgl. LAG Köln v. 19.1.1989, DB 1981, 1291)
- Ausgleichsanspruch § 89b HGB: nein
- Nachprovision auf Lebenszeit: ja (LG Aachen v. 25.4.1975, BB 1976, 249)
- Sterbegelder: nein, sofern lediglich Beitrag zur Deckung der Bestattungskosten (BAG v. 19.9.2006, AP Nr. 29 zu § 77 BetrVG 1972)

---

3   Etwa BAG v. 31.7.2007 – 3 AZR 189/06, NZA-RR 2008, 263.
4   BAG v. 10.2.2009 – 3 AZR 653/07, NZA 2009, 796, 798.
5   BAG v. 12.12.2006 – 3 AZR 476/05, NZA-RR 2007, 653.
6   BAG v. 30.10.1980 – 3 AZR 805/79, NJW 1981, 1470.
7   BAG v. 19.9.2006 – 1 ABR 58/05, NZA 2007, 1127, 1128.

> **Betriebliche Altersversorgung oder nicht?** !
>
> So hat das BAG entschieden, dass Hausbrandleistungen für ausgeschiedene Arbeitnehmer betriebliche Altersversorgung sind, soweit die Leistungspflicht im Einzelfall auf einem tariflichen Tatbestand beruht, der seinerseits an biometrische Risiken im Sinne des Betriebsrentengesetzes anknüpft. Eine Werksrente aber, die gezahlt wird, weil der ausgeschiedene Arbeitnehmer Anpassungsleistungen wegen Umstrukturierungen im Bergbau erhält, ist keine betriebliche Altersversorgung.[8]

1.1 Versorgungszweck

Die entscheidende Voraussetzung für die Anwendbarkeit des BetrAVG ist die Zweckgerichtetheit der Zusage. Die Leistung muss dem Zweck dienen, den Arbeitnehmer oder seine Hinterbliebenen gegen das Risiko eines biometrischen Ereignisses abzusichern.[9] Der Arbeitgeber muss mit seiner Zusage insoweit das Risiko eines arbeitnehmerseitigen Einkommensausfalls abdecken (sog. **Versorgungsrisiko**), damit der begünstigten Person nach ihrem Ausscheiden aus dem Erwerbsleben ihr Lebensstandard zumindest teilweise erhalten bleibt. Hierin zeigt sich die Versorgungs- bzw. Absicherungsfunktion der betrieblichen Altersversorgung. Die Zweckgerichtetheit setzt aber nicht voraus, dass aufseiten des Arbeitnehmers auch tatsächlich ein derartiger Versorgungsbedarf besteht. Entscheidend ist allein, ob die Leistung nach einer objektiven Beurteilung der Versorgung und Absicherung des Arbeitnehmers dienen soll.[10] Die Bezeichnung durch die Parteien ist insoweit grundsätzlich unerheblich, kann jedoch indiziellen Charakter haben.

> **Achtung** !
>
> Vom Arbeitgeber zugesagte Überbrückungsgelder bis zum Renteneintritt werden von der Rechtsprechung regelmäßig nicht als betriebliche Altersversorgung eingestuft.[11]

1.2 Biologisches Ereignis

Der Begriff der betrieblichen Altersversorgung setzt weiter voraus, dass die Leistungsphase durch den Eintritt eines biologischen Ereignisses – Alter, Inva-

---

8   BAG v. 16.3.2010 – 3 AZR 594/09, NZA-RR 2011, 155.
9   Kisters-Kölkes in: Kemper/Kisters-Kölkes/Berenz/Huber, BetrAVG, 7.Aufl. 2016, §1 Rn.48.
10 BAG v. 18.2.2003 – 3 AZR 81/02, NZA 2004, 98; v. 3.11.1998 – 3 AZR 454/97, AP BetrAVG §1 Nr. 36; Rolfs in: Blomeyer/Rolfs/Otto, BetrAVG, 7.Aufl. 2018, §1 Rn.16.
11 BAG v. 3.11.1998 – 3 AZR 454/97, AP BetrAVG §1 Nr. 36; v. 16.3.2010 – 3 AZR 594/09, AP BetrAVG §7 Nr. 116.

lidität oder Tod – ausgelöst wird. Die Verpflichtung zur Leistung muss durch den Eintritt eines der vorgenannten biologischen Ereignisse ausgelöst werden. Dem Arbeitgeber steht es frei, mit seiner Versorgungszusage sämtliche biologischen Ereignisse abzudecken, er kann sich aber auch auf ein Ereignis beschränken. Die Kumulierung der vorgenannten Ereignisse in einer Versorgungszusage ist in der Praxis aber nicht selten.

Es obliegt zudem dem Arbeitgeber, den **Anwendungsbereich der biologischen Ereignisse zu konkretisieren**. Der Arbeitgeber kann festlegen, welche Altersgrenze bzw. welcher Grad an Invalidität die Versorgungsleistungen auslösen oder wer als Hinterbliebener von den Versorgungsleistungen profitieren soll.[12]

> **! Wichtig**
>
> Nach ständiger Rechtsprechung des BAG besteht für die Anerkennung einer festen Altersgrenze kein fester Zeitpunkt wie etwa das Erreichen der Regelaltersgrenze in der gesetzlichen Rentenversicherung. Allerdings muss die Wahl einer niedrigeren Altersgrenze auf sachlichen, nicht außerhalb des Arbeitsverhältnisses liegenden Gründen beruhen. Es muss auch bei der Wahl einer niedrigeren Altersgrenze bei dem Zweck bleiben, dass die Versorgungsleistung dazu dienen soll, einem aus dem aktiven Arbeitsleben ausgeschiedenen Arbeitnehmer bei der Sicherung des Lebensstandards im Alter zu helfen.[13]

Ist ein Gleichlauf von gesetzlicher und betrieblicher Altersversorgung beabsichtigt, ist dies in der Versorgungszusage durch entsprechende Formulierungen ausdrücklich abzubilden. Insbesondere die schrittweise Anhebung des gesetzlichen Renteneintrittsalters von der Vollendung des 65. auf Vollendung des 67. Lebensjahres bis zum Jahr 2031 durch das Rentenversicherungs-Altersgrenzenanpassungsgesetz[14], das zum 1. Januar 2008 in Kraft getreten ist, muss in Versorgungszusagen, die nach diesem Stichtag abgeschlossen worden sind, durch eine dynamische Bezugnahme berücksichtigt werden.

> **! Wichtig**
>
> Das BAG hat im Jahr 2012 die Auslegungsregel aufgestellt, dass eine auf das 65. Lebensjahr formulierte Versorgungszusage in der Regel dynamisch, d.h. auf die jeweils geltende Regelaltersgrenze in der gesetzlichen Rentenversicherung, auszulegen ist.[15] Allerdings gilt diese Auslegungsregel nur für Versorgungszusagen,

---

12 Vgl. BAG v. 25.4.2017 – 3 AZR 668/15, BeckRS 2017, 113033, vgl. auch Anhang –Verschaffungssysteme Nr. 14.
13 BAG v. 24.6.1986 – 3 AZR 645/84, NZA 1987, 309; BMF-Schreiben betreffend das Gesetz zur Neuordnung der einkommensteuerrechtlichen Behandlung von Altersvorsorgeaufwendungen und Altersbezügen – Alterseinkünftegesetz (AltEinkG) – mit Änderungen durch die Jahressteuergesetze 2007 und 2008 (JStG 2007/JStG 2008) vom 30.1.2008, BStBl. I S. 429.
14 BGBl. 2007 I Nr. 16, S. 554.
15 BAG v. 15.5.2012 – 3 AZR 11/10, NZA-RR 2012, 433, vgl. auch Anhang – Ablösung und Widerruf von Betriebsrentensystemen und Versorgungszusagen Nr. 4.

die vor dem 1. Januar 2008 abgeschlossen worden sind. In einer Entscheidung aus dem Jahr 2015 hat das BAG diese Auslegungsregel dahin gehend weiterentwickelt, dass Arbeitgeber bei Gesamtversorgungssystemen eine Betriebsrente in der Regel erst ab dem Zeitpunkt zahlen wollen, ab dem der Versorgungsberechtigte eine Rente aus der gesetzlichen Rentenversicherung in Anspruch nimmt, der Bezug der gesetzlichen Rente folglich eine echte Leistungsvoraussetzung ist.[16] Allerdings hat das Bundesministerium der Finanzen (BMF) mit Schreiben vom 9. Dezember 2016 erklärt, dass es für eine bilanzsteuerrechtliche Berücksichtigung der dynamischen Altersgrenze in Versorgungszusagen mit fixer Regelaltersgrenze auf das 65. Lebensjahr erforderlich ist, dass diese Anpassung durch eine schriftliche Klarstellung der betroffenen Zusagen bis zum Ende des Wirtschaftsjahres, das nach dem 9. Dezember 2016 begonnen hat, zu dokumentieren ist.[17] Für nicht angepasste Versorgungszusagen besteht nach dieser Übergangsfrist ein erhebliches Risiko, dass diese bilanzsteuerrechtlich nicht anerkannt werden.

Ein Gleichlauf von gesetzlicher und betrieblicher Rente wird regelmäßig dadurch erreicht, dass für die Auszahlung der Altersrente oder die Anerkennung des Anspruchs auf Invaliditätsrente vorausgesetzt wird, dass ein entsprechender Bescheid des gesetzlichen Rentenversicherungsträgers vorgelegt wird.

Die Grenzen der arbeitgeberseitigen Gestaltungsfreiheit sind indes dort erreicht, wo die Konkretisierung des biologischen Ereignisses den Versorgungszweck konterkariert. Auch wenn das BetrAVG kein Mindestalter vorsieht, kann nicht jedes Lebensalter eine Altersversorgung auslösen. Vielmehr muss es sich dem Zweck entsprechend um ein »Ruhestandsalter« handeln. Hier gilt unter betriebsrentenrechtlichen Gesichtspunkten die Vollendung des 60. Lebensjahres als Richtschnur.[18] Je nach Branche (z.B. Piloten, Bergleute) kann diese aber auch früher liegen.[19] Demgegenüber ist eine Altersgrenze von 55 bzw. 58 Lebensjahren nicht als hinreichend rentennah bewertet worden.[20]

Wichtig   !

Für die steuerliche Förderung von Versorgungsleistungen wird von finanzbehördlicher Seite im Allgemeinen ein »Ruhestandsalter« von 62 Lebensjahren gefordert.[21]

---

16 BAG v. 13.1.2015 – 3 AZR 897/12, NZA 2015, 1192, vgl. auch Anhang – Auslegungsfragen Nr. 9.
17 BMF-Schreiben betreffend das maßgebende Pensionsalter bei der Bewertung von Versorgungszusagen, Urteile des Bundesfinanzhofs (BFH) vom 11.9.2013 (BStBl 2016 II, S. 1008) und des Bundesarbeitsgerichts (BAG) vom 15.52012 – 3 AZR 11/10 – und vom 13.1.2015 – 3 AZR 897/12 vom 9.12.2016 – V C 6 – S 2176/07/10004 :003.
18 Kisters-Kölkes in: Kemper/Kisters-Kölkes/Berenz/Huber, BetrAVG, 7.Aufl. 2016, §1 Rn.49.
19 Otto in: Blomeyer/Rolfs/Otto, BetrAVG, 7.Aufl. 2018, Kapitel A Rn.22a.
20 LAG Köln v. 24.5.2016 – 12 Sa 941/15 –, juris.
21 BMF-Schreiben betreffend das Gesetz zur Neuordnung der einkommensteuerrechtlichen Behandlung von Altersvorsorgeaufwendungen und Altersbezügen – Alterseinkünftegesetz (AltEinkG) – mit Änderungen durch die Jahressteuergesetze 2007 und 2008 (JStG 2007/JStG 2008) vom 30.1.2008, BStBl. 2005 I, S.429.

1.3 Arbeitsverhältnis als Anlass für die betriebliche Altersversorgung

Die Schutzregelungen des BetrAVG gelten für die Versorgungszusage zudem nur dann, wenn die betriebliche Altersversorgung **aus Anlass eines Arbeitsverhältnisses** zugesagt worden ist. Entsprechendes gilt nach § 17 Abs. 1 Satz 2 BetrAVG für Personen, die nicht Arbeitnehmer sind, wenn ihnen Leistungen der betrieblichen Altersversorgung aus Anlass eines Dienst- oder anderen Vertragsverhältnisses erteilt werden. Hiermit werden auch Organmitglieder in den Anwendungsbereich des BetrAVG einbezogen.[22]

Zwischen der Zusage und dem Arbeitsverhältnis muss folglich ein ursächlicher Zusammenhang bestehen. Die Zusage des Arbeitgebers muss gerade aufgrund des Arbeits- oder Dienstverhältnisses erteilt worden sein. Die bloße Mitursächlichkeit reicht hierfür grundsätzlich nicht aus.[23] Nicht »aus Anlass« des Arbeitsverhältnisses erteilt sind daher etwa vom Arbeitgeber aus verwandtschaftlichen, ehelichen oder freundschaftlichen Gründen erteilte Zusagen.

Wichtig ist, dass das Kriterium »aus Anlass« nach der Rechtsprechung an keine zeitliche Komponente anknüpft.[24] Es ist somit unerheblich, ob die Zusage des Arbeitgebers vor Beginn, während oder erst nach Ende des Arbeitsverhältnisses erfolgt. Maßgeblich ist allein, ob zwischen Arbeitnehmer und Arbeitgeber tatsächlich ein Arbeitsverhältnis in Vollzug gesetzt worden ist. Insoweit ist es auch ohne Weiteres möglich, einem bereits aus dem Erwerbsleben ausgeschiedenen Arbeitnehmer nachträglich eine entsprechende Versorgungszusage zu erteilen.[25]

> **! Achtung**
>
> Versorgungszusagen einer Konzernobergesellschaft an die Vertragsarbeitnehmer einer Tochtergesellschaft sind keine betriebliche Altersversorgung, wenn zwischen der Konzernobergesellschaft und dem betreffenden versorgungsberechtigten Arbeitnehmer zu keinem Zeitpunkt eine arbeitsvertragliche Beziehung vorgelegen hat.[26]

---

22 Vgl. BAG v. 15.4.2014 – 3 AZR 114/12, NZA 2014, 767, vgl. auch Anhang – Sonstiges Nr. 9.
23 Rolfs in: Blomeyer/Rolfs/Otto, BetrAVG, 7. Aufl. 2018, § 1 Rn. 34.
24 Kisters-Kölkes in: Kemper/Kisters-Kölkes/Berenz/Huber, BetrAVG, 7. Aufl. 2016, § 1 Rn. 47.
25 Granetzny/Wallraven, NZA 2017, 1231 (1232); Rolfs in: Blomeyer/Rolfs/Otto, BetrAVG, 7. Aufl. 2018, § 1 Rn. 35.
26 BAG v. 20.5.2014 – 3 AZR 1094/12, NZA 2015, 225; Granetzny/Wallraven, NZA 2017, 1231 (1232).

2 Rechtsbegründungsakte

Für viele praxisrelevanten Fragen wie die Ablösung, Abänderung oder Auslegung von Versorgungszusagen spielt die Art der Begründung (sog. Rechtsbegründungsakte) eine entscheidende Rolle. Im Grundsatz ist zwischen individualrechtlich und kollektivrechtlich begründeten Versorgungszusagen zu unterscheiden. Zudem sind noch zwei weitere arbeitsrechtsspezifische Rechtsbegründungsakte zu beachten: So kann die Verpflichtung zur Erbringung von Versorgungsleistungen auch auf einer betrieblichen Übung oder dem allgemeinen Gleichbehandlungsgrundsatz beruhen.

Übersicht Rechtsbegründungsakte

Individualrechtliche Begründungsakte	Kollektivrechtliche Begründungsakte	Sonstige Begründungsakte
Einzelzusagen	Betriebsvereinbarungen/ Dienstvereinbarungen/Richtlinien nach dem SprAusG	betriebliche Übung
vertragliche Einheitsregelungen/Gesamtzusagen	Tarifverträge	allgemeiner Gleichbehandlungsgrundsatz

2.1 Individualvertraglich begründete Versorgungszusagen

Individualrechtlich können Versorgungszusagen je nach Adressatenkreis auf unterschiedliche Weise begründet werden. Es ist demnach zwischen sog. Einzelzusagen und vertraglichen Einheitsregelungen bzw. Gesamtzusagen zu differenzieren. Letztere werden zwar individualvertraglich zugesagt, weisen aber aufgrund der Art und Weise der Erteilung einen kollektiven Bezug auf.

2.1.1 Einzelzusagen

Die Einzelzusage ist eine vom Arbeitgeber und dem Versorgungsberechtigten abgeschlossene Einzelvereinbarung über eine betriebliche Altersversorgung. Das Zustandekommen einer solchen Einzelzusage richtet sich nach den allgemeinen Vorschriften der §§ 145 ff. BGB und wird insoweit durch ein Angebot des Arbeitgebers und durch die Annahme des Versorgungsberechtigten begründet. Eine Einzelzusage kann sowohl im Arbeitsvertrag als auch in einem gesonderten Vertrag enthalten sein. Auch die bloße Zusage einer – noch zu konkretisierenden – Versorgungszusage fällt hierunter, wenn der Arbeitgeber diese nicht mehr einseitig beeinflussen kann.[27] Für die Wirksamkeit der Einzelzusage muss keine bestimmte Form, wie etwa Schriftform oder Textform, eingehalten werden.

> **! Tipp**
>
> Es empfiehlt sich, zu Beweiszwecken und wegen des Nachweisgesetzes die Versorgungszusage stets zu verschriftlichen. Zudem können für eine Einzelzusage im Wege der Direktzusage nach §6a Abs. 1 Nr. 3 EStG Pensionsrückstellungen nur gebildet werden, wenn diese schriftlich erteilt ist.

Hauptanwendungsfall der Einzelzusage ist die Versorgungszusage gegenüber **Mitgliedern der Geschäftsleitungsorgane** (Vorstände und Geschäftsführer) oder Mitarbeitern in Führungspositionen (etwa AT-Angestellte). Vereinzelt erteilen Arbeitgeber besonders verdienten Mitarbeitern eine Einzelzusage.

> **! Achtung**
>
> Unter betriebsklimatischen Gesichtspunkten sind Einzelzusagen nicht immer ratsam. Zudem kann eine Einzelzusage wegen des allgemeinen Gleichbehandlungsgrundsatzes schnell eine Breitenwirkung entfalten. Daher ist bei der Formulierung besondere Sorgfalt erforderlich.

2.1.2 Vertragliche Einheitsregelungen und Gesamtzusagen

Nach einheitlichen Grundsätzen können Arbeitgeber der Belegschaft oder Teilen der Belegschaft eine betriebliche Altersversorgung auf der Grundlage von vertraglichen Einheitsregelungen oder Gesamtzusagen erteilen. Rechtsgrundlage sind also **gleichlautende vertragliche Vereinbarungen** zwischen dem Arbeitgeber und einer Vielzahl von Arbeitnehmern (etwa die Belegschaft eines Betriebs, die einen bestimmten Grad an Seniorität erreicht hat). Hierbei handelt es sich um im Wesentlichen gleich strukturierte Versorgungsbedingungen. Derartige Versorgungszusagen weisen bereits aufgrund ihres Zustandekommens einen kollektiven Bezug auf und erfüllen regelmäßig die Voraussetzungen von allgemeinen Geschäftsbedingungen.

> **! Wichtig**
>
> Auf vertragliche Einheitsregelungen und Gesamtzusagen finden die strengen Kontrollmechanismen der §§305 ff. BGB Anwendung. Bei der Anwendung sind die im Arbeits- und Betriebsrentenrecht geltenden Besonderheiten angemessen zu berücksichtigen, §310 Abs. 4 Satz 2 BGB.

---

27 BAG v. 24. 2. 2004 – 3 AZR 5/03, NZA 2004, 789.

Bei der Begründung der betrieblichen Altersversorgung mittels vertraglicher Einheitsregelung wendet sich der Arbeitgeber bewusst an jeden einzelnen Arbeitnehmer unter Verwendung einer Versorgungszusage, die einheitliche Regelungen für eine objektiv abgegrenzte Gruppe von Arbeitnehmern vorsieht und damit einen kollektiven Bezug zur Belegschaft aufweist. Diese Zusage erhält jeder Arbeitnehmer regelmäßig in Form eines einheitlichen Vertragsdokuments. Der kollektive Bezug der individualvertraglichen Einheitsregelung muss für den Arbeitnehmer allerdings erkennbar sein[28] – ist es freilich regelmäßig auch. Zur Begründung der Versorgungszusage bedarf es insoweit aber keiner ausdrücklichen Annahme der Versorgungsbedingungen durch den Arbeitnehmer. Eine Angebotsannahme erfolgt durch den Arbeitnehmer in der Regel konkludent durch Teilnahme an der betrieblichen Altersversorgung, §151 BGB.

Bei der Gesamtzusage wendet sich der Arbeitgeber in der Regel in allgemeiner Form an die Arbeitnehmer, etwa durch den Aushang des Versorgungsplans oder eine Bezugnahme auf ein bestehendes Versorgungswerk.[29] Auf eine ausdrückliche Annahme durch den Arbeitnehmer wird auch in diesen Fällen verzichtet. Auch hier ist aber gegebenenfalls ein Mitbestimmungsrecht des Betriebsrats nach §87 I Nr. 8, 10 BetrVG zu beachten.

Zusammenfassung: Entstehung von Versorgungsverpflichtungen !

Durch vertragliche Einheitsregelungen

- Zusage einer Betriebsrente durch vorformulierten Vertrag nach einheitlichem Prinzip an die (gesamte) Belegschaft
- individualrechtlicher Versorgungsanspruch des Begünstigten
- Rechtsprechung: Einheitsregelungen weisen zugleich kollektiven Bezug auf. Das ist bedeutsam für eine spätere Änderung mittels ablösender Betriebsvereinbarung (vgl. BAG v. 5.3.2013, NZA 2013, 916 zur Betriebsvereinbarungsoffenheit von AGB-Verträgen).
- Anwendung der §§305 ff. BGB bei Verwendung eines formularmäßigen Standardtextes:
  - Verbot überraschender Klauseln, §305c Abs. 1 BGB
  - Anwendung der Unklarheitenregel, §305c Abs. 2 BGB
  - wegen Verbrauchereigenschaft des Arbeitnehmers (h.M.) genügt einmalige Verwendung, §310 Abs. 3 Nr. 2 BGB

Durch Gesamtzusage

Erteilung einer Zusage an die Gesamtheit der Arbeitnehmer oder eine Arbeitnehmergruppe (Bsp.: Aushang am Schwarzen Brett, Rundschreiben, mündliche Bekanntgabe)

- individuelles Vertragsangebot an jeden einzelnen Arbeitnehmer (h.M.)
- Zugang der Annahmeerklärung gem. §151 BGB entbehrlich

---

28 BAG v. 16.9.1986 – GS 1/82, NZA 1987, 168, 175.
29 Vgl. BAG v. 18.5.2010 – 3 AZR 102/08, BeckRS 2010, 70797, vgl. auch Anhang – Sonstiges Nr. 2.

2.2 Betriebsvereinbarungen

Die Betriebsvereinbarung ist der eigentliche Standardfall für betriebs-, unternehmens- oder konzerneinheitlich geltende Versorgungssysteme. Dies liegt insbesondere darin begründet, dass die Einführung der betrieblichen Altersversorgung in gewissem Umfang Mitbestimmungstatbestände nach dem BetrVG auslöst (siehe dazu unter C. 6).

Bei Betriebsvereinbarungen über betriebliche Altersversorgung handelt es sich um Vereinbarungen zwischen dem Arbeitgeber und dem Betriebsrat, die gegenüber den jeweils erfassten Arbeitnehmern nach §77 Abs. 4 Satz 1 BetrVG normative und zwingende Wirkung entfalten. Sie bilden damit für den Arbeitnehmer eine Anspruchsgrundlage, ohne dass er darauf vertraglich Bezug nehmen muss. Gleichwohl ist dem Arbeitgeber zu raten, in den Arbeitsverträgen mit den Arbeitnehmern einen solchen Verweis aufzunehmen, da sonst bei Ausscheiden aus dem Arbeitsverhältnis nach der Rechtsprechung des BAG die Möglichkeit zur Abänderung durch nachfolgende Betriebsvereinbarungen entfallen könnte. Hintergrund ist hier, dass die Rechtsprechung eine Abänderung von Versorgungszusagen für Ausgeschiedene jedenfalls dann unproblematisch zulässt, wenn ein solcher Verweis im Arbeitsvertrag enthalten ist.

> **! Wichtig**
>
> Zur Wirksamkeit bedarf die Betriebsvereinbarung der Schriftform, §77 Abs. 2 Satz 1 BetrVG.

Der Arbeitgeber ist in der Wahl des Rechtsbegründungsaktes frei. Er ist daher nicht verpflichtet, die betriebliche Altersversorgung mittels einer Betriebsvereinbarung zu begründen, selbst wenn ein Betriebsrat besteht. Die Mitbestimmungsrechte des Betriebsrats muss er aber in jedem Fall wahren, was auch formlos durch die Zustimmung des Betriebsrats z.B. zu einzelvertraglichen Lösungen geschehen kann. Die Zuständigkeit für den Abschluss einer Betriebsvereinbarung über betriebliche Altersversorgung obliegt grundsätzlich dem örtlichen Betriebsrat. Demgegenüber ist nach §50 Abs. 1 Satz 1 BetrVG der Gesamtbetriebsrat zuständig, wenn ein zwingendes Erfordernis für eine betriebsübergreifende oder eine gesamtunternehmerische Regelung besteht. Soweit die Einführung Konzernbezug hat und auf der Ebene des Gesamtbetriebsrats nicht sinnvoll geregelt werden kann, ist der Konzernbetriebsrat für die Einführung einer konzernweiten betrieblichen Altersversorgung zuständig, §58 Abs. 1 BetrVG.

> **Tipp** !
>
> Bei der Einführung eines konzern- bzw. unternehmenseinheitlichen Versorgungssystems ist das tatbestandliche Merkmal des zwingenden Erfordernisses regelmäßig erfüllt.

Der **räumliche Geltungsbereich der Betriebsvereinbarung** ergibt sich aus den getroffenen Regelungen der Betriebsparteien. Während eine lokale Betriebsvereinbarung per se lediglich für den jeweiligen Betrieb Wirkung entfaltet, können Gesamt- und Konzernbetriebsrat für sämtliche (Konzern-)Betriebe oder für ausgewählte Betriebe bzw. Unternehmen entsprechende Betriebsvereinbarungen über eine betriebliche Altersversorgung abschließen.

Geltungsbereich von Betriebsvereinbarungen

	Lokale Betriebs-vereinbarung	Gesamtbetriebs-vereinbarung	Konzernbetriebs-vereinbarung
Beteiligtes Gremium	örtlicher Betriebsrat	Gesamtbetriebsrat	Konzernbetriebsrat
Geltungs-bereich	nur für den jeweiligen Betrieb	für alle Betriebe/für besonders bezeichnete Betriebe des Unternehmens	für alle Konzernbetriebe/für besonders bezeichnete Unternehmen bzw. Betriebe

Im Hinblick auf die **personelle Reichweite** (Welche Personen werden erfasst?) ist insbesondere zu beachten, dass die Betriebsräte keine Regelungskompetenz für Organmitglieder (§5 Abs. 2 Nr. 1 BetrVG) und leitende Angestellte (§5 Abs. 3 BetrVG) haben. Inwieweit die Regelungskompetenz der Betriebsparteien auch bereits ausgeschiedene Mitarbeiter erfasst, ist umstritten. Nachdem das BAG eine entsprechende Regelungskompetenz in älterer Rechtsprechung noch ausdrücklich abgelehnt hat, hat das Gericht diese Frage in jüngster Zeit wiederholt offengelassen.[30] Die Frage der Zuständigkeit des Betriebsrats für ausgeschiedene Mitarbeiter ist insbesondere vor dem Hintergrund von Bedeutung, inwieweit abändernde Betriebsvereinbarungen gegenüber diesem Personenkreis Wirkung entfalten. Für eine Regelungskompetenz der Betriebsparteien spricht, dass es anderenfalls zu einer Versteinerung der betrieblichen Altersversorgung zum Zeitpunkt des Ausscheidens kommen würde. Die ausgeschiedenen Mitarbeiter würden insoweit auch nicht von verbessernden

---

30 Etwa BAG v. 28.6.2011 – 3 AZR 282/09, NZA 2012, 1229, vgl. auch Anhang – Betriebsrentenanpassung Nr. 6.

Abänderungen profitieren. Hierfür spricht auch, dass der Gesetzgeber mit § 2a Abs. 1 BetrAVG zum Ausdruck gebracht hat, dass vorzeitig ausgeschiedene Mitarbeiter weder besser noch schlechter gestellt werden sollen als Mitarbeiter, die bis zum Rentenbeginn bei dem Arbeitgeber verbleiben.

! **Tipp**

Ein beabsichtigter Gleichlauf zwischen aktiven und ausgeschiedenen Arbeitnehmern kann durch die Aufnahme einer arbeitsvertraglichen Jeweiligkeitsklausel (»dynamische Bezugnahme«) hergestellt werden.
Formulierungsvorschlag: »*Der Arbeitnehmer erhält eine betriebliche Altersversorgung nach Maßgabe der Ordnung über betriebliche Altersversorgung in ihrer jeweils geltenden Fassung.*«

2.3 Tarifvertrag

Betriebliche Altersversorgungssysteme können auch auf tarifvertraglicher Ebene eingeführt werden. In der Privatwirtschaft hat dieser Rechtsbegründungsakt bislang bei rein arbeitgeberfinanzierter Altersversorgung eine lediglich untergeordnete Bedeutung. Weiter verbreitet sind derartige tarifvertragliche Zusagen der betrieblichen Altersversorgung im öffentlichen Dienst, vgl. etwa den Tarifvertrag über die betriebliche Altersversorgung der Beschäftigten des öffentlichen Dienstes (ATV). Ob es künftig eine weitere Verbreitung geben wird, mag die Umsetzung des Betriebsrentenstärkungsgesetzes durch die Praxis der Tarifpartner zeigen (dazu unter B. 10).

Der **Vorteil von tarifvertraglichen Regelungen** für den Arbeitgeber gegenüber Betriebsvereinbarungen ist der in § 17 Abs. 3 Satz 1 BetrAVG normierte Tarifvorbehalt, wonach die Tarifvertragsparteien von den wichtigen Schutzvorschriften des BetrAVG

- zur Entgeltumwandlung (§ 1a BetrAVG),
- zur Höhe der unverfallbaren Anwartschaft (§ 2 BetrAVG)[31],
- zur Abfindung und Übertragung von Versorgungsanwartschaften (§§ 3 und 4 BetrAVG) und
- zur Anpassung von Rentenansprüchen (§ 16 BetrAVG)

auch zulasten des Arbeitnehmers abweichen können.[32] Von der Tarifdispositivität nicht erfasst sind neben den praktisch besonders relevanten Vor-

---

31 BAG v. 20.2.2018 – 3 AZR 252/17, NZA 2018, 728, vgl. auch Anhang – Betriebsrentenberechnung Nr. 15.
32 BAG, v. 19.4.2011 – 3 AZR 154/09, NZA 2011, 982, vgl. auch Anhang – Entgeltumwandlung Nr. 1.

schriften des §1b BetrAVG und §6 BetrAVG auch die Vorschriften über die Insolvenzsicherung, §§7 ff. BetrAVG. Dies liegt darin begründet, dass diese nicht die arbeitsrechtliche Ausgestaltung der Versorgungszusage regeln, sondern allein den versicherungsrechtlichen Anspruch gegen den Träger der Insolvenzsicherung.

An die tarifvertraglichen Regelungen über die betriebliche Altersversorgung sind nach §3 Abs. 1 TVG zunächst die in einer Gewerkschaft organisierten Mitglieder und der Arbeitgeber gebunden.

Tipp   **!**

Ein beabsichtigter Gleichlauf zwischen organisierten und nicht organisierten Arbeitnehmern kann durch die Aufnahme einer arbeitsvertraglichen Jeweiligkeitsklausel (»dynamische Bezugnahme«) hergestellt werden.[33] Dabei können auch vom BetrAVG abweichende Bestimmungen zwischen nicht tarifgebundenen Arbeitgebern und Arbeitnehmern Geltung erlangen, wenn die Anwendung zwischen diesen vereinbart wird, §17 Abs. 3 Satz 2 BetrAVG.

Entstehung von Versorgungsverpflichtungen durch Tarifvertrag

»Große« dynamische Bezugnahmeklausel	»Kleine« dynamische Bezugnahmeklausel	Statische Verweisung
• Verweis auf jeweils einschlägigen Tarifvertrag in seiner Gesamtheit (sog. Tarifwechselklausel) • Tarifwechsel auf kollektivrechtlicher Ebene vollzieht sich auch auf individualrechtlicher Ebene • automatische Bindung des Arbeitnehmers an den »neuen« Versorgungstarif	• Verweis auf konkret bezeichneten Tarifvertrag, jedoch mit zeitlich dynamischer Ausgestaltung • BAG früher: Auslegung als sog. Gleichstellungsabrede • Aufgabe durch BAG v. 14.12.2005, NZA 2006, 607: Tarifwechsel auf kollektivrechtlicher Ebene lässt schuldrechtliche Geltung unberührt	• Verweis auf konkret bezeichneten Tarifvertrag in einer bestimmten Fassung • Tarifwechsel auf kollektivrechtlicher Ebene lässt schuldrechtliche Geltung des Tarifvertrags unberührt

---

33   Vgl. BAG v. 18.9.2012 – 3 AZR 415/10, BeckRS 2012, 76155, vgl. auch Anhang – Ablösung und Widerruf von Betriebsrentensystemen und Versorgungszusagen Nr. 5.

Die Rechtsetzungskompetenz der Tarifvertragsparteien erfasst auch Betriebsrentner, soweit diese auch nach dem Eintritt in das Rentenalter gewerkschaftlich organisiert bleiben und soweit eine Bezugnahmeklausel besteht.[34]

2.4 Betriebliche Übung

§ 1b Abs. 1 Satz 4 BetrAVG statuiert, dass der Verpflichtung aus einer Versorgungszusage solche Versorgungsverpflichtungen gleichstehen, die auf betrieblicher Übung oder dem Grundsatz der Gleichbehandlung beruhen.

Ein Versorgungsanspruch aufgrund betrieblicher Übung entsteht durch die **regelmäßige Wiederholung einer Leistungsgewährung** durch den Arbeitgeber, aus der die Arbeitnehmer schließen können, dass ihnen eine Leistung oder eine anderweitige Vergünstigung auf Dauer eingeräumt werden soll. Durch ein solches Verhalten erhält der Arbeitnehmer einen eigenständigen Anspruch auf die üblich gewordene Leistung gegen den Arbeitgeber.

! O-Ton Rechtsprechung

»Nach der ständigen Rechtsprechung des Bundesarbeitsgerichts ist unter einer betrieblichen Übung die regelmäßige Wiederholung bestimmter Verhaltensweisen des Arbeitgebers zu verstehen, aus denen die Arbeitnehmer schließen können, ihnen solle eine Leistung oder eine Vergünstigung auf Dauer eingeräumt werden.«[35]

! Tipp

Zusagen auf der Grundlage einer betrieblichen Übung berechtigen den Arbeitgeber nicht zu steuerlichen Pensionsrückstellungen, da eine derartige Zusage nicht das in § 6a EStG vorgesehene Schriftformerfordernis erfüllt. Aus diesem Grund spielen diese in der Praxis nur eine kleine Rolle.

Wesentliche Voraussetzung für das Entstehen eines Anspruchs ist, dass durch ein gleichförmiges Verhalten des Arbeitgebers ein schutzwürdiges Vertrauen der Arbeitnehmer auf Zahlung einer Betriebsrente begründet wird. Hierzu kommt es stets auf eine Einzelfallbetrachtung unter Einbeziehung aller individuellen Umstände an.

---

34 BAG v. 17.6.2008 – 3 AZR 409/06, NZA 2008, 1244.
35 BAG v. 24.2.2016 – 4 AZR 990/13, AP BGB § 242 Betriebliche Übung Nr. 94.; v. 16.2.2010 – 3 AZR 118/08, NZA 2011, 104, vgl. auch Anhang – Gleichbehandlung, Diskriminierungsschutz, betriebliche Übung Nr. 5.

Eine betriebliche Übung kann auch gegenüber Arbeitnehmern entstehen, die bislang nicht von Versorgungsleistungen des Arbeitgebers profitieren, wenn der Arbeitgeber wiederholt allen Arbeitnehmern nach einer bestimmten Dauer der Betriebszugehörigkeit und bei Vorliegen weiterer Voraussetzungen Versorgungszusagen erteilt. Der Arbeitgeber ist dann verpflichtet, den bisher nicht in die Versorgung einbezogenen Arbeitnehmern bei Erreichen der Betriebszugehörigkeit und der übrigen Voraussetzungen eine inhaltsgleiche Versorgungszusage anzubieten.[36]

> **Achtung** !
>
> Ein Freiwilligkeitsvorbehalt verhindert bei langjährigen Zahlungen wie etwa Weihnachtsgeld an Rentner die Entstehung eines Anspruchs aus betrieblicher Übung: Es muss also jedes Mal wieder gesagt werden, dass diese einmalige Leistung eben keinen dauerhaften und wiederholten Anspruch begründen soll.

Für später eintretende Arbeitnehmer kann die betriebliche Übung jederzeit durch eindeutige, einseitige Erklärung des Arbeitgebers beendet werden.[37] Bereits begründete Ansprüche oder Anwartschaften werden davon nicht berührt. Eine Beendigung durch sog. negative betriebliche Übung (also mehrmaliges Nichtzahlen ohne Widerspruch des Arbeitnehmers) ist nach der Rechtsprechung nicht möglich.[38]

Eine betriebliche Übung kann auch durch Erbringung sich regelmäßig wiederholender Leistungen an bereits im Ruhestand befindliche Versorgungsempfänger bestehen und zu deren Gunsten anspruchsbegründend wirken.[39]

2.5 Allgemeiner Gleichbehandlungsgrundsatz und sonstige Diskriminierungsverbote

§ 1b Abs. 1 Satz 4 BetrAVG erwähnt den Grundsatz der Gleichbehandlung als Rechtsbegründungsakt ausdrücklich. Der Arbeitgeber hat diesen bei der Gestaltung von Versorgungsregelungen gegenüber den Arbeitnehmern zu beachten. Insbesondere zur Begründung von Versorgungszusagen durch den Gleichbehandlungsgrundsatz findet sich umfassende Kasuistik.[40]

---

36 BAG v. 15.5.2012 – 3 AZR 610/11, NZA 2012, 1279, vgl. auch Anhang – Gleichbehandlung, Diskriminierungsschutz, betriebliche Übung Nr. 14.
37 Vgl. BAG v. 23.2.2016 – 3 AZR 44/14, NZA 2016, 961, vgl. auch Anhang – Auslegungsfragen Nr. 11.
38 BAG v. 18.3.2009 –10 AZR 281/08, NZA 2009, 601.
39 BAG v. 23.8.2011 – 3 AZR 650/09, NZA 2012, 37, vgl. auch Anhang – Gleichbehandlung, Diskriminierungsschutz, betriebliche Übung Nr. 12.
40 U. a. BAG v. 19.8.2008 – 3 AZR 194/07, NZA 2009, 196; v. 21.8.2012 – 3 AZR 81/10, AP BetrAVG § 1b Nr. 14; v. 12.8.2014 – 3 AZR 764/12AP BetrAVG § 1 Gleichbehandlung Nr. 72; LAG Rheinland-Pfalz v. 17.3.2004 – 9 Sa 1103/03, juris; LAG Hessen v. 1.4.2009 – 8 Sa 1081/08, juris.

! **O-Ton Rechtsprechung**

»Der arbeitsrechtliche Gleichbehandlungsgrundsatz ist die privatrechtliche Ausprä-
gung des Gleichheitssatzes nach Art. 3 Abs. 1 GG. Gemäß § 1b Abs. 1 Satz 4 BetrAVG
können Versorgungsverpflichtungen nicht nur auf einer Versorgungszusage,
sondern auch auf dem Grundsatz der Gleichbehandlung beruhen. Im Bereich des
Betriebsrentenrechts hat der arbeitsrechtliche Gleichbehandlungsgrundsatz damit
kraft Gesetzes anspruchsbegründende Wirkung (etwa BAG 12. August 2014 – 3 AZR
764/12 – Rn. 22 m. w. N). Er findet stets Anwendung, wenn der Arbeitgeber Leistungen nach einem bestimmten erkennbaren und generalisierenden Prinzip aufgrund
einer abstrakten Regelung gewährt, indem er bestimmte Voraussetzungen oder
einen bestimmten Zweck festlegt. Allerdings greift er nur bei einem gestaltenden
Verhalten des Arbeitgebers ein, hingegen nicht beim bloßen – auch vermeintlichen – Normenvollzug.«[41]

Der arbeitsrechtliche Gleichbehandlungsgrundsatz gebietet, Arbeitnehmer
oder eine Gruppe von diesen, soweit sie hinsichtlich bestimmter Merkmale im
Wesentlichen vergleichbar sind und damit eine Vergleichsgruppe bilden, bei
Anwendung der selbst gestalteten Versorgungsbestimmungen gleich zu behandeln.[42] Eine Ungleichbehandlung ist nur zulässig, soweit sie gerechtfertigt
ist. Im Rahmen der Anforderungen an die Rechtfertigung ist zwischen sach-
verhaltsbezogener und personenbezogener Ungleichbehandlung zu differenzieren. **Sachverhaltsbezogene Ungleichbehandlungen** sind nicht zulässig,
wenn sie sachfremd und damit willkürlich sind. Sachfremd ist eine Ungleichbehandlung, sofern sich für sie kein vernünftiger Grund findet.

Ob ein solcher Grund vorliegt, ist zunächst nach dem Zweck der Maßnahme
oder Regelung zu beurteilen. Insbesondere unternehmerische, soziale und
betriebliche Zwecke sind grundsätzlich geeignet, als Rechtfertigung für eine
Ungleichbehandlung im vorgenannten Sinn zu dienen. Zulässig sind Ungleichbehandlungen bspw. zur Belohnung von Betriebstreue, zur Gewinnung neuer
Arbeitskräfte, wenn in bestimmten Bereichen ein Mangel an qualifizierten
Arbeitskräften auf dem Arbeitsmarkt herrscht, zur Sicherung der Finanzier-
barkeit für das Unternehmen sowie zur Wahrung sozialer Besitzstände der Arbeitnehmer im Unternehmen, bspw. bei der Zusammenlegung verschiedener
betrieblicher Versorgungsordnungen infolge eines Betriebszusammenschlus-
ses. Deshalb sind **Differenzierungen** zum Beispiel nach dem Eintrittsdatum,
der Stellung und der Funktion im Betrieb, der Leistung der Arbeitnehmer, dem
Lebensalter, der Kinderzahl usw. ebenso grundsätzlich möglich wie etwa ein

---

41 BAG v. 14.11.2017 – 3 AZR 515/16, NZA 2018, 367, vgl. auch Anhang – Gleichbehandlung, Diskriminie-
    rungsschutz, betriebliche Übung Nr. 42.
42 BAG v. 12.8.2014 – 3 AZR 764/12, AP BetrAVG § 1 Gleichbehandlung Nr. 72.

Ausschluss bestimmter Arbeitnehmer von der Versorgungsleistung, die ein wesentlich höheres laufendes Arbeitsentgelt beziehen. Zulässig kann auch eine Differenzierung zwischen Arbeitern und Angestellten sein, wenn damit einer unterschiedlich hohen Versorgung durch die gesetzliche Rentenversicherung Rechnung getragen werden soll.[43] Demgegenüber ist bei einer **personenbezogenen Ungleichbehandlung** der Gleichheitssatz bereits dann verletzt, wenn eine Gruppe anders behandelt wird, obwohl zu anderen Gruppen keine Unterschiede von solcher Art und solchem Gewicht bestehen, dass sie die Ungleichbehandlung rechtfertigen können.[44]

Darüber hinaus trifft den Arbeitgeber die Pflicht, wesentlich Ungleiches entsprechend unterschiedlich zu behandeln, sodass die vorgenannten Grundsätze auch in diesem Fall der Ungleichbehandlung greifen. Der allgemeine Gleichbehandlungsgrundsatz bindet den Arbeitgeber hingegen nicht, soweit er Normen vollzieht.

Soweit die betriebliche Altersversorgung in einem Tarifvertrag geregelt ist, ist der Arbeitgeber innerhalb des Anwendungsbereichs der tariflichen Regelungen nicht an den Gleichbehandlungsgrundsatz gebunden. Dies gilt auch, wenn nicht tarifgebundene Arbeitgeber und Arbeitnehmer in ihren Arbeitsverträgen auf tarifvertragliche Regelungen verweisen.[45] Die tarifvertraglichen Regelungen selbst sind jedoch an dem allgemeinen Gleichbehandlungsgrundsatz[46] und den Vorschriften des AGG zu messen.[47]

---

43 BAG v. 16.2.2010 – 3 AZR 216/09, NZA 2010, 701, vgl. auch Anhang – Gleichbehandlung, Diskriminierungsschutz, betriebliche Übung Nr. 4; BAG v. 17.6.2014 – 3 AZR 757/12, NZA 2015, 319 (Ls.), vgl. auch Anhang – Gleichbehandlung, Diskriminierungsschutz, betriebliche Übung Nr. 30; BAG v. 10.11.2015 – 3 AZR 575/14, NZA-RR 2016, 204, vgl. auch Anhang – Gleichbehandlung, Diskriminierungsschutz, betriebliche Übung Nr. 34.
44 Vgl. BAG v. 10.11.2015 – 3 AZR 574/14, NZA 2016, 576.
45 BAG v. 22.12.2009 – 3 AZR 895/07, NZA 2010, 521, vgl. auch Anhang – Gleichbehandlung, Diskriminierungsschutz, betriebliche Übung Nr. 1.
46 Vgl. BAG v. 20.8.2013 – 3 AZR 959/11, NZA 2014, 36, vgl. auch Anhang – Gleichbehandlung, Diskriminierungsschutz, betriebliche Übung Nr. 20; v. 15.10.2013 – 3 AZR 294/11, NZA 2014, 1203, vgl. auch Anhang – Invaliditäts- und Hinterbliebenenversorgung Nr. 7; v. 10.12.2013 – 3 AZR 796/11, NZA 2015, 50, vgl. auch Anhang – Invaliditäts- und Hinterbliebenenversorgung Nr. 8; v. 4.8.2015 – 3 AZR 508/13, NZA-RR 2016, 30, vgl. auch Anhang – Gleichbehandlung, Diskriminierungsschutz, betriebliche Übung.
47 BAG v. 17.4.2012 – 3 AZR 481/10, NZA 2012, 929, vgl. auch Anhang – Gleichbehandlung, Diskriminierungsschutz, betriebliche Übung Nr. 12; BAG v. 19.7.2011 – 3 AZR 398/09, DB 2012, 1214, vgl. auch Anhang – Gleichbehandlung, Diskriminierungsschutz, betriebliche Übung Nr. 4.

> **!** **Wichtig**
>
> Von besonderer praktischer Relevanz ist in diesem Zusammenhang die Frage nach dem Ausschluss von **befristet beschäftigten Arbeitnehmern** von Leistungen der betrieblichen Altersversorgung.[48] Der mit dem Teilzeitbefristungsgesetz im Jahr 2000 eingeführte §4 Abs. 2 TzBfG, der ein Diskriminierungsverbot gegenüber befristet Beschäftigten statuiert, legt zunächst einmal nahe, dass ein Ausschluss von der betrieblichen Altersversorgung aufgrund der Befristung unzulässig ist. Das BAG hält demgegenüber aber an seiner bereits zuvor vertretenen Auffassung fest, dass der Zweck der betrieblichen Altersversorgung, die Arbeitnehmer möglichst langfristig an den Betrieb zu binden, weiterhin einen sachlichen Grund darstellt und ein Ausschluss insoweit grundsätzlich zulässig ist.[49]
>
> Für teilzeitbeschäftigte Arbeitnehmer, denen bereits eine Versorgungszusage erteilt worden ist, gilt jedoch der Pro-rata-temporis-Grundsatz aus §4 Abs. 1 Satz 2 TzBfG. Danach müssen Teilzeitbeschäftigte Leistungen aus betrieblicher Altersversorgung mindestens in der Höhe erhalten, die dem Umfang ihrer Arbeitszeit an der Arbeitszeit eines vergleichbaren Vollzeitbeschäftigten entspricht. Vergleichbar sind Teilzeit- und Vollzeitbeschäftigte mit gleich langer Betriebszugehörigkeit.[50]

Verstöße gegen den allgemeinen Gleichbehandlungsgrundsatz haben hinsichtlich der Vergangenheit zur Folge, dass dem zu Unrecht ungleich behandelten Arbeitnehmer ein Anspruch auf dieselbe Leistung, wie vergleichbare Arbeitnehmer sie erhalten haben, zusteht. Dies resultiert insbesondere auch aus dem Umstand, dass eine Rückforderung bereits erbrachter Leistungen rechtlich weitestgehend nicht möglich, zumindest aber faktisch regelmäßig nicht realisierbar sein wird. Für die Zukunft kann der Arbeitgeber überwiegend frei bestimmen, auf welche Weise die Gleichbehandlung erreicht werden soll. Infolgedessen ist ihm nicht benommen, die jeweils unzulässige Regelung oder Leistung für die Zukunft zu ergänzen oder zu ersetzen. Vergleiche zu Einzelfällen ausführlich die Rechtsprechungsübersicht unter »Gleichbehandlung, Diskriminierungsschutz, betriebliche Übung« im Anhang.

---

48 BAG v. 11.12.2012 – 3 AZR 588/10, NZA 2013, 572, vgl. auch Anhang – Gleichbehandlung, Diskriminierungsschutz, betriebliche Übung Nr. 14.
49 BAG v. 15.1.2013 – 3 AZR 4/11, öAT 2013, 124.
50 BAG v. 19.4.2016 – 3 AZR 526/14, NZA 2016, 820, vgl. auch Anhang – Gleichbehandlung, Diskriminierungsschutz, betriebliche Übung Nr. 36.

Allgemeiner arbeitsrechtlicher Gleichbehandlungsgrundsatz   !

Rechtsprechungsbeispiele für zulässige Differenzierungskriterien:

- Gewährung an beschränkten, nach abstrakten Kriterien eingrenzbaren Personenkreis (z.B. für Arbeitnehmer in gehobenen Positionen) (BAG v. 11.11.1986, NZA 1987, 449)
- Differenzierung der Anspruchshöhe nach Arbeitsentgelt und Dauer der Betriebszugehörigkeit (BAG v. 22.11.1994, NZA 1995, 733)
- Stichtagsregelungen (BAG v. 18.9.2001, NZA 2002, 148)
  - zur Belohnung der Betriebstreue
  - aus wirtschaftlichen Gründen
  - zum Anreiz im Wettbewerb um Arbeitskräfte
- teilweise Herausnahme eines Arbeitnehmers bei Rentenberechnung wegen eines aufgrund eines Erziehungsurlaubs ruhenden Arbeitsverhältnisses (BAG v. 20.4.2010, NZA 2010, 1188)

3 Durchführungswege

3.1 Überblick

Der Arbeitgeber hat die Möglichkeit, die Leistungen der betrieblichen Altersversorgung unmittelbar selbst zu erbringen oder mittels eines externen Versorgungsträgers durchzuführen (**unmittelbare oder mittelbare Versorgungszusage**). Der Arbeitgeber ist in seiner Entscheidung frei, ob er die betriebliche Altersversorgung selbst durchführt oder extern von einem Dritten erbringen lässt. Die Bindung an einen bestimmten Durchführungsweg kann sich jedoch aus der Versorgungszusage, z.B. einem Tarifvertrag oder einer Betriebsvereinbarung, selbst ergeben. Die Frage der Bindung an einen konkreten Durchführungsweg ist insbesondere dann von Relevanz, wenn ein Erwerber nach einer Übernahme die Versorgungssysteme harmonisieren möchte. Der Erwerber kann aber auch zum Wechsel des Durchführungsweges gezwungen sein, etwa weil ihm der externe Versorgungsträger aufgrund eines Konzernvorbehalts oder einer anderweitigen satzungsrechtlichen Einschränkung nicht zur Verfügung steht, was insbesondere bei Konzerneinrichtungen (Konzernunterstützungskassen) oder Spartenanbietern (z.B. BVV Versicherungsverein des Bankgewerbes a.G.., der Altersversorgung für die Finanzwirtschaft anbietet) von Bedeutung ist. Hinsichtlich der Anforderungen an den Wechsel des Durchführungswegs siehe unter C. 3.3.

Im Rahmen der **mittelbaren Durchführung** kann der Arbeitgeber grundsätzlich zwischen den folgenden Versorgungsträgern wählen:
- Direktversicherung,
- Pensionskasse,
- Pensionsfonds und
- Unterstützungskasse.

Eine gewisse Einschränkung der freien Wählbarkeit des Durchführungsweges ist indes bei der betrieblichen Altersversorgung durch Entgeltumwandlung (dazu unter B. 4. 2) zu beachten. Der Arbeitnehmer ist hier in die Wahl des Durchführungsweges grundsätzlich einzubeziehen. Bietet der Arbeitgeber die Durchführung der betrieblichen Altersversorgung indes mittels eines Pensionsfonds, einer Pensionskasse oder einer Versorgungseinrichtung i.S.d. § 22 BetrAVG an, kann der Arbeitnehmer keine anderweitige Durchführung verlangen. Können sich Arbeitgeber und Arbeitnehmer auf keinen Durchführungsweg einigen, kann der Arbeitnehmer verlangen, dass der Arbeitgeber zu seinen Gunsten eine Direktversicherung abschließt.

Bei der **mittelbaren Durchführung** ist aus Sicht des Arbeitgebers stets die **einschneidende Regelung des §1 Abs. 1 Satz 3 BetrAVG** zu berücksichtigen, die eine verschuldensunabhängige Einstandspflicht des Arbeitgebers statuiert. Der Arbeitgeber haftet demnach auch dann für die Versorgungsansprüche der Arbeitnehmer, wenn er die Durchführung grundsätzlich auf einen der vorgenannten externen Versorgungsträger übertragen hat und der Dritte die Leistung im Leistungsfall nicht oder nur teilweise erfüllt.[51] Der Arbeitgeber kann sich in diesen Fällen insbesondere nicht darauf berufen, dass er die jeweils fälligen Beiträge an den externen Versorgungsträger erbracht hat. Es ist nicht abschließend geklärt, ob aus der Einstandspflicht eine gleichstufige oder nachrangige Haftung des Arbeitgebers resultiert. Die Rechtsprechung tendiert zu einer gesamtschuldnerischen Haftung.[52] Die wohl herrschende Auffassung nimmt indes eine Nachrangigkeit der Verpflichtung des Arbeitgebers an.[53] Diese soll aber nur so weit gehen, als dass der Arbeitnehmer den externen Versorgungsträger lediglich einmal erfolglos zur Leistung aufgefordert haben muss.[54] Eine Beitreibung des Anspruchs soll keine Voraussetzung für eine Inanspruchnahme des Arbeitgebers sein. Diese Einschränkung ist anzuerkennen, da anderenfalls die beabsichtigte Wirkung der Einstandspflicht durch die drohende Langlebigkeit eines Rechtsstreits erheblich beeinträchtigt wäre.

Die Einstandspflicht ist eine **sehr weitreichende Haftung**, da sie nicht nur die zugesagte Leistung, sondern auch die Verpflichtungen aus der den Arbeitgeber turnusgemäß treffenden Anpassungsprüfung nach §16 BetrAVG umfasst.

> **Tipp**   **!**
>
> Arbeitgeber sollten externe Versorgungsträger daher stets sorgfältig auswählen, um Nachzahlungen zu vermeiden. Eine Pay-and-forget-Einstellung kann unangenehme und weitreichende Folgen haben.

Kennzeichnend für die Durchführung über einen externen Versorgungsträger ist dabei das **Dreiecksverhältnis** zwischen Arbeitgeber, Arbeitnehmer und Versorgungsträger. Die Durchführungswege unterscheiden sich insbesondere hinsichtlich der Art der Ausfinanzierung, ihrer Anforderungen an die steuer- und sozialversicherungsrechtliche Behandlung der Beiträge, ihrer regulatorischen Aufsicht sowie der Insolvenzsicherung.

---

51 BAG v. 22.12.2009 – 3 AZR 136/08, DB 2010, 1074, vgl. auch Anhang – Verschaffungssysteme Nr. 2 v. 12.11.2013 – 3 AZR 92/12, NZA-RR 2014, 315, vgl. auch Anhang – Verschaffungssysteme Nr. 6.
52 BAG v. 16.2.2010 – 3 AZR 216/09, NZA 2010, 701, vgl. auch Anhang – Gleichbehandlung, Diskriminierungsschutz, betriebliche Übung Nr. 4; v. 11.12.2007 – 3 AZR 249/06, NZA 2008, 532.
53 Langohr-Plato in: FS Höfer, 2011, 159, 166; Rolfs, BetrAV 2012, 469, 471.
54 Rolfs in: Blomeyer/Rolfs/Otto, BetrAVG, 7. Aufl. 2018, §1 Rn. 324.

Gegenüberstellung mittelbare und unmittelbare Versorgungszusage

Mittelbare Versorgungszusagen	Unmittelbare Versorgungszusage
▪ Direktversicherung (AG, VVaG) ▪ Pensionskasse (AG, VVaG) ▪ Unterstützungskasse (e.V., GmbH; Stiftung) ▪ Pensionsfonds (AG, PFaG)	▪ Direktzusage
Leistungserbringung erfolgt durch Dritten	Leistungserbringung erfolgt unmittelbar durch AG

3.2 Direktzusage

Die **unmittelbare Durchführung erfolgt im Wege der Direktzusage**. Bei der Direktzusage werden die Rechte und Pflichten aus dem Versorgungsverhältnis allein auf der Ebene zwischen Arbeitgeber und Versorgungsberechtigtem geregelt. Der Arbeitgeber verpflichtet sich, bei Eintritt des Leistungsfalls selbst die Versorgungsleistungen unmittelbar aus dem Betriebsvermögen gegenüber den Versorgungsberechtigten zu erbringen. Ein weiterer Versorgungsträger ist nicht eingebunden, sodass der Arbeitgeber als Versorgungsträger das Risiko des Versorgungsfalls unmittelbar übernimmt. Je nach gewählter Rechtsform für das Unternehmen kann daraus auch eine persönliche Haftung des Arbeitgebers resultieren.

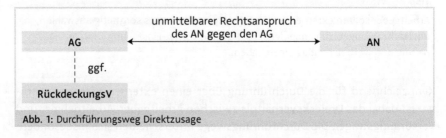

Abb. 1: Durchführungsweg Direktzusage

Die Direktzusage bietet dem Arbeitgeber besondere Flexibilität sowohl hinsichtlich der Ausgestaltung als auch der Finanzierung der betrieblichen Altersversorgung, da kaum Restriktionen zu beachten sind. Besonders häufig werden derartige Direktzusagen an Führungskräfte erteilt.

Der Arbeitgeber kann die Direktzusage unmittelbar selbst finanzieren (reine Innenfinanzierung), er kann zur Ausfinanzierung der Versorgungsverpflichtungen aber auch einen externen Treuhänder (sog. **Contractual Trust Arrangement (CTA)**) einschalten oder die Versorgungsverpflichtungen durch ein anderes Finanzierungsvehikel ausfinanzieren, z.B. eine Rückdeckungsversicherung (RDV). Weder ein CTA noch eine RDV sind Durchführungswege der betrieblichen Altersversorgung, sondern ausschließlich Finanzierungsinstrument des Arbeitgebers.[55]

> **Wichtig**   **!**
>
> Im Bereich der Direktzusage gilt für den Versorgungsberechtigten die nachgelagerte Besteuerung (Besteuerung im Versorgungszeitraum, nicht im Anwartschaftszeitraum).

Ansprüche aus einer Direktzusage unterliegen der **Insolvenzsicherung durch den Pensions-Sicherungs-Verein**. Umfasst sind dabei neben laufenden Leistungen auch unverfallbare Anwartschaften, wobei lediglich gesetzlich unverfallbare Anwartschaften erfasst sind. Die Leistungen des Pensions-Sicherungs-Vereins sind jedoch auf eine Höchstgrenze begrenzt: Diese beläuft sich bei laufenden Leistungen derzeit (Stand: 1.1.2018) auf monatlich 9.135 € (alte Bundesländer) bzw. 8.085 € (neue Bundesländer) und bei Ansprüchen aus Kapitalleistung auf 1.096.200 € (alte Bundesländer) bzw. 970.200 € (neue Bundesländer). Der Pensions-Sicherungs-Verein wird durch Beiträge der Arbeitgeber finanziert, die jährlich durch öffentlich-rechtlichen Bescheid eingefordert werden.

Der Arbeitgeber kann den Versorgungsaufwand während der Anwartschaftsphase im Wege von Rückstellungen in der **Steuer- und Handelsbilanz** ausweisen. Die Rückstellungsfähigkeit in der Steuerbilanz setzt gemäß §6a Abs. 1 EStG eine schriftliche, rechtsverbindliche Zusage voraus. Die Versorgungsverpflichtung ist dabei gem. §6a EStG mit ihrem Teilwert anzusetzen.

Hinsichtlich der Handelsbilanz sind demgegenüber die Vorgaben von §253 HGB zu berücksichtigen. Die Übernahme der für die Steuerbilanz ermittelten Rückstellungen für die Handelsbilanz sind seit der Einführung des BilMoG und der damit einhergehenden Bilanzierungspflicht des Erfüllungsaufwands daher nicht mehr möglich.

Im Leistungsfall stellen Leistungen auf Direktzusagen Betriebsausgaben des Arbeitgebers dar.

Für den Arbeitnehmer ist die Direktzusage in der Anwartschaftsphase einkommensteuerrechtlich ohne Bedeutung. Ein Zufluss liegt erst in der Phase des Leistungsbezugs vor, in der die Leistungen nach §19 Abs. 1 Nr. 2 EStG als Einkünfte aus nichtselbstständiger Arbeit zu versteuern sind.

---

55 BAG v. 19.5.2016 – 3 AZR 766/14, NZA 2016, 1560 (Ls.), vgl. Anhang – Verschaffungssysteme Nr. 11.

3.3 Unterstützungskasse

Als mittelbarer Durchführungsweg kommt zudem die Erbringung der Leistungen der betrieblichen Altersversorgung durch eine sog. Unterstützungskasse in Betracht.

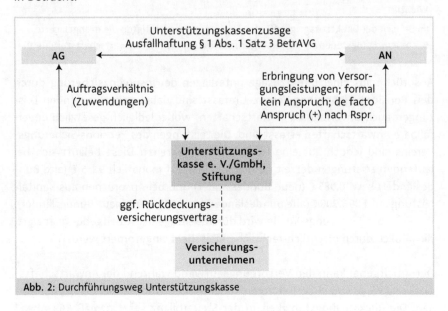

Abb. 2: Durchführungsweg Unterstützungskasse

Eine Unterstützungskasse ist nach der **Definition** des §1b Abs. 4 BetrAVG eine rechtsfähige Versorgungseinrichtung, die auf ihre Leistungen keinen Rechtsanspruch gewährt. Dieser Ausschluss des Rechtsanspruchs ist historisch bedingt und soll verhindern, dass die Unterstützungskasse der Versicherungsaufsicht unterliegt.[56] Der Ausschluss des Rechtsanspruchs wird von der Rechtsprechung mittlerweile indes in ein an sachliche Gründe gebundenes Widerrufsrecht umgedeutet.[57] Spätere Eingriffe sind danach nur zulässig, wenn sie die Grundsätze der Verhältnismäßigkeit und des Vertrauensschutzes beachten.[58] Seine Versorgungsansprüche kann der Arbeitnehmer grundsätzlich nur gegenüber der Unterstützungskasse und nicht gegenüber dem Arbeitgeber geltend machen.[59] Nur wenn die Unterstützungskasse die Leistungen nicht oder nicht planmäßig erbringt, hat der Arbeitgeber dem Arbeit-

---

56 Rolfs in: Blomeyer/Rolfs/Otto, BetrAVG, 7.Aufl. 2018, §1 Rn.308; Blomeyer, BB 1980, 789; Rößler, BetrAV 1991, 141.
57 BAG v. 11.12.2001 – 3 AZR 128/01, NZA 2003, 1407 (1410).
58 BAG v. 11.12.2001 – 3 AZR 128/01, NZA 2003, 1407 (1410).
59 BAG v. 12.2.1971 – 3 AZR 83/70, AP BGB §242 Ruhegehalt-Unterstützungskassen Nr. 3.

nehmer gegenüber einzustehen, §1 Abs. 1 Satz 3 BetrAVG.[60] Allerdings hat der Arbeitgeber wegen der leichteren Lösungsmöglichkeit bei einer Unterstützungskassenzusage eher als bei der Durchführung über andere Zusageformen die Möglichkeit, sich seinerseits von seiner Leistungspflicht zu lösen. Auch die von ihm vorgenommenen Einschränkungen müssen dann aber im Rahmen der Drei-Stufen-Theorie des BAG gerechtfertigt sein.

Häufig werden **Unterstützungskassen innerhalb eines Konzerns** errichtet. Es gibt jedoch auch eine Vielzahl von Gruppenunterstützungskassen, bei denen die Trägerunternehmen nicht einem bestimmten Konzern angehören. Bei Unterstützungskassen ist zwischen der pauschaldotierten und der rückgedeckten Unterstützungskasse zu unterscheiden.[61] Pauschaldotierte Unterstützungskassen unterliegen bestimmten steuerlichen Restriktionen und sind daher regelmäßig nicht in voller Höhe ausfinanziert. Im Gegenzug hierfür ist die Unterstützungskasse freier in der Anlage des Kassenvermögens. Sehr häufig wird bei pauschaldotierten Unterstützungskassen das Kassenvermögen als Darlehen an die jeweiligen Trägerunternehmen zurückgewährt. Das Kassenvermögen besteht dann (allein) in einem Darlehensrückzahlungsanspruch gegen das jeweilige Trägerunternehmen. Bei einer rückgedeckten Unterstützungskasse wird das Kassenvermögen hingegen in Form von Beiträgen an eine Rückdeckungsversicherung weitergereicht. Die Unterstützungskasse ist dann Versicherungsnehmer und Bezugsberechtigter. Gegenüber den Versorgungsberechtigten ist der Leistungsplan (und auch die Versorgungszusage des Arbeitgebers) dann regelmäßig so ausgestaltet, dass der Leistungsplan den Leistungen nach dem Versicherungstarif der Rückdeckungsversicherung entspricht (sog. kongruent rückgedeckte Unterstützungskasse).

Zumeist sind Unterstützungskassen in der Rechtsform eines e.V. oder einer GmbH organisiert.

Die vom Arbeitgeber an die Unterstützungskasse gezahlten Zuwendungen können nur in dem von §4d EStG zugelassenen Umfang als Betriebsausgaben geltend gemacht werden, wobei die konkrete Höhe davon abhängig ist, ob die Unterstützungskasse rückgedeckt ist oder nicht. Im Falle der nicht rückgedeckten Unterstützungskasse gilt, dass während der Anwartschaftsphase lediglich der Aufbau eines Reservepolsters in Höhe des zweifachen Betrags der jährlich zugesagten Rente zulässig ist. Dies hat zur Folge, dass

---

60 BAG v. 28.4.1977 – 3 AZR 300/76, AP BGB §242 Ruhegehalt-Unterstützungskassen Nr. 7.
61 Ausführlich zur Unterscheidung etwa Kisters-Kölkes in: Kemper/Kisters-Kölkes/Berenz/Huber, BetrAVG, 7.Aufl. 2016, §1 Rn.121, 122; Uckermann, NZA 2015, 1164.

nicht rückgedeckte Unterstützungskassen recht oft eine (eklatante) Unterdeckung aufweisen.

Rückgedeckte Unterstützungskassen können die abgeführten Versicherungsbeiträge zudem grundsätzlich als Betriebsausgaben ansetzen.

Unter den Voraussetzungen des §5 Abs. 1 Nr. 3 KStG kann sich eine Unterstützungskasse zudem von der Körperschaftsteuer befreien lassen.

> **!** **Wichtig**
>
> Eine Satzungsbestimmung einer Unterstützungskasse, die vorsieht, dass Rückforderungsansprüche der Trägerunternehmen generell ausgeschlossen oder nur unter bestimmten Voraussetzungen möglich sind, hält einer Inhaltskontrolle gem. §§242, 315 BGB stand – aber nur, wenn die Satzung für den Fall der Beendigung der Mitgliedschaft des Trägerunternehmens eine Auskehrung des segmentierten Kassenvermögens an einen anderen mittelbaren Versorgungsträger vorsieht.[62]

3.4 Direktversicherung

Direktversicherungen sind insbesondere in kleinen und mittelständischen Unternehmen ein recht häufig gewählter Durchführungsweg, da die Begründung und Administration unkompliziert durch den Abschluss eines (Gruppen-) Versicherungsvertrags mit einem Versicherer erfolgen kann. Die **Anforderungen an eine Direktversicherung** definiert §1b Abs. 2 Satz 1 BetrAVG. Danach liegt eine Direktversicherung vor, wenn für die betriebliche Altersversorgung eine Lebensversicherung auf das Leben des Arbeitnehmers durch den Arbeitgeber abgeschlossen wird und der Arbeitnehmer oder seine Hinterbliebenen hinsichtlich der Leistungen des Versicherers ganz oder teilweise bezugsberechtigt sind. Die Leistungserbringung erfolgt bei einer Direktversicherung damit nach dem Leitbild des Gesetzes durch den Versicherer. Die Finanzierung der Versorgungsleistung erfolgt grundsätzlich durch die vom Arbeitgeber eingezahlten Beiträge, da er der Versicherungsnehmer des Versicherungsvertrags ist. Ob die wirtschaftliche Last der Finanzierung vom Arbeitgeber oder vom Arbeitnehmer (etwa bei einer Entgeltumwandlung) zu tragen ist, ist hierbei unerheblich.

---

62 BAG v. 21.3.2017 – 3 AZR 619/15, NZA 2017, 990, vgl. Anhang – Verschaffungssysteme Nr. 13.

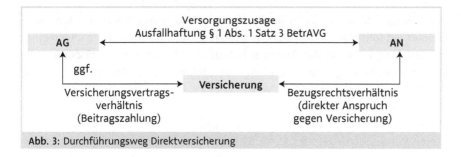

Abb. 3: Durchführungsweg Direktversicherung

Der Arbeitgeber, der selbst Versicherungsnehmer wird, schließt einen Einzel- oder Gruppenversicherungsvertrag mit dem Versicherer und zahlt an diesen die entsprechenden Beiträge. Die Versorgungsberechtigten erhalten aus dem Versicherungsvertrag – im Wege eines Vertrags zugunsten Dritter (§ 328 BGB) – ein widerrufliches, beschränkt widerrufliches oder ein unwiderrufliches Bezugsrecht hinsichtlich der Leistungen der betrieblichen Altersversorgung im Versorgungsfall, auf das der Arbeitgeber aufgrund der arbeitsrechtlichen Versorgungszusage jedoch nur noch bedingt einwirken darf. Insbesondere wenn die Voraussetzungen der Unverfallbarkeit vorliegen, ist ein Widerruf aufgrund der Verpflichtung aus der Versorgungszusage unzulässig. Das widerrufliche Bezugsrecht ist nach § 159 VVG der gesetzliche Regelfall mit der Folge, dass der Arbeitgeber grundsätzlich versicherungsrechtlich berechtigt ist, die Bezugsberechtigung zu verändern oder die Rechte aus dem Versicherungsvertrag abzutreten, zu beleihen oder zu verpfänden. Soweit der Arbeitgeber dem Arbeitnehmer ein unwiderrufliches Bezugsrecht einräumt, erwirbt der Arbeitnehmer ein durch Eintritt des Versorgungsfalls ausgelöstes, vom Arbeitgeber nicht mehr beeinflussbares Recht auf die Leistungen aus dem Versicherungsvertrag.

Die durch eine Direktversicherung erbrachten Versorgungsleistungen unterliegen grundsätzlich nicht der Insolvenzsicherung durch den Pensions-Sicherungs-Verein. Etwas anderes gilt nur, wenn der Arbeitgeber dem Arbeitnehmer lediglich ein widerrufliches Bezugsrecht eingeräumt oder die Ansprüche aus dem Versicherungsvertrag beliehen oder an Dritte abgetreten hat, § 7 Abs. 1 Satz 2 Nr. 1 BetrAVG.

Bei der **steuerrechtlichen und handelsbilanziellen Behandlung** von Beiträgen zu einer Direktversicherung gilt, dass die gezahlten Beiträge grundsätzlich als Betriebsausgaben abzugsfähig sind. Demgegenüber sind hierfür grundsätzlich keine Rückstellungen in der Steuer- und Handelsbilanz zu bilden. Anders als bei der Direktzusage ist die steuerliche Behandlung für den Arbeitnehmer insoweit anders, als man hier nicht dem Prinzip der nachgelagerten Besteuerung folgt. Vielmehr wird in der Einräumung des Anspruchs gegen den Versicherer ein lohnsteuerlicher Zufluss gesehen, der bei Anwendung allgemeiner Grundsätze schon in der Anwartschaftsphase zusammen mit anderen Leistungen des Arbeitgebers durch den Arbeitnehmer zu versteuern ist. Um dem entgegenzuwirken, enthält §3 Nr. 63 EStG eine lohnsteuerliche Privilegierung. Danach sind Beiträge an die Pensionskasse lohnsteuerfrei, soweit sie im Kalenderjahr 8% der Beitragsbemessungsgrenze nicht übersteigen und die weiteren Voraussetzungen des §3 Nr. 63 EStG vorliegen. Für Versorgungszusagen ab oder nach dem 1.1.2005 gilt zusätzlich ein Steuerfreibetrag i.H.v. 1800 € p.a.

Steuer	Steuerfrei bis zu 8% der Beitragsbemessungsgrenze in der gesetzlichen Rentenversicherung (West) plus 1.800 €* pro Jahr gem. §3 Nr. 63 EStG (* soweit die Pauschalbesteuerung gem. §40b EStG a.F. nicht genutzt wird)
Sozialversicherung	Sozialversicherungsfrei bis zu 4% der Beitragsbemessungsgrenze in der gesetzlichen Rentenversicherung (West) §1 Abs. 1 Nr. 9 SvEV

! **Tipp**

Soweit die Beiträge des Arbeitgebers auf Entgeltumwandlung beruhen, kann der Arbeitnehmer nach §1a Abs. 3 BetrAVG die Möglichkeit der »Abwahl« der Steuerfreiheit zugunsten einer Inanspruchnahme der sog. Riester-Förderung nach §§10a, 82 Abs. 2 EStG in Anspruch nehmen.

3.5 Pensionskasse

Eine weitere Möglichkeit besteht darin, die betriebliche Altersversorgung über eine Pensionskasse durchzuführen. Eine Pensionskasse ist eine spezielle Form eines Versicherungsunternehmens, unterliegt damit der Aufsicht der BaFin und räumt den Arbeitnehmern – ähnlich wie eine Direktversicherung – einen direkten Rechtsanspruch auf die Leistungen ein (§1b Abs. 3 BetrAVG). Insbesondere größere Konzerne gründen zur Durchführung ihrer betrieblichen Altersversorgung häufig eine (Konzern-)Pensionskasse. Trägerunternehmen der Pensionskasse sind in diesen Fällen i.d.R. die Konzernunternehmen. Näheres regelt die Satzung der Pensionskasse (s.u.). Es gibt aber auch vermehrt (Gruppen-)Pensionskassen, die ihre Leistungen kommerziell am Markt anbieten und nicht auf Unternehmen einer bestimmten Unternehmensgruppe beschränkt sind. Im VAG findet sich mittlerweile auch eine aufsichtsrechtliche Definition der Pensionskasse. Nach §232 Abs. 1 VAG ist eine Pensionskasse ein rechtlich selbstständiges Lebensversicherungsunternehmen, dessen Zweck die Absicherung wegfallenden Erwerbseinkommens wegen Alters, Invalidität oder Todes ist und das

1. das Versicherungsgeschäft im Wege des Kapitaldeckungsverfahrens betreibt,

2. Leistungen grundsätzlich erst ab dem Zeitpunkt des Wegfalls des Erwerbseinkommens vorsieht; soweit das Erwerbseinkommen teilweise wegfällt, können die allgemeinen Versicherungsbedingungen anteilige Leistungen vorsehen,

3. Leistungen im Todesfall nur an Hinterbliebene erbringen darf, wobei für Dritte ein Sterbegeld begrenzt auf die Höhe der gewöhnlichen Bestattungskosten vereinbart werden kann, und

4. der versicherten Person einen eigenen Anspruch auf Leistung gegen die Pensionskasse einräumt oder Leistungen als Rückdeckungsversicherung erbringt.

Bei den meisten Pensionskassen handelt es sich um sog. regulierte Pensionskassen, bei denen das Versorgungsverhältnis durch Beitritt des Arbeitnehmers zur Pensionskasse als Mitglied begründet wird. Eine Mitgliedschaft des Arbeitgebers setzt das Gesetz nicht zwingend voraus, ist in der Praxis aber üblich. Pensionskassen, die nicht auf die Unternehmen eines bestimmten Konzerns beschränkt sind, sind häufig auch in der Rechtsform der Aktiengesellschaft organisiert.

Die von einer Pensionskasse durchgeführten Anwartschaften und laufenden Versorgungsleistungen unterfallen **nicht dem Insolvenzschutzregime des Pensions-Sicherungs-Vereins.** Das liegt darin begründet, dass das Vermögen der Pensionskasse nach den Vorschriften des VAG nur mit sehr geringem Risiko angelegt werden darf und dieses Vermögen dem Zugriff des Arbeitgebers anders als bei der Direktversicherung entzogen ist. Eine Belastung des Arbeitgebers mit Beiträgen wäre daher unverhältnismäßig und damit rechtswidrig.

Deregulierte Pensionskassen können zudem dem Sicherungsmechanismus »Protektor« beitreten, der die Sicherung für die Bezugsberechtigten im Bereich von Versicherungen gewährleistet.[63]

Lohnsteuerlich werden Beiträge an eine Pensionskasse weitgehend wie Beiträge an eine Direktversicherung behandelt (s. o.). Insbesondere greift auch hier die lohnsteuerliche Privilegierung des §3 Nr. 63 EStG.

---

63 Eine Liste der Pensionskassen, die Mitglied bei Protektor sind, findet sich unter http://www.protektor-ag.de/de/wp-content/uploads/sites/2/2016/07/2016-02-02_Internet_SF_Mitglieder_Pensionskassen.pdf (Stand: 9.6.2018).

> **! Achtung**
>
> Macht die Pensionskasse von ihrem satzungsmäßige Recht Gebrauch, Fehlbeträge durch Herabsetzung ihrer Leistung auszugleichen, hat der Arbeitgeber nach §1 Abs. 1 Satz 3 BetrAVG dem Versorgungsempfänger im Umfang der Leistungskürzung einzustehen. Die Einstandspflicht des Arbeitgebers nach §1 Abs. 1 Satz 3 ist nicht vertraglich abdingbar. Eine dynamische Verweisung auf die Satzung der Pensionskasse begründet daher kein akzessorisches Recht des Arbeitgebers zur Kürzung laufender Leistungen aus der Versorgungszusage. Die Bestimmungen der Satzung werden nicht Bestandteil der dem Arbeitnehmer im arbeitsrechtlichen Grundverhältnis erteilten Versorgungszusage.[64]
>
> Der Arbeitgeber kann sich seiner Einstandspflicht gem. §1 Abs. 1 Satz 3 BetrAVG auch nicht durch den Hinweis entziehen, dass er auf die Verwaltung des Vermögens und die Kapitalanlage der Pensionskasse sowie auf deren Beschlussfassungen keinen Einfluss nehmen konnte.[65] Bei §1 Abs. 1 Satz 3 BetrAVG handelt es sich um einen verschuldensunabhängigen Anspruch.
>
> Eine Einstandspflicht des Arbeitgebers wird gem. §2 Abs. 3 Satz 1 BetrAVG ebenfalls begründet, wenn die auf Arbeitgeberbeiträgen beruhende satzungsmäßige Leistung der Pensionskasse aufgrund des vorzeitigen Ausscheidens des Arbeitnehmers hinter dem nach §2 Abs. 1 BetrAVG errechneten, arbeitgeberfinanzierten Teilanspruch zurückbleibt. Der Arbeitgeber hat den Differenzbetrag auszugleichen.[66]

3.6 Pensionsfonds

Der Pensionsfonds ist im Rahmen des AVmG[67] zum 1.1.2002 als fünfter und bis dato letzter Durchführungsweg in das BetrAVG aufgenommen worden. Dieser Durchführungsweg sollte die Organisation der betrieblichen Altersversorgung flexibler gestalten und zugleich neue und vielfältigere Anlagemöglichkeiten auf dem Kapitalmarkt eröffnen.

---

64 BAG v. 19.6.2012 – 3 AZR 408/10, AP BetrAVG §1 Pensionskasse Nr. 9, vgl. auch Anhang – Verschaffungssysteme Nr. 5.

65 BAG v. 30.9.2014 – 3 AZR 617/12, NZA 2015, 544, vgl. Anhang – Verschaffungssysteme Nr. 8.

66 BAG v. 18.2.2014 – 3 AZR 542/13, NZA 2014, 1142, vgl. Anhang – Verschaffungssysteme Nr. 7; v. 19.5.2016 – 3 AZR 1/14, BeckRS 2016, 71641, vgl. Anhang – Verschaffungssysteme Nr. 12.

67 Vgl. Fn. 58.

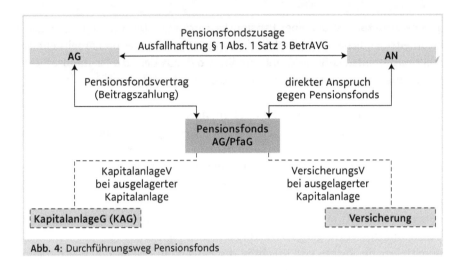

Abb. 4: Durchführungsweg Pensionsfonds

Betriebsrentenrechtlich definiert ist der Pensionsfonds ähnlich wie die Pensionskasse, §1b Abs. 3 BetrAVG. Dem Arbeitnehmer steht im Versorgungsfall ein unmittelbarer Rechtsanspruch gegen den Pensionsfonds zu. Eine weiter gehende Definition des Pensionsfonds, vorrangig für Zwecke des Versicherungsaufsichtsrechts, findet sich in §236 Abs. 1 Satz 1 VAG. Danach ist ein Pensionsfonds eine rechtsfähige Versorgungseinrichtung, die

- im Wege des Kapitaldeckungsverfahrens Leistungen der betrieblichen Altersversorgung für einen oder mehrere Arbeitgeber zugunsten von Arbeitnehmern erbringt,
- die Höhe der Leistungen oder die Höhe der für diese Leistungen zu entrichtenden künftigen Beiträge nicht für alle vorgesehenen Leistungsfälle durch versicherungsförmige Garantien zusagen darf,
- den Arbeitnehmern einen eigenen Anspruch auf Leistung gegen den Pensionsfonds einräumt und
- verpflichtet ist, die Altersversorgungsleistung als lebenslange Zahlung oder als Einmalkapitalzahlung zu erbringen.

Der **wesentliche Unterschied zur Pensionskasse** liegt darin, dass der Pensionsfonds gerade kein klassisches Versicherungsunternehmen betreibt. Dies hat der Gesetzgeber mit seiner Ausdifferenzierung in §1 Abs. 1 VAG zum Ausdruck gebracht. Er betreibt vielmehr ein Geschäft eigener Art.[68] Der Pensionsfonds unterliegt gemäß §1 Abs. 1 Nr. 5 VAG der staatlichen Aufsicht der BaFin. Hinsichtlich der **Rechtsverhältnisse zwischen den Beteiligten** gilt im Grundsatz die

---

68 Goldbach/Obenberger, Die betriebliche Altersversorgung nach dem Betriebsrentengesetz, 3. Aufl. 2013, Kap. 2.2.5, Rn. 80.

gleiche Struktur wie bei einer Pensionskassenzusage: Die Versorgungszusage im arbeitsrechtlichen Grundverhältnis zwischen Arbeitgeber und Arbeitnehmer stellt das arbeitsrechtliche Grundverhältnis dar, aus dem die Einstandspflicht für die zugesagten Leistungen nach §1 Abs. 1 S.3 BetrAVG resultiert.

Die Ausgestaltung der rechtlichen Beziehungen zwischen Arbeitnehmer und Pensionsfonds kann auf verschiedenen Wegen erfolgen. Entscheidend für dieses Versorgungsverhältnis ist insbesondere die Rechtsformwahl des Pensionsfonds. Nach §237 Abs. 3 Nr. 1 VAG kann der Pensionsfonds in der Rechtsform eines Pensionsfondsvereins auf Gegenseitigkeit (PVaG), einer AG oder einer SE betrieben werden. Ist der Pensionsfonds als PVaG organisiert, tritt der Arbeitnehmer dem PVaG in der Regel als Mitglied bei und begründet zugleich ein eigenständiges Versorgungsverhältnis mit dem Pensionsfonds, aus dem sich unmittelbar die Rechte und Pflichten der Beteiligten ergeben. Abweichungen zur regulierten Pensionskasse bestehen insoweit nicht. Der Arbeitnehmer ist also unmittelbar aus dem Versorgungsverhältnis zur Leistung berechtigt.[69]

Wird der Pensionsfonds in der Rechtsform einer AG (oder einer SE) betrieben, können aus betriebsrentenrechtlicher Sicht sowohl der Arbeitgeber als auch der Arbeitnehmer das Versorgungsverhältnis mit dem Fonds begründen. In der Praxis werden die zur Anwendung kommenden Pensionspläne zwischen dem Pensionsfonds und dem Arbeitgeber vereinbart, sodass regelmäßig allein er Vertragspartner des Fonds ist. Der Vertrag ist dann als Vertrag zugunsten Dritter einzuordnen.[70] Das Bezugsrecht des Arbeitnehmers ist im Gegensatz zur Direktversicherung aufgrund des gesetzlich einzuräumenden Rechtsanspruchs auf die Leistungen des Pensionsfonds von Anfang an unwiderruflich.

Die vom Arbeitgeber geleisteten Beiträge sind gemäß §4e Abs. 1 und 2 EStG abzugsfähige Betriebsausgaben.

Für den Arbeitnehmer sind die Beiträge gemäß §3 Nr. 63 Satz 1 EStG bis zu einer Höhe von 8% der Beitragsbemessungsgrenze p.a. steuerfrei. Sofern die Zusage ab oder nach dem 1.1.2005 erteilt wurde, gilt zusätzlich ein Steuerfreibetrag i.H.v. 1800 € p.a. Im Leistungsfall erfolgt die Besteuerung der Rente, soweit sie aus steuerfreien Beiträgen resultiert, gemäß §22 Nr. 5 Satz 1 EStG in voller Höhe, im Übrigen gemäß §22 Nr. 1 Satz 3 a) bb) EStG nur mit dem Ertragsteil.[71]

---

69 So auch Rolfs in: Blomeyer/Rolfs/Otto, BetrAVG, 7.Aufl. 2018, Anh §1 Rn.898; a.A. de Groot, Pensionsfonds, 2010, S.135.
70 A. A. de Groot, Pensionsfonds, 2010, S.135.
71 Schnitker in: Willemsen/Hohenstatt/Schweibert/Seibt, Umstrukturierung und Übertragung von Unternehmen, 5.Aufl. 2016, Kap. J Rn.112.

Ein Wechsel des Versorgungsweges zugunsten des Pensionsfonds ist nach Maßgabe des §3 Nr. 66 EStG für Arbeitnehmer lohnsteuerfrei möglich.[72]

Zu beachten ist jedoch, dass die Umwandlung einer Direktzusage in eine Pensionsfondszusage zu einer unterschiedlichen Besteuerung führt. Dies liegt darin begründet, dass die Besteuerung nicht als nachträglicher Arbeitslohn gemäß §19 Abs. 1 Nr. 2 EStG, sondern als sonstige Einkünfte i.S.d. §22 Nr. 5 EStG erfolgt.[73]

3.7 Kombination der Durchführungswege

Der Arbeitgeber ist bei der Durchführung nicht auf einen Durchführungsweg beschränkt. Vielmehr kann er die vorgenannten Durchführungswege auch miteinander kombinieren. Eine **Kombination** ist dahin gehend möglich, dass der Arbeitgeber hinsichtlich der Versorgungsberechtigten unterschiedlich verfährt, etwa indem er die leitenden Angestellten durch eine Direktzusage begünstigt und den sonstigen Mitarbeitern eine Altersversorgung über eine Unterstützungskasse zusagt.

Möglich und in der Praxis nicht unüblich ist es zudem, ein und demselben Mitarbeiter mittels unterschiedlicher Durchführungswege eine betriebliche Altersversorgung zuzusagen. Nicht untypisch sind etwa versicherungsförmige Zusagen (Direktversicherung, Pensionskasse oder Pensionsfonds) unter Ausnutzung der steuerlich begünstigten Höchstbeträge und die Aufstockung durch eine Direktzusage oder Unterstützungskassenzusage.

> **Achtung**   **!**
>
> Bei einer Kombination mehrerer Durchführungswege gegenüber einem Arbeitnehmer ist darauf zu achten, dass in bestimmten Bereichen unterschiedliche Regelungen für die einzelnen Durchführungswege gelten. So erfolgt die Berechnung der unverfallbaren Anwartschaft bei Direktzusagen etwa nach §2 Abs. 1 Satz 1 BetrAVG, während für die Direktversicherung eine versicherungsförmige Berechnung nach §2 Abs. 2 Satz 2 BetrAVG unter bestimmten Voraussetzungen möglich ist.[74] Auch für die Anpassung nach §16 BetrAVG können unterschiedliche Regelungen gelten.[75]

---

72 Schnitker in: Willemsen/Hohenstatt/Schweibert/Seibt, Umstrukturierung und Übertragung von Unternehmen, 5. Aufl. 2016, Kap. J Rn. 113.
73 Schnitker in: Willemsen/Hohenstatt/Schweibert/Seibt, Umstrukturierung und Übertragung von Unternehmen, 5. Aufl. 2016, Kap. J Rn. 113.
74 Vgl. BAG v. 31.5.2012 – 3 AZB 29/12, BeckRS 2012, 70375, vgl. Anhang – Sonstiges Nr. 7.
75 Vgl. Höfer in: Höfer/de Groot/Küpper/Reich, BetrAVG Band I, Stand 2018, Kap. 3 Rn. 194.

4 Finanzierungsformen

Die betriebliche Altersversorgung kann unterschiedlich finanziert werden. Es gibt rein arbeitgeberfinanzierte, rein arbeitnehmerfinanzierte (Entgeltumwandlung) sowie mischfinanzierte Altersversorgungssysteme. Eine Besonderheit des BetrAVG ist zudem die sog. Umfassungszusage.

4.1 Rein arbeitgeberfinanzierte Altersversorgung

Die **rein arbeitgeberfinanzierte Altersversorgung** ist die klassische Finanzierungsform der betrieblichen Altersversorgung. Es handelt sich um eine echte Zusatzleistung des Arbeitgebers, die dieser allein aus seinem Betriebsvermögen (und etwaigen Anlageerträgen) finanziert. Bei dieser sagt der Arbeitgeber dem Arbeitnehmer zu, diesem neben dem eigentlichen Arbeitsentgelt eine weitere Leistung mit dem Zweck der Altersversorgung zu erbringen. Bei der rein arbeitgeberfinanzierten Versorgung ist der Arbeitgeber in seiner Entscheidung bezüglich der Wahl des Durchführungsweges bzw. der Struktur des Versorgungsplans ungebunden. Eine Einschränkung dieser Entscheidungsfreiheit kann sich hierbei nur aus der Versorgungszusage selbst ergeben. So kann diese etwa selbst vorsehen, dass der Arbeitgeber zugunsten des Arbeitnehmers eine Mitgliedschaft in einer Pensionskasse begründen, oder den Abschluss einer Lebensversicherung vorsehen.

4.2 Entgeltumwandlung

Bei der Entgeltumwandlung handelt es sich um einen Fall **der arbeitnehmerfinanzierten Altersversorgung**. Diese ist zum 1.1.1999 in das BetrAVG eingeführt worden, hatte sich aber bereits zuvor in einer Vielzahl von Unternehmen auf freiwilliger Basis etabliert. Die Entgeltumwandlung gibt dem Arbeitnehmer nun einen einklagbaren Anspruch auf betriebliche Altersversorgung durch (Brutto-)Entgeltumwandlung gegenüber dem Arbeitgeber. Der Arbeitgeber ist darüber hinaus dazu verpflichtet, den Arbeitnehmer auf den Anspruch auf Entgeltumwandlung aus §1a BetrAVG hinzuweisen.[76] Eine kehrseitige Verpflichtung des Arbeitgebers, sich finanziell an der Altersversorgung des Arbeitnehmers zu beteiligen, resultiert aus diesem gesetzlichen Anspruch nicht.

---

76 BAG v. 21.1.2014 – 3 AZR 807/11, NZA 2014, 903, vgl. Anhang – Entgeltumwandlung Nr. 2.

4.2.1 Anspruchsberechtigung und Inhalt

Anspruchsberechtigt sind nach § 17 Abs. 1 Satz 3 BetrAVG nur solche Arbeitnehmer, die in der gesetzlichen Rentenversicherung pflichtversichert sind. Nicht pflichtversichert sind etwa Beamte und Richter.

> **Wichtig** !
>
> Bei geringfügig beschäftigten Arbeitnehmern ist nach dem Eintrittsdatum zu differenzieren. Versicherungspflicht in der gesetzlichen Rentenversicherung besteht für diese Beschäftigtengruppe erst seit dem 1.1.2013.

Der berechtigte Arbeitnehmer kann insoweit Teile seines künftigen Gehalts oder anderweitige Zahlungen des Arbeitgebers in wertgleiche Anwartschaften auf Versorgungsleistungen umwandeln. Dieser gesetzliche Anspruch ist jedoch der Höhe nach begrenzt. So kann der Arbeitnehmer gegenüber dem Arbeitgeber lediglich eine Entgeltumwandlung bis zu einer Höhe von 4 % der Beitragsbemessungsgrenze in der gesetzlichen Rentenversicherung verlangen. Eine darüber hinausgehende Entgeltumwandlung ist nur mit Zustimmung des Arbeitgebers möglich. Die Modalitäten der Entgeltumwandlung sind in einer entsprechenden Vereinbarung zu regeln.

> **Achtung** !
>
> Der Anspruch auf Entgeltumwandlung ist ausgeschlossen, soweit der Arbeitnehmer bereits eine durch Entgeltumwandlung finanzierte betriebliche Altersversorgung in Höhe von 4 % der Beitragsbemessungsgrenze hat.

Die **Durchführung der Entgeltumwandlung** ist grundsätzlich Sache der Vereinbarung zwischen den Parteien. Die Parteien können insoweit einvernehmlich auf sämtliche Durchführungswege der betrieblichen Altersversorgung zurückgreifen. Gewisse Erleichterungen zugunsten des Arbeitgebers sieht das Gesetz in § 1a Abs. 1 Satz 3 BetrAVG vor, wonach die Entgeltumwandlung durch eine Pensionskasse oder einen Pensionsfonds durchzuführen ist, wenn der Arbeitgeber einen dieser Durchführungswege bevorzugt. Der Arbeitgeber hat insoweit ein »Wahlvorrecht«.[77] Es bedarf insoweit nicht der Zustimmung des betroffenen Arbeitnehmers. Soweit der Arbeitgeber eine solche Entscheidung nicht getroffen hat, kann der Arbeitnehmer aber verlangen, dass der Arbeitgeber eine Direktversicherung zu seinen Gunsten abschließt.

---

77 Langohr-Plato, Betriebliche Altersversorgung, 7. Auflage 2016, Rn. 354.

> **! Wichtig**
>
> Der Arbeitgeber hat das Recht zu entscheiden, durch welchen Versicherer er die Altersversorgung durchführen lässt.[78]

Bei einer Entgeltumwandlung, die über eine Direktversicherung, einen Pensionsfonds oder eine Pensionskasse abgewickelt wird, sind gem. § 1b Abs. 5 BetrAVG zudem folgende Besonderheiten zu berücksichtigen:

Für den Arbeitnehmer ist die Entgeltumwandlung mit einigen **Vorteilen** verbunden. Durch den Verzicht auf Teile des laufenden Entgelts, die einer höheren Lohnsteuer und Sozialversicherungsabgabe unterliegen, erlangt er eine betriebliche Altersversorgung, die, wenn die Privilegierungsvoraussetzungen eingehalten werden, grundsätzlich erst in der Leistungsphase versteuert werden, was für den Arbeitnehmer regelmäßig günstiger ist als die Versteuerung während des aktiven Arbeitsverhältnisses (wegen der in dieser Zeit höheren Bezüge). Auch sozialversicherungsrechtlich ist diese »nachgelagerte« Verbeitragung regelmäßig vorteilhaft, zumal die Leistungen in dieser Phase nur noch mit Beiträgen zur Kranken- und zur Pflegeversicherung belastet werden.

> **! Wichtig**
>
> Der Arbeitnehmer kann zudem verlangen, dass die Voraussetzungen für die steuerliche Förderung nach §§ 10a, 82 Abs. 2 EStG (auch Riester-Förderung) erfüllt werden.

Dennoch bleibt – auch nach dem Betriebsrentenstärkungsgesetz – das **Problem der Doppelverbeitragung**: Bedauerlich ist, dass der Ausschluss von Doppelverbeitragungen in der Kranken- und Pflegeversicherung während der Rentenbezugsphase lediglich auf die betriebliche Riester-Rente beschränkt ist. Um die Attraktivität der bAV zu erhöhen, wäre ein grundsätzlicher Ausschluss von Doppelverbeitragungen erforderlich. Es gibt keinen Grund, in diesen Fällen weiter eine doppelte Beitragspflicht vorzusehen und damit den Aufbau zusätzlicher Altersvorsorge unangemessen zu erschweren.

Das Recht auf Entgeltumwandlung wird durch den **Tarifvorbehalt in § 17 Abs. 5 BetrAVG** eingeschränkt. Danach gilt: Soweit die Entgeltansprüche der Arbeitnehmer auf Tarifvertrag beruhen, ist eine Entgeltumwandlung nur möglich, wenn der Tarifvertrag dies ausdrücklich vorsieht bzw. im Wege der Öffnungsklausel erlaubt.

---

78 BAG v. 19.7.2005 – 3 AZR 502/04, NZA-RR 2006, 372.

> **Tipp** !
>
> Möglich ist es auch, durch Tarifverträge, sog. Opting-out-Modelle, eine automatische Entgeltumwandlung einzuführen, wonach tarifliche Entgeltansprüche standardmäßig umgewandelt werden, soweit nicht der betroffene Arbeitnehmer innerhalb einer bestimmten Frist »herausoptiert«.

4.2.2 Wertgleichheit

Nach §1 Abs. 2 Nr. 3 BetrAVG sind bei der Entgeltumwandlung Entgeltansprüche in eine **wertgleiche Anwartschaft** auf Versorgungsleistungen umzuwandeln. Für die Wertgleichheit kommt es auf den Vergleich zwischen Bruttoentgelt des Arbeitnehmers und der Versorgungsleistung selbst an. Maßgeblicher Zeitpunkt für die Bestimmung der Wertgleichheit ist der Zeitpunkt der Umwandlung. Demgegenüber sind die Einzelheiten der Berechnung unklar. Eine gesetzliche Klarstellung fehlt; grundsätzlich wird aber wie folgt differenziert:

Bei Direktzusagen und Zusagen, die durch eine Unterstützungskasse durchgeführt werden, soll die Wertgleichheit nach **versicherungsmathematischen Grundsätzen** bemessen werden.[79] Bei den Durchführungswegen Direktversicherung, Pensionskasse und Pensionsfonds ist Wertgleichheit anzunehmen, wenn der Arbeitgeber die umgewandelten Entgeltbestandteile vollständig an den Versorgungsträger abgeführt hat und die erwirtschafteten Überschüsse allein zugunsten der Arbeitnehmer verwendet werden.[80]

> **Achtung** !
>
> Das BAG hat klargestellt, dass eine »Zillmerung« von Betriebsrenten zwar unter Wertgleichheitsgesichtspunkten zulässig ist. Bei einer solchen Zillmerung werden die Kosten für den Abschluss des Versicherungsvertrags mit einem recht hohen Anteil aus den ersten Versicherungsbeiträgen finanziert. Wird der Versicherungsvertrag dann relativ schnell nach Abschluss beendet, kann dies dazu führen, dass – gemessen an den eingezahlten Beiträgen – verhältnismäßig wenig Kapital eingezahlt wurde und damit auch nur geringe Ansprüche aus dem Versicherungsvertrag bestehen. Auch wenn dies unter dem Wertgleichheitsgebot nicht moniert ist, hat das BAG doch klargestellt, dass in einem solchen Fall eine unzulässige Benachteiligung nach §307 Abs. 1 BGB vorliegen kann.[81] Dem Arbeitnehmer steht in einem solchen Fall (gegen den Arbeitgeber im Rahmen seiner Einstandspflicht) ein Anspruch auf höhere Leistungen zu.[82]

---

79 Höfer, in: Höfer/de Groot/Küpper/Reich, BetrAVG Band I, Stand 2018, §1 Rn. 92.
80 Rolfs, in: Blomeyer/Rolfs/Otto, BetrAVG, 7. Aufl. 2018, §1 Rn. 180, 199.
81 BAG v. 15.9.2009 – 3 AZR 17/09, NZA 2010, 164.
82 BAG v. 15.9.2009 – 3 AZR 17/09, NZA 2010, 164.

4.3 Mischfinanzierte Altersversorgung und Umfassungszusagen

Stets ist auch eine Kombination aus arbeitgeber- und arbeitnehmerfinanzierter Altersversorgung möglich (sog. mischfinanzierte Altersversorgung), die besonders häufig bei betrieblichen Pensionskassen vorzufinden ist. Es handelt sich in der Regel um eine **Mischung aus arbeitgeberseitigen Versorgungszusagen und Altersversorgung durch Entgeltumwandlung**.

Bei derartigen Mischfinanzierungen ist indes darauf zu achten, dass die gesetzliche Konzeption des BetrAVG in vielerlei Hinsicht eine Aufteilung der Anwartschaften erforderlich macht. Die Aufteilung erfolgt dabei grundsätzlich prämienratierlich nach Arbeitgeber- und Arbeitnehmerbeiträgen. Dies ergibt sich daraus, dass für arbeitgeber- und arbeitnehmerfinanzierte Altersversorgung unterschiedliche Regelungen, insbesondere bezüglich der Unverfallbarkeit (siehe unter B. 6.1), der Insolvenzsicherung und der Anpassung nach §16 BetrAVG (siehe unter C. 5.5), gelten. So wird mittlerweile auch durch die Rechtsprechung vertreten, dass die für arbeitnehmerfinanzierte Altersversorgung geltende sofortige Unverfallbarkeit von Altersversorgungsanwartschaften nicht auch die nach §1b Abs. 1 BetrAVG geltenden Unverfallbarkeitsfristen für arbeitgeberfinanzierte Anwartschaften infiziert.[83] Möglich ist indes stets, dass der Arbeitgeber dem Arbeitnehmer vertraglich auch für arbeitgeberfinanzierte Altersversorgung eine entsprechende sofortige Unverfallbarkeit einräumt.

Ein **Sonderfall der mischfinanzierten Altersversorgung** sind sog. **Umfassungszusagen** nach §1 Abs. 2 Nr. 4 BetrAVG.[84] Umfassungszusagen zeichnen sich dadurch aus, dass der Arbeitnehmer Beiträge aus seinem Arbeitsentgelt zur Finanzierung von Leistungen der betrieblichen Altersversorgung aufwendet und die Zusage des Arbeitgebers auch die Leistungen aus diesen Beiträgen umfasst. Zur Durchführung einer solchen Zusage kann der Arbeitnehmer einen Pensionsfonds, eine Pensionskasse oder eine Direktversicherung wählen. Es handelt sich hierbei zumeist um sog. Matching-Contribution-Systeme, bei denen der Arbeitgeber den Eigenaufwand des Arbeitnehmers zur betrieblichen Altersversorgung in seine eigene Versorgungszusage einbettet. Der Arbeitgeber eröffnet dem Arbeitnehmer hier häufig die Möglichkeit, eine arbeitgeberfinanzierte Grundversorgung durch Eigenbeiträge aufzustocken, die der Arbeitgeber wiederum durch Zusatzleistungen belohnt.[85]

---

83 So etwa das ArbG Würzburg v. 18.6.2013 – 10 Ca 1636/12, DB 2013, 2400.
84 Vgl. BAG v. 21.3.2017 – 3 AZR 464/15, NZA 2018, 104, vgl. auch Anhang – Verschaffungssysteme Nr. 14.
85 BAG v. 15.3.2016 – 3 AZR 827/14, NZA 2016, 1205, vgl. Anhang – Verschaffungssysteme Nr. 9.

Die für die Entgeltumwandlung geltenden **Sonderregelungen** bezüglich Unverfallbarkeit, Insolvenzsicherung und Anpassung finden auf die Beiträge der Arbeitgeber entsprechend Anwendung, soweit die zugesagten Leistungen aus diesen Beiträgen im Wege der Kapitaldeckung finanziert werden. Grund der Beschränkung ist die finanzielle Entlastung solcher externer Versorgungsträger, die nicht im Kapitaldeckungs-, sondern im Umlageverfahren finanziert werden.[86]

Problematisch kann hier im Einzelfall die Abgrenzung zwischen einer Umfassungszusage i.S.d. §1 Abs. 2 Nr. 4 BetrAVG einerseits und einer privaten Altersversorgung des Arbeitnehmers andererseits sein, die über denselben Versorgungsträger abgewickelt wird wie auch die Zusage des Arbeitgebers, jedoch nicht von der Zusage des Arbeitgebers umfasst ist. Leistungen, die als Umfassungszusage nach §1 Abs. 2 Nr. 4 BetrAVG einzustufen sind, unterfallen dem BetrAVG (inkl. einer Ausfallhaftung und unter Umständen dem Insolvenzschutz), während dies für die private Altersversorgung des Arbeitnehmers nicht der Fall ist. Problematisch wird es auch insoweit, weil es sich bei der vermeintlich privaten Altersversorgung auch um eine Nettoentgeltumwandlung handeln kann, bei der die Vorschriften des BetrAVG ebenfalls ohne Umfassungszusage des Arbeitgebers greifen. Gerade für diese Abgrenzung (Umfassungszusage einerseits, Nettoentgeltumwandlung andererseits) kommt es darauf an, wann es sich um einen Arbeitnehmerbeitrag im Sinne von §1 Abs. 2 Nr. 4 BetrAVG handelt, bei dem es auf die Umfassung durch den Arbeitgeber ankommt.

Die Abgrenzung zwischen den beiden Alternativen ergibt sich nicht aus dem Gesetzeswortlaut. Sie wird in der Literatur danach vorgenommen, ob der Arbeitnehmerbeitrag aus **versteuertem oder nicht versteuertem Einkommen** erbracht wird. Im letzteren Fall **(Bruttoentgeltumwandlung)** handelt es sich um eine Entgeltumwandlung i.S.v. §1 Abs. 2 Nr. 3 BetrAVG; nur im ersteren Fall **(Nettoentgeltumwandlung)** um einen Eigenbeitrag nach §1 Abs. 2 Nr. 4 BetrAVG.

Folgt man dieser Abgrenzung, so ist der Anwendungsbereich des §1 Abs. 2 Nr. 4 BetrAVG nur eröffnet, wenn die unter der Zusage gezahlten Arbeitnehmerbeiträge aus dem **Nettolohn** erbracht werden. In diesem Fall (und nur in diesem Fall) ist zu prüfen, ob die aus den Beiträgen resultierenden Leistungen von der Zusage des Arbeitgebers umfasst werden.

Handelt es sich hingegen um Bruttoentgeltumwandlung, so kommt es auf die Frage der Umfassungszusage nicht an. Die Vorschriften des BetrAVG gelten in diesem Fall auch ohne gesonderte Umfassung.

---

86 Höfer in: Höfer/de Groot/Küpper/Reich, BetrAVG Band I, Stand 2018, §1 Rn. 116.

Fälle des §1 Abs. 2 Nr. 4 BetrAVG ergeben sich in der Praxis häufig bei **mischfinanzierten Zusagen** (z.B. Matching- oder Dual-Contribution-Pläne).

Dies entspricht dem Wortlaut des §1 Abs. 2 Nr. 4 BetrAVG mit der Formulierung »auch die Leistungen aus diesen Beiträgen«. Die Verwendung des Wortes »auch« legt nahe, dass es in Fällen der Nr. 4 auch einen Arbeitgeberbeitrag gibt.

Entscheidend für das Vorliegen einer Umfassungszusage ist, welche Zusagen der Arbeitgeber gemacht hat.[87] In der Gesetzesbegründung heißt es: »Für den Charakter als betriebliche Altersversorgung ist entscheidend, dass eine Zusage des Arbeitgebers mit der hieraus folgenden Einstandspflicht nach §1 Abs. 1 BetrAVG auch in Bezug auf die auf solchen Beiträgen beruhenden Leistungen besteht.«

Angesichts dieses Umstands ist für die Umfassung darauf abzustellen, ob der Arbeitgeber die Zusage dem BetrAVG unterstellen wollte. Denn die Norm lautet:

! **Auszug §1 BetrAVG**

(2) Betriebliche Altersversorgung liegt auch vor, wenn

[...]

4. der Arbeitnehmer Beiträge aus seinem Arbeitsentgelt zur Finanzierung von Leistungen der betrieblichen Altersversorgung an einen Pensionsfonds, eine Pensionskasse oder eine Direktversicherung leistet und die Zusage des Arbeitgebers auch die Leistungen aus diesen Beiträgen umfasst; die Regelungen für Entgeltumwandlung sind hierbei entsprechend anzuwenden, soweit die zugesagten Leistungen aus diesen Beiträgen im Wege der Kapitaldeckung finanziert werden.

Das BAG führt indes dazu weiter aus:

»Es reicht nicht, dass betriebliche Altersversorgung nach allgemeinen Regeln vorliegt, sondern es muss darüber hinaus deutlich werden, dass der Arbeitgeber auch für die aus Beiträgen der Arbeitnehmer resultierenden Leistungen einzustehen hat. Jedenfalls im Falle einer Co-Finanzierung der Pensionskasse durch Arbeitgeber und Arbeitnehmer (vgl. BT-Drucks. 14/9007, 34) gibt die Bestimmung dem Arbeitgeber damit ein Wahlrecht, ob er eine entsprechende, die auf den Arbeitnehmerbeiträgen beruhenden Leistungen betreffende ›Umfassungszusage‹ erteilt – und damit korrespondierend die gesetzliche Einstandspflicht entsteht – oder ob die Zusage die auf den Arbeitnehmerbeiträgen beruhenden Leistungen nicht umfassen soll.«

---

87   BAG 15.3.2016 – 3 AZR 827/14, NZA 2016, 1205, vgl. Anhang – Verschaffungssysteme Nr. 9.

Jedenfalls im Falle einer Co-Finanzierung eines externen Versorgungsträgers durch Arbeitgeber und Arbeitnehmer, so das BAG, gebe das Gesetz dem Arbeitgeber somit ein Wahlrecht, ob er eine Umfassungszusage mit der Folge der Haftung abgibt oder nicht.[88]

Für die Beantwortung der Frage, ob eine Umfassungszusage vorliegt oder nicht, sind folgende Leitlinien zu beachten:

Abzustellen ist dabei zunächst auf eine etwaig vorliegende ausdrückliche **Parteivereinbarung**. Mangels einer solchen Parteivereinbarung kommt es auf ein etwaiges konkludentes Handeln an, aus dem sich der Umfang des Bindungs- und Haftungswillens des Arbeitgebers ergeben muss. Es ist nämlich ausreichend, wenn sich der Erklärungsgehalt aus den Umständen ergibt.[89] Dabei gilt, dass für **Zusagen vor Inkrafttreten des §1 Abs. 2 Nr. 4 BetrAVG am 1.7.2002 erheblich höhere Anforderungen** an die Indizien einer Umfassungszusage zu stellen sind.[90] Dies gilt deshalb, weil sich der Arbeitgeber vor Inkrafttreten des Gesetzes nicht in gleicher Weise des Umstands bewusst sein musste, dass ihn eine Haftung für die auf Eigenbeiträgen beruhenden Leistungen treffen kann.

In einem für eine Altzusage entschiedenen Fall hat das BAG die folgenden Indizien als **nicht ausreichend** gewertet:
- Abrede, dass für den Anspruch die Satzungsbestimmungen und jeweils gültigen Leistungspläne der Pensionskasse maßgeblich sind;
- die Höhe der Pensionsleistung ist von den Beiträgen abhängig;
- Beteiligung des Arbeitnehmers stand nicht in seinem Belieben;
- ein einheitlicher Rentenstamm und nicht zwei Stämme (Arbeitgeber und Arbeitnehmer)

Vielmehr seien nur eine Lastenverteilung und eine Berechnungsweise für die Höhe der Versorgungsleistung vereinbart worden. Soweit sich aus früheren Entscheidungen des BAG anderes ergebe, halte der Senat daran nicht mehr fest.[91] **Es müsse sich** daher jedenfalls bei **Altzusagen** über die Beschreibung der Leistung und die Unterstellung der Zusage unter das Betriebsrentengesetz hinaus **auch der Haftungswille des Arbeitgebers für die Leistungen auf Grundlage der Arbeitnehmerbeiträge erkennen lassen.**

---

88 BAG v. 15.3.2016 – 3 AZR 827/14 NZA 2016, 1205; vgl. Anhang – Verschaffungssysteme Nr. 9; vgl. auch BAG v. 10.2.2015 – 3 AZR 65/14, BeckRS 2015, 68735.
89 BAG v. 15.3.2016 – 3 AZR 827/14, NZA 2016, 1205, vgl. Anhang – Verschaffungssysteme Nr. 9.
90 BAG v. 15.3.2016 – 3 AZR 827/14, NZA 2016, 1205, vgl. Anhang – Verschaffungssysteme Nr. 9.
91 BAG v. 15.3.2016 – 3 AZR 827/14, NZA 2016, 1205, vgl. Anhang – Verschaffungssysteme Nr. 9.

Nicht ausgeführt hat das BAG – mangels Entscheidungserheblichkeit –, ob denn für eine nach dem 1.7.2002 erteilte Zusage (Neuzusage) die obigen Indizien ausgereicht hätten, um einen Haftungswillen des Arbeitgebers anzunehmen. Man kann annehmen, dass dies jedenfalls dann nicht ausgeschlossen ist, wenn es keine anderen entgegenstehenden Indizien gibt. Zum Teil wird zudem in der instanzgerichtlichen Rechtsprechung vertreten, dass bereits in der Bezugnahme auf allgemeine Versicherungsbedingungen (AVB) einer Pensionskasse in der Versorgungszusage eine solche Umfassung gesehen werden kann, wenn die AVB vorsehen, dass der Arbeitgeber für die Entrichtung sämtlicher Beiträge gegenüber der Kasse haftet.[92]

Die Darlegungs- und Beweislast für das Vorliegen einer Umfassungszusage obliegt dem Arbeitnehmer.[93] Allerdings, kann man bei einer Neuzusage fragen, ob der Arbeitgeber dann, wenn er ausdrücklich eine betriebliche Altersversorgung im Sinne des BetrAVG als ein Incentive des Unternehmens einführt, nicht gehalten ist, darauf hinzuweisen, dass er nur für die technische Umsetzung Sorge tragen, aber eben nicht für die Erfüllung einstehen will. Dann träfen die Folgen der fehlenden Erklärung den Arbeitgeber.

Hinzu kommt, dass jedenfalls bei einer Zusage, die dem Recht der allgemeinen Geschäftsbedingungen unterfällt, Unklarheiten zulasten des Arbeitgebers gehen.

Zur Vermeidung einer solchen Ausfallhaftung sollte eine Zusage einen entsprechenden klarstellenden Passus enthalten. Dieser könnte etwa wie folgt lauten:

! **Ausschluss der Haftung für den durch Arbeitnehmerbeiträge finanzierten Teil der Versorgungsleistung**

Die Ausfallhaftung des Arbeitgebers nach §1 Abs. 1 Satz 3 BetrAVG ist auf den Teil der Zusage beschränkt, der durch Arbeitgeberbeiträge sowie durch Entgeltumwandlung aus dem Bruttoentgelt finanziert wird.
Soweit die Leistungen durch Arbeitnehmerbeiträge aus dem Nettoentgelt finanziert werden, übernimmt der Arbeitgeber keine Haftung. Eine Umfassungszusage i.S.v. §1 Abs. 2 Nr. 4 BetrAVG wird nicht erteilt. Das Risiko des Ausfalls der Leistung durch den externen Versorgungsträger trägt somit im Hinblick auf den durch Arbeitnehmerbeiträge aus dem Nettolohn finanzierten Teil der Versorgungsleistung ausschließlich der Arbeitnehmer.

---

92 LAG Hamm v. 10.11.2015 – 9 Sa 797/15, juris.
93 BAG v. 15.3.2016 – 3 AZR 827/14, NZA 2016, 1205, vgl. Anhang – Verschaffungssysteme Nr. 9.

5   Plangestaltungen

Das BetrAVG erkennt unterschiedliche Gestaltungsmöglichkeiten der betrieblichen Altersversorgung an. Neben reinen Leistungszusagen stellen auch sog. beitragsorientierte Leistungszusagen und die Beitragszusage mit Mindestleistung betriebliche Altersversorgungsleistungen dar. Sämtlichen vorgenannten Gestaltungsmöglichkeiten ist gemein, dass der Arbeitgeber bei einer solchen Zusage stets das wirtschaftliche Risiko der zukünftigen Entwicklungen der Versorgungszusage trägt. Durch das sog. Betriebsrentenstärkungsgesetz ist zum 1.1.2018 zudem die sog. reine Beitragszusage in das BetrAVG eingeführt worden.

Versorgungszusage			
Leistungszusage	beitragsorientierte Leistungszusage	Beitragszusage mit Mindestleistung	reine Beitragszusage

Abb. 5: Gestaltungsmöglichkeiten der betrieblichen Altersversorgung

5.1   Leistungszusage

Die **reine Leistungszusage** ist der ursprünglichste Anwendungsfall der betrieblichen Altersversorgung nach dem BetrAVG. Sie ist dadurch gekennzeichnet, dass der Arbeitgeber dem Versorgungsberechtigten mit der Leistungszusage eine bereits genau bestimmte Versorgungshöhe verspricht. Der Versorgungsaufwand, mit dem der Arbeitgeber die zugesagte Leistung zu erreichen beabsichtigt, wird nicht Bestandteil der Zusage und damit Risiko des Arbeitgebers. Für den Arbeitnehmer sind solche Versorgungszusagen insoweit vorteilhaft, als den Arbeitgeber das Finanzierungsrisiko für die von ihm gemachte Zusage allein trifft.

In der inhaltlichen Konzeption einer Leistungszusage macht das BetrAVG grundsätzlich keine näheren Vorgaben.

So kann der Arbeitgeber beispielsweise dem Arbeitnehmer einen Festbetrag in Form eines fixen monatlichen Betrags zusagen (sog. **Festbetragszusage**). Gegebenenfalls sieht die Zusage festgelegte Steigerungen vor. Die Höhe des Steigerungsbetrags ist dabei zumeist abhängig von den abgeleisteten Dienstjahren (etwa 15,00 € pro anrechnungsfähiges Dienstjahr).

Insbesondere in älteren Plänen finden sich zudem sog. **Endgehaltszusagen**. Hierbei handelt es sich um gehaltsabhängige Zusagen. Insoweit kann der Arbeitgeber dem Arbeitnehmer einen festgelegten Prozentsatz des zuletzt bezogenen Einkommens zusagen (25% des zuletzt bezogenen Gehalts). Häufiger sagt der Arbeitgeber dem Arbeitnehmer aber keinen von vornherein festgelegten Prozentsatz als Betriebsrente zu, sondern lediglich einen Prozentsatz pro abgeleistetes Dienstjahr (mit einem vorgegebenen Maximalprozentsatz).

! **Beispiel**

Zuletzt bezogenes Einkommen × 2,5% pro Dienstjahr = Betriebsrente.

Häufig anzutreffen sind zudem auch Versorgungszusagen mit einer gespaltenen Rentenformel, die für den Teil des Einkommens oberhalb der Beitragsbemessungsgrenze einen höheren Steigerungssatz vorsehen als für den Teil bis zur Beitragsbemessungsgrenze. Hintergrund einer solchen Gestaltung ist, dass oberhalb der Beitragsbemessungsgrenze keine Leistungen der gesetzlichen Rentenversicherung mehr erreicht werden können. Hier sollen deshalb höhere Leistungen der betrieblichen Altersversorgung gewährt werden, damit keine Versorgungslücken entstehen.

! **Wichtig**

Nach der Auffassung des BAG ist eine vor dem 1.1.2003 getroffene Versorgungsvereinbarung mit gespaltener Rentenformel nach der außerplanmäßigen Anhebung der Beitragsbemessungsgrenze in der gesetzlichen Rentenversicherung zum 1.1.2003 nicht ergänzend dahin auszulegen, dass die Betriebsrente so zu berechnen ist, als wäre die außerplanmäßige Anhebung der Beitragsbemessungsgrenze nicht erfolgt. Ein Anspruch auf eine höhere Betriebsrente kann sich wegen der außerordentlichen Anhebung der BBG zum 1.1.2003 allenfalls nach den Regeln über die Störung der Geschäftsgrundlage (§ 313 BGB) ergeben.[94]

Möglich sind auch Versorgungszusagen, die pro Dienstjahr einen Anspruch auf Altersversorgung in Höhe eines bestimmten Prozentsatzes des jeweiligen Jahreseinkommens geben. Die Versorgungsleistung errechnet sich dann aus einer Addition der Beträge, die sich nach der entsprechenden Formel für jedes Dienstjahr ergeben.

Ältere Zusagen sind häufig auch in Form von **sog. Gesamtversorgungssystemen** anzutreffen. Hier wird dem Arbeitnehmer eine bestimmten Gesamtversorgung (z.B. 60% des zuletzt bezogenen Brutto- oder Nettoeinkommens)

---

94 BAG v. 23.4.2013 – 3 AZR 475/11, NZA 2013, 1275, vgl. Anhang – Betriebsrentenberechnung Nr. 7; BAG v. 23.4.2013 – 3 AZR 23/11, NZA 2014, 223 (Ls.), vgl. Anhang – Betriebsrentenberechnung Nr. 9; BAG v. 18.3.2014 – 3 AZR 952/11, NZA 2014, 843, vgl. Anhang – Betriebsrentenberechnung Nr. 7; anders noch BAG v. 21.4.2009 – 3 AZR 695/08, NZA 2010, 572.

unter gleichzeitiger Anrechnung der Rente aus der gesetzlichen Rentenversicherung zugesagt.[95] Die betriebliche Altersversorgung schließt dann die Lücke zwischen dem zugesagten Versorgungsniveau und der gesetzlichen Rentenversicherung. Aus diesem Charakter der Gesamtversorgungszusage leitet das BAG mittlerweile ab, dass auch Versorgungszusagen, die nicht inhaltlich identisch mit den gesetzlichen Rentenbezugsvoraussetzungen zugesagt worden sind, aber eine Anrechnung der gesetzlichen Rente vorsehen, den Bezug der gesetzlichen Rente als echte Leistungsvoraussetzung ansehen.[96] Dies spielt insbesondere dann eine Rolle, wenn die gesetzlichen Leistungsbezugskriterien (erforderliche Regelaltersgrenze oder Invaliditätsgrad) geändert werden. Solche Änderungen werden nach der Rechtsprechung dann grundsätzlich in der betrieblichen Altersversorgung nachvollzogen.

5.2 Beitragsorientierte Leistungszusage

Die beitragsorientierte Leistungszusage ist zum 1.1.1999 in das BetrAVG aufgenommen worden und ist mittlerweile die in der Praxis am weitesten verbreitete Form der Plangestaltung. Dies liegt daran, dass sie dem Arbeitgeber mehr Planungssicherheit gibt, da der Versorgungsaufwand vom Arbeitgeber präzise(r) kalkuliert werden kann. Nach §1 Abs. 2 Nr. 1 BetrAVG liegt eine beitragsorientierte Leistungszusage vor, wenn der Arbeitgeber sich verpflichtet, bestimmte Beträge in eine Versorgungsanwartschaft umzuwandeln. Die beitragsorientierte Leistungszusage kann sowohl unmittelbar als auch mittelbar durchgeführt werden, steht also in allen fünf Durchführungswegen zur Verfügung.

Im Gegensatz zur reinen Leistungszusage zeichnet sich die beitragsorientierte Leistungszusage folglich dadurch aus, dass der Arbeitgeber zwar weiterhin **eine bestimmte Leistung zusagt, dies aber in Abhängigkeit von einem bestimmten Beitrag erfolgt. Der Beitrag wird damit Teil des Inhalts der Zusage.** Ein jährlich aufgewandter Betrag wird demnach nach einem bestimmten Berechnungsmodell und unter Anwendung versicherungsmathematischer Grundsätze (i.d.R. durch eine Umrechnungs- oder Transformationstabelle) in eine konkret bestimmte Versorgungsleistung umgerechnet, für deren Erfüllung der Arbeitgeber einzustehen hat. Die Höhe der Versorgungsleistung ergibt sich dann aus einer Addition der einzelnen Jahresbausteine.

---

95 BAG v. 30.11.2010 – 3 AZR 475/09, NZA 2011, 748, vgl. Anhang – Auslegungsfragen Nr. 2; vgl. auch BAG v. 21.1.2011 – 9 AZR 565/08, NZA-RR 2011, 439, vgl. auch Anhang – Sonstiges Nr. 3.
96 BAG v. 13.1.2015 – 3 AZR 897/12, NZA 2015, 1192, vgl. auch Anhang – Auslegungsfragen Nr. 9.

! **Wichtig**

Die Umrechnung in Anwartschaften erfolgt im Falle von Direktzusagen regelmäßig anhand von Umrechnungstabellen. Für die Berechnung werden vielfach die sog. Heubeckschen Richttafeln benutzt. Eine weitere Möglichkeit ist die Umwandlung der Beiträge in Versorgungsleistungen durch den Abschluss einer Rückdeckungsversicherung. Die Zusage sieht dann vielfach die Abführung der Versicherungsbeiträge an die Rückdeckungsversicherung vor, die Leistung bestimmt sich dann nach dem Versicherungstarif der Rückdeckungsversicherung in Abhängigkeit von den eingezahlten Beiträgen.

5.3 Beitragszusage mit Mindestleistung

Bei der Beitragszusage mit Mindestleistung, die zum 1.1.2002 in das BetrAVG eingefügt worden ist, verspricht der Arbeitgeber zunächst nur die Zahlung von Beiträgen.

Im Gegensatz zur beitragsorientierten Leistungszusage ist der Arbeitgeber nach §1 Abs. 2 Nr. 2 BetrAVG bei der Beitragszusage mit Mindestleistung im Durchführungsweg beschränkt. Für diese Zusageform stehen nach §1 Abs. 2 Nr. 2 BetrAVG nur der Durchführungswege **Direktversicherung, Pensionskasse und Pensionsfonds** zur Verfügung, sodass eine solche Zusageform nicht als Direktzusage oder Unterstützungskassenzusage eingeräumt werden kann.

! **Tipp**

Pensionsfonds stehen im Vergleich zu Pensionskassen und Direktversicherungen aufsichtsrechtlich wesentlich weitere Anlagemöglichkeiten offen. Dies macht die Anlage zwar einerseits risikoreicher, andererseits sinkt mit der größeren Kapitalanlagefreiheit aber auch das Ausfallrisiko des Arbeitgebers. In der Praxis ist es den zur Zeit am Markt etablierten Pensionsfonds bisher gelungen, die zur Erfüllung der Versorgungszusage erforderliche Kapitalrendite zu erwirtschaften.

Zugleich verpflichtet sich der Arbeitgeber bei der Beitragszusage mit Mindestleistung aber auch dazu, die festgelegten Beiträge anzulegen und dieses Kapital samt der erzielten Erträge den Versorgungsberechtigten zur Verfügung zu stellen.

Zur Leistungszusage wird die Beitragszusage mit Mindestleistung jedoch dadurch, dass der Arbeitgeber den Versorgungsberechtigten zumindest die Summe der eingezahlten Beiträge garantieren muss. Im Grundsatz trägt der Arbeitnehmer bei dieser Gestaltungsmöglichkeit daher weitgehend das Anlagerisiko. Nur dann, wenn aus dem Investment der Beiträge eine Negativrendite entsteht, der Versorgungsträger also nicht einmal Leistungen erbringt, die den eingezahlten Beiträgen entsprechen, greift die Haftung des Arbeitgebers. Allerdings müssen nicht exakt die eingezahlten Beiträge erreicht und vom Arbeitgeber garantiert werden. Vielmehr dürfen von dem Gesamtbetrag der eingezahlten Beiträge solche Beiträge in Abzug gebracht werden, die für einen biometrischen Risikoausgleich für vorzeitige Versorgungsfälle (Berufsunfähigkeit oder Todesfall) verwendet werden. Sie ist daher ein Zwischending zwischen reiner Beitragszusage und reiner Leistungszusage; manche sprechen von einer »Gazelle mit Klumpfuß«.[97]

Achtung   **!**

Bei der Beitragszusage mit Mindestleistung entfällt die Anpassungsprüfung (vgl. §16 Abs. 3 Nr. 3 BetrAVG). Die gesetzliche Insolvenzsicherung durch den Pensions-Sicherungs-Verein aG ist auf die Mindestleistung beschränkt, §7 Abs. 2 Satz 5 BetrAVG.

5.4   Reine Beitragszusage

Die reine Beitragszusage ist heute in vielen Ländern, insbesondere im angloamerikanischen Raum als »**defined contribution scheme**«, die vorherrschende Planstruktur. Der Vorteil einer solchen Zusage besteht darin, dass der Arbeitgeber hier kein Haftungsrisiko mehr trägt, sobald er die Beiträge an den jeweiligen Versorgungsträger abgeführt hat (sog. Pay-and-forget-System). In Deutschland sah das BAG die reine Beitragszusagen aufgrund des Grundsatzes der Privatautonomie zwar grundsätzlich als zulässige Gestaltungsoption an. Die Erfurter Richter stellten aber wiederkehrend klar, dass eine solche Zusage keine Leistungen der betrieblichen Altersversorgung darstellten.[98] Dies hatte etwa zur Folge, dass solche Zusagen nicht dem gesetzlichen Insolvenzschutz durch den PSV unterlagen und auch lohnsteuerliche und sozialversicherungsrechtliche Privilegierungen nicht anwendbar waren. Auch die Einstandspflicht des Arbeitgebers konnte – mangels einer zugesagten (Mindest-) Leistungshöhe nicht greifen. Änderungen ergeben sich insoweit durch das **Betriebsrentenstärkungsgesetz** (dazu im Einzelnen unter B. 10.2).

Die Besonderheit der reinen Beitragszusage besteht darin, dass der Arbeitgeber dem Arbeitnehmer lediglich einen konkreten Beitrag zum Aufbau einer

---

97 Blomeyer, BetrAV 2001, 430.
98 BAG v. 7.9.2004 – 3 AZR 55/03, NZA 2005, 1239; v. 19.6.2012 – 3 AZR 408/10, AP BetrAVG §1 Pensionskasse Nr. 9, vgl. Anhang – Verschaffungssysteme Nr. 5; zuletzt v. 15.3.2016 – 3 AZR 827/14, AP BetrAVG §1 Pensionskasse Nr. 13, vgl. Anhang – Verschaffungssysteme Nr. 9.

Versorgung zusagt. Eine bestimmte Höhe garantiert der Arbeitgeber gerade nicht und schließt damit das Anlagerisiko für sich aus. Dieses trägt vielmehr der Arbeitnehmer allein.

Der wesentliche Vorteil der reinen Beitragszusage ist in der **Risikominimierung für den Arbeitgeber** zu sehen, die damit zugleich einen Anreiz für die Gewährung von Altersversorgungsleistungen bietet. Doch auch vor Geltung des Betriebsrentenstärkungsgesetzes war die reine Beitragszusage kein einfaches **»pay and forget«** für den Arbeitgeber. Zwar trug er insoweit nicht das Finanzierungsrisiko, mögliche Rechtsrisiken verblieben aber. So stellten insbesondere ein ausgedehntes Gleichbehandlungsgebot und spezielle Diskriminierungsverbote wichtige Einschränkungen der betriebsrentenrechtlichen Vertragsfreiheit dar, ebenso wie Auslegungsrisiken und Haftung bei unzureichender Information. Letztere verbleiben auch mit der Einführung der reinen Beitragszusage in das Betriebsrentengesetz.

6   Die Regelungen zur Unverfallbarkeit

Eine betriebsrentenrechtliche Besonderheit sind die Regelungen zur (Un-) Verfallbarkeit von Versorgungsanwartschaften. Versorgungszusagen durchlaufen während ihres Bestehens unterschiedliche Stadien. Ab dem Zeitpunkt der Zusage hat der Arbeitnehmer zunächst nur eine **Anwartschaft** auf die Versorgungsleistungen. Erst wenn der Arbeitnehmer die jeweiligen Leistungsvoraussetzungen erfüllt (namentlich das Erreichen des Ruhestandsalters), erstarkt seine Anwartschaft zu einem **Anspruch auf die Versorgungsleistung**. Während der Anwartschaftsphase unterscheidet man zwischen verfallbaren und unverfallbaren Anwartschaften. Von Relevanz ist die Frage der Unverfallbarkeit nur, wenn der Arbeitnehmer vor dem Eintritt des Versorgungsfalls aus dem Arbeitsverhältnis ausscheidet. Die vorzeitige Beendigung des Arbeitsverhältnisses ist eine echte Tatbestandsvoraussetzung für die Unverfallbarkeit der Anwartschaft.[99]

Das BetrAVG knüpft an das Vorliegen der Unverfallbarkeitsvoraussetzungen einige gesetzliche Folgen wie die Anpassungspflicht nach §2a BetrAVG und den Insolvenzschutz nach den §§7 ff. BetrAVG.

6.1   Gesetzliche Unverfallbarkeit

Aufgrund des Inkrafttretens des Umsetzungsgesetzes zur EU-Mobilitätsrichtlinie ins deutsche Recht gilt für alle Versorgungszusagen seit dem 1. Januar 2018 für den Eintritt der Unverfallbarkeit – neben der Beendigung des Arbeitsverhältnisses –, dass das Arbeitsverhältnis nach Vollendung des 21. Lebensjahrs enden und die Versorgungszusage zu diesem Zeitpunkt mindestens drei Jahre bestanden haben muss.

Wurde die Versorgungszusage nach dem 31. Dezember 2008 und vor dem 1. Januar 2018 erteilt, gilt derzeit, dass dem Arbeitnehmer seine Versorgungsanwartschaften erhalten bleiben, wenn das Arbeitsverhältnis vor Eintritt des Versorgungsfalls, jedoch nach Vollendung des 25. Lebensjahres endet und die Versorgungszusage zu diesem Zeitpunkt mindestens fünf Jahre bestanden hat. Eine ähnliche Systematik für davor liegende Zusagen findet sich in der Übergangsvorschrift des §30f BetrAVG. Danach gilt hier Folgendes:

---

99   Langohr-Plato, Betriebliche Altersversorgung, 7. Auflage 2016, Rn. 377.

Für Versorgungszusagen, die vor dem 1. Januar 2001 zugesagt worden sind, ist §1b Abs. 1 BetrAVG mit der Maßgabe anzuwenden, dass die Anwartschaft erhalten bleibt, wenn das Arbeitsverhältnis vor Eintritt des Versorgungsfalls, jedoch nach Vollendung des 35. Lebensjahres endet und die Versorgungszusage zu diesem Zeitpunkt mindestens zehn Jahre oder bei mindestens zwölfjähriger Betriebszugehörigkeit mindestens drei Jahre bestanden hat; in diesen Fällen bleibt die Anwartschaft auch erhalten, wenn die Zusage ab dem 1. Januar 2001 fünf Jahre bestanden hat und bei Beendigung des Arbeitsverhältnisses das 30. Lebensjahr vollendet ist.

Wenn Leistungen der betrieblichen Altersversorgung vor dem 1. Januar 2009 und nach dem 31. Dezember 2000 zugesagt worden sind, ist §1b Abs. 1 Satz 1 BetrAVG mit der Maßgabe anzuwenden, dass die Anwartschaft erhalten bleibt, wenn das Arbeitsverhältnis vor Eintritt des Versorgungsfalls, jedoch nach Vollendung des 30. Lebensjahres endet und die Versorgungszusage zu diesem Zeitpunkt fünf Jahre bestanden hat; in diesen Fällen bleibt die Anwartschaft auch erhalten, wenn die Zusage ab dem 1. Januar 2009 fünf Jahre bestanden hat und bei Beendigung des Arbeitsverhältnisses das 25. Lebensjahr vollendet ist.

Die Unverfallbarkeitsfrist beginnt mit Erteilung der Versorgungszusage zu laufen, d.h. entweder mit Abschluss der Versorgungsvereinbarung oder bei einem kollektivrechtlichen Versorgungswerk, wenn der Arbeitnehmer erstmalig in den persönlichen Anwendungsbereich fällt.[100] Bei extern durchgeführten Versorgungswerken sind einige Besonderheiten hinsichtlich des Beginns und des Laufs der Unverfallbarkeitsfristen zu beachten: Bei Direktversicherungen gilt nach §1 Abs. 2 Satz 4 BetrAVG als Zeitpunkt der Erteilung der Versorgungszusage der Versicherungsbeginn, frühestens jedoch der Beginn der Betriebszugehörigkeit. Für Versorgungszusagen, die von einer Pensionskasse oder einem Pensionsfonds durchgeführt werden, gilt dies entsprechend, vgl. §1b Abs. 3 Satz 2 BetrAVG. Bei einer Unterstützungskassenzusage gilt die Versorgungszusage ab dem Zeitpunkt als erteilt, von dem an der Arbeitnehmer zum Kreis der Begünstigten der Unterstützungskasse gehört, vgl. §1b Abs. 4 Satz 2 BetrAVG.

Die Unverfallbarkeitsfrist wird **unterbrochen**, wenn das Arbeitsverhältnis beendet und nicht nur ruhend gestellt wird. Soweit der Arbeitnehmer das Arbeitsverhältnis dann nach einer längeren Unterbrechung wieder aufnimmt, beginnt die Unverfallbarkeitsfrist grundsätzlich wieder von Neuem an zu laufen. Nur in Ausnahmefällen können Unterbrechungen so unerheblich sein, dass sie den Lauf der Unverfallbarkeitsfristen nicht unterbrechen.

---

100 Steinmeyer in: ErfK, 18. Aufl. 2018, BetrAVG, §1b Rn. 7 ff.

§1b Abs. 5 BetrAVG bestimmt für den **Fall der Entgeltumwandlung die sofortige, d.h. sogleich mit ihrer Entstehung einsetzende, gesetzliche Unverfallbarkeit** der Anwartschaften. Dies folgt aus dem Umstand, dass es sich hierbei um eine arbeitnehmerfinanzierte betriebliche Altersversorgung handelt. Die sofortige gesetzliche Unverfallbarkeit gilt aus Gründen des Vertrauensschutzes und des Rückwirkungsverbots indes nur für solche Entgeltumwandlungen, die nach dem 1. Januar 2001 eingegangen worden sind, vgl. §30 Abs. 1 Satz 2 BetrAVG.

> **Achtung** !
>
> Bei einer Entgeltumwandlung, die über eine Direktversicherung, einen Pensionsfonds oder eine Pensionskasse abgewickelt wird, sind zudem gem. §1b Abs. 5 Satz 2 BetrAVG folgende Besonderheiten zu berücksichtigen:
> - Überschussanteile dürfen nur zur Verbesserung der Leistung verwendet werden.
> - Dem ausgeschiedenen Arbeitnehmer muss das Recht zur Fortsetzung der Versicherung oder Versorgung mit eigenen Beiträgen eingeräumt werden.
> - Das Recht zur Verpfändung, Abtretung oder Beleihung durch den Arbeitgeber muss ausgeschlossen sein.
>
> Die Umsetzung dieser gesetzlichen Bedingungen sollten in der Entgeltumwandlungsvereinbarung explizit geregelt werden.

6.2 Vertragliche Unverfallbarkeit

Es bleibt dem Arbeitgeber unbenommen, unabhängig vom Vorliegen der gesetzlichen Unverfallbarkeitsvoraussetzungen einen früheren Zeitpunkt oder auch eine sofortige Unverfallbarkeit für die Anwartschaften zu vereinbaren. Anwartschaften, die aufgrund eines Vertrags unverfallbar sind, binden indes nur den Arbeitgeber bzw. dessen Rechtsnachfolger (etwa im Falle der Gesamtrechtsnachfolge im Zuge eines Betriebsübergangs nach §613a BGB). Eine Insolvenzsicherung durch den Pensions-Sicherungs-Verein aG erfolgt nicht. Dieser hat nach dem eindeutigen Wortlaut des §7 BetrAVG lediglich für die gesetzlich unverfallbaren Anwartschaften einzustehen.

> **Tipp** !
>
> Vertraglich unverfallbare Anwartschaften können durch den Abschluss einer Rückdeckungsversicherung und die Verpfändung derselben an den Arbeitnehmer oder über ein CTA insolvenzgesichert werden.

6.3 Höhe der unverfallbaren Anwartschaft

Die Höhe derunverfallbare Anwartschaft bestimmt sich nach den Vorgaben des §2 BetrAVG. Der danach ermittelte Anwartschaftswert ist der Betrag, der dem **Versorgungsberechtigten** im Versorgungsfall **als Rentenleistung zusteht**. Es handelt sich nur noch um einen Teilanspruch des ihm nach der Versorgungszusage in Aussicht gestellten Rentenanspruchs. Hinsichtlich der konkreten Berechnung des Anwartschaftswertes ist zwischen den einzelnen Durchführungswegen zu differenzieren.

> **! Wichtig**
>
> Streitigkeiten über die Höhe des Versorgungsanspruchs sind im Rahmen einer Feststellungsklage zu klären. Der versorgungsberechtigte Arbeitnehmer hat keinen Anspruch auf Neuberechnung aus §4a Abs. 1 BetrAVG mit dem Ziel, Meinungsverschiedenheiten über den Inhalt des Versorgungsanspruchs auszuräumen.[101]

6.3.1 Direktzusage, Unterstützungskassenzusage und Pensionsfondszusage

6.3.1.1 Leistungszusage

§2 Abs. 1 BetrAVG gibt für die Direktzusage und über §2 Abs. 2, 3, 3a und Abs. 4 i.V.m. §2 Abs. 1 BetrAVG im Grundsatz zunächst auch für Direktversicherungen, Pensionskassen, Pensionsfonds und Unterstützungskassenzusagen ein ratierliches Berechnungsverfahren vor. Das Berechnungsverfahren wird auch als **Quotierungs- oder m/n-tel-Verfahren** bezeichnet.[102]

Die **Berechnung** vollzieht sich dabei in zwei Schritten. Zunächst ist die Versorgungsleistung zu berechnen, die dem Arbeitnehmer zugestanden hätte, wenn er planmäßig bis zum Eintritt des in der Versorgungszusage festgelegten Renteneintrittsalters im Unternehmen verblieben wäre (Vollanspruch). Bei der Berechnung des Vollanspruchs sind sämtliche Berechnungsfaktoren zu berücksichtigen, die sich aus der Versorgungsregelung ergeben oder als tatsächliche Veränderungen absehbar sind. Veränderungen, die nach dem Ausscheiden eintreten, bleiben gem. §2a Abs. 1 BetrAVG außer Betracht.

---

101 BAG v. 23.8.2011 – 3 AZR 669/09, DB 2012, 527, vgl. Anhang – Betriebsrentenberechnung Nr. 5.
102 Höfer in: Höfer/de Groot/Küpper/Reich, BetrAVG Band I, Stand 2018, §2 Rn.3.

Im zweiten Schritt wird dieser Vollanspruch im Verhältnis der tatsächlichen Betriebszugehörigkeit (»m«) zu der bis zur festen Regelaltersgrenze möglichen Betriebszugehörigkeit (»n«) gekürzt, indem dieser mit dem m/n-tel Faktor multipliziert wird.

> **Beispiel** !
>
> Laut der Versorgungszusage erhält der Arbeitnehmer eine jährliche Altersrente i.H.v. 1000 € pro Monat bei Verbleib bis zur Regelaltersgrenze (maximale Ablaufleistung).. Der Arbeitnehmer ist am 27.8.1975 geboren. Die für ihn maßgebende Regelaltersgrenze ist die Vollendung des 67. Lebensjahres. Er ist am 27.8.2002 (mit Vollendung des 27. Lebensjahres) in das Arbeitsverhältnis eingetreten. Zum 27.8.2017 scheidet er aus dem Arbeitsverhältnis aus. Danach ergibt sich eine fiktive Versorgungsleistung von 15 (tatsächlich geleistete Jahre der Betriebszugehörigkeit) : 40 (maximal mögliche Jahre bis zur Regelaltersgrenze) × 1.000 Euro (maximale Ablaufleistung) = 375 Euro (ratierliche Leistung).

Wird dem Arbeitnehmer eine gehaltsabhängige Versorgungszusage erteilt, ist die Berechnung der unverfallbaren Anwartschaft ebenfalls nach dem m/n-tel-Verfahren durchzuführen.

> **Beispiel** !
>
> Dem Arbeitnehmer wird zugesagt, dass er 0,5% seines letzten ruhegeldfähigen Endgehalts pro Jahr der Betriebszugehörigkeit als Versorgungsleistung erhält. Der Arbeitnehmer ist am 27.8.1975 geboren. Die für ihn maßgebende Regelaltersgrenze ist daher die Vollendung seines 67. Lebensjahres. Er ist am 1.1.2003 in das Arbeitsverhältnis eingetreten. Zum 31.12.2017 scheidet er aus dem Arbeitsverhältnis aus. Sein letztes Gehalt beträgt zum Zeitpunkt des Ausscheidens 2.500 €. Danach ergibt sich eine fiktive Versorgungsleistung in Höhe von 487,5 € ((2.500 € × 0,5) × 39).

Monatliche fiktive Versorgungsleistung bei Ausscheiden mit dem 67. Lebensjahr = 702 €	×	Tatsächliche Dauer der Betriebszugehörigkeit = 180 Monate / Mögliche Dauer bis zur Erreichung der Regelaltersgrenze = 468 Monate	Monatliche Versorgungsleistung (702 € × 0,385) 270,27 €
Monatliche fiktive Versorgungsleistung bei Ausscheiden mit dem 67. Lebensjahr = 487,50 €	×	Tatsächliche Dauer der Betriebszugehörigkeit = 180 Monate / Mögliche Dauer bis zur Erreichung der Regelaltersgrenze = 468 Monate	= Monatliche Versorgungsleistung (487,50 € × 0,385) 187,69 €

Der Arbeitnehmer erhält somit eine auf den Zeitpunkt seines Ausscheidens festgeschriebene Rentenleistung i.H.v. 187,69 € pro Monat.

Die **Berechnung des Anwartschaftswertes nach §2 Abs. 1 BetrAVG** gilt zunächst für arbeitgeberfinanzierte Versorgungszusagen in Form der reinen Leistungszusage. Für die übrigen Leistungsarten und Durchführungswege, sowie die Entgeltumwandlung ergeben sich aus §2 BetrAVG abweichende bzw. ergänzende Berechnungsparameter. Das m/n-tel-Verfahren ist entsprechend auf die Berechnung der Leistung bei einer Kapitalzusage anzuwenden.

6.3.1.2 Beitragsorientierte Leistungszusage und Entgeltumwandlung

Bei beitragsorientierten Leistungszusagen in den Durchführungswegen Direktzusage, Unterstützungskasse und Pensionsfonds und bei Entgeltumwandlungszusagen findet bei vorzeitigem Ausscheiden des Arbeitgebers keine dienstzeitabhängige Quotierung zur Berechnung der unverfallbaren Anwartschaft statt.

An die Stelle der dienstzeitabhängigen Berechnung tritt bei der beitragsorientierten Leistungszusage und der Zusage auf Entgeltumwandlung gem. §2 Abs. 5 BetrAVG das sich bis zum Austritt aus dem Arbeitsverhältnis aus den geleisteten Beiträgen ergebende Kapital.

6.3.2 Direktversicherung und Pensionskassenzusage

Bei der Durchführung der betrieblichen Altersversorgung über eine Direktversicherung oder Pensionskasse wird dem Arbeitgeber neben dem m/n-tel-Verfahren nach §2 Abs. 1 BetrAVG (s.o.) ein **weiteres Berechnungsverfahren** an die Hand gegeben, das er alternativ zur Bestimmung der Höhe der unverfallbaren Anwartschaft heranziehen kann, sog. versicherungsförmige Lösung.[103]

Maßgebliche Vorschriften sind §2 Abs. 2 Satz 2 BetrAVG bzw. §2 Abs. 3 Satz 2 BetrAVG. Danach bestimmt sich die Höhe der unverfallbaren Anwartschaft nach den bis zum Ausscheiden des Arbeitnehmers beim Versicherer bzw. der Pensionskasse angesammelten Deckungsmitteln.[104] Diese alternative Berechnung ist jedoch nur zulässig, sofern der Arbeitgeber die Voraussetzungen aus §2 Abs. 2 Satz 2 Nr. 1–3 bzw. §2 Abs. 3 Satz 2 Nr. 1–2 BetrAVG erfüllt.

Das gilt sowohl für reine Leistungszusagen als auch für beitragsorientierte Leistungszusagen, wobei in der Praxis – soweit der Arbeitgeber die entspre-

---

103 Kisters-Kölkes in: Kemper/Kisters-Kölkes/Berenz/Huber, BetrAVG, 7.Aufl. 2016, §2 Rn.109.
104 Vgl. auch Höfer in: Höfer/de Groot/Küpper/Reich, BetrAVG Band I, Stand 2018, §2 Rn.7.

chenden Voraussetzungen erfüllt – bei beitragsorientierten Leistungszusagen i.d.R. die versicherungsförmige Lösung angewandt wird. Liegen jedoch die Voraussetzungen für die Anwendung der versicherungsförmigen Lösung einmal nicht vor, wird entsprechend §2 Abs. 1 BetrAVG quotiert.[105]

Voraussetzung der versicherungsförmigen Lösung ist indes, dass der Arbeitgeber die Berechnung nach dieser Vorschrift verlangt, §2 Abs. 2 Satz 2 BetrAVG. Wörtlich heißt es hierzu:

»An die Stelle der Ansprüche nach Satz 1 tritt auf Verlangen des Arbeitgebers die von dem Versicherer auf Grund des Versicherungsvertrages zu erbringende Versicherungsleistung, wenn [...].«

Das Gesetz spezifiziert nicht, wann das Verlangen genau geäußert werden muss, und so sahen eine Reihe älterer Zusagen vor, dass bereits in der Zusage selbst das entsprechende Verlangen geltend gemacht wurde.– man wollte verhindern, dass später der Anspruch versehentlich nicht geltend gemacht wird. Indes vertritt das BAG[106] den Standpunkt, dass ein solches Vorgehen nicht ohne Weiteres zulässig ist. Das Verlangen kann jedoch auch bereits vor Beendigung des Arbeitsverhältnisses erklärt werden. Ein sachlich-zeitlicher Zusammenhang mit der Beendigung des Arbeitsverhältnisses ist ausreichend.[107]

Mithin ist im Zusammenhang mit der Beendigung eines Arbeitsverhältnisses darauf zu achten, dass das Verlangen nach §2 Abs. 2 BetrAVG gesondert geltend gemacht wird.

6.3.3 Beitragszusage mit Mindestleistung

Beitragszusagen mit Mindestleistung können in den Durchführungswegen Direktversicherung, Pensionskasse und Pensionsfonds erteilt werden (s.o.). Bei einer Versorgungszusage in Form der **Beitragszusage mit Mindestleistung** richtet sich die Höhe der unverfallbaren Anwartschaft nach §2 Abs. 6 BetrAVG. Danach tritt an die Stelle der dienstzeitabhängigen Berechnung nach §2 Abs. 1 BetrAVG das dem Arbeitnehmer auf der Grundlage der bis zum Zeitpunkt seines Ausscheidens geleisteten Beträge planmäßig zuzurechnende

---

105 Kisters-Kölkes in: Kemper/Kisters-Kölkes/Berenz/Huber, BetrAVG, 7.Aufl. 2016, §2 Rn.110.
106 BAG v. 19.5.2016 – 3 AZR 794/14, AP Nr. 78 zu §2 BetrAVG, vgl. Anhang – Verschaffungssysteme Nr. 10.
107 BAG v. 19.5.2016 – 3 AZR 794/14, AP Nr. 78 zu §2 BetrAVG, vgl. Anhang – Verschaffungssysteme Nr. 10.

Versorgungskapital. Mindestens müssen ihm die geleisteten Beiträge erhalten bleiben, es sei denn, diese wurden rechnungsmäßig für einen biometrischen Risikoausgleich verbraucht.

6.4 Festschreibeffekt

Nach §2a Abs. 1 BetrAVG gilt, dass, wenn das Quotierungsverfahren nach §2 Abs. 1 BetrAVG angewandt wird, alle Veränderungen der Versorgungsregelung und der Bemessungsgrundlagen für die Leistung der betrieblichen Altersversorgung, soweit sie nach dem Ausscheiden des Arbeitnehmers eintreten, außer Betracht bleiben.[108] Die unverfallbare Anwartschaft wird somit auf den Zeitpunkt der Beendigung des Arbeitsverhältnisses eingefroren. Das hat den Vorteil, dass Arbeitgeber und Arbeitnehmer den Wert der Anwartschaft alsbald nach dem Ausscheiden erkennen können.

Die Regelung ist insbesondere für gehaltsabhängige Versorgungszusagen von Bedeutung. Ändern sich beispielsweise durch Tariferhöhungen die Bezüge, aufgrund derer die Versorgungsanwartschaft berechnet wird, oder steigt der Verbraucherpreisindex nach Ausscheiden des Arbeitnehmers mit unverfallbarer Anwartschaft, bleibt dies für die Berechnung der Versorgungsleistung derzeit außer Betracht. Eine solche Festschreibung gilt nicht, wenn die Erhöhung bereits in der Zusage angelegt und damit fest zugesagt ist.

> **!** **Achtung**
>
> Eine Besonderheit ist seit dem Inkrafttreten des §2a BetrAVG zum 1. Januar 2018 zu beachten. Mittlerweile gilt nämlich für sämtliche unverfallbaren Versorgungsanwartschaften nach Maßgabe des zeitlichen Anwendungsbereichs, der über §30g Abs. 1 BetrAVG definiert wird, eine **Dynamisierungspflicht**. Der Festschreibeffekt wird von §2 Abs. 5 BetrAVG a.F. in §2a Abs. 1 BetrAVG n.F. überführt. Seine Wirkung bleibt von der Überführung indes im Grundsatz unberührt. Die neu eingeführte Dynamisierungspflicht nach §2a Abs. 2 BetrAVG setzt indes auf diesem festgeschriebenen Wert der Anwartschaft an. Mit der Dynamisierungspflicht soll unter Gleichbehandlungsgesichtspunkten sichergestellt werden, dass ausgeschiedene Arbeitnehmer im Hinblick auf den Wert ihrer unverfallbaren Anwartschaft gegenüber vergleichbaren nicht ausgeschiedenen Arbeitnehmern nicht (mehr) benachteiligt werden. Eine Benachteiligung gilt danach als ausgeschlossen, wenn die Anwartschaft
>
> - als nominales Anrecht festgelegt wird (z.B. pro Dienstjahr 2% des Jahreseinkommens),

---

108 BAG v. 29.9.2010 – 3 AZR 564/09, DB 2011, 540, vgl. Anhang – Betriebsrentenberechnung Nr. 1.

- eine Verzinsung enthält, die auch dem ausgeschiedenen Arbeitnehmer zugutekommt, oder
- ein Pensionsfonds, eine Pensionskasse oder eine Direktversicherung als Versorgungsträger die Erträge auch dem ausgeschiedenen Arbeitnehmer zukommen lässt.

Seine Dynamisierungspflicht kann der Arbeitgeber dadurch erfüllen, dass er die Anwartschaften

- um 1% jährlich,
- wie die Nettolöhne vergleichbarer nicht ausgeschiedener Arbeitnehmer,
- wie die laufenden Leistungen des Arbeitgebers oder
- entsprechend dem Verbraucherpreisindex für Deutschland anpasst.

Gem. § 30g BetrAVG gilt die Dynamisierungspflicht für sämtliche Verpflichtungen ab dem 1. Januar 2018. Für Beschäftigungszeiten nach dem 31. Dezember 2017 gilt dies nicht, wenn das Versorgungssystem vor dem 20. Mai 2014 für neue Arbeitnehmer geschlossen war.

7   Vorzeitige Altersleistung

Nach **§6 Satz 1 BetrAVG** sind einem Arbeitnehmer, der die Altersrente aus der gesetzlichen Rentenversicherung als Vollrente in Anspruch nimmt, auf sein Verlangen die Leistungen der betrieblichen Altersversorgung zu gewähren, wenn er die entsprechenden Leistungsvoraussetzungen erfüllt. Der Anspruch erfasst – entgegen dem missverständlichen Wortlaut – nur Versorgungsleistungen wegen des Alters, nicht etwa wegen Invalidität.[109] Der Anspruch auf die vorgezogene Altersleistung setzt voraus, dass der Arbeitnehmer die Vollrente aus der gesetzlichen Rentenversicherung vorzeitig in Anspruch nimmt. Der Bezug einer Teilrente nach §42 Abs. 1 SGB VI reicht nicht aus.

! **Wichtig**

Zum Nachweis seiner Berechtigung hinsichtlich der gesetzlichen Vollrente sollte der Arbeitnehmer einen entsprechenden positiven Rentenbescheid des Trägers der gesetzlichen Rentenversicherung vorlegen.

Weiter ist erforderlich, dass diese Vollrente vorzeitig, d.h. vor dem eigentlichen Renteneintrittsalter in der gesetzlichen Rentenversicherung in Anspruch genommen wird. Hierbei ist auf die jeweils geltende Regelaltersgrenze nach §§36 ff., 236 ff. SGB VI abzustellen.

Scheidet ein Arbeitnehmer vor Eintritt des Versorgungsfalls aus und nimmt Leistungen aus betrieblicher Altersversorgung vorzeitig in Anspruch, ist der Arbeitgeber unter zwei Gesichtspunkten zu einer Leistungskürzung berechtigt. Zum einen hat der Arbeitnehmer nicht die vollständige Zeit der Betriebszugehörigkeit erbracht, zum anderen nimmt er die Versorgungsleistung früher und damit wahrscheinlich auch länger in Anspruch, als bei planmäßigem Ausscheiden mit Eintritt des Versorgungsfalls.[110]

! **Achtung**

Die vorzeitige Inanspruchnahme der gesetzlichen Altersrente führt dazu, dass sich der Anspruch auf Altersrente für jeden Kalendermonat der vorzeitigen Inanspruchnahme um 0,3% mindert, §77 SGB VI. Für Arbeitnehmer besteht die Möglichkeit, die Rentenminderung durch Zahlung eines Ausgleichsbetrags zu kompensieren, §187a SGB VI. Sieht eine Versorgungsordnung einen »versicherungsmathematischen Abschlag« für den Fall der vorgezogenen Inanspruchnahme vor, ohne den Abschlag der Höhe

---

109 Rolfs in: Blomeyer/Rolfs/Otto, BetrAVG, 7.Aufl. 2018, §6 Rn. 12, 13.
110 BAG v. 29.9.2010 – 3 AZR 557/08, NZA 2011, 206, vgl. Anhang – Betriebsrentenberechnung Nr. 2; v. 19.4.2011 – 3 AZR 318/09, BeckRS 2011, 73551, vgl. Anhang – Betriebsrentenberechnung Nr. 4.

nach festzulegen, ist der Arbeitgeber grundsätzlich. berechtigt, pauschal einen Abschlag von 0,5% pro Monat wegen der vorgezogenen Inanspruchnahme der Rentenleistung einzubehalten.[111]

Nimmt der Arbeitnehmer vorzeitig Leistungen aus betrieblicher Altersversorgung in Anspruch, bestimmt sich die Höhe der Versorgungsleistung nach den allgemeinen Grundsätzen der §§2, 2a BetrAVG, wenn die Versorgungszusage für diesen Fall des Ausscheidens keine Regelungen zur Berechnung der vorgezogen in Anspruch genommenen Versorgungsleistung vorsieht.[112] Danach können die Leistungen aus betrieblicher Altersversorgung gem. §2 Abs. 1 und §2a Abs. 1 (§2 Abs. 5 a.F.) wegen der fehlenden Betriebszughörigkeit zeitratierlich gekürzt werden.[113]

Bei der Berechnung der Leistungshöhe gem. §2 Abs. 1 BetrAVG bei Gesamtversorgungszusagen ist eine in der Versorgungsordnung enthaltene Gesamtversorgungsobergrenze bereits bei der Ermittlung der maßgeblichen fiktiven Vollversorgung zu berücksichtigen und nicht erst auf den anteilig quotierten Anspruch anzuwenden. Etwas anderes kommt nur in Betracht, wenn die Versorgungszusage eine für den Arbeitnehmer günstigere, von §2 Abs. 1 BetrAVG abweichende Regelung vorsieht.[114]

Bereits das Verlangen des Arbeitnehmers führt zu einer Änderung der Rechtslage. Eine Zustimmung des Arbeitgebers ist nicht erforderlich. Ob das Verlangen auch gegenüber dem externen Versorgungsträger geäußert werden muss, hängt davon ab, ob der Arbeitnehmer gegenüber dem Versorgungsträger – wie etwa bei der versicherungsförmigen Lösung nach §2 Abs. 2 Satz 2 Nr. 3 BetrAVG gegenüber dem Versicherer – selbst zur Inanspruchnahme der Leistung berechtigt ist. Die Grundsätze über die Berechnung der Leistungen aus betrieblicher Altersversorgung bei vorzeitigem Ausscheiden und vorzeitiger Inanspruchnahme gelten genauso für Versorgungszusagen, die eine (Einmal-)Kapitalleistung vorsehen.[115]

Für den Fall, dass die Altersrente aus der gesetzlichen Rentenversicherung wieder wegfällt oder auf einen Teilbetrag beschränkt wird, bestimmt §6

---

111 BAG v. 29.9.2010 – 3 AZR 557/08, NZA 2011, 206, vgl. Anhang – Betriebsrentenberechnung Nr. 2; v. 8.3.2011 – 3 AZR 666/09, BeckRS 2011, 74887, vgl. Anhang – Betriebsrentenberechnung Nr. 3.

112 BAG v. 10.12.2013 – 3 AZR 726/11, NZA-RR 2014, 654, vgl. Anhang – Betriebsrentenberechnung Nr. 11.

113 BAG v. 10.12.2013 – 3 AZR 832/11, NZA-RR 2014, 375, vgl. Anhang – Betriebsrentenberechnung Nr. 12.

114 BAG v. 19.5.2015 – 3 AZR 771/13, BeckRS 2015, 70801, vgl. Anhang – Betriebsrentenberechnung Nr. 14.

115 BAG v. 25.6.2013 – 3 AZR 219/11, NZA 2013, 1421, vgl. Anhang – Betriebsrentenberechnung Nr. 9.

Satz 2 BetrAVG, dass in diesem Fall auch die Leistungen der betrieblichen Altersversorgung wieder eingestellt werden können.

Nach §6 Satz 3 BetrAVG ist der ausgeschiedene Arbeitnehmer verpflichtet, die Aufnahme oder Ausübung einer Beschäftigung oder Erwerbstätigkeit, die zu einem Wegfall oder einer Beschränkung der gesetzlichen Altersrente führt, dem Arbeitgeber oder sonstigen Versorgungsträger unverzüglich anzuzeigen. Eine derartige **Anzeigepflicht** trifft den Arbeitnehmer auch aus seinen nebenvertraglichen Pflichten gem. §241 Abs. 2 BGB.

! **Wichtig**

Nach §60 SGB I trifft den Arbeitnehmer eine gleichartige Pflicht auch gegenüber dem Träger der gesetzlichen Rentenversicherung, die jedoch selbstständig und unabhängig neben der Pflicht nach §6 Satz 3 BetrAVG steht. Insbesondere enthält der gesetzliche Wortlaut keinen Hinweis dahin gehend, dass eine Weiterleitungspflicht des Rentenversicherungsträgers an den Arbeitgeber besteht.
Unterlässt der Arbeitnehmer die Anzeige, stehen dem Arbeitgeber Schadens- und Rückforderungsansprüche hinsichtlich der zu Unrecht gezahlten Rentenansprüche zu.

8 Insolvenzsicherung

Versorgungszusagen sind aufgrund ihrer Langlebigkeit in besonderem Maße dem Insolvenzrisiko des Arbeitgebers ausgesetzt. Damit liefen Arbeitnehmer bis 1974 Gefahr, dass ihre bereits erdienten Versorgungsansprüche als einfache Insolvenzforderungen lediglich quotal befriedigt wurden. Aus diesem Grund wurde 1974 im Rahmen der Einführung des BetrAVG eine gesetzliche Insolvenzsicherung von unverfallbaren Anwartschaften und laufenden Betriebsrenten durch den Pensions-Sicherungs-Verein aG (PSV) mit Sitz in Köln eingeführt. Diese stellt sicher, dass die Versorgungsansprüche im Falle **einer Insolvenz des Arbeitgebers** (jedenfalls zum Großteil) erhalten bleiben. Die Versorgungsansprüche sind dadurch gesichert, dass der Arbeitnehmer im Falle einer Insolvenz einen unmittelbaren Leistungsanspruch gegen den Pensions-Sicherungs-Verein erwirbt. Zugleich geht der Versorgungsanspruch gem. §9 Abs. 2 BetrAVG kraft Gesetzes auf den Pensions-Sicherungs-Verein über, der diesen sodann im Insolvenzverfahren als eigene Forderungen geltend machen kann.

> **Wichtig** !
>
> Der Pensions-Sicherungs-Verein sichert nicht nur die Versorgungszusagen deutscher Unternehmen, sondern aufgrund des Abkommens vom 22. September 2000 zwischen der Bundesrepublik Deutschland und dem Großherzogtum Luxemburg über die Zusammenarbeit im Bereich der Insolvenzsicherung betrieblicher Altersversorgung[116] auch Versorgungszusagen luxemburgischer Unternehmen.

Die gesetzliche Insolvenzsicherung wird in der Praxis durch weitere Sicherungsinstrumente wie verpfändete Rückdeckungsversicherungen und Contractual Trust Arrangements (CTA) ergänzt. Dies gilt insbesondere hinsichtlich solcher Versorgungszusagen, die in persönlicher Hinsicht nicht insolvenzgesichert sind – wie etwa Versorgungszusagen gegenüber Organmitgliedern, soweit sie nicht unter den Anwendungsbereich des BetrAVG fallen (siehe dazu C. 9) – oder die den Höchstbetrag gem. §7 Abs. 3 BetrAVG überschreiten (dazu unter B. 8.4).

8.1 Insolvenzgesicherte Ansprüche

Durch den PSV sind bei Eintritt eines Sicherungsfalls gem. §7 Abs. 1 und 2 BetrAVG sämtliche Versorgungsempfänger sowie ihre Hinterbliebenen und die Personen, die zum Zeitpunkt des Eintritts des Sicherungsfalls bereits eine ge-

---

116 BGBl. 2001 II Nr. 36, S. 1258.

setzlich unverfallbare Anwartschaft erworben haben, gesichert.[117] Letzteres gilt sowohl für Personen, die bereits aus dem Unternehmen ausgeschieden sind, als auch für solche, die zum Zeitpunkt des Eintritts des Sicherungsfalls noch bei dem Unternehmen tätig waren. Nicht erfasst sind hingehen Anwartschaften, für die vertraglich günstigere Unverfallbarkeitsregelungen getroffen worden sind. Diese sind erst ab dem Vorliegen der gesetzlichen Unverfallbarkeitsvoraussetzungen durch den Pensions-Sicherungs-Verein insolvenzgesichert.

Den Versorgungsberechtigten steht im Sicherungsfall ein unmittelbarer Anspruch gegen den Pensions-Sicherungs-Verein zu, der bei Versorgungsempfängern und ihren Hinterbliebenen in der Höhe zu leisten ist, die der Arbeitgeber aufgrund der Versorgungszusage zu erbringen hätte. Personen, bei denen die Voraussetzungen für eine unverfallbare Anwartschaft erfüllt sind, erhalten die Leistungen ab dem Zeitpunkt, ab dem der in der Versorgungszusage vorgesehene Versorgungsfall eingetreten ist. Hinsichtlich der Höhe gelten hier im Wesentlichen die Vorgaben für die Berechnung der Höhe der unverfallbaren Anwartschaften nach § 2 BetrAVG. Diese werden indes dahin gehend modifiziert, dass für die zum Zeitpunkt des Eintritts des Sicherungsfalls aktiven Personen zwecks Berechnung der Höhe des Anspruchs für die Feststellung der tatsächlichen Betriebszugehörigkeit auf den Eintritt des Sicherungsfalls abgestellt wird. Für die Berechnung der Leistung einer Unterstützungskasse sieht das Gesetz aufgrund der Eigenart dieses Durchführungsweges ein besonderes Berechnungsverfahren vor, wonach sich die Höhe des Anspruchs nach dem Teil der nach der Versorgungsregelung vorgesehenen Versorgung richtet, der dem Verhältnis der Dauer der Betriebszugehörigkeit zu der Zeit vom Beginn der Betriebszugehörigkeit bis zum Erreichen der in der Versorgungsregelung vorgesehenen festen Altersgrenze entspricht.

8.2　Sicherungsfälle

Die **Sicherungsfälle, die die Einstandspflicht des Pensions-Sicherungs-Vereins auslösen,** sind in § 7 Abs. 1 (für laufende Leistungen) und Abs. 2 (für Versorgungsanwartschaften) aufgelistet. Es existieren demnach folgende Sicherungsfälle:

- Die Eröffnung des Insolvenzverfahrens über das Vermögen des Arbeitgebers (oder seines Nachlasses) ist der klassische Sicherungsfall. Die Eröffnung des Insolvenzverfahrens setzt einen entsprechenden Antrag durch

---

117　BAG v. 19.7.2011 – 3 AZR 434/09, NZA 2012, 155, vgl. auch Anhang – Gleichbehandlung, Diskriminierungsschutz, betriebliche Übung.

eine antragsberechtigte Person (§§ 13–15 InsO) voraus. Grundvoraussetzung für die Eröffnung des Insolvenzverfahrens ist jedoch, dass das Vermögen des Arbeitgebers voraussichtlich ausreicht, die Kosten des Verfahrens zu decken.

- Soweit das Vermögen des Arbeitgebers voraussichtlich nicht ausreichend wird, um die Kosten des Verfahrens zu decken, wird die Insolvenzeröffnung mangels Masse abgewiesen, § 26 InsO. Auch die Abweisung des Antrags auf Insolvenzeröffnung ist jedoch ein die Einstandspflicht des Pensions-Sicherungs-Vereins auslösender Sicherungsfall, § 7 Abs. 1 Satz 4 Nr. 1 BetrAVG. Der Sicherungsfall tritt mit Verkündung des Beschlusses ein.
- Nach § 7 Abs. 1 Satz 4 Nr. 3 BetrAVG stellt auch ein außergerichtlicher Vergleich (Stundungs-, Quoten- oder Liquiditätsvergleich) des Arbeitgebers mit seinen Gläubigern zur Abwendung eines Insolvenzverfahrens einen Sicherungsfall dar, wenn der Pensions-Sicherungs-Verein diesem zugestimmt hat.
- Als weiterer Sicherungsfall kommt die vollständige Beendigung der Betriebstätigkeit im Geltungsbereich des BetrAVG in Betracht, wenn ein Antrag auf Eröffnung des Insolvenzverfahrens nicht gestellt worden ist und ein Insolvenzverfahren offensichtlich mangels Masse nicht in Betracht kommt. Bei diesem Sicherungsfall handelt es sich um einen Auffangtatbestand für all die Fälle, in denen der Arbeitgeber wegen seiner Überschuldung davon absieht, ein Insolvenzverfahren einzuleiten.[118] Den Versorgungsberechtigten sollen durch das inaktive Verhalten des Arbeitgebers keine Nachteile entstehen.[119]

Die wirtschaftliche Notlage des Arbeitgebers löst die Einstandspflicht des Pensions-Sicherungs-Vereins nicht (mehr) aus. Dies war bis zum 31. Dezember 1998 anders; bis dato war die wirtschaftliche Notlage ein gesetzlicher Sicherungsfall (§ 7 Abs. 1 Satz 3 Nr. 5 BetrAVG a. F.).

8.3 Gesicherte Versorgungsansprüche

Der gesetzlichen Insolvenzsicherung durch den Pensions-Sicherungs-Verein unterliegen nur **bestimmte Durchführungswege**. Dies liegt darin begründet, dass die mit der gesetzlichen Insolvenzsicherung einhergehenden öffentlich-rechtliche Beitragspflicht (§ 10 BetrAVG) nur dann verhältnismäßig ist, wenn durch eine Insolvenz des belasteten Arbeitgebers die Versorgungsansprüche der Arbeitnehmer und Rentner auch tatsächlich gefährdet sind, etwa weil es

---

118 Rolfs in: Blomeyer/Rolfs/Otto, BetrAVG, 7. Aufl. 2018, § 7 Rn. 109.
119 Steinmeyer in: ErfK, BetrAVG, 18. Aufl. 2018, § 7 Rn. 29.

sich nicht um einen kapitalgedeckten Durchführungsweg handelt oder das aufgebrachte Versorgungsvermögen vor dem Zugriff der Gläubiger des Arbeitgebers nicht ausreichend geschützt ist.

Die von der gesetzlichen Insolvenzsicherung erfassten Zusagen sind daher nur die in §10 Abs. 1 BetrAVG aufgelisteten Durchführungswege. Hierunter fallen

- Direktzusagen,
- Direktversicherungszusagen, wenn der Arbeitgeber das Bezugsrecht des Arbeitnehmers durch Abtretung oder Beleihung wirtschaftlich nutzt oder dieses widerrufen und verpfänden kann (entsprechend §7 Abs. 1 Satz 2 und Abs. 2 Satz 1 Nr. 3 BetrAVG),
- Unterstützungskassenzusagen und
- Pensionsfondszusagen.

Pensionskassen unterfallen dem Schutz durch den PSV nicht. Hier geht der Gesetzgeber davon aus, dass durch die versicherungsaufsichtsrechtlichen Regularien hinreichend sichergestellt ist, dass keine Gefahr für die Versorgungsansprüche des Arbeitnehmers bestehen.

> **!** **Achtung**
>
> Es ist indes zu beachten, dass gerade bei Pensionskassenzusagen die Insolvenz des Arbeitgebers zu einem **insolvenzbedingten Prämienausfall** führen kann. Soweit es infolgedessen zu einer Herabsetzung der Leistung durch die Pensionskasse kommt, wird nach der neueren Auffassung des LAG Köln die Einstandspflicht des Arbeitgebers ausgelöst mit der Folge, dass der Arbeitnehmer in entsprechender Höhe einen unmittelbaren Versorgungsanspruch gegen den Arbeitgeber erwirbt.[120] Dieser unmittelbare Versorgungsanspruch wiederum soll insolvenzgesichert sein. Nach der hier vertretenen Auffassung dürfte dies wohl **abzulehnen** sein. Letztlich handelt es sich hier um die **Einstandspflicht** des Arbeitgebers. Soweit diese dem gesetzlichen Insolvenzsicherungsmechanismus unterfielen, wäre die gesetzgeberische Wertung in §7 BetrAVG konterkariert, wonach der Durchführungsweg der Pensionskasse gerade nicht über den PSV gesichert wird. Diese Frage wurde nun im Rahmen des Vorlageverfahrens gem. Art. 267 dem EUGH zur **Entscheidung vorgelegt**, wobei sich der vorlegende 3. Senat des BAG entgegen der Entscheidung des LAG Köln und in Übereinstimmung mit der hier vertretenen Auffassung **gegen eine Einstandspflicht des PSV** für die grundsätzlich gem. §1 Abs. 1 Satz 3 BetrAVG vom Arbeitgeber zu zahlenden Leistungen ausspricht, die dieser lediglich aufgrund eigener Insolvenz nicht erbringt.[121]
>
> Zu beachten ist außerdem, dass nach der ständigen Rechtsprechung des BAG zu §47 InsO dem Arbeitnehmer kein Aussonderungsrecht an (pflichtwidrig) durch den

---

120 BAG v. 20.2.2018 – 3 AZR 142/16, BeckRS 2018, 2111; LAG Köln v. 2.10.2015 – 10 Sa 4/15 –, juris.
121 BAG v. 20.2.2018 – 3 AZR 142/16, BeckRS 2018, 2111, vgl. hierzu auch Granetzny, ZESAR 2018, 284 ff.

Arbeitgeber nicht abgeführten Pensionskassenbeiträgen zusteht. Etwas anderes gilt nur, wenn die aufgrund der Versorgungszusage an die Pensionskasse abzuführenden Beiträge separat vom übrigen Vermögen des Arbeitgebers, bspw. auf einem gesonderten Konto des Arbeitgebers, gehalten werden.[122]

8.4 Höhe des Insolvenzschutzes

Der **Leistungsanspruch** gegen den Pensions-Sicherungs-Verein ist **der Höhe nach begrenzt**. Ein Anspruch auf laufende Leistungen gegen den Träger der Insolvenzsicherung beträgt gem. §7 Abs. 3 Satz 1 BetrAVG im Monat höchstens das Dreifache der im Zeitpunkt der ersten Fälligkeit maßgebenden monatlichen Bezugsgröße gemäß §18 SGB IV.

> **Wichtig** !
>
> Die Sicherungshöchstgrenze beträgt demnach bei laufenden Leistungen derzeit (Stand: 1.1.2018) monatlich EUR 9.135 (alte Bundesländer) bzw. EUR 8.085 (neue Bundesländer).

Bei einmaligen Kapitalleistungen beträgt die Höchstgrenze das 120-Fache der maximalen Monatsrente (das Dreifache der jeweils maßgeblichen Bemessungsgrenze) und beläuft sich damit auf 1.096.200 € (alte Bundesländer) bzw. 970.200 € (neue Bundesländer). Eine Einstandspflicht des PSV für die gesetzliche Rentenanpassung nach §16 Abs. 1 BetrAVG besteht grundsätzlich nicht. Etwas anders gilt allerdings dann, wenn die Anpassungspflicht Bestandteil der Versorgungszusage selbst ist.

> **Wichtig** !
>
> Eine derartige vertraglich übernommene Anpassungspflicht besteht etwa im Ausnahmefall des §16 Abs. 3 Nr. 1 BetrAVG (1%-Regelung).

Der Anspruch gegen den Pensions-Sicherungs-Verein ist bei einer missbräuchlichen Inanspruchnahme ausgeschlossen, §7 Abs. 5 Satz 1 BetrAVG. Die missbräuchliche Inanspruchnahme wird nach Satz 2 vermutet, wenn aufgrund der wirtschaftlichen Lage des Arbeitgebers ernsthaft damit zu rechnen war, dass die erteilte Versorgungszusage nicht erfüllt werden kann. Für Leistungsverbesserungen, die in den letzten beiden Jahren vor Eintritt des Sicherungsfalls vorgenommen worden sind, stellt Satz 3 eine unwiderlegliche Missbrauchs-

---

[122] BAG v. 21.3.2017 – 3 AZR 718/15, NZA 2017, 948; v. 26.10.2010 – 3 AZR 496/08, NZA 2011, 654, vgl. Anhang – Verschaffungssysteme Nr. 2.

vermutung auf. Unter Verbesserungen sind nach der Rechtsprechung alle Änderungen zu verstehen, die den Betroffenen im Vergleich zur bis dahin geltenden Ausgestaltung der Zusage mit Wirkung für den Insolvenzschutz besserstellen wollen.[123]

8.5 Finanzierung des Pensions-Sicherungs-Vereins aG

Die Finanzierung des Pensions-Sicherungs-Vereinserfolgt über ein öffentlich-rechtlich ausgestaltetes **Beitragssystem**. Beitragspflichtig sind sämtliche Arbeitgeber, die Versorgungsleistungen gewähren, die durch die Insolvenzsicherung abgesichert sind, vgl. § 10 Abs. 1 BetrAVG. Die Höhe der Arbeitgeberbeiträge wird in einem jährlichen Turnus festgelegt und durch Beitragsbescheid erhoben. Dem Arbeitgeber steht gegen diesen Beitragsbescheid der Rechtsweg zu den Verwaltungsgerichten offen.

Die **Beitragsbemessungsgrundlage für die Arbeitgeberbeiträge** variiert dabei je nach Durchführungsweg:
- Bei Arbeitgebern, die Leistungen der betrieblichen Altersversorgung unmittelbar zugesagt haben, ist Beitragsbemessungsgrundlage der Teilwert der Pensionsverpflichtung (§ 6a Abs. 3 EStG).
- Bei Arbeitgebern, die eine betriebliche Altersversorgung über eine Direktversicherung mit widerruflichem Bezugsrecht durchführen, ist Beitragsbemessungsgrundlage das geschäftsplanmäßige Deckungskapital oder, soweit die Berechnung des Deckungskapitals nicht zum Geschäftsplan gehört, die Deckungsrückstellung. Für Versicherungen, bei denen der Versicherungsfall bereits eingetreten ist, und für Versicherungsanwartschaften, für die ein unwiderrufliches Bezugsrecht eingeräumt ist, ist das Deckungskapital oder die Deckungsrückstellung nur insoweit zu berücksichtigen, als die Versicherungen abgetreten oder beliehen sind.
- Bei Arbeitgebern, die eine betriebliche Altersversorgung über eine Unterstützungskasse durchführen, ist Beitragsbemessungsgrundlage das Deckungskapital für die laufenden Leistungen (§ 4d Abs. 1 Nr. 1 lit. a EStG) zuzüglich des Zwanzigfachen der nach § 4d Abs. 1 Nr. 1 lit. b Satz 1 EStG errechneten jährlichen Zuwendungen für Leistungsanwärter im Sinne von § 4d Abs. 1 Nr. 1 lit. b Satz 2 EStG.
- Bei Arbeitgebern, die eine betriebliche Altersversorgung über einen Pensionsfonds durchführen, sind Beitragsbemessungsgrundlage 20 % des Teilwerts der Pensionsverpflichtung nach § 6a Abs. 3 EStG.

---

123 BAG v. 26.4.1994 – 3 AZR 981/93, NZA 1995, 73.

Der wesentlich geringere Beitrag für Pensionsfondszusagen rechtfertigt sich dadurch, dass das Insolvenzrisiko bei diesen erheblich geringer ist als bei unmittelbaren Versorgungszusagen, da diese ebenfalls versicherungsrechtlich reguliert sind.

Hinsichtlich der Beitragserhebung gilt das sog. Gesamtbeitragsaufkommen nach §10 Abs. 2 BetrAVG. Danach müssen die Beiträge den Barwert der im laufenden Kalenderjahr entstehenden Ansprüche auf Leistungen der Insolvenzsicherung decken, zuzüglich eines Betrags für die aufgrund eingetretener Insolvenzen zu sichernden Anwartschaften. Die Beiträge müssen auch die Personal- und Sachkosten des PSV für dessen Beitrags- und Leistungsverwaltung sowie die Bildung einer Verlustrücklage nach §37 VAG analog abdecken.

Der Arbeitgeber muss die Bemessungsgrundlage dem PSV unaufgefordert jährlich mitteilen. Der Beitragssatz für das Jahr 2018 beträgt 2,00 Promille.

9 Verjährung § 18a BetrAVG

Nach § 18a Satz 1 BetrAVG verjährt der Anspruch auf Leistungen aus der betrieblichen Altersversorgung in **30 Jahren**. Nach Satz 2 unterliegen regelmäßig wiederkehrende Leistungen demgegenüber der regelmäßigen Verjährungsfrist. Daraus folgt, dass unter Satz 1 all die Ansprüche zu fassen sind, die sich nicht auf regelmäßig wiederkehrende Leistungen beziehen. Hierzu zählen der eigentliche Anspruch auf die Versorgungszusage selbst, sog. Stammrecht,[124] und die damit zusammenhängenden Ansprüche. Darunter fallen etwa die Mitwirkungshandlung zur Verschaffung einer Versorgung[125] und der vertragliche oder gesetzliche (§ 16 BetrAVG) Anspruch auf Rentenanpassung und -erhöhung.[126]

Die Verjährungsfrist von 30 Jahren beginnt mit Ablauf des Tages, an dem der Anspruch erstmalig entstanden ist, d. h. alle vertraglichen oder gesetzlichen Tatbestandsvoraussetzungen erfüllt sind. **Das kann niemals vor Fälligkeit sein**. Eine Verkürzung der Verjährungsfrist ist nur durch Tarifvertrag oder eine vertragliche Bezugnahme auf einen solchen Tarifvertrag möglich.

> **!** **Achtung**
>
> Vereinbarungen, die eine kürzere als die 30-jährige Verjährungsfrist vorsehen, sind ebenso wie Verfallklauseln in Aufhebungsvereinbarungen nach § 19 Abs. 1 BetrAVG unzulässig und gemäß § 134 BGB nichtig.

Unter den Begriff der regelmäßig wiederkehrenden Leistungen nach Satz 2 fallen nur Renten oder Ratenzahlungen. **Einmalige Kapitalabfindungen** fallen aufgrund ihres fehlenden fortlaufenden Charakters nicht unter Satz 2. Die unter Satz 2 fallenden Ansprüche verjähren nach den allgemeinen Vorschriften des BGB. Gemäß § 195 BGB beträgt die Verjährungsfrist für die einzelnen Rentenzahlungen drei Jahre. Die Verjährungsfrist beginnt mit dem Schluss des Jahres, in dem der Anspruch entstanden ist und der Gläubiger von den Umständen, die den Anspruch begründen, und der Person des Schuldners Kenntnis erlangt hat oder ohne grobe Fahrlässigkeit erlangen musste, § 199 Abs. 1 BGB. Es gilt indes auch hier die zehnjährige Höchstfrist des § 199 Abs. 4 BGB.

---

124 BAG v. 5.2.1971 – 3 AZR 28/70, AP BGB § 242 Betriebliche Übung Nr. 10.
125 BAG v. 14.10.1998 – 3 AZR 377/97, AP BetrAVG § 1 Zusatzversorgungskassen Nr. 47.
126 BAG 17.8.2004 – 3 AZR 367/03, AP BetrAVG § 16 Nr. 55; vgl. BAG v. 14.2.2012 – 3 AZB 59/11, NZA 2012, 469, vgl. Anhang – Betriebsrentenanpassung Nr. 9; v. 18.3.2014 – 3 AZR 874/12, NZA 2014, 1026, vgl. Anhang – Betriebsrentenanpassung Nr. 19.

10 Betriebsrentenreform durch das Betriebsrentenstärkungsgesetz

10.1 Ein Überblick

Das Gesetz zur Stärkung der betrieblichen Altersversorgung und zur Änderung anderer Gesetze (**Betriebsrentenstärkungsgesetz**) ist in seinen wichtigsten Regelungen am 1. Januar 2018 in Kraft getreten. Das Betriebsrentenstärkungsgesetz bringt einige Neuerungen für das Betriebsrentenrecht. Ausweislich der Gesetzesbegründung[127] verfolgte der Gesetzgeber mit dieser Novelle das Ziel, die betriebliche Altersversorgung – insbesondere in kleinen und mittleren Unternehmen (sog. KMU) und bei Beschäftigten mit geringem Einkommen – weiter zu verbreiten. Dieses Ziel soll dadurch erreicht werden, dass den Tarifvertragsparteien besondere betriebsrentenspezifische Gestaltungsinstrumente zur Verfügung gestellt werden. Die Tarifvertragsparteien sollen nach der Vorstellung des Gesetzgebers künftig eine wesentliche Rolle in der Gestaltung der betrieblichen Altersversorgung spielen. Ihnen wird die Möglichkeit eingeräumt, auf der Grundlage von Tarifverträgen reine Beitragszusagen und Opting-out-Modelle für die Entgeltumwandlung einzuführen.

Das Gesetz setzt zudem auf das erprobte Mittel der steuerlichen Förderungen und bringt aufsichtsrechtliche Neuerungen mit sich.

10.2 Die Neuregelungen im Einzelnen

10.2.1 Die reine Beitragszusage

Die reine Beitragszusage hat durch das Betriebsrentenstärkungsgesetz Einzug in das BetrAVG gehalten.

In §1 Abs. 2 Nr. 2a BetrAVG ist die **reine Beitragszusage** nun legaldefiniert. Eine reine Beitragszusage liegt demnach vor, wenn der Arbeitgeber durch Tarifvertrag oder aufgrund eines Tarifvertrags in einer Betriebs- oder Dienstvereinbarung verpflichtet wird, Beiträge zur Finanzierung von Leistungen der betrieblichen Altersversorgung an einen Pensionsfonds, eine Pensionskasse oder eine Direktversicherung nach §22 BetrAVG zu zahlen. Hinsichtlich der

---

127 BT-Drucks. 18/12612, S. 2.

Durchführung ist die reine Beitragszusage auf die versicherungsförmigen Durchführungswege – Pensionsfonds, Pensionskasse und Direktversicherung – beschränkt. Hintergrund hierfür ist u.a., dass bei der reinen Beitragszusage der Arbeitnehmer das Anlagerisiko für die Altersversorgung trägt, sodass es dem Gesetzgeber angezeigt erschien, die Kapitalanlage nur weitgehend regulierten und aufsichtsrechtlich über die BaFin kontrollierten Versorgungsträgern zu ermöglichen.

Zugleich werden wesentliche betriebsrentenrechtliche Pflichten des Arbeitgebers als Definitionsbestandteil für nicht anwendbar erklärt. Daran zeigt sich, dass die reine Beitragszusage dem Regelungssystem des BetrAVG bislang fremd war. Insbesondere muss der Arbeitgeber nicht mehr wie bislang über §1 Abs. 1 Satz 3 BetrAVG für einen bestimmten Leistungsgrad einstehen. Es gibt keine (Mindest-)Garantien. Damit soll der Verbreitungsgrad der Altersversorgung erweitert werden, weil Arbeitgeber die Einstandspflicht nicht mehr fürchten müssen. Das Betriebsrentengesetz vollzieht damit einen im internationalen Kontext überfälligen Trend, wonach reine Beitragszusagen einen wesentlichen Bestandteil im System der betrieblichen Altersversorgung darstellen. So wurden die in den USA weit verbreiteten 401k-Pläne, bei denen es sich ihrer Definition nach um sog. *defined contribution schemes* handelte, bereits im Jahre 1978 durch den Revenue Act eingeführt.

Ebenfalls suspendiert ist die Einstandspflicht nach §1a Abs. 4 Satz 2 BetrAVG. Der Arbeitgeber hat bei einer reinen Beitragszusage folglich auch nicht für die Beiträge einzustehen, die der Arbeitnehmer freiwillig und von sich aus in entgeltfreien Beschäftigungszeiten (Elternzeit oder langer Erkrankung) als Entgeltumwandlung mit eigenen Beiträgen erbringt. Vor dem Hintergrund, dass der Arbeitgeber seinen Arbeitnehmern bei der reinen Beitragszusage lediglich verspricht, zu ihren Gunsten einen konkreten Betrag zum Aufbau einer Versorgungszusage zu verwenden, erklärt es sich, dass auch die Vorschriften über die Anpassungsprüfungspflicht (§16 BetrAVG) und die Insolvenzsicherungspflicht (im vierten Abschnitt des BetrAVG) keine Anwendung finden.

Anstelle einer (Mindest-)Leistung soll die reine Beitragszusage eine sog. **Zielrente** (defined ambition) vorsehen. Dies ist zwar nicht unmittelbar aus dem BetrAVG ersichtlich, ergibt sich aber aus einer Regelung aus dem Aufsichtsrecht. Nach §41 Abs. 1 Nr. 1 Pensionsfonds-Aufsichtsverordnung (PFAV) muss die Versorgungseinrichtung dem Versorgungsanwärter mindestens einmal pro Jahr die Höhe des planmäßig zuzurechnenden Versorgungskapitals und die Höhe der lebenslangen Zahlung, die sich ohne weitere Beitragszahlung allein aus diesem Versorgungskapital ergäbe, mitteilen. Die Mitteilung muss den ausdrücklichen Hinweis enthalten, dass diese Beträge nicht garantiert sind und sich bis zum Rentenbeginn verringern oder erhöhen können. Die Berechnung der Beträge erfolgt unter Heranziehung von versicherungsmathematischen Grundsätzen.

§ 23 Abs. 1 BetrAVG sieht zudem vor, dass die Tarifvertragsparteien einen Sicherungsbeitrag zur Absicherung der reinen Beitragszusage vereinbaren »sollen«. Die Vorschrift ist die Reaktion des Gesetzgebers auf die entfallene Einstandspflicht des Arbeitgebers nach § 1 Abs. 1 Satz 3 BetrAVG[128] und soll dazu dienen, die Skepsis gegenüber der reinen Beitragszusage zu reduzieren. Sie ist allerdings nicht zwingender Natur und begründet insoweit keine Haftungsrisiken. Der Sicherungsbetrag ist im Zeitpunkt der Zuwendung an die Versorgungseinrichtung einkommensteuer- und sozialversicherungsrechtlich privilegiert, § 3 Nr. 63a EStG.

Weiter gilt für die Beitragszusage ein Tarifvorbehalt. Die Einführung der reinen Beitragszusage kann nur durch die Sozialpartner ermöglicht werden. Damit wird – so jedenfalls der gesetzgeberische Plan – die Tarifautonomie im Betriebsrentenrecht nachhaltig gestärkt. Hintergrund des Tarifvorbehalts ist die Vorstellung des Gesetzgebers, dass die Sozialpartner bezüglich der Einführung der reinen Beitragszusage über ausreichend Sachverstand verfügen und zwischen beiden eine paritätische Verhandlungsstärke besteht, die eine ausgewogene und interessengerechte Ausgestaltung der betrieblichen Altersversorgung ermöglicht.

10.2.2 Opting-out

Das Betriebsrentenstärkungsgesetz gibt den Sozialpartnern ein weiteres Instrument an die Hand, um die Verbreitung der betrieblichen Altersversorgung zu fördern. Mittels Tarifvertrag können die Tarifvertragsparteien nun betriebliche Systeme **automatischer Entgeltumwandlung** (sog. »Opting-out-Systeme«) einführen. Es bestanden erhebliche rechtliche Bedenken, ob eine Einführung von Optionssystemen für bestehende Arbeitsverhältnisse ohne rechtliche Grundlage möglich sei.[129] Die Vorschrift bringt insoweit die erforderliche Rechtssicherheit.

Die Tarifvertragsparteien können gem. § 20 Abs. 2 BetrAVG bestimmen, dass die Arbeitgeber automatische Entgeltumwandlungssysteme für ihre Mitarbei-

---

128 BT-Drucks. 18/111286 S. 46.
129 Vgl. nur Preis in: Erfurter Kommentar, 18. Aufl. 2018, § 611a Rn. 375.

ter einführen können bzw. müssen, aus denen die Mitarbeiter aber innerhalb einer Frist von einem Monat herausoptieren können. Auf die Möglichkeit des Widerspruchs muss der Arbeitgeber deutlich hinweisen. Das Optionssystem muss den Mitarbeitern zudem in Textform und mindestens drei Monate vor der ersten Fälligkeit des umzuwandelnden Entgelts bekannt gemacht worden sein. Zudem muss aus dem Angebot deutlich hervorgehen, welcher Betrag und welche Vergütungsbestandteile umgewandelt werden sollen.

Auch nicht tarifgebundene Arbeitgeber können unter Bezugnahme auf einen Tarifvertrag Optionssysteme einführen, §20 Abs. 2 Satz 3 BetrAVG. Dies setzt aber voraus, dass Arbeitgeber und Arbeitnehmer bei unterstellter Tarifgebundenheit unter das tarifvertragliche Regelungswerk fallen. Das auf tarifvertraglicher Ebene eingeführte Optionsmodell kann insoweit auf einer vertraglichen Grundlage in den Betrieb übernommen werden.

10.2.3 Tarifoffenheit für nicht tarifgebundene Arbeitgeber

Für die reine Beitragszusage als Entgeltumwandlung muss der Tarifvertrag außerdem gem. §23 Abs. 2 BetrAVG zwingend vorsehen, dass **der Arbeitgeber 15% des umgewandelten Betrags zusätzlich als Arbeitgeberzuschuss an die Versorgungseinrichtung weiterleitet**, sofern er Sozialversicherungsbeiträge erspart. Tarifvertragsparteien können davon abweichen. Es ist strittig, ob dies durch vor Inkrafttreten des Gesetzes abgeschlossene Tarifverträge, die keinen oder einen geringeren Zuschuss vorsehen, erfolgen kann.

Um den Verbreitungsgrad der betrieblichen Altersversorgung gerade auch in KMUs zu erhöhen, können nicht tarifgebundene Arbeitgeber und Arbeitnehmer gem. §24 BetrAVG die Geltung der tariflichen Vorschriften vereinbaren. Gem. §21 Abs. 3 BetrAVG soll auch nicht Tarifgebundenen der Zugang zur durchführenden tariflichen Versorgungseinrichtung gewährt werden. Sie dürfen in Bezug auf die Aufnahme und Verwaltung gegenüber tarifgebundenen Arbeitgebern und Arbeitnehmern nicht sachlich ungerechtfertigt benachteiligt werden.

10.2.4 Steuerliche Förderung

Zunächst wird der steuerfreie Höchstbetrag an Pensionskassen, Pensionsfonds und Direktversicherungen **von 4% auf 8% der Beitragsbemessungsgrenze** in der Rentenversicherung (West) erhöht. Zudem sieht §100 EStG eine Förderung für Geringverdiener vor. Danach erhält der Arbeitgeber für jeden

Arbeitnehmer mit einem Bruttogehalt bis 2.200 € eine Steuergutschrift i.H.v. bis zu 30% des für die betriebliche Altersversorgung des Arbeitnehmers aufgewendeten Beitrags, maximal 144 € im Jahr.

10.3   Erwartete Auswirkungen des Betriebsrentenstärkungsgesetzes auf die Praxis

Es bleibt letztlich abzuwarten, wie die Tarifparteien die ihnen durch die gesetzlichen Neuregelungen zugeteilte Regelungsbefugnis – insbesondere im Bereich der reinen Beitragszusage – umsetzen werden. Letztlich stellt sich für beide Seiten – Arbeitgeber und Arbeitnehmer – die Frage, ob sie die Einführung der reinen Beitragszusage mit allen Konsequenzen in der vom Gesetzgeber vorgeschlagenen Konzeption wollen. Bislang sind die Sozialpartner zurückhaltend.

Aus Arbeitgebersicht scheint der entscheidende Vorteil der reinen Beitragszusage darin zu liegen, dass er mit der Entrichtung der zugesagten Beiträge an den externen Versorgungsträger von jeder Einstandspflicht aus dem Betriebsrentenversprechen entlassen wird. Auch eine Pflicht-Rentenanpassung nach §16 BetrAVG gibt es nicht.

Bei der Umsetzung der neuen gesetzlichen Regelungen in der Praxis werden sich viele rechtliche Fragestellungen insbesondere hinsichtlich der Ablösbarkeit bestehender Versorgungssysteme durch die tarifvertraglichen Regelungen ergeben. Heute wird ein Großteil der betrieblichen Altersversorgung durch Betriebsvereinbarungen geregelt. Hier gilt es abzuwarten, inwieweit Betriebsvereinbarungen durch die Vereinbarung von Öffnungsklauseln möglich bleiben. Jedenfalls nach dem Willen des Gesetzgebers sollen die Tarifparteien bereits bestehende Betriebsrentensysteme angemessen berücksichtigen (vgl. §21 Abs. 2 BetrAVG).

C. Praxisfragen der betrieblichen Altersversorgung

Im Bereich der betrieblichen Altersversorgung treten manche Problemkreise besonders häufig auf. Diese gehen oft mit korrespondierenden Änderungen im Arbeitsverhältnis einher. Im Falle der vorzeitigen Beendigung eines Arbeitsverhältnisses kann sich etwa die Frage nach der Abfindung der bisherigen Anwartschaft stellen. Eine Übertragung der bisherigen Versorgungsanwartschaft kommt etwa im Falle des Arbeitgeberwechsels in Betracht. Aus rechtlichen oder tatsächlichen Veränderungen kann sich im Laufe der Zeit die Notwendigkeit von Änderungen des Versorgungswerks ergeben. Die vorgenannten Fragestellungen stellen nur einen kleinen Ausschnitt der betriebsrentenrechtlichen Probleme in der Praxis dar. Nachfolgend werden die Problemkreise erörtert, die für den rechtssicheren Umgang mit den Leistungen der betrieblichen Altersversorgung von besonderer Relevanz sind.

1 Abfindungsverbot nach §3 BetrAVG

Nicht selten beabsichtigt der Arbeitgeber die Pensionsverpflichtungen nach Beendigung des Arbeitsverhältnisses durch Einmalzahlungen abzufinden und damit für die Zukunft aus der Bilanz zu streichen. Auf der anderen Seite soll die betriebliche Altersversorgung gerade die Alterssicherung der Arbeitnehmer unterstützen. Abfindungen laufen diesem Zweck der betrieblichen Altersversorgung zuwider, weshalb sich der Gesetzgeber dazu entschieden hat, Abfindungen nur unter engen Voraussetzungen zu erlauben. §3 Abs. 1 BetrAVG enthält den Grundsatz, dass gesetzlich unverfallbare Anwartschaften im Fall der Beendigung des Arbeitsverhältnisses und laufende **Leistungen nur unter engen Voraussetzungen abgefunden** werden dürfen.

1.1 Allgemeines

Unter »Abfindung« i.S.d. §3 Abs. 1 BetrAVG wird die Aufgabe einer betriebsrentenrechtlichen Position (ggf. gegen Entschädigung) verstanden, die einen Änderungsvertrag voraussetzt.[130] Mit dem Abfindungsverbot soll dem Versorgungszweck von Betriebsrenten Rechnung getragen werden.[131] Das Abfindungsverbot galt zunächst nur für unverfallbare Anwartschaften und wurde erst durch das Alterseinkünftegesetz[132] mit Wirkung zum 1.1.2005 auch auf laufende Leistungen ausgedehnt. Bis dahin sah das BAG diese als nicht von §3 BetrAVG erfasst an. Bereits laufende Zahlungen konnten daher in einen einmaligen Kapitalbetrag umgewandelt werden.[133]

Infolge dieser Umstellung ist als Übergangsregelung in §30g Abs. 2 BetrAVG vorgesehen, dass das Abfindungsverbot des §3 BetrAVG (weiterhin) nicht für laufende Leistungen gilt, die vor dem 1.1.2005 erstmals gezahlt worden sind.

Das Abfindungsverbot gilt folglich **nur für laufende Leistungen und gesetzlich unverfallbare**, nicht aber verfallbare oder nur vertraglich unverfallbare **Anwartschaften**. Ebenfalls nicht vom Abfindungsverbot erfasst sind Fallgestaltungen, bei denen die Versorgungszusage ein Wahlrecht für den Versorgungsfall zulässt und dieses Wahlrecht erst bei Eintritt des Versorgungsfalls ausgeübt wird (Ka-

---

130 BAG v. 22.9. 1987 – 3 AZR 194/86, NZA 1980, 470; BGH v. 15.7.2002 – II ZR 192/00, NJW 2002, 3632, 3633; Diller, NZA 2011, 1021, 1022; Langohr-Plato/Teslau, NZA 2004, 1297, 1300.

131 BT-Drucks. 15/2150, S. 52.

132 BGBl. 2004 I Nr. 33, S. 1427.

133 BAG v. 21.3.2000 – 3 AZR 127/99, NZA 2001, 1308.

pitalwahlrecht oder Kapitaloption). Hier kommt es nicht zu einer Abfindung der Leistung, sondern zu einer Konkretisierung der geschuldeten Leistung.[134] Dies gilt auch für den Fall, dass das Wahlrecht zwar im aktiven Status vereinbart, allerdings erst nach dem Ausscheiden mit einer unverfallbaren Anwartschaft, aber dennoch vor Eintritt des Versorgungsfalls ausgeübt wird, sofern das Wahlrecht auf den Zeitpunkt des Versorgungsfalls hin ausgeübt wird, die Leistung also erst zu diesem (späteren) Zeitpunkt fällig wird.[135]

Es geht hier also um den Fall, bei dem eine Versorgungszusage zwar eine Rentenleistung bei Erreichen der in der Versorgungszusage definierten Altersgrenze vorsieht, dabei aber die Möglichkeit einräumt, statt der Rentenleistung auch für eine Einmalzahlung zu optieren. Auch diese Einmalzahlung ist dann aber erst bei Erreichen der Altersgrenze zu zahlen. Durch die Ausübung des Wahlrechts – unabhängig davon, ob die Ausübung noch im aktiven Arbeitsverhältnis oder nach einem Ausscheiden aus dem Arbeitsverhältnis vor Erreichen des Renteneintrittsalters erfolgt – kommt es also lediglich zu einer Änderung der Auszahlungsform. Es kommt aber nicht zu einer Vorverlegung der Zahlung (die gegen das Abfindungsverbot verstoßen könnte). Hat hingegen die laufende Leistung eingesetzt, so hat sich die Schuld schon konkretisiert. Das ursprünglich bestehende Wahlrecht des Versorgungsberechtigten ist erloschen. Eine nunmehr erfolgende Vertragsänderung, wonach eine Kapitalleistung im Gegenzug für Aufgabe der Rentenzahlung erfolgen würde, würde die Aufgabe der laufenden Leistung und damit eine Abfindung darstellen, die an §3 BetrAVG zu messen wäre. Bei einer Abfindung von gesetzlich unverfallbaren Anwartschaften ist §3 Abs. 1 BetrAVG nicht erst im Zeitpunkt der Beendigung des Arbeitsverhältnisses zu beachten. Vielmehr gilt die Regelung auch dann, wenn die Abfindung im zeitlichen und sachlichen Zusammenhang mit der Beendigung des Arbeitsverhältnisses steht.[136]

Teilabfindungen[137] fallen genauso unter §3 Abs. 1 BetrAVG wie (entschädigungslose) Erlassverträge. Das Abfindungsverbot des §3 BetrAVG erfasst vom Wortlaut nämlich nur Abfindungen, also die Beseitigung der betriebsrentenrechtlichen Position gegen eine Entschädigung, nicht aber den (Teil-)Erlass von Versorgungsrechten, bei denen dem Verzicht keine Gegenleistung gegenübersteht. Das BAG hat zwar zunächst unentschieden gelassen, ob ein Arbeitnehmer auf eine gesetzlich unverfallbare Anwartschaft verzichten kann.[138] Inzwischen ist

---

134 LAG Niedersachsen v. 9.12. 2008 – 11 Sa 1580/07, juris.
135 BGH v. 28.9.2009 – II ZR 12/09, DStR 2010, 178.
136 BAG v. 11.12.2001 – 3 AZR 334/00, EzA §1 BetrAVG Nr. 80.
137 BAG v. 20.11.2001 – 3 AZR 28/01, AP Nr. 12 zu §3 BetrAVG.
138 BAG v. 18.10.1979 – 3 AZR 550/78, NJW 1980, 1127.

es allerdings ständige Rechtsprechung, dass ein (Teil-)Erlass von Versorgungsrechten der Abfindung gleichzustellen ist.[139] Hintergrund ist das Verständnis,
dass eine Versorgungsanwartschaft, die nicht einmal gegen Zahlung eines Abfindungsbetrags aufgehoben werden kann, erst recht nicht entschädigungslos
aufgehoben werden kann.[140] Damit ist auch für den (Teil-)Erlass §3 BetrAVG zu
beachten, soweit auch im Übrigen der Anwendungsbereich eröffnet ist. Ferner
fallen auch Vereinbarungen zwischen Arbeitgeber und Arbeitnehmer über die
Verrechnung künftiger Rentenansprüche mit einer Abfindung für den Verlust
des Arbeitsplatzes unter das Abfindungsverbot des §3 BetrAVG.[141]

1.2   Kleinstanwartschaften

Als **Ausnahme vom Abfindungsverbot** aus §3 Abs. 1 BetrAVG erlaubt §3 Abs. 2
Satz 1 BetrAVG die Abfindung von Kleinstanwartschaften ohne Zustimmung
des Arbeitnehmers, wenn deren Monatsbeitrag ein Prozent der monatlichen
Bezugsgröße nach §18 SGB IV und bei Kapitalleistungen zwölf Zehntel der Bezugsgröße nach §18 SGB IV nicht überschreitet. Die Vorschrift gilt nach Satz 2
auch entsprechend für die Abfindung einer laufenden Leistung (Kleinstrente).
Zweck des §3 Abs. 2 Satz 1 BetrAVG ist die Vermeidung eines unverhältnismäßigen Verwaltungsaufwands.[142]

Die Abfindungsmöglichkeit knüpft an den Anwartschafts- bzw. Rentenwert
an, der entsprechend Abs. 5 i.V.m. §4 Abs. 5 BetrAVG zu berechnen ist. Ob für
den Zeitpunkt der Wertberechnung, der insbesondere auch wegen der dynamischen Bezugsgröße des §18 SGB IV von Relevanz ist, auf den Tag der Abfindungsvereinbarung oder auf den Tag des Ausscheidens abzustellen ist, wird
unterschiedlich beurteilt.[143] Ergibt die **Wertberechnung** das Vorliegen einer
abfindbaren Kleinstanwartschaft bzw. Kleinstrente, so kann die Abfindung
ohne Zustimmung des Arbeitnehmers erfolgen.

Die Abfindungsregelung findet allerdings nur Anwendung im Verhältnis von
Arbeitgeber und Arbeitnehmer, weshalb Besonderheiten zu beachten sind,
wenn externe Versorgungsträger eingeschaltet sind: Hat der Arbeitgeber bei
einer Direktversicherung oder Pensionskasse – wie in der Praxis weithin üb-

---

139 BAG v. 22.11.1987 – 3 AZR 194/86, NZA 1988, 470; v. 24.1.2006 – 3 AZR 484/04, NZA 2007, 278.
140 BAG v. 22.11.1987 – 3 AZR 194/86, NZA 1988, 470.
141 BAG v. 17.10. 2000 – 3 AZR 7/00, NZA 2001, 963.
142 BT-Drucks. 15/2150, S. 52.
143 Einerseits Doetsch/Förster/Rühmann, DB 1998, 258 (260), andererseits Rolfs in: Blomeyer/Rolfs/
     Otto, BetrAVG, 7. Aufl. 2018, §3 Rn. 47.

lich – die versicherungsförmige Lösung (§2 Abs. 2 Satz 2 bzw. Abs. 3 Satz 2 BetrAVG) gewählt, ist §2 Abs. 2 Satz 7 BetrAVG i.V.m. §3 BetrAVG zu beachten. Nicht ganz eindeutig ist, wer materiell-rechtlich zur Abfindung nach §2 Abs. 2 Satz 7 BetrAVG berechtigt ist. In Betracht kommt hier einerseits der Versicherer, für dessen Rechtsverhältnis das Abfindungsrecht eigentlich vorgesehen ist. Denkbar wäre aber auch, dass der Arbeitgeber abfindungsberechtigt ist, worauf insbesondere die Gesetzesmaterialien hindeuten.[144] Angesichts des Umstands, dass nicht ganz klar ist, ob es sich hier um ein Redaktionsversehen handelt, sollte auch eine Bevollmächtigung durch den jeweiligen Arbeitgeber für die Versicherung erteilt werden.

Versorgungsrechte aus Unterstützungskassen können – auch wenn dem Arbeitnehmer formal nie ein Versorgungsrecht gegen eine Unterstützungskasse zusteht – ebenso abgefunden werden.[145]

Eine Abfindung nach §3 Abs. 2 Satz 1 BetrAVG ist indes ausgeschlossen, wenn der Arbeitnehmer von seinem Recht auf Übertragung der Anwartschaft nach §4 Abs. 3 BetrAVG Gebrauch macht, §3 Abs. 2 Satz 3 BetrAVG.

1.3 Sonderfall: Tatsachenvergleich

Besteht ohne abschließende Klärung Streit darüber, ob ein Arbeitnehmer die tatsächlichen Voraussetzungen für ein Versorgungsrecht erfüllt oder ob eine Versorgungszusage überhaupt erteilt wurde, und schließen Arbeitgeber und Arbeitnehmer deshalb einen (gerichtlichen) »Tatsachenvergleich«, stellt sich die Frage, ob damit nicht gegen das betriebsrentenrechtliche Abfindungsverbot des §3 BetrAVG verstoßen wird. Das **BAG** hat allerdings entschieden, dass gerichtliche Tatsachenvergleiche dem Betriebsrentengesetz nicht entgegenstehen.[146] Ein Tatsachenvergleich mit dem Inhalt, dass keine Versorgungsrechte bestehen und eine erhöhte Abfindung für den Verlust des Arbeitsplatzes gezahlt wird, verstößt insbesondere weder gegen §3 Abs. 1 BetrAVG noch gegen §17 Abs. 3 Satz 3 BetrAVG, da beide Verbote das Vorliegen von Rechten aus einer Versorgungszusage voraussetzen.[147] Gerade darüber nicht entscheiden zu müssen, ist Ziel des Tatsachenvergleichs.

---

144 BT-Drucks. 16/10901, S. 18.
145 Rolfs in: Blomeyer/Rolfs/Otto, BetrAVG, 7. Aufl. 2018, §3 Rn. 67.
146 BAG v. 18.12.1984 – 3 AZR 125/84, NZA 1986, 95.
147 BAG v. 23.8.1994 – 3 AZR 825/93, NZA 1995, 421; Vogelsang in: Schaub, Arbeitsrechts-Handbuch, 17. Aufl. 2017, §275 Rn. 209; weiter gehend OLG Frankfurt v. 22.2.2007 – 16 U 197/06, NZA-RR 2007, 317, das die Unterscheidung zwischen ungewissen Tatsachen und ungeklärten Rechtsfragen für nicht weiterführend hält und §3 BetrAVG nur auf unstreitig bestehende Versorgungsrechte anwenden will.

1.4 Rechtsfolgen eines Verstoßes

Wird gegen das Abfindungsverbot des §3 Abs. 1 BetrAVG verstoßen, hat dies nach §134 BGB i.V.m. §3 Abs. 1 BetrAVG die Nichtigkeit des Rechtsgeschäfts zur Folge.[148] Die Nichtigkeit bezieht sich sowohl auf das Grund- als auch auf das Erfüllungsgeschäft. Ob eine verbotswidrige Abfindungszahlung vom Arbeitgeber nach §812 BGB zurückgefordert werden kann oder durch §817 Satz 2 BGB ausgeschlossen ist, ist umstritten.[149] Das BAG verneint dies für den Fall der **Rückforderung einer zu Unrecht gezahlten Abfindung** für den Verlust des Arbeitsplatzes, die entgegen §3 BetrAVG mit einem Betriebsrentenanspruch verrechnet werden sollte.[150]

1.5 Abfindungshöhe

Für die Berechnung des Abfindungsbetrags verweist §3 Abs. 5 BetrAVG auf die Berechnungsvorschrift für den Übertragungswert nach §4 Abs. 5 BetrAVG. Danach kommt es für die Berechnung entscheidend auf den gewählten Durchführungsweg an. Soweit die betriebliche Altersversorgung im Wege der Direktzusage oder durch eine Unterstützungskasse durchgeführt wird, ist der nach §2 BetrAVG bemessene künftige Barwert der Versorgungsleistung im Zeitpunkt der Abfindung maßgeblich. Wird die betriebliche Altersversorgung über einen Pensionsfonds, eine Pensionskasse oder eine Direktversicherung durchgeführt, entspricht der Abfindungswert dem gebildeten Kapital im Zeitpunkt der Abfindung, §3 Abs. 5 BetrAVG i.V.m. §4 Abs. 5 BetrAVG. Der relevante Zeitpunkt ist dabei jeweils die Auszahlung des Abfindungsbetrags, nicht der Abschluss der Abfindungsvereinbarung. Dies ergibt sich daraus, dass erst im Zeitpunkt der Auszahlung die Verpflichtung des bisherigen Arbeitgebers erlischt.

Eine von §3 Abs. 5 BetrAVG zuungunsten des Arbeitnehmers abweichende Abfindungsvereinbarung – auch wenn sie in einem Prozessvergleich getroffen wird – ist unwirksam.[151]

---

148 BAG v. 22.3.1983 – 3 AZR 499/80, NZA 1985, 218.
149 Rolfs in: Blomeyer/Rolfs/Otto, BetrAVG, 7.Aufl. 2018, §3 Rn.43.
150 BAG v. 17.10.2000 – 3 AZR 7/00, NZA 2001, 963; vgl. auch BGH v. 15.7.2002 – II ZR 192/00, NJW 2002, 3632.
151 BAG v. 30.9.1986 – 3 AZR 22/85 NZA 1987, 456; BGH 15.7.2002 NJW 2002, 3632.

1.6 Gesonderter Ausweis der Abfindung und einmalige Auszahlung

Die Abfindung ist nach §3 Abs. 6 BetrAVG gesondert auszuweisen. Der gesonderte Ausweis soll die »klare Unterscheidung von anderen Abfindungen im Zusammenhang mit der Beendigung des Arbeitsverhältnisses«[152] ermöglichen. Eine Vermengung mit anderen Zahlungen, wie etwa Abfindungen aus Anlass einer Kündigung oder der Aufhebung des Arbeitsverhältnisses, ist zu vermeiden.[153]

Der Abfindungsbetrag ist einmalig auszuzahlen; der Betrag muss folglich in einer Summe ausgezahlt werden. Eine Zahlweise in Raten kommt daher nicht in Betracht.

Den Arbeitnehmern steht hinsichtlich beider Verpflichtungen (gesonderter Ausweis und einmalige Auszahlung) ein einklagbarer Anspruch zu.

---

152 BT-Drucks. 13/8011, S. 197.
153 Rolfs in: Blomeyer/Rolfs/Otto, BetrAVG, 7. Aufl. 2018, §3 Rn. 96; Kisters-Kölkes in: Kemper/Kisters-Kölkes/Berenz/Huber, BetrAVG, 7. Aufl. 2016, §3 Rn. 64.

2 Übertragung von Versorgungszusagen

In der Praxis haben Arbeitgeber aus unterschiedlichsten Gründen das **Bedürf-nis, Versorgungsverpflichtungen auf einen Dritten zu übertragen**. Dies kann beispielsweise bei einem Arbeitgeberwechsel einzelner Arbeitnehmer der Fall sein oder im Rahmen von Unternehmenstransaktionen, wenn der Unter-nehmenskäufer nicht nur wirtschaftlich, sondern auch rechtlich die Versor-gungsverpflichtungen des Veräußerers übernehmen soll. Zu unterscheiden ist hierbei zwischen der »echten« Übertragung nach §4 BetrAVG, die für den Ar-beitgeber rechtlich haftungsbefreiend wirkt, aber nur unter eingeschränkten Voraussetzungen möglich ist, und der rein wirtschaftlichen Übertragung von Versorgungsverpflichtungen, z.B. zur Bündelung der Versorgungsverpflich-tungen auf Konzernebene durch Schuldbeitritte. Im Falle der rein wirtschaft-lichen Übertragung von Versorgungsverpflichtungen bleibt der Arbeitgeber weiterhin für die Erfüllung der Versorgungszusage einstandspflichtig. Eine Enthaftung wie bei der Übertragung nach §4 BetrAVG wird nicht bewirkt.

2.1 Übertragung gemäß §4 BetrAVG

Wie auch §3 BetrAVG bezweckt das Verbot **den Schutz der unverfallbaren Anwartschaften und der laufenden Leistungen** der Versorgungsberechtig-ten, aber auch des Pensions-Sicherungs-Vereins.[154] Der Arbeitgeber soll sich nicht durch Vereinbarungen mit Dritten einseitig von seiner Leistungspflicht aus der Versorgungszusage befreien können und die Versorgungsansprüche durch Übertragung auf einen weniger solventen Schuldner gefährden (und damit letztlich auch das Haftungsrisiko des PSV erhöhen). Zugleich soll durch den Regelungsmechanismus des §4 BetrAVG aber auch die Portabilität von Versorgungsansprüchen zielführender ausgestaltet werden können, um die Mobilität der Arbeitnehmer zu fördern und eine Bündelung der Versorgungs-ansprüche bei einem Schuldner/Versorgungsträger zu ermöglichen.[155]

Die Regelungssystematik des BetrAVG ist wie folgt: §4 Abs. 1 BetrAVG nor-miert im Grundsatz ein Übertragungsverbot. Von diesem Grundsatz machen die Abs. 2–4 BetrAVG entsprechende Ausnahmen. Die Abs. 5 und 6 regeln die Berechnung des Übertragungswertes bzw. das Erlöschen der Zusage.

---

154 Vogelsang in: Schaub, Arbeitsrechts-Handbuch, 17. Auflage 2017, §275 Rn.123.
155 Förster/Cisch, BB 2004, 2126; Höfer, DB 2004, 1427.

2.1.1 Übertragungsverbot

§ 4 Abs. 1 BetrAVG regelt ein **Übertragungsverbot** für Versorgungszusagen, wonach die schuldbefreiende Übertragung von unverfallbaren Anwartschaften oder laufenden Renten unwirksam ist. Es handelt sich hierbei um eine echte Verbotsnorm mit der Folge, dass Übertragungen, die nicht im Einklang mit den Abs. 2–4 BetrAVG stehen, nach § 134 BGB nichtig sind.[156]

Nicht vom Anwendungsbereich des § 4 BetrAVG erfasst ist/sind

- der reine Wechsel des Durchführungsweges,
- der Wechsel des Versorgungsschuldners im Rahmen eines Betriebsübergangs nach § 613a BGB,
- der Übergang von Versorgungsverpflichtungen im Rahmen eines umwandlungsrechtlichen Vorgangs,
- die unterschiedlichen Schuldbeitrittskonstruktionen, die in der Praxis von großer Bedeutung sind und deshalb unter C. 2.2 eine gesonderte Darstellung erfahren.

2.1.2 Einvernehmliche Übertragung auf den neuen Arbeitgeber

Eine Übertragung auf den neuen Arbeitgeber kann nach § 4 Abs. 2 BetrAVG grundsätzlich mittels zweier Gestaltungsoptionen vollzogen werden.

2.1.2.1 Übernahme der Versorgungszusage durch den neuen Arbeitgeber

Die Versorgungszusage kann bei Eintritt des Versorgungsberechtigten in ein neues Arbeitsverhältnis mit einem anderen Arbeitgeber gem. § 4 Abs. 2 Nr. 1 BetrAVG von diesem übernommen werden. Dies setzt eine dreiseitige Vereinbarung zwischen dem ehemaligen sowie dem neuen Arbeitgeber und dem Arbeitnehmer voraus. Für den bisherigen Arbeitgeber hat die Übertragung der Versorgungsverpflichtungen auf den neuen Arbeitgeber gem. §§ 414, 415 BGB schuldbefreiende Wirkung. Dies hat zur Folge, dass der neue Arbeitgeber ausschließlicher Versorgungsschuldner und der alte Arbeitgeber aus seiner Schuldnerstellung entlassen wird, sodass dieser etwaige Pensionsrückstellungen, die er etwa für Direktzusagen zu bilden hat, auflösen kann. Die schuldbefreiende Wirkung tritt auch bei der mittelbaren Durchführung der

---

156 Rolfs in: Blomeyer/Rolfs/Otto, BetrAVG, 7. Aufl. 2018, § 4 Rn. 43.

betrieblichen Altersversorgung ein; hier trifft den neuen Arbeitgeber dann die Einstandspflicht nach §1 Abs. 1 Satz 3 BetrAVG.

Die bloße Übernahme der Zusage nach §4 Abs. 2 Nr. 1 BetrAVG lässt Inhalt und **Rechtsnatur der Versorgungszusage unberührt**. Der neue Arbeitgeber ist damit grundsätzlich verpflichtet, die Zusage eins zu eins bei sich im Betrieb abzubilden. Dies kann in der Praxis insbesondere unter Harmonisierungsgesichtspunkten problematisch sein, wenn der neue Arbeitgeber die betriebliche Altersversorgung in seinem Unternehmen über einen anderen Durchführungsweg durchführt und/oder die Zusage in dem bei ihm bestehenden Leistungsplan nicht abgebildet werden kann.[157]

2.1.2.2 Erteilung einer wertgleichen Zusage durch den neuen Arbeitgeber

Um der vorstehend dargestellte Harmonisierungsproblematik bei der Übernahme von Versorgungszusagen auszuweichen, kann der neue Arbeitgeber gem. §4 Abs. 2 Nr. 2 BetrAVG die Versorgungszusage auch dahin gehend übernehmen, dass er dem Arbeitnehmer eine wertgleiche Zusage erteilt und lediglich der sog. Übertragungswert auf den neuen Arbeitgeber übertragen wird. Dies ist in der Praxis auch der wesentlich häufigere Anwendungsfall der Übertragung von Versorgungsanwartschaften. Durch diese Art der Übertragung lassen sich übernommene Versorgungszusagen in das beim neuen Arbeitgeber bestehende Versorgungssystem integrieren.

Bei der Übertragung nach §4 Abs. 2 Nr. 2 BetrAVG wird nicht die Zusage als solche übernommen, d.h. es findet **nicht nur ein reiner Schuldnerwechsel** statt. Es geht vielmehr der nach versicherungsmathematischen Grundsätzen berechnete Übertragungswert auf den neuen Arbeitgeber über bzw. er muss auf diesen übertragen werden (§4 Abs. 6 BetrAVG). Der neue Arbeitgeber erteilt also eine eigenständige Zusage. Er kann deshalb die Art der Zusage und den Durchführungsweg neu wählen und an die im Unternehmen herrschenden Versorgungsbedingungen angepasst ausgestalten. Die Altzusage beim vorherigen Arbeitgeber ist also nicht nachzubilden. Diese erlischt vielmehr im Zeitpunkt der Übertragung. Allerdings gilt auch hier das Zustimmungserfordernis des Arbeitnehmers, sodass im Rahmen der Übertragung und Ausgestaltung der Neuzusage nicht gegen seinen Willen nachteilig von

---

157 Vgl. Schnitker in: Willemsen/Hohenstatt/Schweibert/Seibt, Umstrukturierung und Übertragung von Unternehmen, 5. Aufl. 2016, Teil J Rn. 242.

der ursprünglich erteilten Versorgungszusage abgewichen werden kann[158]. Die Vereinbarung unterliegt keinem Formerfordernis und ist nicht an irgendwelche Fristen gebunden.

> **! Tipp**
>
> Zu Beweiszwecken ist indes eine schriftliche dreiseitige Übertragungsvereinbarung zwischen altem Arbeitgeber, neuem Arbeitgeber und dem betroffenen Arbeitnehmer ratsam. In dieser sind neben der Übertragung des Übertragungswertes die Erteilung einer wertgleichen Versorgungszusage sowie das Erlöschen der bisherigen Versorgungszusage zu regeln. Es bietet sich zudem an, eine klarstellende Regelung hinsichtlich der Belastung des Arbeitnehmers mit den anfallenden Steuern und Sozialversicherungsbeiträgen aufzunehmen.

Die Zustimmung des externen Versorgungsträgers ist, soweit die betriebliche Altersversorgung mittelbar durchgeführt wird, für die Übertragung nicht erforderlich.

> **! Achtung**
>
> Der alte Arbeitgeber muss darauf achten, dass er die vertraglichen Beziehungen zum externen Versorgungsträger zum geplanten Übertragungsstichtag beenden kann. Teilweise sehen die Satzungen externer Versorgungsträger (insbesondere Pensionskassen) eine Kündigungsfrist vor, nach deren Ablauf die bestehenden Versicherungen erst beitragsfrei gestellt werden können. Zudem ist die Vereinbarung nur mit dem »ehemaligen« und dem »neuen« Arbeitgeber des Arbeitnehmers möglich. Das bedeutet, dass Vereinbarungen zur Übertragung vor Beendigung des alten Arbeitsverhältnisses problematisch sind. Denkbar dürfte es allerdings sein, die Übertragungsvereinbarung aufschiebend bedingt auf das Ende des alten und die Begründung des neuen Arbeitsverhältnisses zu schieben.

2.1.3 Übertragungsanspruch des Arbeitnehmers

Unter dem Stichwort der **Portabilität der betrieblichen Altersversorgung** verbirgt sich der Übertragungsanspruch des Arbeitnehmers gem. §4 Abs. 3 BetrAVG. Es handelt sich dogmatisch gesehen um einen Sonderfall von §4 Abs. 2 Nr. 2 BetrAVG. Dem Arbeitnehmer steht danach das Recht zu, einseitig die Übertragung des Übertragungswerts der Versorgungszusage innerhalb eines Jahres nach Beendigung des Arbeitsverhältnisses auf einen neuen Arbeit-

---

158 Schnitker in: Willemsen/Hohenstatt/Schweibert/Seibt, Umstrukturierung und Übertragung von Unternehmen, 5.Aufl. 2016, Teil J Rn.246 ff.; Kisters-Kölkes in: Kemper/Kisters-Kölkes/Berenz/Huber, BetrAVG, 7.Aufl. 2016, §4 Rn.48 f.

geber zu verlangen. Der Arbeitnehmer muss die Geltendmachung des Übertragungsanspruchs gegenüber seinem bisherigen Arbeitgeber erklären.

Dieser Übertragungsanspruch besteht jedoch nur, wenn die betriebliche Altersversorgung über einen der versicherungsförmigen Durchführungswege (Direktversicherung, Pensionskasse, Pensionsfonds) erfolgt und der Übertragungswert die Beitragsbemessungsgrenze der gesetzlichen Rentenversicherung nicht übersteigt. Für Direktzusagen und Unterstützungskassenzusagen besteht kein derartiger Übertragungsanspruch des Arbeitnehmers.

Der Mitnahmeanspruch gilt nur für gesetzlich unverfallbare Anwartschaften. Vertraglich unverfallbare Anwartschaften fallen nicht hierunter.

Als Folge der Geltendmachung des Anspruchs muss der alte Arbeitgeber die nach §4 Abs. 5 BetrAVG berechneten Übertragungswerte auf den neuen Arbeitgeber übertragen. Je nach Durchführungsweg kann der alte Arbeitgeber auch schuldbefreiend an den vom neuen Arbeitgeber gewählten Versorgungsträger leisten.

Der neue Arbeitgeber hat eine wertgleiche Versorgungszusage zu erteilen. Bei der Wahl des Versorgungsträgers kann der neue Arbeitgeber zwischen den Durchführungswegen Pensionsfonds, Pensionskasse oder Direktversicherung wählen. Auch bei der Frage der inhaltlichen Plangestaltung ist der neue Arbeitgeber frei. Eine im Rahmen des Betriebsrentenstärkungsgesetzes eingeführte Neuerung ergibt sich hier aus §4 Abs. 3 Satz 5 BetrAVG. Danach kann der neue Arbeitgeber den Übertragungsanspruch des Arbeitnehmers einseitig in eine reine Beitragszusage überführen, wenn er zur Durchführung der betrieblichen Altersversorgung durch eine Einrichtung nach §22 BetrAVG bereit ist. Soweit der Arbeitnehmer mit einer derartigen Überführung nicht einverstanden ist, kann er seinen Übertragungsanspruch nicht durchsetzen. Der Arbeitnehmer kann – etwa zum Zwecke höherer Renditechancen – aber auch von vornherein verlangen, dass der Übertragungswert in eine reine Beitragszusage überführt wird, vgl. Abs. 3 Satz 1.

Die Kosten der Übertragung sind von den beteiligen Arbeitgebern zu tragen.[159]

---

159 Steinmeyer in: Erfurter Kommentar, 18. Aufl., 2018, BetrAVG, §4 Rn. 21.

2.1.4 Übertragung der Versorgungszusage im Rahmen einer Unternehmensliquidation

Ein weiterer Übertragungstatbestand ergibt sich aus § 4 Abs. 4 BetrAVG. Danach kann eine Versorgungszusage **ohne Zustimmung des Arbeitnehmers schuldbefreiend auf eine Pensionskasse oder einen Lebensversicherer übertragen werden**, wenn die Betriebstätigkeit eingestellt wird und sich das Unternehmen in der Liquidation befindet. Die Vorschrift gilt für die Übernahme sämtlicher Durchführungswege.

Die Vorschrift soll die Liquidation von Unternehmen nach erfolgter Betriebseinstellung erleichtern und vermeiden, dass die Gesellschaft als reine Rentnergesellschaft fortbesteht.[160] Die Besonderheit dieses Übertragungstatbestands liegt darin, dass es der Zustimmung des Versorgungsberechtigten nicht bedarf. Es handelt sich hierbei um einen Sonderfall von § 4 Abs. 2 Nr. 1 BetrAVG, da nach dem eindeutigen Wortlaut des Gesetzes nur die Versorgungszusage als solche im Rahmen einer Unternehmensliquidation übernommen werden kann. Die bloße Übertragung des Übertragungswertes i.S.d. § 4 Abs. 2 Nr. 2 BetrAVG ist nicht erfasst.

Die Voraussetzungen des § 4 Abs. 4 BetrAVG liegen vor, wenn die Versorgungszusage nach Betriebseinstellung und während des Liquidationsverfahrens übertragen werden soll. Hinsichtlich der Einleitung der Liquidation kommt es auf die für die Rechtsform der Gesellschaft jeweils einschlägigen Vorschriften an (für OHG und KG die §§ 145 ff. HGB, für die GmbH die §§ 66 ff. GmbHG und für die AG die §§ 264 ff. AktG). Zudem muss durch die Pensionskasse oder den Lebensversicherer sichergestellt sein, dass ab Rentenbeginn sämtliche auf den Rentenbestand entfallenden Überschussanteile in entsprechender Anwendung des § 16 Abs. 3 Nr. 2 BetrAVG verwendet werden. Eine darüber hinausgehende Anpassungsprüfungspflicht besteht nicht.[161]

Bei einer Liquidationsversicherung ist stets darauf zu achten, dass der Versicherer die Zusage unverändert übernehmen kann, da nur dann von einer haftungsbefreienden Übernahme nach § 4 Abs. 4 BetrAVG ausgegangen werden kann. Das kann bedeuten, dass der jeweilige Pensionsplan noch vor der Übertragung auf die Liquidationsversicherung angepasst werden muss, um eine identische Abbildung zu gewährleisten. Im Übrigen ist zu berücksichtigen, dass die Übertragung auf eine Liquidationsversicherung regelmäßig höhere

---

160 Rolfs in: Blomeyer/Rolfs/Otto, BetrAVG, 7. Auflage 2018, § 4 Rn. 141.
161 Rolfs in: Blomeyer/Rolfs/Otto, BetrAVG, 7. Auflage 2018, § 4 Rn. 146.

Kosten auslöst, als an Rückstellungen für einen Versorgungsplan vorgesehen sind. Hintergrund ist hierbei, dass der Versicherer vielfach mit vorsichtigeren Annahmen kalkuliert, insbesondere mit eigenen Sterbetafeln. Das kann den Abschluss einer Liquidationsversicherung finanziell unattraktiv machen.

2.1.5 Berechnung des Übertragungswerts

Von Bedeutung ist die **Berechnung des Übertragungswerts** in der Praxis nur im Falle einer Übertragung nach §4 Abs. 2 Nr. 2 BetrAVG. Der Mitnahmeanspruch richtet sich nach der Höhe der unverfallbaren Anwartschaft. Bei Direkt- und Unterstützungskassenzusagen ist dies der nach §2 BetrAVG bemessene Barwert der Versorgungszusage im Zeitpunkt der Übertragung. Es gelten die anerkannten Regelungen der Versicherungsmathematik. Mit der wohl herrschenden Meinung in der Literatur ist davon auszugehen, dass für die Ermittlung des Barwerts nicht mehr der steuerrechtliche Diskontierungszinssatz nach dem EStG maßgeblich ist, sondern ein marktüblicher Zinssatz zwischen den Parteien vereinbart werden kann.[162] Orientierungshilfe für die Frage, was zum Übertragungszeitpunkt marktüblich ist, kann §258 HGB geben. Beispielsweise ist es auch im Rahmen des Versorgungsausgleichs üblich, zur Ermittlung des Ausgleichswertes auf den Abzinsungsfaktor gem. §253 Abs. 2 HGB als maßgeblichen Diskontierungszinssatz abzustellen.[163]

Bei der Durchführung der betrieblichen Altersversorgung über eine Direktversicherung, eine Pensionskasse oder einen Pensionsfonds richtet sich der Übertragungswert nach dem für die Erfüllung der Versorgungszusage gebildeten Kapital. Die Höhe des Wertes des für die Versorgung reservierten Kapitalstocks ergibt sich aus den einschlägigen Vorschriften des Versicherungsvertragsgesetzes und den dazu erlassenen Durchführungsverordnungen.[164]

Tipp   **!**

Der bisherige Arbeitgeber sollte sich vom neuen Arbeitgeber die Erteilung der Neuzusage und deren Gleichwertigkeit quittieren lassen. Denn es ist wahrscheinlich, dass die Übertragung der Zusage nur dann die beabsichtigte schuldbefreiende Wirkung hat, wenn der neue Arbeitgeber tatsächlich eine wertgleiche Versorgungszusage erteilt hat.

---

162 Kisters-Kölkes in: Kemper/Kisters-Kölkes/Berenz/Huber, BetrAVG, 7.Aufl. 2016, §4 Rn.111 f.; Höfer/Veit in: Höfer/Veit/Verhuven, BetrAVG Band II, Stand 2016, Kap. 38 Rn.91 f.; differenzierend: Schnitker in: Willemsen/Hohenstatt/Schweibert/Seibt, Umstrukturierung und Übertragung von Unternehmen, 5.Aufl. 2016, Teil J Rn.252.

163 Vgl. z.B. BGH v. 22.6.2016 – XII ZB 664/14, NJW-RR 2016, 1281.

164 Höfer/Veit in: Höfer/Veit/Verhuven, BetrAVG Band II, Stand 2016, Kap. 38 Rn.95 ff.

2.2 Wirtschaftliche Übertragung (insbes. Schuldbeitritt)

In der Praxisbesteht außerhalb des Anwendungsbereichs von §4 BetrAVG häufig das Bedürfnis, die Versorgungsverpflichtungen wirtschaftlich einem anderen zuzuordnen als dem eigentlichen Vertragsarbeitgeber bzw. demjenigen, der die Versorgungsverpflichtungen beispielsweise im Rahmen eines Betriebsübergangs gem. §613a BGB mit übernimmt. Ersteres ist häufig in Konzernstrukturen der Fall, wenn beabsichtigt ist, Versorgungsverbindlichkeiten von Konzernunternehmen konzernintern bei einem anderen Rechtsträger zu bilanzieren. Im Falle des Betriebsübergangs nach §613a BGB stellt sich das Problem, dass der Betriebserwerber zwingend alle Versorgungsverbindlichkeiten des Veräußererbetriebs, d.h. auch die laufenden Renten oder unverfallbaren Anwartschaften längst ausgeschiedener Arbeitnehmer, rechtlich mit übernimmt. Das ist für den Erwerber ggf. mit ungewollten Risiken verbunden, denn: Hat der Veräußerer Zusagen unwirksam abgelöst, haftet der Erwerber auch für Ansprüche aus der höheren, unwirksam abgelösten Zusage. Dies gilt auch dann, wenn diese Risikopositionen bei der Ermittlung des Kaufpreises beim Erwerb des jeweiligen Betriebs nicht einbezogen wurden.

Daneben eignet sich ein **Schuldbeitritt** zum Beispiel auch, um eine Rentnergesellschaft, wie von der Rechtsprechung[165] gefordert, mit einer angemessenen Kapitalausstattung zu versehen.

Die von der gesetzlichen oder der vertraglich vereinbarten (und daher nur beschränkt änderbaren s.o.) Rechtslage abweichende wirtschaftliche Zuordnung der Versorgungsverpflichtungen lässt sich über einen Schuldbeitritt desjenigen realisieren, bei dem die Versorgungsverbindlichkeiten bilanziert werden sollen und der primär für die Erfüllung der Verpflichtungen einstehen soll. Der Schuldbeitritt wirkt für den originären Versorgungsschuldner rechtlich nicht enthaftend. Dem Gläubiger der Versorgungsleistung wird vielmehr ein zusätzlicher Schuldner an die Hand gegeben, der nunmehr ebenfalls für die Erfüllung der Versorgungsverpflichtungen einzustehen hat. Daneben, d.h. für den Fall, dass der Beitretende nicht leistet, bleibt aber der ursprünglich aufgrund von gesetzlichen oder vertraglichen Regelungen zur Erfüllung der Versorgungsleistung verpflichtete Versorgungsschuldner einstandspflichtig.

Wird der Schuldbeitritt den Versorgungsberechtigten gegenüber angezeigt, handelt es sich regelmäßig um einen echten **Vertrag zugunsten Dritter nach**

---

165 BAG v. 11.3.2008 – 3 AZR 358/06, NZA 2009, 790.

§328 BGB. Die Versorgungsberechtigten erhalten ein eigenes Forderungs-recht gegenüber dem Beitretenden. Sie müssen dem Schuldbeitritt nicht zu-stimmen, da sich ihre Rechtsposition durch das Hinzutreten eines weiteren Schuldners lediglich zu ihrem Vorteil ändert. Beitretender und originärer Ver-sorgungsschuldner haften grundsätzlich als Gesamtschuldner gem. §§421 ff. BGB. Aus diesem Grund wird im Innenverhältnis zwischen Schuldbeitreten-dem und originärem Versorgungsschuldner i.d.R. eine Erfüllungsübernahme (§§414 ff. BGB) vereinbart, damit die wirtschaftliche Kostentragung im Ver-hältnis der beiden Schuldner klar geregelt ist.

Trotz des Mankos der fehlenden gänzlichen Enthaftung des originären Ver-sorgungsschuldners stellt die Schuldbeitrittslösung in der Praxis gerade in Konzernen oder im Rahmen der Veräußerung von Betrieben eine nicht selten gewählte Gestaltungsmöglichkeit für eine »freiere«[166] Zuordnung von Versor-gungsverpflichtungen dar.

2.2.1 Schuldbeitritt im Konzern

Vor allem innerhalb von Konzernstrukturen hat der Schuldbeitritt häufig prak-tische Bedeutung, um unternehmerische Ziele zu verwirklichen. Der Schuldbei-tritt vollzieht sich i.d.R. dergestalt, dass die Konzernmutter oder eine andere Konzern(ober)gesellschaft in die Versorgungsverpflichtungen einer Tochter-gesellschaft eintritt und im Innenverhältnis eine Freistellungsvereinbarung **(Schuldübernahme, §§414 ff. BGB)** mit der Tochtergesellschaft vereinbart.

Der Schuldbeitritt wirkt in diesem Falle infolge der Einräumung des eigenen Anspruchs gegen den Beitretenden in Verbindung mit der Übernahme im In-nenverhältnis bei der Tochtergesellschaft dazu, dass etwaige Rückstellungen nach handelsrechtlichen Grundsätzen (vgl. §249 HGB) aufzulösen sind. Diese sind nämlich nur zu bilden, wenn eine Inanspruchnahme am maßgeblichen Bilanzstichtag wahrscheinlich ist. Eine Inanspruchnahme des originären Ver-sorgungsschuldners gilt bei einem Schuldbeitritt eines konzernverbundenen Unternehmens i.d.R. nicht als wahrscheinlich.[167] Aus diesem Grund ist der Schuldbeitritt im Konzern bei konzerninternen Umstrukturierungen ein be-liebtes und wirkungsvolles Mittel, die Bilanz des zur Veräußerung vorgesehe-nen Unternehmens zu optimieren.

---

166 Schnitker/Granetzny in: Schlewing/Henssler/Schipp/Schnitker, Arbeitsrecht der betrieblichen Al-tersversorgung, 2015, Teil 17D, Rn. 143; Granetzny/Wallraven, NZA 2017, 1231.
167 Vgl. BFH v. 26.4.2012 – IV R 43/09, DStR 2012, 1128.

Auch aus steuerrechtlicher Sicht kann der Schuldbeitritt dann sinnvoll sein, wenn beabsichtigt ist, bestimmte Vermögenswerte konzernintern zu übertragen. Der Schuldbeitritt bewirkt, dass Vermögenswerte steuerunschädlich zum Buchwert anstatt zum Verkehrswert übertragen werden können, da der Schuldbeitritt dafür sorgt, dass die Verpflichtungen wirtschaftlich betrachtet beim Veräußerer verbleiben und die Überführung der Vermögenswerte somit unentgeltlich i.S.v. §6 Abs. 5 EStG erfolgt.[168]

2.2.2 Schuldbeitritt zu externen Versorgungsschuldnern im Rahmen einer Unternehmenstransaktion

Auch beim **Vollzug von Unternehmenstransaktionen oder Umstrukturierungen** nach dem Umwandlungsgesetz kann das Bedürfnis bestehen, Versorgungsverpflichtungen entgegen den eigentlich gesetzlich vorgesehenen Regelungen zuzuordnen. Da in diesen Fällen nicht selten eine rechtlich nicht dispositive Regelung wie §613a BGB greift, bietet auch hier die bereits vorstehend skizzierte Schuldbeitrittslösung eine Möglichkeit, die Versorgungsverbindlichkeiten zumindest wirtschaftlich anders zu verteilen.[169] Der Schuldbeitritt kann bei einem Übergang nach §613a BGB dazu genutzt werden, die Versorgungsverpflichtungen für den Past Service beim Veräußerer zu belassen. Bei Transaktionen, bei denen Verpflichtungen aus einer Unternehmensgruppe »hinausübertragen« werden, ist der Schuldbeitritt häufig gerade vom Käufer eher nicht gewünscht, weil der Käufer damit letztlich das Insolvenzrisiko des Beitretenden trägt. Wirtschaftlich sinnvoller wird daher vielfach die Übernahme der Verpflichtungen unter Abzug der Verpflichtungen vom Kaufpreis sein.

> **!** **Tipp**
>
> Grundsätzlich besteht wie bei jedem Dauerschuldverhältnis auch bei Schuldbeitrittsvereinbarungen die Möglichkeit, diese zu kündigen. Die Rechtsfolgen der Kündigung der Schuldbeitrittserklärung sind bisher weder gesetzlich noch durch die Rechtsprechung abschließend geklärt. Aufgrund der Drittwirkung des Vertrags gegenüber den Versorgungsberechtigten, denen über §328 BGB ein echtes eigenständiges Forderungsrecht gegen den Beitretenden eingeräumt wird, empfiehlt es sich daher, die Rechtswirkungen der Kündigung im Vorhinein in die Schuldbeitrittsvereinbarung aufzunehmen, damit diese auch Bestandteil der Rechtsbeziehungen zwischen Beitretendem und Versorgungsberechtigten werden. Nur auf diese Weise kann der Beitretende Rechtsunsicherheiten bezüglich der Wirkung der Kündigung

---

168 Vgl. auch Granetzny/Wallraven, NZA 2017, 1231, 1234.
169 Vgl. BAG v. 20.4.2010 – 3 AZR 225/08, NZA 2010, 883, vgl. auch Anhang – Sonstiges Nr. 1.

und damit einer ungewollten Haftung vorbeugen. Es sollte insbesondere geregelt werden, welche Auswirkungen die Kündigung

- auf im Zeitpunkt der Wirksamkeit der Kündigung bereits fällige Versorgungsansprüche,
- auf im Zeitpunkt der Wirksamkeit der Kündigung noch nicht fällige Versorgungsansprüche und
- auf Versorgungsanwartschaften von Anwärtern hat.[170]

Zusätzlich empfiehlt es sich, eine **»umgekehrte« Freistellungsvereinbarung** mit dem originären Versorgungsschuldner für den Fall zu vereinbaren, dass mit der Kündigung der Schuldbeitrittsvereinbarung eine vollständige Enthaftung nicht erreicht werden kann. Dann kann der Beitretende im Falle der ungewollten Inanspruchnahme durch die Versorgungsberechtigten trotz Kündigung Regress beim eigentlichen Versorgungsschuldner nehmen.[171]

2.2.3   Echte Schuldübernahme

Grundsätzlich kann die wirtschaftliche Zuordnung von Versorgungsverpflichtungen auch isoliert durch Erfüllungsübernahmevereinbarungen gem. §§ 414 ff. BGB vorgenommen werden.

Bei der Schuldübernahme nach den §§ 414 ff. BGB tritt der Übernahmeschuldner (ebenso wie im Rahmen einer Übertragung nach § 4 BetrAVG) rechtlich in die Rechtsposition des ursprünglichen Schuldners ein; Letzterer wird aus der Haftung entlassen und von seiner Leistungspflicht gegenüber dem Gläubiger befreit. Isoliert ist die Schuldübernahme bei Versorgungszusagen aus betrieblicher Altersversorgung jedoch nur sehr begrenzt ein wirksames Übertragungsmittel. Dies hat zum einen den Grund, dass eine Schuldübernahme zwischen dem Übernehmer und dem eigentlichen Versorgungsschuldner nur mit Zustimmung bzw. Genehmigung (vgl. § 415 BGB) des Versorgungsberechtigten wirksam ist, und resultiert zum anderen aus den Restriktionen des Betriebsrentengesetzes. Die Versorgungszusage an einen Arbeitnehmer kann nämlich nicht außerhalb von § 4 BetrAVG auf einen Dritten übertragen werden.

Aufgrund des **Genehmigungserfordernisses** und der Restriktionen aus dem Betriebsrentengesetz ist eine echte Schuldübernahme daher nur in Einzel-

---

170 Schnitker/Granetzny in: Schlewing/Henssler/Schipp/Schnitker, Arbeitsrecht der betrieblichen Altersversorgung, 2015, Teil 17D Rn. 143, Granetzny/Wallraven, NZA 2017, 1231, 1234 f.

171 Schnitker/Granetzny in: Schlewing/Henssler/Schipp/Schnitker, Arbeitsrecht der betrieblichen Altersversorgung, 2015, Teil 17D Rn. 148.

fällen beispielsweise bei Versorgungszusagen von Organmitgliedern denkbar, bei denen vertraglich von den Schutzvorschriften des BetrAVG abgewichen werden darf, oder bei Zusagen, die nicht dem Anwendungsbereich des §4 BetrAVG unterfallen.

> **! Wichtig**
>
> War zwischen den Parteien der Übernahmevereinbarung eigentlich eine echte (befreiende) Schuldübernahme nach den §§414 ff. BGB beabsichtigt und scheitert diese an der Genehmigung der/des Versorgungsberechtigten oder den Restriktionen des Betriebsrentengesetzes, so wird in der Rechtsprechung[172] angenommen, dass es regelmäßig dem Parteiwillen entspreche, dass jedenfalls eine wirtschaftliche Übertragung der Versorgungsverpflichtungen zwischen den Parteien beabsichtigt war. Die unwirksame Übernahmevereinbarung wird dann als Schuldbeitritt ausgelegt, mit den oben genannten (positiven) Folgen für die Versorgungsberechtigten. Im Innenverhältnis wird dem bisherigen Versorgungsschuldner ein Rückgriffanspruch gem. §329 BGB gegen den Beitretenden zugesprochen.

2.2.4 Erfüllungsübernahme

Denkbar ist auch die Erfüllungsübernahme im Innenverhältnis. Diese zeichnet sich dadurch aus, dass dem Versorgungsberechtigten kein eigenständiger Anspruch gegen den Übernehmer eingeräumt wird. Vielmehr handelt es sich hier lediglich um eine Beziehung zwischen dem Versorgungsschuldner und dem Übernehmer, der im Verhältnis zum Versorgungsschuldner die wirtschaftliche Kostentragung für die Verpflichtung zusagt. Bilanziell hat die Erfüllungsübernahme im Innenverhältnis keine Auflösung der Rückstellung zur Folge. Vielmehr bleibt es dabei, dass die Verpflichtung beim originären Versorgungsschuldner zu bilanzieren ist. Dieser kann den Anspruch aus der Erfüllungsübernahme aber in der Bilanz aktivieren.

---

172 LAG Nürnberg v. 26.7.2005 – 6 Sa 100/05, NZA-RR 2006, 94; vgl. auch BGH v. 1.2. 2012 – VIII ZR 307/10, NJW 2012, 1718.

3 Auslegung von Versorgungszusagen

Eine weitere wichtige Praxisfrage der betrieblichen Altersversorgung ist die Auslegung von Versorgungszusagen. Mit dem Instrument der Auslegung hat das BAG das Betriebsrentenrecht in der Vergangenheit wiederkehrend fortentwickelt.

3.1 Die Auslegung als Kernfrage von betriebsrentenrechtlichen Streitigkeiten

Die Auslegung von Versorgungszusagen ist in vielen betriebsrentenrechtlichen Streitigkeiten die **Kernfrage der Auseinandersetzung**. Hintergrund ist, dass kaum eine Versorgungszusage so konzipiert ist, dass kein Spielraum für Interpretationen bleibt. Die Mehrdeutigkeit von Regelungsinhalten wird zudem durch die Anfälligkeit von Sprache als Kommunikationsmittel im Allgemeinen bedingt. Aber auch unvorhergesehene Entwicklungen – sowohl rechtlicher als auch tatsächlicher Art – können zu Unklarheiten in Bezug auf eine Versorgungszusage führen. Dies zeigt sich an einem einfachen Beispielsfall, der dem BAG in jüngerer Vergangenheit in ähnlicher Gestalt zur Entscheidung[173] vorlag:

Der Arbeitgeber hat seiner Belegschaft eine Altersversorgung zugesagt. Die Versorgungszusage enthält eine Anpassungsregelung, die wie folgt lautet:

»6. Anpassung

Die Versorgungsleistungen werden zu bestimmten Zeitpunkten jeweils der Entwicklung der Gehaltstarife angepasst.

Soweit bestehende Anwartschaften vorzeitig ausgeschiedener Mitarbeiter in Versorgungsleistungen umgewandelt werden, ist dieses alle drei Jahre auf eine Anpassung hin zu überprüfen und hierüber nach billigem Ermessen zu entscheiden. Dabei sind insbesondere die Belange des Versorgungsempfängers und die wirtschaftlich Lage des Arbeitgebers zu berücksichtigen (gesetzliche Regelung).«

Die Klausel differenziert hinsichtlich der Anpassungsregelungen folglich zwischen der Anpassung von Versorgungsleistungen und Anwartschaften von vorzeitig ausgeschiedenen Mitarbeitern, die in Versorgungsleistungen umge-

---

173 BAG v. 12.12.2017 – 3 AZR 499/16, juris.

wandelt werden. Der einfache Gedanke hinter dieser Differenzierung ist der Umstand, dass Versorgungsberechtigte, die ihre gesamte Erwerbshistorie bei dem Arbeitgeber verbracht haben und unmittelbar aus dem Arbeitsverhältnis in die Rentenbezugsphase übergetreten sind, gegenüber Arbeitnehmern, die das Unternehmen vorzeitig verlassen haben, privilegiert werden sollen. Eine solche Privilegierung hat das BAG – bislang – als rechtlich zulässig erachtet.[174]

Versorgungsberechtigte, die das in der Versorgungszusage vorgesehene Renteneintrittsalter im Dienste des Arbeitgebers erreichen, erhalten folglich eine Anpassung entsprechend den Entwicklungen der Tariflöhne. Versorgungsberechtigte, die vor dem in der Versorgungszusage vorgesehenen Renteneintrittsalter das Unternehmen verlassen haben, etwa weil sie den Arbeitgeber gewechselt haben, können lediglich eine Anpassungsprüfung entsprechend § 16 BetrAVG vom Arbeitgeber verlangen. So weit, so gut.

Aber wie sieht es etwa mit Arbeitnehmern aus, die die Voraussetzungen für eine vorzeitige Inanspruchnahme der gesetzlichen Renten erfüllen und demnach gem. § 6 BetrAVG auch die betriebliche Altersrente in Anspruch nehmen? Sind diese Arbeitnehmer i.S. der Anpassungsregelung vorzeitig ausgeschieden? Dies dürfte man verneinen. Aber wie sieht es mit Arbeitnehmern aus, die auf Veranlassung des Arbeitgebers eine Aufhebungsvereinbarung schließen und nach Ablauf einer ggf. verhängten Sperrzeit ein Jahr lang Arbeitslosengeld beziehen und sodann Altersrente wegen Arbeitslosigkeit und gem. § 6 BetrAVG auch ihre betriebliche Altersversorgung beziehen? Diese Frage ist weniger eindeutig und kann insbesondere ohne die sonstigen Regelungen der Versorgungszusage nicht abschließend geklärt werden. Der Fall zeigt aber, dass einzelne Sachverhaltsvarianten eine Versorgungszusage mehr oder weniger eindeutig erscheinen lassen können.

3.2 Auflösung von Unklarheiten und Lücken

Fälle wie der zuvor beschriebene müssen mit dem Instrument der Auslegung gelöst werden. Dabei besteht aber nicht der eine, für sämtliche Versorgungszusagen geltende Auslegungsgrundsatz, sondern es gelten je nach Rechtsbegründungsakt unterschiedliche Auslegungsgrundsätze. Im Grundsatz muss insoweit zwischen Versorgungszusagen, die individualrechtlich begründet werden, und Versorgungssystemen, die auf einem kollektivrechtlichen

---

174 BAG v. 30.11.2010 – 3 AZR 754/08, AP BetrAVG § 16 Nr. 72, vgl. auch Anhang – Betriebsrentenanpassung Nr. 4.

Rechtsbegründungsakt beruhen, unterschieden werden. Hintergrund ist die Wesensverschiedenheit von beiden Begründungsarten. Während individualrechtlich begründete Versorgungszusagen nach den für Verträge geltenden Grundsätzen auszulegen sind, gelten für kollektivrechtlich begründete Versorgungszusagen die Grundsätze für die Gesetzesauslegung.[175]

Zudem ist zwischen dem Instrument der erläuternden Auslegung für den Fall der Mehrdeutigkeit von Versorgungsbedingungen und dem Instrument der ergänzenden Auslegung für den Fall der Lückenhaftigkeit einer Versorgungszusage zu unterscheiden.

3.2.1 Auslegung von individualrechtlich begründeten Versorgungszusagen

Die Auslegung von individualrechtlich begründeten Versorgungszusagen richtet sich im Grundsatz nach den allgemeinen Vorschriften der §§ 133, 157 BGB. Hinsichtlich der Auslegung von Versorgungszusagen mit kollektivem Bezug sind indes einige Besonderheiten zu beachten.

3.2.1.1 Auslegung von ausgehandelten Einzelzusagen

Ausgehandelte Einzelzusagen sind in der unternehmerischen Praxis der Ausnahmefall. Sie werden zumeist gegenüber Organmitgliedern oder sonstigen Mitgliedern aus dem gehobenen Management erteilt. Derartige Einzelzusagen zeichnen sich dadurch aus, dass sich die Vertragspartner **beim Aushandeln der Versorgungsbedingungen auf Augenhöhe begegnen**. Auch wenn eine Altersversorgung grundsätzlich auf einem freiwilligen Entschluss des Arbeitgebers beruht, sind die Versorgungsbedingungen häufig ein wesentlicher Bestandteil von Vertragsverhandlungen für Führungskräfte. Diese haben zudem ein besonderes Interesse an ausgewogenen betrieblichen Versorgungsbedingungen, da sie – soweit sie überhaupt beitragspflichtig sind – zumeist weit über der Beitragsbemessungsgrenze in der gesetzlichen Rentenversicherung verdienen, weshalb die erdienten Versorgungsleistungen aus der gesetzlichen Rentenversicherung in der Regel nicht ausreichen, um den Lebensstandard, den man bis zum Renteneintritt erarbeitet hat, (annähernd) zu kompensieren.

---

175 Vgl. BAG v. 14.12.2010 – 3 AZR 939/08, BeckRS 2011, 70008, vgl. auch Anhang – Auslegungsfragen Nr. 4.

Wie bereits angedeutet, richtet sich die Auslegung von derartigen ausgehandelten Einzelzusagen nach den allgemeinen Grundsätzen der §§133, 157 BGB. Danach sind ausgehandelte Versorgungszusagen so auszulegen, wie die Parteien sie nach Treu und Glauben unter Berücksichtigung der Verkehrssitte verstehen mussten.[176] Es handelt sich folglich um einen objektivierten Auslegungsgrundsatz, der sich jedoch in besonderem Maße am tatsächlichen Willen der Vertragsparteien zu orientieren hat. Der Wille der Vertragsparteien steht im Fokus der Auslegung. Demgemäß sind die Grenzen jeder Auslegung dort erreicht, wo ein übereinstimmender Wille der Vertragsparteien vorliegt. Das BAG hat den Vorrang des übereinstimmenden Willens in seiner Rechtsprechung wiederkehrend betont:

! **O-Ton Rechtsprechung**

»Wird der tatsächliche Wille des Erklärenden bei Abgabe einer empfangsbedürftigen Willenserklärung festgestellt, und hat der andere Teil die Erklärung ebenfalls in diesem Sinne verstanden, dann bestimmt dieser Wille den Inhalt des Rechtsgeschäfts, ohne dass es auf Weiteres ankommt. Es ist insbesondere nicht erforderlich, dass sich der Erklärungsempfänger den wirklichen Willen des Erklärenden zu eigen macht. Ausreichend ist vielmehr, dass er ihn erkennt und in Kenntnis dieses Willens das Geschäft abschließt. Haben alle Beteiligten eine Erklärung übereinstimmend in demselben Sinne verstanden, geht der wirkliche Wille der Parteien dem Wortlaut des Vertrags und jeder anderweitigen Interpretation vor und setzt sich auch gegenüber einem völlig eindeutigen Vertragswortlaut durch.«[177]

Der für die Auslegung maßgebliche Zeitpunkt ist der Zeitpunkt der Zusage. Nachträgliche Veränderungen – tatsächlicher oder rechtlicher Natur – sind für die Auslegung unerheblich. Soweit die Versorgungszusage nachträglich geändert oder angepasst wird, sind derartige Neuerungen indes stets in die Auslegung miteinzubeziehen.

Der auf den **Willen der Vertragsparteien** ausgerichtete Auslegungsgrundsatz hat unmittelbar Auswirkungen auf die heranzuziehenden Auslegungskriterien. In den Fokus rücken solche Auslegungskriterien, die Rückschlüsse auf den wirklichen Willen der Parteien zulassen. Für die Auslegung von ausgehandelten Versorgungszusagen werden dabei insbesondere die folgenden Auslegungskriterien herangezogen:

- Wortlaut
- Regelungszusammenhang
- Begleitumstände

---

176 BAG v. 21.1.2014 – 3 AZR 362/11, AP BetrAVG §1 Auslegung Nr. 43.
177 BAG v. 2.7.2009 – 3 AZR 501/07, AP BetrAVG §1b Nr. 9.

- Interessenlage der Parteien
- Gesamtzweck

O-Ton Rechtsprechung !

»Dabei ist vom Wortlaut auszugehen, zur Ermittlung des wirklichen Willens der Parteien sind jedoch auch die außerhalb der Vereinbarung liegenden Umstände einzubeziehen, soweit sie einen Schluss auf den Sinngehalt der Erklärung zulassen. Vor allem sind die bestehende Interessenlage und der mit dem Rechtsgeschäft verfolgte Zweck zu berücksichtigen. Im Zweifel ist der Auslegung der Vorzug zu geben, die zu einem vernünftigen, widerspruchsfreien und den Interessen beider Vertragspartner gerecht werdenden Ergebnis führt.«[178]

Soweit trotz Rückgriff auf die vorgenannten Auslegungskriterien weiterhin ernsthafte Unklarheiten verbleiben, obliegt es im Streitfall schlussendlich den Gerichten, die Streitfrage aufzulösen. Ein betriebsrentenrechtliches Beispiel für die Reichweite dieser Letztentscheidungskompetenz der Gerichte ist etwa die Frage der Auswirkung der Anhebung der gesetzlichen Regelaltersgrenze auf betriebliche Versorgungswerke, die eindeutig auf die Vollendung des 65. Lebensjahres geschrieben waren. Hier hat das BAG entschieden, dass derartige Versorgungszusagen für Versorgungsberechtigte, für die ein späteres Renteneintrittsalter gilt, dynamisch zu verstehen sind.[179] Dies gilt jedenfalls dann, wenn es sich bei der Versorgungszusage um eine Anrechnungszusage handelt.

3.2.1.2 Auslegung von individualrechtlich begründeten Versorgungszusagen mit kollektivem Bezug

Wesentlich häufiger werden Versorgungszusagen auf individualrechtlicher Ebene durch Gesamtzusagen und vertragliche Einheitsregelungen implementiert. Hintergrund der Versorgung nach **einheitlichen und homogenen Grundsätzen im Unternehmen** ist häufig der Wunsch, nicht in Konflikt mit dem arbeitsrechtlichen Gleichbehandlungsgrundsatz zu geraten.

Bei derartigen Versorgungszusagen handelt es sich um vorformulierte Versorgungsbedingungen, für die die Besonderheiten des Rechts der Allgemeinen Geschäftsbedingungen nach den §§ 305 ff. BGB zu beachten sind. Durch die Geltung der AGB-rechtlichen Vorschriften wird kompensiert, dass die Versor-

---

178 BAG v. 2.7.2009 – 3 AZR 501/07, AP BetrAVG § 1b Nr. 9.
179 Vgl. dazu bereits oben B. 1. 2.

gungsberechtigten keinen Einfluss auf die inhaltliche Ausgestaltung der Versorgungsbedingungen haben.[180]

Maßgeblicher Zeitpunkt für die Auslegung ist der Zeitpunkt der Errichtung des Versorgungswerks.

Im Anwendungsbereich von vertraglichen Einheitsregelungen und Gesamtzusagen gilt ein modifizierter – objektiv-generalisierender – Auslegungsgrundsatz, der sich unmittelbar auf die heranzuziehenden Auslegungskriterien auswirkt.

! **O-Ton Rechtsprechung**

»Die Auslegung der Versorgungsordnung als letztlich einseitig vom Arbeitgeber gestelltem Regelungswerk erfolgt nach den Grundsätzen für die Auslegung Allgemeiner Geschäftsbedingungen. Diese sind nach ihrem objektiven Inhalt und typischen Sinn einheitlich so auszulegen, wie sie von verständigen und redlichen Vertragspartnern unter Abwägung der Interessen der normalerweise beteiligten Verkehrskreise verstanden werden, wobei die Verständnismöglichkeiten des durchschnittlichen Vertragspartners des Verwenders zugrunde zu legen sind. Zu berücksichtigen sind dabei die für die Vertragspartner des Verwenders allgemein erkennbaren äußeren Umstände, die für einen verständigen und redlichen Erklärungsempfänger Anhaltspunkte für eine bestimmte Auslegung geben. Umstände, die den konkreten Arbeitnehmer betreffen, sind nur dann von Belang, wenn im konkreten Einzelfall die Beteiligten übereinstimmend eine Erklärung in demselben Sinne verstanden haben.«[181]

Die Formalisierung führt zu einem vom Einzelfall losgelösten **Auslegungsansatz** und rückt insbesondere »neutralere« Auslegungskriterien wie den **Wortlaut** oder den **Regelungszusammenhang** in den Fokus. Zugleich können aber auch verallgemeinerbare – oder wie vom BAG bezeichnet »äußere«[182] – Begleitumstände, d.h. solche, die regelmäßig sämtliche vorformulierten Versorgungszusagen begleiten, herangezogen werden. Dieser Aspekt spielt etwa bei der Frage **der Möglichkeit einer nachteiligen Ablösbarkeit von Gesamtzusagen durch eine Betriebsvereinbarung** eine gewichtige Rolle.[183] Indes ist auch hier zu beachten, dass der übereinstimmende Wille der beteiligten Parteien Vorrang vor der objektiv-generalisierenden Auslegung hat.[184]

---

180 Vgl. BAG v. 30.9.2014 – 3 AZR 930/12, NZA 2015, 231, vgl. Anhang – Invaliditäts- und Hinterbliebenenversorgung Nr. 9; v. 21.2.2017 – 3 AZR 297/15, NZA 2017, 723, vgl. Anhang – Invaliditäts- und Hinterbliebenenversorgung Nr. 12; v. 30.11.2010 – 3 AZR 798/08, NZA-RR 2011, 255, vgl. Anhang – Auslegungsfragen Nr. 3; v. 14.12.2010 – 3 AZR 898/08, BeckRS 2011, 70751, vgl. Anhang – Auslegungsfragen Nr. 5; v. 8.12.2015 – 3 AZR 267/14, NZA-RR 2016, 374, vgl. Anhang – Auslegungsfragen Nr. 10.
181 BAG v. 23.8.2011 – 3 AZR 627/09, AP BetrAVG §1 Auslegung Nr. 24.
182 BAG v. 18.5.2010 – 3 AZR 373/08, NZA 2010, 935.
183 Siehe dazu unten C. 4.2.2.4.1.
184 BAG v. 15.9.2009 – 3 AZR 173/08, NZA 2010, 342.

Als weitere **Modifikation gilt für vorformulierte Versorgungsbedingungen** die in §305c Abs. 2 BGB statuierte Zweifelregel, wonach Unklarheiten grundsätzlich zulasten des Verwenders gehen. Die Anwendbarkeit der Auslegungsregel führt indes nicht dazu, dass im Anwendungsbereich von vorformulierten Versorgungsbedingungen für höchstrichterliche Auslegungsregeln und Entwicklungen kein Raum mehr besteht. Diese sind als **Besonderheiten des Arbeitsrechts** i.S.v. §310 Abs. 4 Satz 2 BGB vielmehr vorrangig anzuwenden.

3.2.1.3 Ergänzende Auslegung

Besondere Bedeutung hat im Betriebsrentenrecht zudem das Instrument der **ergänzenden Auslegung.** Dieses Instrument erfasst solche Konstellationen, in denen die Parteien nicht über die konkrete Bedeutung einer vorhandenen Regelung streiten, sondern sich bezüglich eines Streitpunkts von vorherein nicht geeinigt haben, weil sie den Regelungsposten schlicht übersehen haben.

Indes ist zu beachten, dass nach Auffassung des BAG für die ergänzende Auslegung nur dann Platz sein soll, wenn kein dispositives Gesetzesrecht wie das BetrAVG zur Verfügung steht. In jüngerer Zeit hat das BAG aber auch klargestellt, dass die ergänzende Auslegung vorrangig heranzuziehen ist, wenn es deutliche Anhaltspunkte für einen vom dispositiven Gesetzesrecht abweichenden Willen gibt.[185]

Maßgeblicher Zeitpunkt für die Feststellung und Bewertung des mutmaßlichen Parteiwillens und der Interessenlage ist der Zeitpunkt des Vertragsschlusses, da die ergänzende Vertragsauslegung eine anfängliche Regelungslücke rückwirkend schließt. Dies soll nach der Rechtsprechung des BAG auch dann gelten, wenn sich die Lückenhaftigkeit erst im Nachhinein ergibt.

O-Ton Rechtsprechung **!**

»Maßgebender Zeitpunkt für die Feststellung und Bewertung des mutmaßlichen Parteiwillens und der Interessenlage ist der Zeitpunkt des Vertragsschlusses, da die ergänzende Vertragsauslegung eine anfängliche Regelungslücke rückwirkend schließt. Das gilt auch, wenn eine Lücke sich erst nachträglich als Folge des weiteren Verlaufs der Dinge ergeben hat.«[186]

---

185 BAG v. 15.11.2005 – 3 AZR 521/04, NZA-RR 2006, 482, 484.
186 BAG v. 17.4.2012 – 3 AZR 803/09, AP BetrAVG §16 Nr. 83.

Für die ergänzende Auslegung gilt je nach individualrechtlichem Begründungsakt ein individualisierender – d.h. einzelfallabhängiger – bzw. generalisierender – d.h. typisierender – Maßstab. Klassische Anwendungsfälle in Bereich der betrieblichen Altersversorgung sind etwa die Fragen nach den Auswirkungen einer in der Versorgungszusage nicht geregelten frühzeitigen Inanspruchnahme der Betriebsrente bei vorherigem Ausscheiden aus dem Arbeitsverhältnis.

Die Auslegung selbst vollzieht sich dabei in zwei Schritten:

Zunächst muss eine **planwidrige Regelungslücke** ausgemacht werden. Eine solche Lücke im Vertragswerk kann bereits zum Zeitpunkt des Vertragsschlusses bestehen (anfängliche Regelungslücke) oder durch ungeahnte Entwicklungen und Umstände erst zu einem späteren Zeitpunkt eintreten (nachträgliche Regelungslücke). Eine nachträgliche Regelungslücke zeigt sich etwa in den Fällen, in denen es während der Beschäftigungszeit zu einer unregelmäßigen Erwerbshistorie (aufgrund Elternzeit, Teilzeit, Altersteilzeit[187], Secondment) kommt und die Beschäftigungsdauer – etwa bei Bausteinmodellen – einen Berechnungsfaktor für die Höhe der Versorgungsleistung darstellt.

In einem zweiten Schritt ist die planwidrige Lücke sodann auf Grundlage des **mutmaßlichen Willens** der Vertragsparteien zu schließen. Das BAG verlangt hier ein »Zu-Ende-Denken« des Vertrags.

! **O-Ton Rechtsprechung**

»Zunächst ist hierfür an den Vertrag selbst anzuknüpfen, denn die in ihm enthaltenen Regelungen und Wertungen, sein Sinn und Zweck sind Ausgangspunkt der Vertragsergänzung. Soweit irgend möglich, sind danach Lücken im Wege der ergänzenden Vertragsauslegung in der Weise auszufüllen, dass die Grundzüge des konkreten Vertrages »zu Ende gedacht« werden.«[188]

Ganz entscheidend für die ergänzende Auslegung ist, dass das gefundene Ergebnis nicht im Widerspruch zum tatsächlichen Willen der Parteien oder zum übrigen Inhalt der Versorgungszusage stehen darf. Es widerspricht in aller Regel dem Willen des Arbeitgebers, wenn man mittels einer extensiven ergänzenden Auslegung den Kreis der Versorgungsberechtigten erheblich erweitern könnte.

---

187 Vgl. BAG v. 17.4.2012 – 3 AZR 280/10, NZA-RR 2012, 489, vgl. auch Anhang – Betriebsrentenberechnung Nr. 6.
188 BAG v. 17.4.2012 – 3 AZR 803/09, AP BetrAVG § 16 Nr. 83.

Das Institut der ergänzenden Auslegung ist häufig vom **Rechtsinstitut der Störung der Geschäftsgrundlage** nach § 313 Abs. 1 BGB abzugrenzen, wonach Vertragsanpassung verlangt werden kann, wenn sich Umstände, die zur Grundlage des Vertrags geworden sind, nach Vertragsschluss schwerwiegend verändert haben und die Parteien den Vertrag nicht oder mit anderem Inhalt geschlossen hätten, wenn sie diese Veränderung vorausgesehen hätten, soweit einem Teil unter Berücksichtigung aller Umstände des Einzelfalls, insbesondere der vertraglichen oder gesetzlichen Risikoverteilung, das Festhalten am unveränderten Vertrag nicht zugemutet werden kann. Beide Institute stehen aber nicht nebeneinander, sondern in einem Alternativverhältnis. Die ergänzende Auslegung setzt an der Versorgungszusage selbst an, während das Rechtsinstitut der Störung der Geschäftsgrundlage außerhalb der Zusagen ansetzt und sich auf die Geschäftsgrundlage bezieht. Ein prominenter Sachverhalt, der sich mit dem Verhältnis von ergänzender Auslegung und dem Rechtsinstitut der Störung der Geschäftsgrundlage beschäftigt, behandelt die Auswirkung der außerplanmäßigen Anhebung der Beitragsbemessungsgrenze zum 1.1.2003 auf Versorgungszusagen mit einer sog. gespaltenen Rentenformel. Nachdem das BAG zur Auflösung zunächst auf die ergänzende Auslegung ausgewichen war und die Nichtbehandlung der außerplanmäßigen Erhöhung als Lücke in der Versorgungszusage angesehen hatte[189], hat es in einer Entscheidung knapp vier Jahre später eine Kehrtwende vollzogen und für die Auflösung das Rechtsinstitut der Störung der Geschäftsgrundlage herangezogen.[190]

3.2.2 Auslegung von kollektivrechtlich begründeten Versorgungswerken

Sowohl Tarifverträge als auch Betriebsvereinbarungen sind Normenverträge, die für die in den Geltungsbereich fallenden Arbeitgeber und Arbeitnehmer unmittelbar und zwingend wirken. Aufgrund dieser normativen Geltung sind für derartige Versorgungswerke die Grundsätze der Gesetzesauslegung anzuwenden. Die Auslegungsbedürftigkeit derartiger Versorgungswerke ergibt sich nicht selten daraus, dass diese unter politischem Druck und großem zeitlichen Einigungszwang geschlossen werden, worunter nicht selten die Normklarheit des Regelwerks leidet, was teilweise auch mit Absicht in Kauf genommen wird.

---

189 BAG v. 21.4.2009 – 3 AZR 695/08, NZA 2010, 572, 575.
190 BAG v. 23.4.2013 – 3 AZR 512/11, AP BetrAVG § 1 Auslegung Nr. 40.

3.2.2.1 Auslegung von Tarifverträgen über betriebliche Altersversorgung

Für die Auslegung des normativen Teils von Tarifverträgen über betriebliche Altersversorgung wendet das BAG einen **objektivierten Auslegungsgrundsatz an, der indes mit einigen subjektiven Elementen angereichert wird.** In der betriebsrentenrechtlichen Literatur wird die Vorgehensweise des BAG insoweit auch als »Kompromisslösung« zwischen rein subjektiver und rein objektiver Auslegung bezeichnet.[191]

! O-Ton Rechtsprechung

»Die Auslegung des normativen Teils des Tarifvertrags folgt nach ständiger Rechtsprechung den für die Auslegung von Gesetzen geltenden Regeln. Dabei ist zunächst vom Tarifwortlaut auszugehen, wobei der maßgebliche Sinn der Erklärung zu erforschen ist, ohne am Buchstaben zu haften. Bei einem nicht eindeutigen Tarifwortlaut ist der wirkliche Wille der Tarifvertragsparteien mit zu berücksichtigen, soweit er in den tariflichen Normen seinen Niederschlag gefunden hat. Abzustellen ist stets auf den tariflichen Gesamtzusammenhang, weil dieser Anhaltspunkte für den wirklichen Willen der Tarifvertragsparteien liefert und nur so Sinn und Zweck der Tarifnorm zutreffend ermittelt werden können. Lässt dies zweifelsfreie Auslegungsergebnisse nicht zu, dann können die Gerichte für Arbeitssachen weitere Kriterien wie die Entstehungsgeschichte des Tarifvertrags, gegebenenfalls auch die praktische Tarifübung ergänzend hinzuziehen. Auch die Praktikabilität denkbarer Auslegungsergebnisse ist zu berücksichtigen; im Zweifel gebührt derjenigen Tarifauslegung der Vorzug, die zu einer vernünftigen, sachgerechten, zweckorientierten und praktisch brauchbaren Regelung führt.«[192]

Indes ist auch für die Auslegung von Versorgungstarifverträgen zu beachten, dass der übereinstimmende Wille der Sozialpartner stets Vorrang genießt.

Weniger eindeutig ist aufgrund des objektiven Auslegungsansatzes, der mit subjektiven Elementen angereichert wird, auf welchen Zeitpunkt für die Auslegung abzustellen ist. Rückt man den Willen der Sozialpartner in den Fokus der Auslegung, kann nur der Zeitpunkt des Abschlusses in Betracht kommen. Soweit man dem objektiven Auslegungsansatz Vorrang einräumt, wird man auf den Zeitpunkt der Auslegung abstellen. Das BAG hat sich hierzu nicht eindeutig positioniert.

Die wesentlichen Auslegungskriterien für die Auslegung sind insoweit:

---

191 Uckermann/Doetsch, NZA 2013, 717, 719.
192 BAG v. 18.2.2014 – 3 AZR 833/12, NZA 2014, 1217, 1220, vgl. auch Anhang – Gleichbehandlung, Diskriminierungsschutz, betriebliche Übung Nr. 28.

- Wortlaut
- Systematik
- Entstehungsgeschichte
- Sinn und Zweck

Soweit trotzt Rückgriffs auf die vorgenannten Auslegungskriterien weiterhin erhebliche Zweifel verbleiben, kann nicht auf die Unklarheitenregel zurückgegriffen werden. §305c Abs. 2 BGB findet keine Anwendung, vgl. §310 Abs. 4 Satz 1 BGB. Auch gibt es keinen Anlass, aus allgemeinen arbeitsrechtlichen Schutzgesichtspunkten eine allgemeine Auslegungsregel zugunsten der Arbeitnehmer abzuleiten. Ein solcher Ansatz geht bei vertragsparitätisch zustande gekommenen Werken wie Tarifverträgen fehl.

3.2.2.2 Auslegung von Betriebsvereinbarungen über betriebliche Altersversorgung

Für den normativen Teil von Betriebsvereinbarungen über betriebliche Altersversorgung gelten die vorgenannten für **Tarifverträge geltenden Grundsätze** entsprechend. Das BAG hat dies in einigen Entscheidungen zweifelsfrei klargestellt.

0-Ton Rechtsprechung !

»Die BV Versorgung ist als Betriebsvereinbarung nach den für Gesetze und für Tarifverträge geltenden Grundsätzen auszulegen. Dabei ist vom Wortlaut der Bestimmung und dem durch ihn vermittelten Wortsinn auszugehen. Insbesondere bei unbestimmtem Wortsinn sind der wirkliche Wille der Betriebsparteien und der von ihnen beabsichtigte Zweck zu berücksichtigen, soweit sie im Text ihren Niederschlag gefunden haben. Abzustellen ist ferner auf den Gesamtzusammenhang der Regelungen, weil dieser Anhaltspunkte für den wirklichen Willen der Betriebsparteien geben kann. Im Zweifel gebührt derjenigen Auslegung der Vorzug, die zu einem sachgerechten, zweckorientierten, praktisch brauchbaren und gesetzeskonformen Verständnis der Bestimmung führt.«[193]

3.2.2.3 Lückenfüllung bei kollektivrechtlich begründeten Versorgungswerken

Auch Normenverträge können lückenhaft sein. Teilweise ist diese Lückenhaftigkeit sogar unmittelbar beabsichtigt, um etwa in Tarifvertragsverhandlun-

---

[193] BAG v. 21.1.2014 – 3 AZR 362/11, AP BetrAVG §1 Auslegung Nr. 43; v. 10.11.2015 – 3 AZR 576/14, NZA 2016, 1560 (Ls.); vgl. auch Anhang – Gleichbehandlung, Diskriminierungsschutz, betriebliche Übung Nr. 35.

gen gegenüber seinen Mitgliedern »sein Gesicht zu wahren«. **Die Frage der Lückenfüllung bei kollektivrechtlich begründeten Versorgungswerken ist nicht unumstritten.**[194] Jedenfalls für unbewusste Lücken wird man die Zulässigkeit der Lückenfüllung aber annehmen müssen, um dem Versorgungswerk möglichst umfassende Geltung zur verschaffen.

Zu beachten ist indes, dass das Instrument der Lückenfüllung dort an seine Grenzen stößt, wo mehrere gleichwertige Möglichkeiten der Lückenfüllung in Betracht kommen und keiner ein eindeutiger Vorrang einzuräumen ist oder wo das gefundene Ergebnis dem eindeutigen Willen der Sozial- oder Betriebspartner eindeutig widerspricht.[195]

3.3 Sonderfall: Auslegung von extern durchgeführten Versorgungszusagen

Die **mittelbare Durchführung** ist eine **betriebsrentenrechtliche Besonderheit**. Die rechtliche Trennung der bestehenden Vertragsverhältnisse, die sich aus §1 Abs. 1 Satz 3 BetrAVG ergibt, ist indes auch auf methodischer Ebene nachzuvollziehen. Methodisch ist zwischen den einzelnen Rechtsverhältnissen zu differenzieren, da diese voneinander unabhängig sind und sich nicht gegenseitig beeinflussen.

Insoweit sind bei der Auslegung von Versorgungszusagen, die von einem externen Versorgungsträger erbracht werden, die folgenden Verhältnisse auch methodisch auseinanderzuhalten:

- die arbeitsrechtliche Versorgungszusage (Valutaverhältnis), die nach den zuvor genannten Grundsätzen auszulegen ist
- das Versicherungsverhältnis (Deckungsverhältnis), das nach den für allgemeine Versicherungsbedingungen bzw. allgemeine Versorgungsbedingungen geltenden AGB-rechtlichen Besonderheiten auszulegen ist[196]
- ggfs. das eigenständige Bezugsverhältnis, das aber ebenfalls nach den für allgemeine Versicherungsbedingungen geltenden Grundsätzen auszulegen ist

Bei der Durchführung der betrieblichen Altersversorgung durch den Abschluss einer Direktversicherung zugunsten der Versorgungsberechtigten ist indes zu beachten, dass trotz der grundsätzlichen Trennung der Rechtsverhältnisse nach ständiger Rechtsprechung des BAG die Interessenlage der Versorgungs-

---

194 Vgl. hierzu Rawe, Auslegung von Zusagen der betrieblichen Altersversorgung, 2017, S.175.
195 BAG v. 23.4.2013 – 3 AZR 475/11, NZA 2013, 1275, vgl. Anhang – Betriebsrentenberechnung Nr. 7.
196 BAG v. 19.4.2011 – 3 AZR 267/09, DB 2011, 2555, vgl auch Anhang – Verschaffungssysteme Nr. 4.

berechtigten bei der Auslegung der vorformulierten allgemeinen Versicherungsbedingungen der Versicherer zu berücksichtigen ist.[197]

> **Tipp** !
>
> Es obliegt allein den Vertragsparteien, im Rahmen der Vertragsgestaltung einen Gleichlauf zwischen der arbeitsrechtlichen Grundverpflichtung und dem Bezugsverhältnis herzustellen. Dabei reicht nach der Rechtsprechung des BAG eine abstrakte arbeitsvertragliche Bezugnahme auf die Versorgungsbedingung einer regulierten Pensionskasse etwa nicht aus.[198]

---

197 BAG v. 31.7.2007 – 3 AZR 446/05, AP BetrAVG § 1 Lebensversicherung Nr. 30.
198 BAG v. 30.9.2014 – 3 AZR 617/12, NZA 2015, 544, 549, vgl. Anhang – Verschaffungssysteme Nr. 8.

4 Abänderung von Versorgungszusagen

Die Frage nach der Abänderbarkeit von Versorgungszusagen ist in der Praxis von großer Bedeutung, wobei die Gründe für eine mögliche Änderung von Versorgungszusagen/-systemen vielseitig und nicht abschließend zu erfassen sind.

Hinsichtlich der Abänderbarkeit einer Versorgungszusage ist danach zu differenzieren, welche Auswirkungen die Änderung beim Versorgungsberechtigten bewirkt. Demnach ist maßgeblich, ob eine Verbesserung der Versorgung eintritt, die Versorgung eingeschränkt oder »lediglich« der Durchführungsweg gewechselt wird.

4.1 Verbesserung von Versorgungszusagen

Verbesserungen von Versorgungszusagen, d.h. Anpassungen und Änderungen zugunsten der Versorgungsberechtigen, sind **ohne Weiteres möglich**.

Eine Verbesserung der Versorgungszusage liegt vor, wenn eine vergleichende versicherungsmathematische Barwertberechnung ergibt, dass der Barwert der Versorgungsanwartschaft nach der neuen Versorgungszusage höher ist als nach der alten Versorgungszusage.[199] Diese Verbesserung kann zum Beispiel in der Weise erfolgen, dass die Anwartschaftsphase verkürzt, Leistungen aufgestockt bzw. neu eingeführt oder Wartezeiten reduziert werden. Neben diesen individuellen Verbesserungen ist auch eine Verbesserung durch eine Ausdehnung der Versorgung auf einen größeren Kreis der Belegschaft denkbar, sofern im Zusammenhang mit dieser Ausdehnung den bisher Begünstigten keine Nachteile entstehen.[200]

Die Verbesserung von Versorgungszusagen ist im Grunde unbedenklich und kann in derselben Weise vorgenommen werden wie eine Neubegründung. Eine Verbesserung der individualrechtlich begründeten Versorgungszusage kann daher etwa durch den Abschluss eines Änderungsvertrags herbeigeführt werden. Eine positive Veränderung der Versorgungszusage ist auch mittels Gesamtzusage, betrieblicher Übung und nach dem Grundsatz der Gleichbe-

---

199 Rolfs in: Blomeyer/Rolfs/Otto, BetrAVG, 7. Aufl. 2018, Anh. zu § 1 Rn. 452.
200 Höfer/Küpper in: Höfer/de Groot/Küpper/Reich, BetrAVG Band I, Stand 2018, Kapitel 5 Rn. 1.

handlung möglich.[201] Hierbei wird man grundsätzlich schon in der Hinnahme der Änderung eine konkludente Annahme durch den Versorgungsberechtigten annehmen können.

Auch eine sog. Jeweiligkeitsklausel in der Versorgungszusage kann zu einer Verbesserung führen, wenn die »jeweils« in Bezug genommene Versorgungsordnung entsprechend zum Vorteil der Versorgungsberechtigten angepasst wird.

Verbesserungen von Versorgungszusagen, die individualvertraglichen Charakter haben, können auch durch Betriebsvereinbarung, Richtlinien nach SprAuG (Gesetz über Sprecherausschüsse der leitenden Angestellten) oder Tarifvertrag erfolgen, soweit der Versorgungsberechtigte dem Anwendungsbereich der jeweiligen Kollektivregelung unterliegt.

Ist eine Betriebsvereinbarung oder ein Tarifvertrag Grundlage des Versorgungswerks, ist eine Ablösung durch individualrechtliche Instrumentarien möglich, sofern die Neuregelung für den Arbeitnehmer günstiger ist. Ferner kann eine Betriebsvereinbarung durch eine neue Betriebsvereinbarung oder durch einen Tarifvertrag abgelöst werden. Die Ablösung einer auf einem Tarifvertrag beruhenden Versorgungszusage durch eine günstigere Betriebsvereinbarung ist hingegen wegen der Sperrwirkung von §77 Abs. 3 BetrVG, §87 Abs. 1 Eingangssatz BetrVG nicht möglich.

Da durch die Verbesserung der Versorgungszusage die Frage nach der Verteilung der neuen Mittel[202] entsteht, ist hier vielfach auch in Bezug auf die Verteilung ein **Mitbestimmungsrecht des Betriebsrats** gemäß §87 Nr. 8, 10 BetrVG zu beachten.[203] Ob eine unter Verletzung des Mitbestimmungsrechts zustande gekommene verbessernde Versorgungszusage wirksam ist, ist nicht sicher. Überwiegend wird jedoch angenommen, dass der Arbeitgeber unter Vertrauensschutzgesichtspunkten zur Gewährung der Leistungen verpflichtet ist und eine Rückforderung nach Abschluss der unter Beteiligung des Betriebsrats zustande gekommenen (abweichenden, nämlich anders aufteilenden) Versorgungszusage nicht mehr möglich ist.[204]

---

201 Rolfs in: Blomeyer/Rolfs/Otto, BetrAVG, 7.Aufl. 2018, Anh. zu §1 Rn.455; Küpper, in: Höfer/de Groot/Küpper/Reich, BetrAVG Band I, Stand 2018, Rn.1 ff.
202 Die Erhöhung des Dotierungsrahmens ist an sich mitbestimmungsfrei.
203 BAG v. 26.4.1988 – 3 AZR 168/86, NZA 1989, 219.
204 Höfer in: Höfer/der Groot/Küpper/Reich, BetrAVG Band I, Stand 2018, Rn.155 ff., vgl. auch BAG v. 14.6.1994 – 1 ABR 63/93, AP BetrVG 1972 §87 Lohngestaltung Nr. 69.

4.2 Einschränkungen von Versorgungszusagen

Wesentlich komplexer als die Frage nach der Verbesserung einer Versorgungs-zusage ist die Frage nach den Möglichkeiten zur Einschränkung einer beste-henden Versorgungszusage bzw. bestehender Versorgungssysteme. Die häu-figste Motivation für eine Einschränkung bestehender Versorgungszusagen bzw. -systeme resultiert aus **Harmonisierungsbestrebungen**. Aber auch im Rahmen von Sanierungsmaßnahmen wird vor der kostenintensiven betrieb-lichen Altersversorgung kein Halt gemacht. Nicht selten gehen aber auch mit erforderlichen Modernisierungsmaßnahmen Einschränkungen in der betrieb-lichen Altersversorgung einher. Auch tatsächliche Entwicklungen wie ein dau-erhaftes Niedrigzinsumfeld kann Änderungen erforderlich machen. Darüber hinaus können auch gesetzliche Neuregelung – wie nicht selten im BetrAVG, HGB oder in den Steuergesetzen – sowie Rechtsprechungsänderungen zu Zu-satzbelastungen führen, die eine entsprechende Reaktion des Arbeitgebers erforderlich machen.

Hinsichtlich der Möglichkeit der Einschränkung von Versorgungszusagen sind drei Schritte essenziell zu trennen. Diese geben auch die Prüfungsreihenfolge vor:

1. Schritt	2. Schritt	3. Schritt
Feststellung der Rechtsgrundlage der Versorgungszusage/-ordnung	Wahl eines zulässigen Änderungs-instruments	Zulässigkeit der **konkreten** Reichweite des Eingriffs

Abb. 6: Änderung von Versorgungszusagen in drei Schritten

Hinsichtlich der Einschränkung von Versorgungszusagen/-ordnungen ist zwi-schen der Schließung des Versorgungswerks für Neueintritte und der Ände-rung von bestehenden Versorgungsordnungen zu unterscheiden.

4.2.1 Schließung des Versorgungswerks für Neueintritte

Ein in der Praxis häufig gewählter und in seiner Durchführung einfacher und transparenter Weg zur Reduzierung der Ausgaben für die betriebliche Altersver-sorgung ist die Schließung des bestehenden Versorgungssystems für neu eintretende Arbeitnehmer.[205] Nachteilig kann sich eine solche Schließung für Neuzugänge im Hinblick auf die Belegschaftsstruktur auswirken, da es zur Bildung einer Zweiklassengesellschaft kommt. Dies kann Unverständnis unter der Belegschaft provozieren, unter Umständen den Betriebsfrieden beeinträchtigen und langfristig zu Forderungen im Hinblick auf die Ausdehnung des Versorgungswerkes auf die Neuzugänge durch den Betriebsrat führen. Indes ist es ein probates Mittel, um die Kosten der betrieblichen Altersversorgung zu reduzieren.

Eine am Eintrittsdatum der Arbeitnehmer ausgerichtete Änderung eines Versorgungssystems ist unter dem **Gesichtspunkt des Gleichbehandlungsgrundsatzes** nach allgemeiner Meinung nicht zu beanstanden,[206] und zwar deshalb, weil die unterschiedliche Behandlung von Alt-Arbeitnehmern und Neuzugängen anhand einer stichtagsbezogenen Entscheidung als sachliches Abgrenzungskriterium anzusehen ist, soweit nicht tatsächlich ein unsachliches Kriterium Grund für die Einteilung ist.[207]

Folgende Besonderheiten gilt es bei der Einstellung von Versorgungssystemen zu beachten:

4.2.1.1 Vertragliche Einheitsregelung, Gesamtzusage oder betriebliche Übung

Soweit im Unternehmen Versorgungsansprüche auf der Grundlage einer vertraglichen Einheitsregelung, einer Gesamtzusage oder einer betrieblichen Übung entstanden sind, ist die Beendigung der zugrunde liegenden Praxis bzw. die Schließung des Versorgungswerks den Neuzugängen mitzuteilen.

> **Wichtig** !
>
> Die Arbeitsverträge sollten bei einer Schließung für Neueintritte die Klarstellung enthalten, dass keine oder nur eine Altersversorgung nach bestimmten Versorgungsordnungen gewährt wird.[208] Grundsätzlich dürfte auch ausreichend sein, wenn die Schließung den Arbeitnehmern durch öffentliche Bekanntmachung im Betrieb (mittels Intranetmitteilung oder Aushang am Schwarzen Brett) mitgeteilt wird, dass eine Altersversorgung nicht gewährt wird.

---

205 Höfer/Küpper in: Höfer/de Groot/Küpper/Reich, BetrAVG Band I, Stand 2018, Kap. 5 Rn. 346; vgl. auch Schnitker/Grau, NZA-Beil., 2010, 68.
206 Vgl. insbesondere BAG v. 8.12.1977 – 3 AZR 530/76, AP BGB § 242 Ruhegehalt Nr. 176; v. 11.9.1980 – 3 AZR 606/79, AP Nr. 187 zu § 242 BGB Ruhegehalt.
207 BAG v. 11.9.1980 – 3 AZR 606/79, AP Nr. 187 zu § 242 BGB Ruhegehalt; v. 7.7.1992 – 3 AZR 522/91, AP Nr. 11 zu § 1 BetrAVG Besitzstand.
208 Vgl. BAG v. 13.10.1960 – 5 AZR 284/59, DB 1960, 1425; v. 10.8.1988 – 5 AZR 571/87, AP Nr. 32 zu § 242 BGB Betriebliche Übung.

Kein Instrument zur Schließung des Versorgungswerks ist das Institut der gegenläufigen betrieblichen Übung. Diesem Institut hat das BAG mit Urteil[209] vom 18.3.2009 die Wirkung abgesprochen. Die bloße Nichtgewährung von Versorgungsleistungen bzw. des Anwartschaftserwerbs über einen gewissen Zeitraum genügt folglich nicht mehr zum Ausschluss von Versorgungsansprüchen aus betrieblicher Übung.

4.2.1.2 Einstellung der betrieblichen Altersversorgung als mitbestimmungsfreie Entscheidung

Die Entscheidung des Arbeitgebers, die betriebliche Altersversorgung für Neueintritte einzustellen, erfolgt **mitbestimmungsfrei**. Die Einrichtung der betrieblichen Altersversorgung ist eine grundsätzlich freiwillige Leistung des Arbeitgebers; eine gesetzliche Verpflichtung hierzu besteht – mit Ausnahme der vom Arbeitnehmer beantragten Entgeltumwandlung – nicht. Der Arbeitgeber kann frei darüber bestimmen, ob und in welchem Umfang er finanzielle Mittel für die betriebliche Altersversorgung zur Verfügung stellt, welche Versorgungsform er wählen und welchen Arbeitnehmerkreis er versorgen will.[210] Die Kehrseite der Freiwilligkeit der Einrichtung eines Versorgungswerks ist die **Freiwilligkeit seiner Schließung**. Daraus folgt, dass bei einer Herabsetzung des Dotierungsrahmens auf Null, also dann, wenn auch im Hinblick auf die bestehenden Zusagen keine weiteren Zuwächse mehr erfolgen sollen, ein Mitbestimmungstatbestand nicht besteht[211], da eine Verteilung schlichtweg nicht mehr denkbar ist. Diese Schließung bezieht sich indes erneut nur auf Neueintritte. Soweit Versorgungsberechtigten (z.B. mittels vertraglicher Vereinbarung) Ansprüche auf betriebliche Altersversorgung eingeräumt worden sind, kann sich der Arbeitgeber von diesen Verpflichtungen nur im Rahmen der allgemeinen Regelungen lösen. Dies gilt insbesondere für Kollektivvereinbarungen (siehe nachfolgend).

4.2.1.3 Besonderheit: Kündigung kollektivrechtlich begründeter Versorgungswerke

Möchte der Arbeitgeber ein Versorgungssystem, das auf einer Betriebsvereinbarung beruht, einstellen, so hat er grundsätzlich die Möglichkeit, dieses aufzukündigen und sich so einseitig von der Versorgungszusage zu lösen.

209 Grundlegend: BAG v. 18.3.2009 – 10 AZR 281/08, AP BGB §242 Betriebliche Übung Nr. 83.
210 BAG v. 12.6.1975 – 3 ABR 13/74, BB 1975, 1062; v. 26.4.1988 – 3 AZR 168/86, NZA 1989, 219; v. 21.1.2003 – 3 AZR 30/02, AP Nr. 13 zu §3 BetrAVG.
211 BAG v. 9.2.1989 – 8 AZR 310/87, AP Nr. 40 zu §77 BetrVG 1972; v. 18.4.1989 – 3 AZR 688/87, AP Nr. 2 zu §1 BetrAVG Betriebsvereinbarung; v. 9.12.2008 – 3 AZR 384/07, NZA 2009, 1341.

Durch diese Kündigung können Neuzugänge vom Versorgungssystem ausgeschlossen werden.[212]

Im Bereich der betrieblichen Altersversorgung entfaltet eine **gekündigte Betriebsvereinbarung** grundsätzlich keine **Nachwirkung nach §77 Abs. 6 BetrVG**. Dies folgt daraus, dass jedenfalls soweit die Betriebsvereinbarung das »Ob« der Leistungsgewährung betrifft, dem Betriebsrat kein – wie von Abs. 6 für die Nachwirkung vorausgesetztes – erzwingbares Mitbestimmungsrecht zusteht. Betriebsvereinbarungen über betriebliche Altersversorgung sind lediglich teilmitbestimmt.[213]

Eine Nachwirkung kommt indes dann in Betracht, wenn der Dotierungsrahmen gekürzt wird und insoweit argumentiert werden kann, dass der Verteilungsschlüssel geändert wird, da dies wiederum Gegenstand der Mitbestimmung ist.[214] Eine Nachwirkung besteht in jedem Fall, wenn die Kündigung allein mit dem Ziel erfolgt, eine Änderung des derzeitigen Verteilungsschlüssels zu erreichen, das Gesamtvolumen aber nicht angetastet werden soll.[215] Soll hingegen mit der Kündigung neben der Herabsetzung des Dotierungsrahmens zugleich eine **Änderung des Leistungsplans** verbunden werden, hat der Dritte Senat offengelassen, ob eine Nachwirkung für die betriebliche Altersversorgung in Betracht kommt,[216] während sich der Erste Senat für eine Nachwirkung ausgesprochen hat.[217] Im Ergebnis dürfte es für einen Arbeitgeber daher regelmäßig sinnvoller sein, eine vollständige Kündigung der Betriebsvereinbarung vorzusehen, sofern er sich mit dem Betriebsrat nicht über eine Nachfolgeregelung einigen kann.

> **Wichtig** !
>
> Die Betriebsparteien können die Nachwirkung der Betriebsvereinbarung sowohl von vornherein als auch nachträglich ausschließen.

Da mit der Kündigung der Betriebsvereinbarung die Rechtsgrundlage für zukünftige Versorgungsleistungen entfällt, können auch die im Zeitpunkt der

---

212 BAG v. 10.3.1992 – 3 ABR 54/91, AP Nr. 5 zu §1 BetrAVG Betriebsvereinbarung; v. 17.8.1999 – 3 ABR 55/98, AP Nr. 79 zu §77 BetrVG 1972; v. 23.2.2016 – 3 AZR 961/13, BeckRS 2016, 68724.

213 Dazu unter C. 7.

214 Vgl. BAG v. 17.1.1995 – 1 ABR 29/94, AP BetrVG 1972 §77 Nachwirkung Nr. 7; v. 26.8.2008 – 1 AZR 354/07, DB 2008, 2709, 2711 mit hohen Anforderungen hinsichtlich der reinen Absenkung ohne Berührung der Verteilungsgrundsätze.

215 Fitting, BetrVG, 29.Aufl. 2018, §77 BetrVG Rn.190; Kreutz in: GK-BetrVG, 11.Aufl. 2018, §77 BetrVG Rn.438.

216 BAG v. 11.5.1999 – 3 AZR 21/98, ZIP 2000, 421; v. 17.8.1999 – 3 ABR 55/98, AP Nr. 79 zu §77 BetrVG 1972; v. 18.9.2001 – 3 AZR 728/00, NZA 2002, 1164; v. 9.12.2008 – 3 AZR 384/07, Pressemitteilung 96/08.

217 BAG v. 26.10.1993 – 1 AZR 46/93, AP Nr. 6 zu §77 BetrVG 1972 Nachwirkung.

Kündigung der Betriebsvereinbarung **bereits beschäftigten Arbeitnehmer** von den Rechtswirkungen der Kündigung betroffen sein.[218]

> **!** **Wichtig**
>
> Soweit die Betriebsvereinbarungen weiterhin die Rechtsgrundlage für die betriebliche Altersversorgung der bereits beschäftigten Arbeitnehmer darstellen soll, ist hierauf im Rahmen der Kündigung entsprechend hinzuweisen.

Die **Schließung eines tarifvertraglichen Versorgungswerks** kann auch dadurch erfolgen, dass der Arbeitgeber sich dem Geltungsbereich des Tarifvertrags entzieht, was durch Verbandsaustritt oder – im Falle eines vom Arbeitgeber selber geschlossenen Haustarifvertrags – durch Kündigung erfolgen kann.

Allerdings hat der **Austritt aus dem Arbeitgeberverband** nicht zur Folge, dass der Tarifvertrag nach Ablauf der für den Austritt vorgesehenen Frist keine Wirkungen mehr entfaltet. Vielmehr schließt sich die Fortgeltung gemäß §3 Abs. 3 TVG an. Durch die Regelung soll die Tarifflucht verhindert werden.[219] Die Tarifgebundenheit dauert bis zur Beendigung des Tarifvertrags an. Eine Beendigung im Sinne dieser Vorschrift erfolgt nicht nur im Falle einer Kündigung oder Befristung, sondern auch dann, wenn im Fortgeltungszeitraum irgendeine Änderung des Tarifvertrags vorgenommen wird.[220]

Sofern im **Zeitraum der Fortgeltung** ein Arbeitnehmer der tarifschließenden Gewerkschaft ein Arbeitsverhältnis beim Arbeitgeber aufnimmt oder während dieser Zeit in die Gewerkschaft eintritt, wird er vom fortgeltenden Tarifvertrag erfasst.[221] Es ist auch nicht möglich, in einem solchen Fall den Ausschluss der Versorgungszusage mit dem neu eintretenden Arbeitnehmer zu vereinbaren, da das Günstigkeitsprinzip des §4 Abs. 3 TVG auch im Fortgeltungszeitraum Geltung beansprucht. Damit können die neu eintretenden Arbeitnehmer, die der tarifschließenden Gewerkschaft angehören, im Anwendungsbereich von §3 Abs. 3 TVG von einer Versorgungszusage nicht ausgeschlossen werden.

Im **Zeitpunkt der Beendigung des Tarifvertrags** entfällt die Wirkung des §3 Abs. 3 TVG. Daran anschließend greift die Nachwirkung des §4 Abs. 5 TVG, der verhindert, dass der Tarifvertrag ersatzlos endet, und der damit eine

---

218 BAG v. 11.5.1999 – 3 AZR 21/98, ZIP 2000, 421.
219 BAG v. 4.8.1993 – 4 AZR 499/92, AP Nr. 15 zu §3 TVG; v. 6.7.2011 – 4 AZR 424/09, NZA 2012, 281.
220 BAG v. 27.9.2001 – 2 AZR 236/00, NZA 2002, 750; v. 7.11.2001 – 4 AZR 703/00, NZA 2002, 748.
221 Vgl. BAG v. 4.8.1993 – 4 AZR 499/92, AP Nr. 15 zu §3 TVG; v. 6.7.2011 – 4 AZR 424/09, NZA 2012, 281;
    v. 7.11.2001 – 4 AZR 703/00, AP TVG §3 Verbandsaustritt Nr. 11.

Überbrückungsfunktion hat.[222] Für neu eintretende Arbeitnehmer gilt, dass diese von einer Nachwirkung nicht begünstigt werden.[223] Dies lässt sich damit begründen, dass der Normzweck bei Neueintritten nicht greift.[224] Damit ist eine Schließung der Versorgungszusage gegenüber Neueintritten im Nachwirkungszeitraum ohne Weiteres denkbar.

4.2.2 Einschränkungen individualrechtlich begründeter Versorgungszusagen

Neben derSchließung für Neuzugänge können Versorgungssysteme auch dahin gehend abgeändert werden, dass die Anwartschaften von bereits beschäftigten Arbeitnehmern betroffen werden. Einzelzusagen, arbeitsvertragliche Einheitsregelungen, Gesamtzusagen und Versorgungszusagen, die auf betrieblicher Übung beruhen, kurz: Versorgungszusagen, die individualrechtlichen Ursprungs sind, werden Teil des Arbeitsvertrags und unterfallen daher demselben Regelungsregime.[225]

In Betracht kommt daher eine Änderung mithilfe der folgenden Änderungsinstrumente:

4.2.2.1 Änderungsvertrag

Ein stets zulässiges Instrument ist der Abschluss eines Änderungsvertrags. Indes werden nur die wenigsten Arbeitnehmer bereit sein, sich auf den Abschluss eines solchen Änderungsvertrags einzulassen. Auch neigt die neuere Rechtsprechung zu einer **strengen Kontrolle der Vereinbarungen anhand des Rechts der Allgemeinen Geschäftsbedingungen.**[226]

4.2.2.2 Änderungskündigung

Damit kommt als Mittel zur einseitigen Änderung der Versorgungszusage die Änderungskündigung in Betracht.[227] Eine Teilkündigung, die ausschließlich die

---

222 Löwisch/Rieble, TVG, 4. Aufl. 2017, §4 Rn. 858 ff.
223 BAG v. 22.7.1998 – 4 AZR 403/97, AP TVG §4 Nachwirkung Nr. 32; anders, wenn nur Statuswechsel vom Auszubildenden zum Arbeitnehmer: BAG v. 7.5.2008 – 4 AZR 288/07.
224 Bestätigung der ständigen Rspr. des BAG v. 22.7.1998 – 4 AZR 403/97, AP TVG §4 Nachwirkung Nr. 32.
225 Kisters-Kölkes in: Kemper/Kisters-Kölkes/Berenz/Huber, BetrAVG, 7. Aufl. 2016, §1 Rn. 339.
226 BAG v. 23.5.2017 – 3 AZR 172/16, BeckRS 2017, 117453; v. 20.6.2017 – 3 AZR 179/16, BeckRS 2017, 116757.
227 BAG v. 16.9.1986 – GS 1/82, AP BetrVG 1972 §77 Nr. 17; Kisters-Kölkes in: Kemper/Kisters-Kölkes/ Berenz/Huber, BetrAVG, 7. Aufl. 2016, §1 Rn. 340 ff.

Versorgungszusage betrifft, ist hingegen wegen der grundsätzlichen Unzulässigkeit einer einseitigen Änderung des Arbeitsverhältnisses in den meisten Fällen ausgeschlossen.[228] Folge der Verknüpfung von Versorgungszusage und Arbeitsvertrag ist, dass die Schutzvorschriften des KSchG, insbesondere § 2 KSchG, zu beachten sind. In erster Linie spielen betriebsbedingte Gründe eine Rolle, da personen- oder verhaltensbedingte Gründe praktisch nie eine Verschlechterung gerade der Versorgungszusage rechtfertigen werden.[229]

> **! Achtung**
>
> Die Änderungskündigung erweist sich nicht als geeignetes Mittel zur Verschlechterung von Versorgungszusagen, wenn durch die Veränderung eine generelle Neustrukturierung erreicht werden soll. Das zeigt sich schon daran, dass die Arbeitnehmer hier Kündigungsschutzklagen erheben können, deren Ausgang je nach Gericht unterschiedlich sein kann.

4.2.2.3 Widerruf von Versorgungszusagen

Neben der Möglichkeit der einvernehmlichen Abänderung und der Kündigung der Versorgungszusage besteht unter bestimmten Voraussetzungen auch die Möglichkeit des Widerrufs der Versorgungszusage.

4.2.2.3.1 Vorbehaltene Änderung

Versorgungszusagen beinhalten üblicherweise Regelungen, in denen die Voraussetzungen formuliert sind, unter denen der Arbeitgeber berechtigt sein soll, **die Versorgungszusage zu widerrufen.**

Vorbehalte, nach denen der Arbeitgeber jederzeit zum Widerruf der Versorgungszusage und der damit verbundenen Leistungen berechtigt ist, kommen praktisch nicht vor, weil aufgrund einer solchen Verpflichtung keine Rückstellungen gebildet werden dürfen. Steuerunschädliche Vorbehalte zeichnen sich demgegenüber dadurch aus, dass sie lediglich den Wegfall der Geschäftsgrundlage für die Versorgungszusage formulieren und somit deklaratorischen Charakter haben.[230] Folgerichtig bedeutet das Fehlen eines solchen steuerunschädlichen Vorbehalts auch nicht, dass die Versorgungszusage unter keinen Umständen widerrufen werden kann. Ihre Steuerunschädlichkeit ergibt sich daraus, dass die Finanzverwaltung trotz dieser Vorbehalte die

---

228 BAG v. 7.10.1982 – 2 AZR 455/80, AP Nr. 5 zu § 620 BGB Teilkündigung; APS/Künzl KSchG § 2 Rn. 80–82.
229 Kisters-Kölkes in: Kemper/Kisters-Kölkes/Berenz/Huber, BetrAVG, 7. Aufl. 2016, § 1 Rn. 342.
230 BAG v. 19.2.2008 – 3 AZR 290/06, NZA-RR 2008, 600 (602).

Bildung von Pensionsrückstellungen für die Versorgungszusagen gestattet (§6a Abs. 1 Nr. 2 EStG).

Der einschlägige §6a Abs. 1 Nr. 2 EStG sieht vor, dass die Versorgungszusage entweder überhaupt keinen Widerrufsvorbehalt enthalten darf oder »ein solcher Vorbehalt sich nur auf Tatbestände erstreckt, bei deren Vorliegen nach allgemeinen Rechtsgrundsätzen unter Beachtung billigen Ermessens eine Minderung oder ein Entzug der Pensionsanwartschaft oder der Pensionsleistung zulässig ist«.

4.2.2.3.2 Widerrufserklärung

Gemäß seiner Natur als Gestaltungsrecht[231] muss der Widerruf, um Wirkung entfalten zu können, **dem Erklärungsempfänger zugehen**. Die Erklärung des Widerrufs ist an keine Frist gebunden.[232] Davon zu unterscheiden ist jedoch die Frage, inwieweit das Widerrufsrecht der Verwirkung unterliegt. Teilweise wird gefordert, dass mit Rücksicht auf das Vertrauen des Arbeitnehmers auf den Erhalt der Anwartschaften und der daraus resultierenden Ansprüche der Arbeitgeber verpflichtet ist, den Widerruf unverzüglich nach Erlangung der Kenntnis der Widerrufsgründe zu erklären.[233] Dem ist jedoch entgegenzuhalten, dass die Verwirkung neben einem Zeitmoment auch ein Umstandsmoment voraussetzt. Die bloße Nichtausübung des Rechts reicht insoweit nicht aus.[234]

4.2.2.3.3 Widerrufsgründe

Jedem Widerruf muss ein Widerrufsgrundzugrunde liegen. Der wichtigste (und häufigste) Widerrufsgrund ist der Fall der Überversorgung. Nicht selten führen aber auch unerwartete Entwicklungen zu einer Mehrbelastung, die den Arbeitgeber zu einem Widerruf nötigen.

a) Planmäßige und planwidrige Überversorgung
Eine Überversorgung liegt vor, wenn die Bezüge während des Ruhestandsverhältnisses höher sind als die letzten Bezüge als aktiver Arbeitnehmer bzw. wenn der zugesagte Versorgungsgrad überschritten wird.[235] Im Falle einer **planwidrigen Überversorgung** ist der Arbeitgeber in der Regel zum Widerruf der Versorgungszusage insoweit berechtigt, wie es zur Beseitigung die-

---

231 Rolfs in: Blomeyer/Rolfs/Otto, BetrAVG, 6.Aufl. 2015, Anh. zu §1 Rn. 489; zurückhaltender BAG v. 25.1.2000 – 3 AZR 871/98, BeckRS 2000, 30368378.
232 Rolfs in: Blomeyer/Rolfs/Otto, BetrAVG, 7.Aufl. 2018, Anh. zu §1 Rn.490.
233 Vgl. LAG Frankfurt/Main v. 16.11.1979 – 6 Sa 353/79, AuR 1980, 183.
234 BAG v. 28.7.1998 – 3 AZR 357/97, BAGE 89, 279.
235 BAG v. 28.7.1998 – 3 AZR 357/97, BAGE 89, 279.

ser Überversorgung notwendig ist.[236] War hingegen die Überversorgung von vornherein zugesagt worden und im Leistungsplan aufgenommen worden, ist fraglich, inwieweit nach den Grundsätzen des Wegfalls der Geschäftsgrundlage ein Widerruf zulässig sein soll. Die Rechtsprechung bejaht die Änderungsmöglichkeit auch der planmäßigen Überversorgung zumindest für den Bereich des öffentlichen Dienstes. Eine Änderung ist in diesem Fall als zulässig anzusehen, schützenswertes Vertrauen in eine fortbestehende Überversorgung besteht wegen des entgegenstehenden Gebots der sparsamen und wirtschaftlichen Haushaltsführung nicht.[237]

b) Gestiegene Lebenserwartung
Infolge stetig **steigender Lebenserwartung in Verbindung mit einer verkürzten Lebensarbeitszeit** kann es in Versorgungssystemen zu unerwarteten Mehrbelastungen kommen. Auch insoweit ist fraglich, inwieweit eine gestiegene Lebenserwartung einen Widerruf der Versorgungszusage rechtfertigt. In der Literatur ist größtenteils anerkannt, dass der Arbeitgeber auch in diesem Fall jedenfalls teilweise zur Rückführung der Versorgungsleistungen berechtigt sein muss.[238]

Das BAG hat kürzlich jedenfalls für bereits geschlossene Versorgungssysteme entschieden, dass der Anstieg der Lebenserwartung ebenso wie die Entgeltentwicklung keine Gründe für die Rechtfertigung des Widerrufs eines Versorgungsversprechens seien.[239]

Ob dies auch für »laufende« Versorgungswerke, d.h. solche, bei denen Arbeitnehmer noch Anwartschaften erwerben können, gilt, ist bisher nicht abschließend richterlich geklärt.

In einem jüngeren Urteil führte das BAG aus, dass es dem Arbeitgeber unbenommen bleibe, bei einem erheblichen Anstieg der Lebenserwartung und einer damit einhergehenden beträchtlichen Ausweitung des ursprünglich zugrunde gelegten Dotierungsrahmens eine Anpassung der Versorgungszusagen nach den Regeln der Störung der Geschäftsgrundlage zu verlangen.[240]

---

236 Vgl. BAG v. 9.4.1991 – 3 AZR 598/89, AP Nr. 15 zu §1 BetrAVG Ablösung; v. 28.7.1998 – 3 AZR 100/98, AP Nr. 4 zu §1 BetrAVG Überversorgung.
237 Vgl. BAG v. 25.5.2004 – 3 AZR 123/03, AP Nr. 11 zu §1 BetrAVG Überversorgung.
238 Rolfs in: Blomeyer/Rolfs/Otto, BetrAVG, 7.Aufl. 2018, Anh §1 Rn.507.
239 BAG v. 10.11.2015 – 3 AZR 390/14, BeckRS 2016, 65484, vgl. Anhang – Ablösung und Widerruf von Versorgungssystemen und Versorgungszusagen Nr. 17.
240 BAG v. 30.9.2014 – 3 AZR 402/12, AP BetrAVG §16 Nr. 108, vgl. auch Anhang – Betriebsrentenanpassung Nr. 21.

c) Änderung der Rechtslage

Des Weiteren kommt ein Widerruf aufgrund erheblicher Mehrbelastung, die infolge **unerwarteter grundlegender Änderungen der Rechtslage** eingetreten ist, in Betracht.[241] Als solche Neuregelungen anerkannt sind die Einführung des Insolvenzschutzes oder der flexiblen Altersgrenze. Wenn allerdings durch die Rechtsänderung nur Pflichten konkretisiert worden sind, die bereits nach allgemeinen Grundsätzen bestanden, wie dies etwa bei der gesetzlichen Einführung der Unverfallbarkeit oder der Pflicht zur Anpassungsprüfung nach §16 BetrAVG der Fall war, wird die Geschäftsgrundlage nicht berührt[242]; ein Widerruf wegen Änderung der Rechtslage scheidet aus.

d) Treuepflichtverletzung

Unter engen Voraussetzungen kommt auch ein Widerruf der Versorgungszusage wegen einer **Treuepflichtverletzung des Arbeitnehmers** in Betracht.[243] Dabei gilt es jedoch zu berücksichtigen, dass ein Widerruf wegen Treuepflichtverletzung Ausnahmecharakter hat. Keinesfalls soll er dazu dienen, den üblichen Weg zur Abwicklung des Arbeitsverhältnisses im Falle einer schwerwiegenden Pflichtverletzung des Arbeitnehmers – außerordentliche Kündigung in Verbindung mit einem vertraglichen Schadensersatzanspruch – zu umgehen.

Vielmehr muss sich die Pflichtverletzung als derart schwerwiegend darstellen, dass die Berufung auf die Versorgungszusage als rechtsmissbräuchlich einzustufen ist.[244]

Soweit der Widerruf während oder nach Beendigung des Arbeitsverhältnisses wegen einer Treuepflichtverletzung erfolgt, die im laufenden Arbeitsverhältnis begangen worden ist, ist zunächst danach zu differenzieren, ob die Verfehlung vor oder nach Vorliegen der Unverfallbarkeitsvoraussetzungen stattgefunden hat. Kam es zu der Verfehlung, nachdem die Voraussetzungen der Unverfallbarkeit erfüllt waren, hängt die Wirksamkeit des Widerrufs davon

---

241 BAG v. 23.9.1997 – 3 ABR 85/96, BAGE 86, 312; v. 19.2.2008 – 3 AZR 290/06, NZA-RR 2008, 600.

242 BAG v. 23.9.1997 – 3 ABR 85/96, BAGE 86, 312; v. 22.6.1986 – 3 AZR 496/83, BAGE 51, 397; kritisch zu der Differenzierung Rolfs in: Blomeyer/Rolfs/Otto, 7. Aufl. 2018, Anh. §1 Rn. 510 f.; Hanau/Preis, DB 1991, 1276.

243 BAG v. 13.11.2012 – 3 AZR 444/10, NZA 2013, 1279, vgl. auch Anhang – Ablösung und Widerruf von Versorgungssystemen und Versorgungszusagen Nr. 7.

244 BAG v. 3.5.1990 – 3 AZR 152/88, AP Nr. 10 zu §1 BetrAVG Treuebruch v. 13.11.2012 – 3 AZR 444/10, AP BetrAVG §1 Treuebruch Nr. 14, vgl. auch Anhang – Ablösung und Widerruf von Betriebsrentensystemen und Versorgungszusagen Nr. 7; v. 17.6.2014 – 3 AZR 412/13, BeckRS 2014, 72449, vgl. Anhang – Ablösung und Widerruf von Versorgungssystemen und Versorgungszusagen Nr. 12; v. 20.9.2016 – 3 AZR 77/15, NZA 2017, 644, vgl. auch Anhang – Ablösung und Widerruf von Betriebsrentensystemen und Versorgungszusagen Nr. 19; BGH v. 22.6.1981 – II ZR 146/80, ZIP 1981, 1016; v. 17.12.2001 – II ZR 222/99, ZIP 2002, 364.

ab, ob sich die bisher erbrachte Betriebstreue des Arbeitnehmers infolge seiner Pflichtverletzung rückblickend als wertlos herausgestellt hat.

Denkbar ist ein Widerruf auch in der Form, dass nur ein Teil der Betriebszugehörigkeit nicht in Ansatz gebracht wird.[245]

Auch Handlungen, die der Arbeitnehmer nach Beendigung des Arbeitsverhältnisses begangen hat, können einen Widerruf rechtfertigen. Maßgeblich ist, ob sich das Berufen auf die Versorgungszusage im konkreten Fall als arglistig darstellt.[246]

Ein von der **Rechtsprechung zur Treuepflichtverletzung** anerkannter Widerrufsgrund ist die Erschleichung der Unverfallbarkeit der Versorgungszusage durch den Arbeitnehmer. Nach der Rechtsprechung ist dies der Fall, wenn der Arbeitnehmer die Unverfallbarkeit der Anwartschaft durch Vertuschung schwerer Verfehlungen erschlichen hat. Dies ist der Fall, wenn die Verfehlungen den Arbeitgeber – bei ihrer Aufdeckung vor dem Eintritt der Unverfallbarkeit – zur fristlosen Kündigung berechtigt hätten.[247] Eine konkrete Existenzgefährdung des Arbeitgebers ist anders als nach Eintreten der Unverfallbarkeitsvoraussetzungen nicht mehr notwendig.

Daneben kann der Arbeitgeber zum Widerruf der Versorgungszusage berechtigt sein, wenn das Verhalten des Versorgungsberechtigten dem Unternehmen einen existenzgefährdenden Schaden zugefügt hat.

Ausreichen soll darüber hinaus auch, wenn der Versorgungsberechtigte durch grobes Fehlverhalten dem Arbeitgeber einen schweren Schaden zugefügt hat, der durch Ersatzleistungen nicht wiedergutzumachen ist.[248]

e) Kein Widerruf wegen wirtschaftlicher Notlage
Der **Vorbehalt wegen wirtschaftlicher Notlage** ist nach Wegfall des gleichlautenden Insolvenzsicherungstatbestands nach überwiegender Auffassung

---

245 BAG v. 12.11.2013 – 3 AZR 274/12, NZA 2014, 780, vgl. auch Anhang – Ablösung und Widerruf von Versorgungssystemen und Versorgungszusagen Nr. 11.

246 BAG v. 18.10.1979 – 3 AZR 550/78, AP BetrAVG §1 Treuebruch Nr. 1; v. 3.4.1990 – 3 AZR 211/89, AP BetrAVG §1 Treuebruch Nr. 9 = NZA 1990, 808.

247 BAG v. 13.11.2012 – 3 AZR 444/10, AP BetrAVG §1 Treuebruch Nr. 14 = NZA 2013, 1279, vgl. auch Anhang – Ablösung und Widerruf von Versorgungssystemen und Versorgungszusagen Nr. 7.

248 BAG v. 8.5.1990 – 3 AZR 152/88, AP Nr. 10 zu §1 BetrAVG Treuebruch; v. 13.11.2012 – 3 AZR 444/10, AP BetrAVG §1 Treuebruch Nr. 14 = NZA 2013, 1279, vgl. auch Anhang – Ablösung und Widerruf von Versorgungssystemen und Versorgungszusagen Nr. 7.

gegenstandslos[249], da der Gesetzgeber mit der Aufhebung der Regelung zu erkennen gegeben hat, dass dem Grundsatz zu folgen ist, wonach fehlende wirtschaftliche Leistungsfähigkeit für sich allein kein Grund ist, sich von einer Zahlungsverpflichtung zu lösen. Die Bejahung eines Widerrufsrechts ist abzulehnen, weil dies dazu führen würde, dass trotz des Widerrufs keine Ersatzpflicht durch den Pensions-Sicherungs-Verein eintreten würde. Eine derartige Benachteiligung war durch die Neuregelung nicht angedacht.

f) Widerruf wegen Äquivalenzstörung

Während eine wirtschaftliche Notlage allein den Widerruf einer Versorgungszusage nicht rechtfertigt, kann eine Äquivalenzstörung einen solchen Widerruf gleichwohl rechtfertigen. Zentrale Frage an diesem Punkt ist, wann eine solche Äquivalenzstörung eintritt und wo die Grenze liegt, bei der dem Arbeitgeber das Festhalten am ursprünglichen Versorgungsversprechen nicht mehr zugemutet werden kann.

Fraglich ist, ob bei einer derartigen Abweichung die Grenze der Zumutbarkeit – teilweise als »Opfergrenze« bezeichnet – überschritten ist.

Nach der Rechtsprechung ist die **Opfergrenze** dann erreicht, wenn der ursprüngliche Dotierungsrahmen aufgrund von Änderungen der Rechtslage um mehr als 50% überschritten wird.[250] Diese Grenze einer Überschreitung von 50% ist vom BAG als »besonders streng« eingestuft worden und basiert darauf, dass der Arbeitgeber bei einer Gesamtversorgung – die Gegenstand der damaligen Entscheidung war – für das Erreichen eines bestimmten Versorgungsniveaus einstehe und dies einem Garantieversprechen sehr nahe komme.[251] Dies dürfte damit ein guter Anhaltspunkt dafür sein, ab wann das Äquivalenzverhältnis als gestört angesehen werden kann.

4.2.2.3.4 Kein Widerruf von Entgeltumwandlungszusagen

Beruht das dem Arbeitnehmer erteilte Versorgungsversprechen auf einer Entgeltumwandlungszusage, ist der **Widerruf ausgeschlossen**, da dem Arbeitnehmer nach § 1a BetrAVG ein Rechtsanspruch auf Entgeltumwandlung erteilt wird. Zudem erbringt er die nach der betreffenden Entgeltumwandlungszusage erforderlichen Beiträge i.d.R. zu einem Großteil aus dem ihm zustehen-

---

249 BAG v. 17.6.2003 – 3 AZR 396/02, BAGE 106, 327; v. 31.7.2007 – 3 AZR 372/06, DB 2008, 1505; Rolfs in: Blomeyer/Rolfs/Otto, 7. Aufl. 2018, Anh § 1 Rn. 536 ff.
250 BAG v. 19.2.2008 – 3 AZR 290/06, NZA-RR 2008, 600.
251 BAG v. 19.2.2008 – 3 AZR 290/06, NZA-RR 2008, 600, 603.

den Arbeitsentgelts. Im Gegenzug übernimmt der Arbeitgeber das Einstands-risiko für die spätere Erbringbarkeit der zugesagten Leistungen.

4.2.2.3.5 Sonderfall: Unterstützungskassenzusage

Gemäß § 1b Abs. 4 Satz 1 BetrAVG handelt es sich bei der Unterstützungskasse um eine rechtsfähige Versorgungseinrichtung, auf deren Leistungen kein Rechtsanspruch besteht. Das BAG hat dieses charakteristische Merkmal auf-grund des Entgeltcharakters der betrieblichen Altersversorgung und wegen des notwendigen Vertrauensschutzes zugunsten des Arbeitnehmers auf ein Widerrufsrecht aus sachlichen Gründen beschränkt.[252] Danach gilt für Neu-fälle[253], also Versorgungszusagen, die nach Inkrafttreten des BetrAVG erteilt worden sind, dass Eingriffe in erdienbare Zuwächse bei sachlichen Gründen, in die erdiente Dynamik bei triftigen Gründen und in bereits erdiente Anwart-schaften nur bei zwingenden Gründen zulässig ist.[254]

4.2.2.4 Ablösung durch kollektivrechtliche Vereinbarungen

Eine Besonderheit gilt für die Ablösung von individualvertraglichen Versor-gungszusagen, die einen kollektivrechtlichen Bezug aufweisen. Solche Rege-lungen können grundsätzlich ebenfalls durch Betriebsvereinbarungen abge-löst werden.

Zu den individualvertraglichen Regelungen mit kollektivem Bezug zählt ne-ben der vertraglichen Einheitsregelung auch die Gesamtzusage.[255] Man wird auch die betriebliche Übung – das BAG streift diese in seiner Grundsatzent-scheidung vom 16.9.1986 im Zusammenhang mit den ausdrücklich genannten Einheitsregelungen und den Gesamtzusagen[256] – als erfasst ansehen können. Gleiches gilt für eine Zusage, die sich aus dem arbeitsrechtlichen Gleichbe-handlungsgrundsatz begründet, da diese Pflicht zumindest auch mittels der Fürsorgepflicht des Arbeitgebers hergeleitet wird, damit individualvertragli-cher Natur ist und zudem den notwendigen kollektiven Bezug aufweist.

---

252 BAG v. 18.4.1989 – 3 AZR 299/87, BAGE 61, 273; v. 26.8.1997 – 3 AZR 235/96, BAGE 86, 216; v. 11.12.2001 – 3 AZR 128/01, NZA 2003, 1407.

253 Für Alt- und Übergangsfälle vgl. Rolfs in: Blomeyer/Rolfs/Otto, BetrAVG, 7. Aufl. 2018, Anh. § 1 Rn. 1001 ff.

254 BAG v. 17.4.1985 – 3 AZR 72/83, BAGE 49, 57; v. 26.8.1997 – 3 AZR 235/96, BAGE 86, 216; v. 11.12.2001 – 3 AZR 128/01, NZA 2003, 1407.

255 BAG v. 16.9.1986 – GS 1/82, AP BetrVG 1972 § 77 Nr. 17.

256 Ausdrücklich die betriebliche Übung erfassend BAG v. 18.3.2003 – 3 AZR 101/02, AP Nr. 41 zu § 1 BetrAVG Ablösung.

Welche Anforderungen an eine solche ablösende Betriebsvereinbarung gestellt werden, hängt davon ab, ob es sich um **umstrukturierende oder verschlechternde Regelungen** handelt. Erstere zeichnen sich dadurch aus, dass sie das Gesamtvolumen des Versorgungssystems unangetastet lassen und somit der Gesamtheit der Arbeitnehmer kein Kapital, das zur Altersversorgung eingesetzt werden soll, entziehen. Allerdings kann und wird die umstrukturierende Betriebsvereinbarung regelmäßig bei den einzelnen Arbeitnehmern zur Verschlechterung ihrer vormals individualvertraglichen Zusage führen – ein Resultat der Neuverteilung des gleichbleibenden Volumens. Nach der Rechtsprechung führt dies dennoch nicht zu einer Verletzung des auch für das Betriebsverfassungsrecht geltenden Günstigkeitsprinzips. Vielmehr ist die Ablösung durch solche Betriebsvereinbarungen ohne Verletzung des Günstigkeitsprinzips zulässig, soweit bei einer kollektiven Betrachtung die neue Regelung insgesamt nicht ungünstiger ist als die alte Regelung,[257] sog. kollektiver Günstigkeitsvergleich.

Dabei ist zunächst zu prüfen, ob die Voraussetzungen für eine ablösende Betriebsvereinbarung überhaupt vorliegen, und sodann , ob sich die Ablösung in den Grenzen von Recht und Billigkeit hält. Letzterer Punkt wird unter C. 4.2.3.1.3 erörtert.

4.2.2.4.1 Ablösung von Individualzusagen mit kollektivem Bezug durch Betriebsvereinbarung

In der Praxis besonders relevant und in den letzten Jahren mehrfach durch Entscheidungen des BAG flankiert[258], ist die Frage nach der Ablösbarkeit von Gesamtzusagen durch eine Betriebsvereinbarung.

Ebenso wie bei rein individualvertraglichen Versorgungszusagen gilt, dass auch individualvertragliche Versorgungszusagen mit Kollektivbezug (insbesondere Gesamtzusagen) grundsätzlich nur dann durch Betriebsvereinbarung abgelöst werden können, wenn sie betriebsvereinbarungsoffen ausgestaltet sind.

Das **Merkmal der Betriebsvereinbarungsoffenheit** legt das BAG bei Gesamtzusagen weiter aus, als bei einzelvertraglichen Individualzusagen. Nach neuer Rechtsprechung des BAG gelten Gesamtzusagen im Bereich der betrieblichen Altersversorgung nunmehr grundsätzlich (im untechnischen Sinne) – auch

---

257 BAG v. 16.9.1986 – GS 1/82, AP BetrVG 1972 §77 Nr. 17; v.19.7.2016 – 3 AZR 134/15, AP BetrAVG §1 Betriebsvereinbarung Nr. 13, vgl. Anhang – Gleichbehandlung, Diskriminierungsschutz, betriebliche Übung Nr. 37.

258 BAG v. 10.3.2015 – 3 AZR 56/14, BeckRS 2015, 68602, vgl. Anhang – Ablösung und Widerruf von Betriebsrentensystemen und Versorgungszusagen Nr. 16; v. 23.2.2016 – 3 AZR 960/13, AP BetrAVG §1 Betriebsvereinbarung Nr. 12.

ohne ausdrückliche vertragliche Regelung – als betriebsvereinbarungsoffen, sodass sie auch durch eine (verschlechternde) Betriebsvereinbarung abgelöst werden können. Dies wird damit begründet, dass für den Versorgungsberechtigten erkennbar sei, dass Versorgungsregelungen in der Regel auf einen längeren, unbestimmten Zeitraum angelegt und somit erkennbar einem möglichen künftigen Änderungsbedarf ausgesetzt sind.[259]

> **! Tipp**
>
> Durch die erweiterte Rechtsprechung des BAG zur Betriebsvereinbarungsoffenheit von Gesamtzusagen wird nunmehr auch die verschlechternde Ablösung von individualvertraglichen Versorgungszusagen mit kollektivem Bezug durch Betriebsvereinbarung für den Arbeitgeber erleichtert. Zuletzt hat das BAG seine Rechtsprechung allerdings für den Bereich der Hauptleistungspflichten wieder eingeschränkt,[260] sodass man davon ausgehen muss, dass die Linie der Rechtsprechung hier weiterhin im Fluss ist.

Nach der Rechtsprechung des BAG zum kollektiven Günstigkeitsvergleich, soll eine verschlechternde Abänderung von Gesamtzusagen (und damit wohl auch der übrigen Individualzusagen mit kollektivem Bezug) auch dann möglich sein, wenn es lediglich zu einer Umverteilung der Mittel für die betriebliche Altersversorgung im Unternehmen kommt, der Dotierungsrahmen jedoch insgesamt gewahrt bleibt und so kollektiv betrachtet das Günstigkeitsprinzip eingehalten wird.[261]

Die vorstehend beschriebenen Änderungsmöglichkeiten von Gesamtzusagen durch Betriebsvereinbarung werden selbstverständlich immer zusätzlich auch durch die Rechts- und Billigkeitskontrolle nach der Drei-Stufen-Theorie des BAG begrenzt.

Nach dem derzeitigen Stand der Rechtsprechung, wonach die Rechtswirkungen der Betriebsvereinbarung nicht weiter gehen können als die Regelungskompetenz der Betriebspartner, können Änderungen der Versorgungszusage(n) bei **Ruheständlern** oder mit unverfallbarer Anwartschaft ausgeschiedenen Arbeitnehmern durch die Betriebsvereinbarung nur entsprechen der Jeweiligkeitsklausel erreicht werden, die dynamisch die im Betrieb geltenden Betriebsvereinbarungen in Bezug nimmt.[262]

---

259 BAG v. 10.3.2015 – 3 AZR 56/14, BeckRS 2015, 68602, vgl. auch Anhang – Ablösung und Widerruf von Betriebsrentensystemen und Versorgungszusagen Nr. 16.

260 BAG v. 11.4.2018 – 4 AZR 119/17, juris.

261 Anwendbarkeit des kollektiven Günstigkeitsvergleichs für Gesamtzusagen zuletzt mehrfach offengelassen, vgl. u.a. BAG, 15.2.2011 – 3 AZR 45/09, BB 2011, 3068, vgl. Anhang – Ablösung und Widerruf von Betriebsrentensystemen und Versorgungszusagen Nr. 2.

262 BAG v. 16.3.1956 – GS 1/55, NJW 1956, 1086; v. 25.10.1988 – 3 AZR 483/86 – NZA 1989, 522; v. 13.5.1997 – 1 AZR 75/97, AP Nr. 65 zu §77 BetrVG 1972; v. 13.11.2007 – 3 AZR 455/06, NZA-RR 2008, 520, 523; ausdrücklich offengelassen u.a. in BAG v. 10.2.2009 – 3 AZR 653/07, NZA 2009, 796.

Rechtsfolge der Betriebsvereinbarung ist, dass sie die individualrechtlichen Zusage mit kollektivem Bezug ablöst. Es kommt also nach der Konzeption des Großen Senats des BAG zu einer dauerhaften Auswechslung der Rechtsgrundlage und nicht zu einer lediglich temporären Verdrängung der individualrechtlichen Regelung.[263] Die Unterscheidung wird in erster Linie im Falle der Beseitigung der Betriebsvereinbarung – etwa durch Kündigung oder infolge Befristung – relevant; ein Wiederaufleben der individualrechtlichen Vorgängerregelung kommt im Falle einer Ablösung – anders als bei einer Verdrängung – nicht in Betracht.

4.2.2.4.2 Ablösung von Individualzusagen mit kollektivem Bezug durch Tarifvertrag

Nicht gerichtlich geklärt ist bisher die Frage, ob Individualzusagen mit kollektivem Bezug auch als »tarifoffen« gelten. Das Gleiche gilt für die Frage nach der Anwendung des kollektiven Günstigkeitsvergleichs bei beabsichtigter Ablösung durch Tarifvertrag. Nach der h.M. im Schrifttum bestehen jedenfalls erhebliche Vorbehalte gegen die Ausdehnung des vom BAG entwickelten kollektiven Günstigkeitsvergleichs im Bereich des Tarifvertragsrechts.[264] Auch das BAG selber weist in seiner Entscheidung darauf hin, dass eine **Übertragung auf Tarifverträge im Grundsatz nicht möglich** ist, lässt sich aber vor allem für die Neuregelung durch einen Haustarifvertrag einen Spielraum.[265]

Tipp   **!**

Bezüglich der Annahme einer generellen Tarifoffenheit von Individualzusagen mit kollektivem Bezug ist insbesondere die Rechtsprechung des BAG nach Inkrafttreten des Betriebsrentenstärkungsgesetzes zu beobachten. Die Umsetzung der durch das Gesetz eingeführten reinen Beitragszusage wird ausschließlich in den Regelungsbereich der Tarifpartner fallen, sodass abzuwarten bleibt, ob und unter welchen Voraussetzungen das BAG eine ggf. verschlechternde Ablösung bestehender Versorgungssysteme durch die reine Beitragszusage zulässt. Eine Möglichkeit wäre in Anlehnung an die Rechtsprechung zur Betriebsvereinbarungsoffenheit die Annahme einer generellen Tarifvertragsvereinbarungsoffenheit. Ob dieser Weg beschritten wird, ist jedoch insbesondere wegen der gefestigten Rechtsprechung zum individuellen Günstigkeitsvergleich, § 4 Abs. 3 TVG, höchst fraglich.

---

263 Vgl. BAG v. 16.9.1986 – GS 1/82, AP BetrVG 1972 § 77 Nr. 17; v. 21.9.1989 – 1 AZR 454/88, AP Nr. 43 zu § 77 BetrVG 1972 unter III. 1, ablehnend Rengier, BB 2004, 2185; Rolfs, in: Blomeyer/Rolfs/Otto, BetrAVG, 7. Aufl. 2018, Anh. zu § 1 Rn. 571.
264 Rolfs in: Blomeyer/Rolfs/Otto, BetrAVG, 7. Aufl. 2018, Anh. zu § 1 Rn. 575.
265 BAG v. 16.9.1986 – GS 1/82, AP BetrVG 1972 § 77 Nr. 17 unter C II 4 b.

4.2.3 Einschränkung kollektivrechtlich begründeter Versorgungssysteme

Auch bei kollektivrechtlich begründeten Versorgungssystemen kann es zu Einschränkungsbestrebungen kommen. Für diese gelten die nachfolgenden Grundsätze.

4.2.3.1 Betriebsvereinbarungen

Betriebsvereinbarungen sind das typische Instrument für die Implementierung eines Versorgungssystems im Unternehmen. Aus diesem Grund spielen Fragen der Änderung und Ablösung eine besonders hervorgehobene Rolle in diesem Kontext.

4.2.3.1.1 Kündigung von Betriebsvereinbarungen

Soweit eine Betriebsvereinbarung die betriebliche Altersversorgung regelt, kann eine solche vom Arbeitgeber gemäß §77 Abs. 5 BetrVG ordentlich mit einer Frist von drei Monaten gekündigt werden. Diese Kündigungserklärung kann jederzeit erfolgen, sie unterliegt keinerlei Kontrolle.

Darüber hinaus kann auch eine **außerordentliche Kündigung** erfolgen. Es muss dem Arbeitgeber unzumutbar sein, den Ablauf der regulären Kündigungsfrist der Betriebsvereinbarung abzuwarten. Es wird insoweit vertreten, dass dies dann der Fall ist, wenn es ihm infolge einer außerordentlichen Änderung der rechtlichen oder wirtschaftlichen Verhältnisse unzumutbar ist, die Versorgungsleistungen und -ansprüche bis zum Ablauf der Betriebsvereinbarung aufrechtzuerhalten. Mit Blick auf den §626 BGB dürften wirtschaftliche Gründe nur dann die Unzumutbarkeit begründen, wenn die Betriebsvereinbarung über einen längeren Zeitraum befristet abgeschlossen worden und daher ordentlich vorübergehend unkündbar ist.[266] Eine Kündigung in insolvenznahen Ausnahmefällen ist zwar ebenfalls denkbar, dürfte aber wegen der gesetzgeberischen Wertung, dass die wirtschaftliche Notlage keine Einstandspflicht des PSV mehr auslöst, dazu führen, dass darin nicht ohne Weiteres ein außerordentlicher Kündigungsgrund gesehen werden kann. Zwar könnte man argumentieren, dass durch ein solches Vorgehen (also eine außerordentliche Kündigung in Insolvenznähe) eine Insolvenz vermieden werden kann und dies ein Beitrag ist, den die Versorgungsberechtigten zur

---

266 Vgl. Rolfs in: Blomeyer/Rolfs/Otto, BetrAVG, 7. Aufl. 2018, Anh. §1 Rn. 592.

Rettung des Unternehmens zu leisten haben. Allerdings ist der Anspruch auf die betriebliche Altersversorgung Lohn für bereits geleistete Arbeit und kann daher nicht ohne Weiteres entzogen werden. Zudem würde man mit einer solchen Argumentation letztlich den gesetzlichen Insolvenzschutz über den PSV gemäß den §§7 ff. BetrAVG letztlich ins Leere laufen lassen, wenn man eine Altersversorgung kurz vor der Insolvenz wieder entziehen und so den Insolvenzfall vermeiden könnte.

Der Ausspruch der Kündigungserklärung führt dazu, **dass die Rechtsgrundlage für spätere Rentenleistungen beseitigt wird.** Es reicht nämlich nicht aus, dass der Arbeitgeber Leistungen der betrieblichen Altersversorgung in einer Betriebsvereinbarung zusagt und der Arbeitnehmer die notwendigen Voraussetzungen zu einem späteren Zeitpunkt erfüllt. Vielmehr muss die Erfüllung zu einer Zeit erfolgen, in der die Betriebsvereinbarung noch gilt. Allerdings führt eine solche Kündigung nicht dazu, dass die Ansprüche aus der betrieblichen Altersversorgung restlos beseitigt werden. Vielmehr sind die Wirkungen der Kündigung mithilfe der Grundsätze des Vertrauensschutzes und der Verhältnismäßigkeit im Sinne der Drei-Stufen-Theorie zu begrenzen. Ein Eingriff in die Besitzstände der betroffenen Arbeitnehmers ist damit nicht ohne Weiteres möglich, sondern bedarf einer entsprechenden Rechtfertigung. Dabei gilt, dass die Änderungsgründe umso gewichtiger sein müssen, je stärker in die Besitzstände der Arbeitnehmer eingegriffen wird. Das BAG unterscheidet damit zwischen der Kündigungserklärung und der mit ihr verbundenen Wirkung.

Da Betriebsrentner und solche Arbeitnehmer, die mit unverfallbarer Anwartschaft aus dem Betrieb ausgeschieden sind, nach derzeitiger Rechtslage – das BAG hat dies zuletzt jedenfalls ausdrücklich offengelassen – wohl nicht mehr von der Regelungskompetenz der Betriebsparteien erfasst sind, kann in deren Besitzstände bzw. in laufende Leistungen durch die Kündigung der Betriebsvereinbarung vorbehaltlich einer Jeweiligkeitsklausel nicht mehr eingegriffen werden.

Zur Nachwirkung der Betriebsvereinbarung gelten die Ausführungen unter C. 4.2.1.3).

4.2.3.1.2 Einvernehmliche Änderung einer Betriebsvereinbarung

Neben der Kündigung einer Betriebsvereinbarung besteht die Möglichkeit ihrer Ablösung. Im Verhältnis zu einer neuen Betriebsvereinbarung gilt das Ordnungsprinzip, die alte Regelung wird von der zeitlich nachfolgenden Regelung abgelöst. Eine Ablösung mittels Regelungsabrede ist hingegen nicht möglich, da das Ablösungsprinzip nur dann gilt, wenn die ablösende Regelung auf derselben Hierarchieebene steht wie die abgelöste. Dies ist bei der Regelungsabrede im Verhältnis zur Betriebsvereinbarung mangels normativer Wirkung nicht der Fall. Eine Ablösung mittels Tarifvertrag ist hingegen möglich. Durch einen solchen wird wegen des in den §§ 77 Abs. 3, 87 Abs. 1 Eingangssatz BetrVG niedergelegten **Vorrangs der Tarifautonomie die alte Betriebsvereinbarung beseitigt**. Dies gilt bei tarifüblichen Regelungen (vgl. § 77 Abs. 3 BetrVG) auch für nicht tarifgebundene Arbeitnehmer. Das Günstigkeitsprinzip findet zwischen diesen beiden Rechtsquellen keine Anwendung. Für Arbeitnehmer, die nicht der tarifschließenden Gewerkschaft angehören und deren Arbeitsvertrag nicht auf die Betriebsvereinbarung zumindest konkludent verweist (selten!), führt dies dazu, dass es zu einem ersatzlosen Wegfall der Versorgungszusage kommt. Für tarifgebundene Arbeitnehmer tritt die tarifvertragliche Regelung an die Stelle der alten Versorgungszusage. Hinsichtlich des ablösenden Tarifvertrags ist keine Billigkeitskontrolle nach der Drei-Stufen-Theorie vorzunehmen, da hinsichtlich der Tarifverträge lediglich eine Rechtmäßigkeitskontrolle vorzunehmen ist.

Soweit die Änderung der Betriebsvereinbarung durch eine nachfolgende Betriebsvereinbarung erfolgt, gilt zwar das Ordnungsprinzip, allerdings gilt dies nicht uneingeschränkt. Vielmehr sind die verschlechternden Wirkungen der neuen Betriebsvereinbarung anhand der Grundsätze des Vertrauensschutzes und der Verhältnismäßigkeit zu überprüfen. Nur soweit hinreichende Gründe für den Eingriff in die Besitzstände der betroffenen Arbeitnehmer vorliegen, entfaltet die neue Regelung Wirkung. In diesem Zusammenhang hat das BAG die Drei-Stufen-Theorie entwickelt, die den Besitzstand des Arbeitnehmers in drei Stufen einordnet und für jede Stufe der Schwere nach unterschiedliche Eingriffsgründe vorsieht.

Neben der abstrakten Billigkeitskontrolle nimmt die Rechtsprechung eine konkrete Billigkeitskontrolle vor, die die Wirksamkeit der neuen Regelung unangetastet lässt. Danach muss sichergestellt sein, dass es trotz grundsätzlicher Rechtmäßigkeit der neuen Regelung nicht zu ungewollten Härten kommt. Mittels einer ergänzenden Vertragsauslegung ergibt sich für jede abändernde Betriebsvereinbarung eine Klausel für konkrete Härtefälle.

Es ist darauf zu achten, Sonderregelungen für rentennahe Jahrgänge einzuführen, da ältere Arbeitnehmer aufgrund des unmittelbar bevorstehenden Eintritts des Versorgungsfalls weniger Möglichkeiten haben, anderweitig Altersversorgung zu betreiben. Soweit Betriebsvereinbarungen Versorgungszusagen regeln, können diese vom Arbeitgeber gemäß § 77 Abs. 5 BetrVG ordentlich mit einer Frist von drei Monaten gekündigt werden.

4.2.3.1.3 Grenzen der Einschränkungsmöglichkeiten von Anwartschaften

Die nachteilige Änderung einer bereits erteilten Versorgungszusage ist nach der Rechtsprechung des BAG nur unter sehr eingeschränkten Voraussetzungen möglich, da die Arbeitnehmer Vertrauensschutz auf Beibehaltung der Versorgungsregelung haben, die sie bei ihrem Eintritt in ein Unternehmen vorgefunden haben.

Das BAG hat dazu in ständiger Rechtsprechung[267] ein **dreistufiges Prüfungsschema** für Eingriffe in Anwartschaften entwickelt, das von folgendem Grundsatz getragen ist: Je stärker in die Besitzstände der Arbeitnehmer, d.h. in **die bereits erdienten Anwartschaften (1. Stufe), die erdiente Anwartschaftsdynamik (2. Stufe) und die noch nicht erdienten dienstzeitabhängigen Zuwachsraten (3. Stufe)**, eingegriffen wird, desto gewichtiger muss der Eingriffsgrund sein, aufgrund dessen die Versorgungszusage eingeschränkt werden kann. Bis zum Änderungsstichtag erdiente und nach den Grundsätzen des § 2 BetrAVG errechnete Teilbeträge können hiernach nur aus zwingendem Grund, Zuwächse, die sich aus variablen Berechnungsfaktoren ergeben und bereits zeitanteilig zum Änderungsstichtag erdient sind, nur aus triftigem Grund eingeschränkt werden. Noch nicht erdiente, dienstzeitabhängige Zuwachsraten können schließlich schon aus sachlich-proportionalen Gründen eingeschränkt bzw. entzogen werden. Nach Maßgabe dieses Prüfungsschemas sind auch die Wirkungen der Kündigung einer Betriebsvereinbarung über betriebliche Altersversorgung zu überprüfen und zu beschränken.[268]

Auf der anderen Seite dürfen Versorgungszusagen und -systeme aber nicht der Willkür des Arbeitgebers unterliegen. Es handelt sich schließlich um vom Versorgungsberechtigten durch seine Betriebstreue ganz oder zumindest teilweise erdiente Ansprüche. Insbesondere Betriebsrentner haben ihre »Gegenleistung« für die Versorgungsleistungen bereits erbracht. Einseitige unbegrenzte Eingriffe seitens des Arbeitgebers sind hiermit nicht vereinbar. Aus diesem Grund hat die Rechtsprechung hinsichtlich der Zulässigkeit eines Eingriffs in Versorgungszusagen mit der sog. Drei-Stufen-Theorie ein Korrektiv entwickelt, dass die Einschränkungsmöglichkeiten des Arbeitgebers zusätzlich beschränkt.

---

267 Vgl. BAG v. 17.4.1985 – 3 AZR 72/83, AP BetrAVG § 1 Unterstützungskassen Nr. 4.
268 BAG v. 18.9.2001 – 3 AZR 728/00, NZA 2002, 1164.

a) Eingriffe in erdiente Anwartschaften i.S.d. §2 BetrAVG (1. Stufe)

Eine nachteiligeVeränderung bereits erdienter Versorgungsanwartschaften kommt nur ganz ausnahmsweise bei Vorliegen eines **zwingenden Grundes** in Betracht. Hintergrund ist, dass der Arbeitnehmer seine Gegenleistung (Arbeitsleistung und Betriebstreue) bereits erbracht und damit eine eigentumsähnliche Rechtsposition erlangt hat. Die Entziehung des wirtschaftlichen Wertes der Anwartschaft i.S.v. §2 Abs. 1 BetrAVG ist grundsätzlich nicht möglich.

Anerkannte zwingende Gründe sind:
- Störung der Geschäftsgrundlage
- grobe Treuepflichtverletzung
- planwidrige Überversorgung, sofern die Neuregelung deren Abbau bezweckt

Eine absolute Überversorgung liegt etwa vor, wenn die Versorgungsleistungen aus der gesetzlichen Rentenversicherung und der betrieblichen Altersversorgung das letzte Nettoeinkommen der Aktivzeit oder das Nettoeinkommen vergleichbarer aktiver Arbeitnehmer übersteigt.[269] Eine planwidrige Überversorgung liegt hingegen vor, wenn das ursprüngliche Versorgungsziel verfehlt wird, weil sich externe Verhältnisse (z.B. steuerrechtliche Regelungen) geändert haben.[270]

b) Eingriffe in die zeitanteilig erdiente Dynamik (2. Stufe)

Im Rahmen der zweiten Besitzstandsstufe ist insbesondere fraglich, ob im Hinblick auf den bereits erdienten Anteil der variable Faktor »Endgehalt« auf dem Stand zum Zeitpunkt des Eingriffs eingefroren oder auf einen bestimmten Betrag gekappt werden kann.

Die Dynamik für die erdienten Jahre bezieht sich dann nicht mehr – wie ursprünglich zugesagt – auf das künftige Endgehalt, sondern auf das eingefrorene bzw. gekappte Gehalt.

Soll sich die Kappung nur auf den Teil der Anwartschaft beziehen, der in der Zukunft noch zu erdienen ist, stellt dies zwar auch einen Eingriff in die Dynamik dar. Diese Dynamik ist aber noch nicht zeitanteilig erdient und ist deswegen auf der 3. Stufe zu messen.

---

269 Vgl. Kisters-Kölkes in: Kemper/Kisters-Kölkes/Berenz/Huber, BetrAVG, 7.Aufl. 2016, §1 Rn.307.
270 Vgl. u.a. BAG v. 17.1.2017 – 3 AZR 555/09, AP BetrAVG §1 Überversorgung Nr. 14, vgl. auch Anhang – Sonstiges Nr. 5.

Bei dynamischen Versorgungszusagen wird nach der Rechtsprechung des BAG auch die sog. zeitanteilig erdiente Dynamik vom erdienten Besitzstand umfasst.

Voraussetzungen für einen Eingriff in die erdiente Dynamik sind nach dem BAG

- das Vorliegen triftiger Gründe und
- die Verhältnismäßigkeit des Eingriffs in Anbetracht dieser Gründe.

Unklar im Einzelfall ist, welche Anforderungen an das Vorliegen eines triftigen Grundes zu stellen sind. Nach der Rechtsprechung des BAG liegt das Merkmal »triftiger Grund« i.d.R. dann vor, wenn Gründe vorliegen, die auch zur Verweigerung einer Anpassungsprüfung nach § 16 BetrAVG berechtigen. Auf die hierzu ergangene umfangreiche Kasuistik kann mithin zurückgegriffen werden.

Danach liegt ein triftiger Grund vor, wenn die unveränderte Fortentwicklung des bestehenden Versorgungssystems eine gesunde zukünftige Entwicklung des Unternehmens gefährdet (i.S. einer Substanzgefährdung) und dem Arbeitgeber daher eine Entlastung zuzugestehen ist.[271]

Des Weiteren wird ein triftiger Grund angenommen, wenn aufgrund der Verpflichtungen aus betrieblicher Altersversorgung keine angemessene Eigenkapitalverzinsung mehr zu erreichen ist.

Ohne wirtschaftliche Notlage kann ein rechtfertigender triftiger Grund wohl auch dann in Betracht kommen, wenn die Notwendigkeit von Strukturveränderungen, bspw. die Einführung einer gerechteren Verteilung der Versorgungsleistungen unter Wahrung des Dotierungsrahmens, besteht.

Der Beurteilungsmaßstab richtet sich folglich immer danach, ob eine unveränderte Fortentwicklung der bestehenden Altersversorgung eine gesunde zukünftige Entwicklung des Unternehmens gefährdet und dem Arbeitgeber aufgrund dessen eine Entlastung zuzugestehen ist.

> **Tipp** !
> Eingriffe dieser Art sind in der Praxis durchaus denkbar und Erfolg versprechend, bedürfen aber einer entsprechend sorgfältigen Darlegung und im Streitfall des Nachweises der wirtschaftlichen Situation.

---

271 BAG v. 18.4.1989 – 3 AZR 299/87, NZA 1989, 845.

c) Eingriffe in rein dienstzeitabhängige Zuwachsraten (3. Stufe)

Inhalt der dritten Stufe sind die rein dienstzeitabhängigen Zuwachsraten, die allein von der weiteren Betriebstreue abhängig sind. Der Arbeitgeber kann die Zuwachsraten bis zum Eintritt des Versorgungsfalls herabsetzen oder sogar vollständig entfallen lassen, wenn hierfür »sachlich-proportionale Gründe« vorliegen.

Die Anforderungen für Eingriffe auf dieser Stufe sind am geringsten. Das BAG bestimmt den Eingriffsgrund der »sachlich-proportionalen Gründe« als willkürfreie, nachvollziehbare und anerkennenswerte Eingriffsgründe.[272] Es muss erkennbar sein, welche Umstände und Erwägungen den Arbeitgeber zur Änderung der Versorgungszusage bewogen haben.

! O-Ton Rechtsprechung

»Die Eingriffe dürfen nicht willkürlich sein. Sie müssen nachvollziehbar erkennen lassen, welche Umstände und Erwägungen zur Änderung der Versorgungszusage Anlass gegeben haben. Das Vertrauen der Arbeitnehmer in den Fortbestand der bisherigen Regelung darf nicht über Gebühr beeinträchtigt werden. Die sachlichen Gründe sind deshalb gegenüber den schützenswerten Interessen der Arbeitnehmer abzuwägen.«[273]

Das BAG fasst dabei als Rechtfertigungsgründe insbesondere die wirtschaftlich ungünstige Lage des Arbeitgebers und die Fehlentwicklung des betrieblichen Versorgungswerks ins Auge. Einen Sonderfall stellt der Betriebsübergang nach § 613a Abs. 1 Satz 3 BetrAVG dar. In diesem Fall gilt das Harmonisierungsinteresse des Erwerbers als sachlich-proportionaler Grund, der einen Eingriff auf der dritten Besitzstandsstufe rechtfertigen kann.[274]

! O-Ton Rechtsprechung

»Dabei versteht man unter sachlich-proportionalen Gründen willkürfreie, nachvollziehbare und anerkennenswerte Eingriffsgründe. Sie können insbesondere auf einer wirtschaftlich ungünstigen Lage des Versorgungsschuldners oder einer Fehlentwicklung des betrieblichen Versorgungswerks beruhen.«[275]

---

272 Vgl. BAG v. 12.2.2013 – 3 AZR 636/10, BeckRS 2013, 70480, vgl. auch Anhang – Ablösung und Widerruf von Betriebsrentensystemen und Versorgungszusagen Nr. 10; v. 30.9.2014 – 3 AZR 998/12, NZA 2015, 750, vgl. auch Anhang – Ablösung und Widerruf von Betriebsrentensystemen und Versorgungszusagen Nr. 14; v. 13.10.2016 – 3 AZR 439/15, BeckRS 2016, 110282, vgl. auch Anhang – Ablösung und Widerruf von Betriebsrentensystemen und Versorgungszusagen Nr. 20.

273 BAG v. 11.12.2001 – 3 AZR 512/00, NZA 2003, 1414.

274 BAG v. 29.7.2003 – 3 AZR 630/02, AP BetrAVG § 1 Ablösung Nr. 45.

275 BAG v. 18.9.2001 – 3 AZR 728/00, BAGE 99, 75.

In einer Vielzahl von Entscheidungen hat das BAG die Anforderungen an das Kriterium der wirtschaftlich ungünstigen Entwicklung des Unternehmens geformt. Es reicht demnach aus, wenn sich ein »vernünftiger Unternehmer«[276] zum Handeln verpflichtet gesehen hätte. Dem Arbeitgeber kommt insofern eine Einschätzungsprärogative zu.

> **Achtung** !
>
> Im Falle von konzernangehörigen Unternehmen kann nach Ansicht des BAG ausnahmsweise auch eine konzerneinheitliche Betrachtung gerechtfertigt sein – dergestalt, dass wirtschaftliche Schwierigkeiten des Konzerns als Rechtfertigungsgrund dienen können. Dies setzt aber einen Beherrschungs- und Gewinnabführungsvertrag voraus.[277]

Folgende **Fallgruppen** lassen sich dabei aus der Rechtsprechung ableiten:

- eine langfristig unzureichende Eigenkapitalverzinsung
- eine langfristige Substanzgefährdung des Unternehmens
- eine Gefährdung der Wettbewerbsfähigkeit des Unternehmens
- die Feststellung einer insolvenznahen Lage[278]

Für die Substantiierung der vorgenannten Lagen können folgende Indizien vorgetragen werden:

- Absinken der Eigenkapitalquote und Erwirtschaften mehrstelliger Millionennettoverluste[279]
- prognosenhafter Anstieg der Personalkosten um mehr als 50 %[280]
- Sparmaßnahmen wie Lohn- und Arbeitskürzungen[281]
- signifikanter Personalabbau, Anrechnung von Tariferhöhungen und Straffung der Hierarchieebenen[282]

Das Harmonisierungsinteresse des Erwerbers im Rahmen eines Betriebsübergangs, vgl. § 613a Abs. 1 Satz 3 BGB[283], stellt ebenfalls einen sachlich-proportio-

---

276 BAG v. 10.11.2015 – 3 AZR 390/14, BeckRS 2016, 65484, vgl. Anhang – Ablösung und Widerruf von Versorgungssystemen und Versorgungszusagen Nr. 17.
277 BAG v. 15.1.2013 – 3 AZR 705/10, BeckRS 2013, 68639, vgl. Anhang – Ablösung und Widerruf von Betriebsrentensystemen und Versorgungszusagen Nr. 8.
278 Höfer/Küpper, in: Höfer/de Groot/Küpper/Reich, BetrAVG Band I, Stand 2018, Kap. 5 Rn. 339.2.
279 BAG v. 15.1.2013 – 3 AZR 705/10, BeckRS 2013, 68639, vgl. auch Anhang –Ablösung und Widerruf von Betriebsrentensystemen und Versorgungszusagen Nr. 8.
280 BAG v. 12.2.2013 – 3 AZR 414/12, AP BetrAVG § 1 Ablösung Nr. 61.
281 BAG v. 16.2.2010 – 3 AZR 181/08, NZA 2011, 42, vgl. Anhang – Ablösung und Widerruf von Betriebsrentensystemen und Versorgungszusagen Nr. 1.
282 BAG v. 11.5.1999 – 3 AZR 21/98, AP BetrAVG § 1 Betriebsvereinbarung Nr. 6.
283 BAG v. 29.7.2003 – 3 AZR 630/02, AP BetrAVG § 1 Ablösung Nr. 45.

nalen Grund dar, der aber nicht zur allgemeinen Absenkung des Versorgungsniveaus berechtigt.

Einer wirtschaftlich ungünstigen Entwicklung sollen

- die Auszahlung von Boni und Alterssicherungszulagen[284] und
- das Nichtaufstellen eines umfassenden Sanierungskonzeptes **nicht entgegenstehen.**

Wann Fehlentwicklungen in der betrieblichen Altersversorgung Eingriffe auf der dritten Stufe rechtfertigen können, war lange Zeit unklar. Regelmäßig subsumierte die Rechtsprechung Fälle der Überversorgung unter dieses Merkmal, ohne jedoch weiter gehende Konkretisierungen vorzunehmen. Im Jahr 2015 traf das BAG dann einige grundlegende Aussagen zu diesen Kriterien. Danach muss die **Fehlentwicklung der betrieblichen Altersversorgung** zu einem solchen Kostenanstieg aufseiten des Arbeitgebers führen, der

- erheblich ist,
- zum Zeitpunkt der Schaffung des Versorgungswerks unvorhersehbar war und
- auf einer Änderung im Recht der gesetzlichen Rentenversicherung oder im Steuerrecht beruht.

Das letztgenannte Kriterium der »Änderung der Rechtslage« wirft die Frage auf, ob es sich dabei um eine Beschränkung auf Änderungen des **Rechts der gesetzlichen Rentenversicherung oder des Steuerrechts** handelt oder ob auch andere rechtliche oder tatsächliche Veränderungen die Sachlichkeit einer Änderung auf der 3. Stufe rechtfertigen können. Die Ursache der Fehlentwicklung kann jedoch nicht der allein ausschlaggebende Punkt sein. Entscheidend ist die Mehrbelastung, unabhängig davon, woraus diese resultiert.

Ein Eingriff ist hier außerdem im Falle der Fehlentwicklung der betrieblichen Altersversorgung prophylaktisch vor Eintritt eines möglichen Schadens vorzunehmen. Von der Fehlentwicklung der betrieblichen Altersversorgung spricht man beispielsweise, wenn die Kosten für die Versorgung den ursprünglich kalkulierten Rahmen übersteigen.

Für den Fall, dass der Arbeitgeber sich auf wirtschaftliche Gründe beruft, dürfen die Anforderungen nicht überspitzt werden.[285] Die Neuregelung ist wirksam, wenn sie in die künftigen dienstzeitabhängigen Zuwächse nicht weiter

---

284 BAG v. 15.2.2011 – 3 AZR 964/08, AP BetrAVG § 1 Auslegung Nr. 22.
285 BAG v. 9.12.2014 – 3 AZR 323/13, NZA 2015, 1198, vgl. Anhang – Ablösung und Widerruf von Betriebsrentensystemen und Versorgungszusagen Nr. 15.

eingreift, als ein vernünftiger Unternehmer dies zur Kosteneinsparung in der vorliegenden Situation für geboten erachten durfte. Es bedarf keines ausgewogenen Sanierungsplans.

d) Exkurs zum Eingriffsobjekt: verfallbare und unverfallbare Anwartschaften
Nicht nur unverfallbare, sondern auch verfallbare Anwartschaften können Gegenstand des dreistufigen Prüfungsschemas sein. Das BAG hatte in einem Fall darüber zu entscheiden, unter welchen Voraussetzungen ein Eingriff in bereits erworbene Anwartschaften, die noch nicht gesetzlich unverfallbar waren, durch eine ablösende Betriebs- oder Dienstvereinbarung zulässig war.[286] Im Kern bestätigte das BAG seine Rechtsprechung zur Ablösung von Anwartschaften, die im Ablösungszeitpunkt noch nicht gesetzlich unverfallbar sind.

In der Entscheidung geht der 3. Senat unausgesprochen davon aus, dass eine Betriebsvereinbarung nicht nur von einer nachfolgenden Betriebsvereinbarung, sondern auch von einer nachfolgenden Dienstvereinbarung (hier der DV 1976) abgelöst werden kann. Wie es zum Wechsel von dem betriebsverfassungsrechtlichen Regelungsinstrument der Betriebsvereinbarung hin zum personalvertretungsrechtlichen Instrument der Dienstvereinbarung gekommen ist, ist nicht ganz klar. Dass ohne weitere Voraussetzungen die **Ablösung einer Betriebsvereinbarung durch eine Dienstvereinbarung möglich ist**, wird man nicht ohne Weiteres annehmen können. Anders als im Bereich des Betriebsverfassungsrechts, wo nämlich grundsätzlich eine umfassende Regelungskompetenz der Betriebsparteien besteht, von dem sie auch mittels einer Betriebsvereinbarung Gebrauch machen können, sieht § 73 BPersVG vor, dass Dienstvereinbarungen nur dort zulässig sind, wo das Gesetz ihre Anwendung ausdrücklich gestattet.[287] Eine Deckungsgleichheit in der Regelungskompetenz besteht daher nicht in jedem Fall. Gerade im Bereich der betrieblichen Altersversorgung wird man allerdings regelmäßig von einer solchen Kongruenz der Regelungsbefugnis ausgehen können. Die maßgeblichen betriebsverfassungsrechtlichen Beteiligungsrechte ergeben sich aus § 87 Abs. 1 Nr. 8, 10 BetrVG. Vergleichbare personalvertretungsrechtliche Regelungen finden sich in § 75 Abs. 3 Nr. 4, 5 BPersVG.

Das BAG hält es für möglich, dass durch die Änderungen bzw. Ablösungen der BV 1957 auf Grundlage der DV 1976 in die erworbenen Anwartschaften des Klägers eingegriffen werden konnte. Ein derartiger Eingriff sei allerdings nicht ohne Weiteres möglich, vielmehr müssten bei einer Änderung/Ablösung

---

286 BAG v. 15.1.2013 – 3 AZR 169/10, NZA 2013, 1028, vgl. Anhang – Ablösung und Widerruf von Betriebsrentensystemen und Versorgungszusagen Nr. 9.
287 Vgl. hierzu BAG v. 12.12.2006 – 1 AZR 96/06, AP BetrVG 1972 § 77 Nr. 94.

die Grundsätze des Vertrauensschutzes und der Verhältnismäßigkeit beachtet werden, wobei dafür das dreistufige Prüfungsschema des BAG zu berücksichtigen sei. Dies gelte auch für die Ablösung von Anwartschaften, auch wenn die Anwartschaft im Zeitpunkt des Eingriffs noch nicht gesetzlich unverfallbar war. Ferner sei unerheblich, dass das BAG die zu beachtenden Grundsätze des Vertrauensschutzes und der Verhältnismäßigkeit erstmalig im Jahr 1985 präzisiert hatte.

Dass das Drei-Stufen-Schema auch im Bereich der verfallbaren Anwartschaften Anwendung findet, entspricht der wohl überwiegenden Meinung im Schrifttum.[288] Auch hat der 3. Senat schon früher in diesem Sinne entschieden.[289]

Diese Auffassung basiert letztlich auf der rechtsdogmatischen Herleitung der Drei-Stufen-Theorie. Nach der Rechtsprechung fußt diese Theorie auf den Grundsätzen des **Vertrauensschutzes und der Verhältnismäßigkeit**.[290] Beide Prinzipien werden einfachrechtlich u.a. in den §§75, 76 BetrVG verankert, wonach die Betriebsparteien die Betriebsangehörigen im Rahmen von Recht und Billigkeit behandeln müssen. Dem übergeordnet ist wiederum das verfassungsrechtlich verankerte Rechtsstaatsprinzip.[291] Ein solcher Vertrauensschutz auf den Fortbestand des gemachten Versorgungsversprechens besteht im Grundsatz auch schon vor Eintritt der gesetzlichen Voraussetzungen der Unverfallbarkeit. Zwar kann man argumentieren, dass das schutzwürdige Vertrauen vor Eintritt der Voraussetzungen der Unverfallbarkeit weniger schutzwürdig ist, weil der Arbeitnehmer bis zum Eintritt der Unverfallbarkeit damit rechnen muss, seine Anwartschaft aufgrund der Beendigung seines Arbeitsverhältnisses vollständig zu verlieren. Auch ist die verfallbare Anwartschaft nicht gesetzlich insolvenzgeschützt, was ebenfalls eine geringere Schutzwürdigkeit indiziert. Insofern ist ein Versorgungsberechtigter mit einer verfallbaren Anwartschaft in einer anderen Situation als derjenige, der bereits die gesetzlichen Unverfallbarkeitsvoraussetzungen erfüllt.[292] Der Inhaber einer verfallbaren Anwartschaft muss mit einem »Totalverlust« aber nach dem Gesetz eben nur rechnen, wenn er aus dem Unternehmen ausscheidet oder ein Fall der Insolvenz eintritt. Dem BetrAVG kann aber nicht entnommen wer-

---

288 Rolfs in: Blomeyer/Rolfs/Otto, BetrAVG, 7. Aufl. 2018, Anh §1 Rn. 617a; Kemper in: Kemper/Kisters-Kölkes/Berenz/Huber, BetrAVG, 5. Auf. 2013, §1 Rn. 285; Rihn in: Förster/Cisch/Karst, BetrAVG, 13. Aufl. 2012, §1 Rn. 258.

289 BAG v. 17.8.1999 – 3 ABR 55/98, AP BetrVG 1972 §77 Nr. 79.

290 BAG v. 28.7.2005 – 3 AZR 14/05, AP BetrAVG §1 Ablösung Nr. 47; v. 21.2.2017 – 3 AZR 542/15, NZA 2017, 944, vgl. Anhang – Invaliditäts- und Hinterbliebenenversorgung Nr. 11.

291 BVerfG v. 19.10.1983 – 2 BvR 298/81 – AP BetrAVG §1 Unterstützungskassen Nr. 2 für das Prinzip des Vertrauensschutzes bei dem Widerruf von Unterstützungskassenleistungen.

292 Vgl. BAG v. 14.7.2014 – 3 AZR 517/13, BeckRS 2015, 71691, vgl. auch Anhang – Ablösung und Widerruf von Betriebsrentensystemen und Versorgungszusagen Nr. 13.

den, dass der Arbeitnehmer im Zeitraum der Verfallbarkeit auch damit rechnen muss, dass ihm seine Versorgungsansprüche rückwirkend entzogen werden, auch wenn das Beschäftigungsverhältnis andauert. Das überzeugt vor allem mit Blick auf den bereits voll erdienten Besitzstand (1. Stufe) und ggf. die bereits anteilig erdiente Dynamik (2. Stufe). Der Arbeitnehmer hat hierfür seine Leistung bereits vollständig (1. Stufe) oder zumindest anteilig (2. Stufe) erbracht. Vor diesem Hintergrund ist die voraussetzungslose Möglichkeit der Entziehung der versprochenen Versorgungsleistung nicht überzeugend. Dies gilt umso mehr, wenn man berücksichtigt, dass die Leistungen der betrieblichen Altersversorgung zumindest auch Entgeltcharakter haben und der historische Fürsorgecharakter der Leistung zunehmend in den Hintergrund tritt.

Der Umstand, dass das nunmehr praktizierte Drei-Stufen-Schema erst mit der Entscheidung im Jahr 1985[293] seine endgültige Ausformung erhalten hat, steht der Anwendung des Prüfungsschemas auch auf Änderungen, die bereits im Jahr 1976 stattgefunden haben, nicht entgegen. Das soll sich daraus ergeben, dass es sich bei dem Drei-Stufen-Schema nicht um eine **Änderung** der bisherigen Rechtsprechung gehandelt haben sollte, sondern lediglich um eine Präzisierung. Diese rückwirkende Anwendung des Drei-Stufen-Schemas entspricht einer ständigen Rechtsprechung des BAG.[294] In der Tat heißt es bereits in einer Entscheidung des 3. Senats vom 30.1.1970, also der Zeit, in der erstmals die BV 1957 möglicherweise abgeändert wurde:

»*1. Eine betriebliche Ruhegeldordnung kann durch eine spätere Betriebsvereinbarung abgelöst und geändert werden; dabei ist es gleichgültig, ob die frühere Ruhegeldordnung auf einer Gesamtzusage beruhte oder eine Betriebsvereinbarung war. 2. Die spätere Betriebsvereinbarung kann die frühere Ruhegeldordnung auch zuungunsten der aktiven Arbeitnehmer ändern. Die Änderung unterliegt der gerichtlichen Billigkeitskontrolle, bei der die Auswirkungen der Änderung für alle betroffenen Arbeitnehmer nach Treu und Glauben unter besonderer Berücksichtigung des Vertrauensschutzgedankens zu prüfen sind.[...]*«

Der Gedanke des Vertrauensschutzes auf Anwartschaften ist damit bereits verankert.

Auch wird man nicht einwenden können, dass damit zwar die Rechts- bzw. Billigkeitskontrolle bereits zu einem frühen Zeitpunkt verankert war, damit aber noch nichts in Bezug auf die Anwendbarkeit dieser Kontrolle auf ver-

---

293 BAG v. 17.4.1985 – 3 AZR 72/83, AP BetrAVG §1 Unterstützungskassen Nr. 4.
294 BAG v. 17.11.1992 – 3 AZR 76/92, AP BetrAVG §1 Besitzstand Nr. 13; v. 10.9.2002 – 3 AZR 635/01, AP BetrAVG §1 Ablösung Nr. 37.

fallbare Anwartschaften gesagt ist. Vielmehr verhält es sich gerade umgekehrt: Erst im Jahr 1972 hat das BAG überhaupt das Prinzip der unverfallbaren Anwartschaft anerkannt.[295] Selbst dann galt noch eine Unverfallbarkeitsregelung von 20 Jahren. Die Billigkeitskontrolle bei der Abänderung von Versorgungszusagen ist damit älter als die Unterscheidung zwischen verfallbaren und unverfallbaren Anwartschaften. Vor diesem Hintergrund überzeugt auch die rückwirkende Anwendung des Drei-Stufen-Schemas auch und gerade auf verfallbare Anwartschaften.

4.2.3.2 Tarifverträge

Tarifverträge über betriebliche Altersversorgung können nur im Rahmen der folgenden Möglichkeiten abgeändert werden.

4.2.3.2.1 Kündigung eines Tarifvertrags

Soweit ein Tarifvertrag die Versorgungszusage regelt und diese verschlechtert werden soll, hat zunächst eine Kündigung durch eine der tarifschließenden Parteien, im Falle eines Haustarifvertrags also auch durch den Arbeitgeber selbst, zu erfolgen. Im Übrigen kann der Arbeitgeber aus dem tarifschließenden Verband austreten, was aber in die Fortgeltung gemäß § 3 Abs. 3 TVG mündet. Nach Beendigung des Tarifvertrags kommt es zur Nachwirkung gemäß § 4 Abs. 5 TVG[296]; es bedarf mithin einer anderweitigen Vereinbarung hinsichtlich der Versorgungszusage, um eine Verschlechterung der bisherigen Zusage zu erreichen. Dies kann ein neuer Tarifvertrag, eine individualrechtliche Vereinbarung mit dem Arbeitnehmer – auch im Rahmen der Änderungskündigung – und in den Schranken des § 77 Abs. 3 BetrVG auch eine Betriebsvereinbarung sein.[297]

Soweit die neue Vereinbarung kein Tarifvertrag ist, findet die Rechtsprechung zur Besitzstandswahrung Anwendung. Entscheidend ist nicht die Rechtsnatur der abgelösten Regelung, sondern die der ablösenden.

---

295 BAG v. 10.3.1972 – 3 AZR 278/21, AP BGB § 242 BGB Ruhegehalt Nr. 156.
296 Vgl. BAG v. 21.3.2017 – 3 AZR 86/16, NZA 2017, 939, vgl. auch Anhang – Invaliditäts- und Hinterbliebenenversorgung Nr. 13.
297 BAG v. 24.2.1987 – 1 ABR 18/85, AP Nr. 21 zu § 77 BetrVG 1972; Wank in: Wiedemann, TVG, 7. Auflage 2007; § 4 Rn. 354 ff.; Löwisch/Rieble, TVG, 4. Aufl. 2017, § 4 Rn. 386 ff.; Franzen in: ErfK, TVG, 18. Aufl. 2018, § 4 Rn. 62.

4.2.3.2.2 Sonstige Änderung eines Tarifvertrags

Ein Tarifvertrag, der unmittelbar und zwingend für die Tarifgebundenen gilt, kann regelmäßig weder mittels Individualvereinbarung noch mittels Betriebsvereinbarung verschlechternd abgelöst werden. Die zuerst genannte Möglichkeit scheitert am Günstigkeitsprinzip, die Betriebsvereinbarung am Vorrang des Tarifvertrags, §§77 Abs. 3, 87 Abs. 1 Eingangssatz BetrVG. Allerdings ist eine Ablösung mittels verschlechternden Tarifvertrags wie auch nach erfolgter Kündigung des alten Tarifvertrags möglich, da im Verhältnis vom älteren zum jüngeren Tarifvertrag das Ordnungsprinzip greift.[298]

4.2.3.2.3 Grenzen der Einschränkungsmöglichkeiten

Anders bei verschlechternden Betriebsvereinbarungen lehnt das BAG eine Billigkeitskontrolle der Neuregelung ab. Dies erfolgt mit der Erwägung, dass den Tarifvertragsparteien aufgrund der Tarifautonomie ein größerer Beurteilungs- und Ermessensspielraum zusteht.[299] Auch die Richtigkeitsgewähr tariflicher Regelungen streite für eine geringere Kontrolldichte.[300]

Die Ablehnung der Billigkeitskontrolle führt dazu, dass die Drei-Stufen-Theorie zu ablösenden Betriebsvereinbarungen nicht unbesehen auf Tarifverträge übertragen werden kann.[301] Damit verbleibt es bei einer Kontrolle, wodurch der Tarifvertrag daraufhin überprüft werden kann, ob seine Regelungen mit Verfassungsrecht, zwingendem einfachen Gesetzesrecht, den guten Sitten und den tragenden Grundsätzen des Arbeitsrechts in Einklang stehen.[302] Für diese Rechtskontrolle werden zum einen der Gleichheitssatz, zum anderen aus dem Rechtsstaatsprinzip die Grundsätze der Verhältnismäßigkeit und des Vertrauensschutzes herangezogen.[303] Diese Grundsätze sind auch die Quelle der Drei-Stufen-Theorie des BAG.[304] Eine Verletzung der Grundsätze des Vertrauensschutzes und der Verhältnismäßigkeit ist daher jedenfalls dann nicht

---

298 BAG v. 1.6.1970 – 3 AZR 166/69, AP Nr. 143 zu §242 BGB Ruhegehalt; v. 14.12.1982 – 3 AZR 251/80, AP Nr. 1 zu §1 BetrAVG Besitzstand; v. 24.4.1990 – 3 AZR 259/88, AP BetrAVG §1 Zusatzversorgungskassen Nr. 43.

299 BAG v. 28.7.2005 – 3 AZR 14/05, AP Nr. 47 zu BetrAVG §1 Ablösung.

300 BAG v. 28.5.2002 – 3 AZR 422/01, NZA 2003, 1198.

301 BAG v. 25.5.2004 – 3 AZR 123/03, AP Nr. 11 zu §1 BetrAVG Überversorgung; v. 28.7.2005 – 3 AZR 14/05, AP Nr. 47 zu BetrAVG §1 Ablösung.

302 BAG v. 14.12.1982 – 3 AZR 251/80, AP Nr. 1 zu §1 BetrAVG Besitzstand; v. 28.7.2005 – 3 AZR 14/05, AP Nr. 47 zu BetrAVG §1 Ablösung.

303 BAG v. 25.5.2004 – 3 AZR 123/03, AP Nr. 11 zu §1 BetrAVG Überversorgung; v. 27.2.2007 – 3 AZR 734/05, BetrAV 2007, 486; vgl. auch v. 15.11.2011 – 3 AZR 113/10, NZA-RR 2012, 544, vgl. auch Anhang – Sonstiges Nr. 4.

304 Vgl. BAG v. 22.5.1990 – 3 AZR 128/89 NZA 1990, 813; v. 21.8.2001 – 3 ABR 44/00, NZA 2002, 575, 578.

anzunehmen, wenn die tarifvertragliche Regelung den Erfordernissen der Drei-Stufen-Theorie entspricht.[305]

> **!** O-Ton Rechtsprechung
>
> »Der Senat hat für die materielle Überprüfung von Eingriffen in Versorgungsan-
> wartschaften ein dreistufiges Prüfungsschema entwickelt [...]. Dieses Schema kann
> nicht unbesehen auf Tarifverträge angewandt werden [...]. Die Tarifautonomie ist
> als Teil der Koalitionsfreiheit durch Art. 9 Abs. 3 GG verfassungsrechtlich geschützt
> [...]. Den Tarifvertragsparteien steht daher bei der inhaltlichen Gestaltung ihrer
> Regelungen ein Beurteilungs- und Ermessensspielraum zu [...]. Tarifverträge un-
> terliegen deshalb keiner Billigkeitskontrolle. Die Gerichte haben sie nur daraufhin
> zu überprüfen, ob sie gegen das Grundgesetz oder anderes höherrangiges Recht
> verstoßen.«[306]

Die Tarifvertragsparteien sind auch dazu berechtigt, Änderungen im Ruhe-
standsverhältnis vorzunehmen.[307] Dies gilt jedenfalls dann, wenn auch nach
der Beendigung des Arbeitsverhältnisses der Arbeitnehmer Mitglied der tarifschließenden Gewerkschaft ist.[308]

4.3 Eingriffe in der Leistungsphase, v. a. im Hinblick auf Anpassungen

Zu beachten ist, dass das BAG das dreistufige Prüfungsschema vorrangig für
Einschränkungen im Bereich der Anwartschaften entwickelt hat. Bei Eingriffen in der Versorgungsphase geht das Gericht davon aus, dass Eingriffe nicht
mehr an diesem Schema, sondern unmittelbar anhand der Grundsätze der
Verhältnismäßigkeit und des Vertrauensschutzes zu überprüfen sind.[309]

Die zentrale Frage ist sodann, ob der Eingriff, der vorgenommen werden soll,
ein schwerwiegender ist oder nicht. In der Regel sind **nur noch geringfügige
Verschlechterungen zulässig**. Auch für solche bedarf es dann sachlich nachvollziehbarer und willkürfreier Gründe. Liegt dagegen ein Eingriff vor, der mehr

---

305 BAG v. 19.11.2002 – 3 AZR 167/02, AP Nr. 40 zu §1 BetrAVG Ablösung; v. 25.5.2004 – 3 AZR 123/03, AP
Nr. 11 zu §1 BetrAVG Überversorgung.

306 BAG v. 28.7.2005 – 3 AZR 14/05, NZA 2006, 335; v. 20.9.2016 – 3 AZR 273/15, NZA 2017, 64, vgl. Anhang
– Ablösung und Widerruf von Betriebsrentensystemen und Versorgungszusagen Nr. 18.

307 BAG v. 17.6.2008 – 3 AZR 409/06, NZA 2008, 1244; v. 11.8.2009 – 3 AZR 12/08, BeckRS 2010, 65939;
Wißmann in: Thüsing/Braun, Tarifrecht, 2.Aufl. 2016, 4. Kapitel Rn.8.

308 BAG v. 24.8.1993 – 3 AZR 313/93, NZA 1994, 807, 808.

309 BAG v. 11.7.2017 – 3 AZR 513/16, NZA 2017, 1471, vgl. Anhang – Ablösung und Widerruf von Betriebsrentensystemen und Versorgungszusagen Nr. 18.

als nur geringfügig ist, müssen weitere Gründe für den Eingriff vorliegen. Sie müssen – so das BAG – »die konkrete Verschlechterung der Versorgungsordnung ausnahmsweise unter Berücksichtigung des durch die Arbeitsleistung des Arbeitnehmers erworbenen Bestandsinteresses einerseits und der Schwere des Eingriffs andererseits aufgrund ganz erheblich überwiegender Interessen des Arbeitgebers tragen. Dies beruht darauf, dass der Arbeitnehmer die den Versorgungsanspruch begründende Gegenleistung bereits vollständig erbracht hat und er nach Eintritt des Versorgungsfalls nicht mehr die Möglichkeit hat, etwaige Versorgungslücken durch Eigenvorsorge zu schließen.«[310]

Einer der häufigsten Fälle, bei denen eine Verschlechterung bei laufenden Leistungen in Betracht kommt, ist die Verschlechterung von Anpassungsregelungen, die über die gesetzliche »Mindestanpassung« des §16 BetrAVG hinausgehen. Will der Arbeitgeber hier Eingriffe vornehmen, so ist das BAG der Auffassung, dass solche Eingriffe die Geringfügigkeitsgrenze überschreiten können. Mehr als geringfügig sollen solche Eingriffe sein, die dem Versorgungsempfänger – hätte er mit ihnen gerechnet – während des noch bestehenden Arbeitsverhältnisses vernünftigerweise hätten Anlass geben können, sie durch eine weiter gehende private Absicherung auszugleichen. Zudem geht das BAG davon aus, dass die zur Rechtfertigung einer Einschränkung herangezogenen Gründe gerade den vorgenommenen Eingriff tragen müssen. Es müsse »ein innerer Zusammenhang zwischen der Neuregelung und den Gründen für diese bestehen.«[311]

Die Beantwortung dieser Fragen bringt erheblichen Wertungsspielraum (des Gerichts) mit sich, sodass derartige Anpassungen ganz erhebliche Risiken für den Arbeitgeber in sich tragen.

4.4 Wechsel des Durchführungswegs

4.4.1 Allgemeines

Der Arbeitgeber ist bei der erstmaligen Erteilung seines Versorgungsversprechens hinsichtlich des Durchführungsweges grundsätzlich frei. Ist das Versorgungsversprechen allerdings erst einmal erteilt, kann sich aus diesem zugleich

---

310 BAG v. 11.7.2017 – 3 AZR 513/16, NZA 2017, 1471, vgl. Anhang – Ablösung und Widerruf von Betriebsrentensystemen und Versorgungszusagen Nr. 18; v. 18.9.2012 – 3 AZR 431/10, BeckRS 2013, 65634, Ablösung und Widerruf von Betriebsrentensystemen und Versorgungszusagen Nr. 6.
311 BAG 11.7.2017 – 3 AZR 513/16, NZA 2017, 1471, vgl. Anhang – Ablösung und Widerruf von Betriebsrentensystemen und Versorgungszusagen Nr. 18.

eine Festlegung des Durchführungsweges ergeben. Nach der Rechtsprechung des Bundesarbeitsgerichts (BAG) ist dies der Fall, wenn der Durchführungsweg ausdrücklich oder konkludent im Rahmen der Versorgungszusage und ihrer tatsächlichen Durchführung vereinbart worden ist.[312] Der Durchführungsweg ist dann integraler Bestandteil des rechtsverbindlich zugesagten Versorgungsversprechens, sodass er nur mit Zustimmung des Arbeitnehmers, des Betriebsrats, der Gewerkschaft oder des Sprecherausschusses, je nach Rechtsgrundlage, geändert werden kann.

4.4.2 Einseitiger Wechsel des Durchführungswegs

Für den einseitigen Wechsel des Durchführungsweges gelten die nachfolgenden Grundsätze.

4.4.2.1 Vereinbarung des Durchführungswegs mit Erteilung der Versorgungszusage

Entgegen der bis dahin herrschenden Meinung in der Literatur entschied[313] das BAG am 12.6.2007, dass sich der Arbeitgeber an der Durchführung der betrieblichen Altersversorgung über einen bestimmten Durchführungsweg festhalten lassen muss, wenn sich aus der entsprechenden Rechtsgrundlage zur Erteilung der Versorgungszusage die Festlegung des Durchführungswegs ergibt. Dies ist ggf. durch Auslegung zu ermitteln.

In der Entscheidung kam der für die betriebliche Altersversorgung zuständige 3. Senat zu dem Ergebnis, dass sich aus einer jahrelangen Praxis zur Abführung von Pensionskassenbeiträgen ein Anspruch auf Einhaltung dieses Durchführungsweges kraft betrieblicher Übung ergibt. Eine schriftliche Fixierung, explizite Erwähnung des Durchführungsweges o. Ä. ist dem Tatbestand des Urteils nicht zu entnehmen.

In einer weiteren Entscheidung des BAG[314] enthielt der streitgegenständliche Anstellungsvertrag lediglich die folgende Regelung:

---

312 BAG v. 12.6.2007 – 3 AZR 186/06, NZA-RR 2008, 537 (538); v. 11.7.2017 – 3 AZR 601/16, BeckRS 2017, 126344, vgl. auch Anhang – Ablösung und Widerruf von Betriebsrentensystemen und Versorgungszusagen Nr. 22; vgl. umfassend zur Problematik Thüsing/Granetzny, BetrAV, 2009, 485 (487) sowie Zwanziger in: FS Bepler, Arbeitsgerichtsbarkeit und Wissenschaft, 2012, 689, (690), jeweils m. w. N.

313 BAG v. 12.6.2007 – 3 AZR 186/06, NZA-RR 2008, 537.

314 BAG v. 17.5.2008 – 3 AZR 553/06, NJOZ 2008, 4613.

»Während der Zugehörigkeit zur B. Bank ist der Mitarbeiter [...] beim Beamtenversicherungsverein des Deutschen Bank- und Bankiergewerbes (a.G..), Berlin und Wuppertal, versichert. Die Beiträge werden von der B. Bank übernommen. Alles Weitere ergibt sich aus der Satzung und den Versicherungsbedingungen.«

In den Entscheidungsgründen setzte sich das BAG mit den Aussagen »ist versichert« und »die Beiträge werden [...] übernommen« auseinander und stellte fest, dass trotz der deskriptiven Formulierungen diese Passagen konstitutiven Charakter für den Durchführungsweg hätten. Dies ergebe sich aus der nachfolgenden Wendung »Alles Weitere ergibt sich...«, was nach dem Wortlautzusammenhang voraussetze, dass auch die vorgenannten Sätze einen Regelungsinhalt haben würden.

4.4.2.2 Vorbehalt zum Wechsel des Durchführungswegs

Ein einseitiger Durchführungswegwechsel wird jedenfalls dann als zulässig erachtet, wenn sich der Arbeitgeber den Wechsel in der Versorgungszusage ausdrücklich vorbehält oder sich dies konkludent aus der Zusage ergibt.[315] Die Möglichkeit des Arbeitgebers, den Durchführungsweg zustimmungsfrei zu wechseln, soll auch dann bestehen, wenn in der Versorgungszusage überhaupt kein Durchführungsweg vereinbart ist.[316] Dies ist nach der vorstehend dargestellten, restriktiven Rechtsprechung des BAG aber nicht ohne Weiteres anzunehmen. Zudem ist sicherzustellen, dass bei einer solchen Gestaltung keine negativen bilanziellen Folgen entstehen, insbesondere die steuerliche Rückstellung nicht gefährdet wird.

4.4.2.3 Anspruch auf Zustimmung zum Durchführungswegwechsel

Vorstellbar und in der Praxis durchaus auch anzutreffen ist die Argumentation, dass ein Arbeitgeber einen Anspruch auf **Zustimmung** zum Wechsel des Versorgungsweges gegen den Arbeitnehmer habe, wenn dieser Wechsel für den Arbeitnehmer keine Nachteile mit sich bringe. Dogmatische Grundlage für den Anspruch auf Zustimmung soll die Rücksichtnahmepflicht nach §241 Abs. 2 BGB sein. Voraussetzung ist aber nach dieser Auffassung in jedem Fall,

---

315 Schnitker in: Willemsen/Hohenstatt/Schweibert/Seibt, Umstrukturierung und Übertragung von Unternehmen, 5.Aufl. 2016, Teil J Rn.745.
316 Vgl. auch Kisters-Kölkes in: Kemper/Kisters-Kölkes/Berenz/Huber, BetrAVG, 7.Aufl. 2016, §1 Rn.259; Höfer/Veit in: Höfer/Veit/Verhuven, BetrAVG Band II, Stand 2016, Kap. 38, Rn.7.

dass für den Arbeitnehmer durch die Umstellung keine Nachteile entstehen. Solche Nachteile könnten auch in steuerlichen Nachteilen liegen, die aus dem Wechsel des Durchführungsweges resultieren. Zwar ist im Grundsatz über § 3 Nr. 66 EStG bei der Übertragung des Past Service auf den Pensionsfonds sichergestellt, dass in der Anwartschaftsphase keine Nachteile für den Arbeitnehmer entstehen. In der Leistungsphase können sich indes Abweichungen ergeben, da die Einkünfte aus dem Pensionsfonds gemäß § 22 Nr. 5 Satz 1 EStG zu versteuern sind, während Einkünfte aus Direktzusagen nach § 19 EStG zu versteuern sind. Hier sind also negative steuerliche Effekte durchaus nicht auszuschließen.

Allerdings ist es umstritten, ob bei der Frage, ob eine Umstellung für den Arbeitnehmer Nachteile mit sich bringt, auch steuerliche Veränderungen zu betrachten sind. Zum Teil wird dies im Schrifttum abgelehnt. Die wohl überwiegende und wohl auch vorzugswürdige Auffassung geht jedoch davon aus, dass steuerliche Nachteile im Grundsatz Berücksichtigung finden müssen und daher jedenfalls auszugleichen sind bzw. es auch im Fall nur steuerlicher Nachteile einer Zustimmung des Arbeitnehmers zum Durchführungswegwechsel bedarf.[317]

Auch dann, wenn der Arbeitgeber gegenüber den Arbeitnehmern erklärt, er werde sämtliche steuerlichen Nachteile ersetzen, ist ein etwaiger Anspruch auf Zustimmung zum Wechsel des Durchführungsweges noch nicht identisch mit dem tatsächlichen Wechsel. Das kann etwa bei der Frage, ob eine Insolvenzsicherungspflicht besteht oder nicht und bei der es auf den jeweiligen Durchführungsweg ankommt, relevant sein.

---

317 Höfer/Veit in: Höfer/Veit/Verhuven, BetrAVG Band II, Stand 2016, Kap. 38 Rn. 7.

5 Anpassung von Versorgungsleistungen

5.1 Allgemeines

Ein in der betriebsrentenrechtlichen Praxis häufig vorkommendes Thema ist die in §16 BetrAVG normierte **Anpassungsprüfungspflicht** des Arbeitgebers. §16 BetrAVG normiert, dass der Arbeitgeber **alle drei Jahre** die Rentenleistungen erforderlichenfalls an einen Kaufkraftverlust anzupassen hat. Während die Anpassung der gesetzlichen Rentenleistungen an einen gegebenenfalls eingetretenen Kaufkraftverlust vielfach selbstverständlich erscheint, wissen viele Arbeitgeber nicht, dass sie im Rahmen der betrieblichen Altersversorgung in eigener Person dazu verpflichtet sind, einer inflationsbedingten Entwertung der Renten durch Rentenerhöhungen entgegenzuwirken. Den Mehraufwand hat der Arbeitgeber aus eigenen Mitteln zu finanzieren. Die Anpassungspflicht entfällt grundsätzlich nur bei schlechter wirtschaftlicher Lage des Unternehmens.

Weil diese Anpassungsprüfpflicht vielen Arbeitgebern nicht bewusst ist oder sie gerne einmal »übersehen« wird, kommt es nicht selten vor, dass eine eigentlich nach §16 BetrAVG erforderliche Rentenanpassung teilweise über Jahre hinweg unterbleibt. Auf der einen Seite erhalten die versorgungsberechtigten Arbeitnehmer durch diese Praxis über Jahre hinweg zu niedrige Renten. Auf der anderen Seiten setzt sich der Arbeitgeber damit einem nicht unerheblichen Haftungsrisiko aus, da er eine unterbliebene Rentenanpassung u.U. nachzuholen hat (s.u.).

Daneben ist diese Praxis auch für einen potenzielle Unternehmenskäufer beachtlich. Dieser sollte im Rahmen der Due Diligence sorgfältig ermitteln, ob der Verkäufer seiner Anpassungspflicht nach §16 BetrAVG nachgekommen ist. Denn bei einer (zu Unrecht) unterlassenen Anpassung kann den Käufer die Pflicht treffen, die Anpassung nachzuholen. Bei sorgfältiger Vorabprüfung kann dieser unerwünschte finanzielle Mehraufwand dann über den Kaufpreis berücksichtigt werden.

5.2 Anpassung laufender Leistungen

Die Anpassungsprüfpflicht nach §16 BetrAVG gilt ausschließlich für »laufende Leistungen« der betrieblichen Altersversorgung. Ist die Versorgungsleistung nach dem Versorgungsplan hingegen als Kapitalleistung an den Arbeitnehmer auszuzahlen, entfällt die Anpassungspflicht. Es muss also immer ermittelt werden, ob es sich bei der zugesagten Leistung um eine laufende Rentenleistung handelt oder ob gegebenenfalls (lediglich) eine Kapitalleistung zugesagt wurde, mit der Folge, dass den Arbeitgeber von vornherein keine Anpassungspflicht trifft.

5.2.1 Der Begriff der »laufenden Leistungen«

Unter »laufenden Leistungen« versteht man regelmäßig wiederkehrende Leistungen. Nicht erfasst sind damit Kapitalleistungen, bei denen die geschuldete Leistung in einem Einmalbetrag ausgekehrt wird.[318] Gerade diese Befreiung vom Langlebigkeitsrisiko und der damit verbundenen Anpassungsprüfungspflicht nach §16 BetrAVG kann ein Grund für den zusagenden Arbeitgeber sein, eine laufende Leistung auf eine Kapitalleistung umzustellen. Indes hat das BAG darauf hingewiesen, dass eine solche Umstellung – jenseits der Drei-Stufen-Theorie – einer besonderen Rechtfertigung bedarf, auch wenn die zugesagte Kapitalleistung zur bisherigen Rentenleistung (versicherungsmathematisch betrachtet) wertgleich ist.[319]

5.2.2 Abgrenzung zur Kapitalleistung

Nicht zwingend erforderlich für eine Einordnung als laufende Leistung ist es, dass die Leistung lebenslänglich gewährt wird. Auch zeitlich befristete Leistungen können als laufende Leistungen bewertet werden und damit dem Anwendungsbereich des §16 BetrAVG unterfallen. Die Abgrenzung von laufenden Leistungen und Kapitalleistung ist nicht immer einfach. Insbesondere, wenn ein als Versorgungsleistung vereinbarter Gesamtbetrag in Raten ausgezahlt werden soll, stellt sich die Frage, ob es sich schon um eine laufende Leistung handelt, mit der Folge, dass der Arbeitgeber zu einer Anpassung der Leistung nach §16 BetrAVG verpflichtet sein kann, oder ob noch eine Kapitalleistung vorliegt. Zur Abgrenzung wird in der einschlägigen Fachliteratur zu §16 BetrAVG maßgeblich auf den Zeitraum abgestellt, über den die Leistung erbracht werden soll. Alle vertretenen Ansichten orientieren sich bei der Beantwortung der Frage an dem in §16 Abs. 1 BetrAVG vorgesehenen Dreijahresturnus.

Als untere Grenze wird angenommen, dass es sich um eine laufende Leistung i.S.d. §16 BetrAVG handelt, wenn wiederkehrende (Raten-)Zahlungen die Drei-

---

318 Höfer in: Höfer/de Groot/Küpper/Reich, BetrAVG Band I, Stand 2018, §16 Rn. 20.
319 BAG v.15.5.2012 – 3 AZR 11/10, DB 2012, 1756, vgl. auch Anhang – Ablösung und Widerruf von Betriebsrentensystemen und Versorgungszusagen Nr. 4.

jahresfrist aus §16 Abs. 1 BetrAVG überschreiten.[320] **Nach oben hin wird die Grenze bei zehn Jahren gezogen.**[321]

Bei der Beantwortung der Abgrenzungsfrage sollten die folgenden Überlegungen angestellt werden. Der Teuerungsausgleich fragt nicht danach, ob es sich um eine Rentenleistung oder um eine Ratenzahlung handelt. Vielmehr knüpft er über den Begriff der laufenden Leistungen daran an, dass wegen der Länge des Bezugszeitraums ein Kaufkraftverlust auszugleichen ist. Ist dieser Zeitraum lang genug, greift der Gesetzeszweck bei einer Renten- wie einer Ratenzahlung gleichermaßen. Angesichts der Unsicherheit bei der Frage, ob (schon) eine Rentenleistung oder (noch) eine ratenweise Kapitalzahlung vorliegt, mag man sich auf denjenigen Zeitraum zurückziehen, den auch der Gesetzgeber für maßgeblich erachtet hat, nämlich drei Jahre.

> **Tipp**   **!**
>
> Will man sich der Anpassungsverpflichtung mit Sicherheit entziehen, empfiehlt es sich, bei der ratierlichen Auszahlung der Betriebsrenten den in §16 BetrAVG vorgesehenen Dreijahreszeitraum nicht zu überschreiten.

5.3 Belange der Versorgungsempfänger und wirtschaftliche Lage des Arbeitgebers

Die aufgrund einer Versorgungszusage zu erbringenden laufenden Leistungen der betrieblichen Altersversorgung (Betriebsrenten) sind vom Arbeitgeber nach §16 BetrAVG grundsätzlich alle drei Jahre auf ihre Anpassung zum Zwecke eines etwaigen Kaufkraftausgleichs hin zu überprüfen. Dabei sind **einerseits die Belange des Versorgungsempfängers und andererseits die wirtschaftliche Lage** des Arbeitgebers zu berücksichtigen. Damit zeigt sich, dass dem gesetzlichen Anpassungsmechanismus kein Automatismus zugrunde liegt. An die Anpassungsprüfung knüpft schließlich die nach billigem Ermessen zu fällende Anpassungsentscheidung an. Zwar geht das BAG davon aus, dass die Anpassung zumindest nach der älteren Judikatur des BAG der Regelfall ist.[322] Das ändert aber nichts daran, dass der Anspruch des Versorgungsempfängers zunächst auf eine Anpassungsprüfung und erst im zweiten Schritt auf Anpassung gerichtet ist.

---

320 Vgl. Steinmeyer in: ErfK, §16 BetrAVG Rn.6.
321 Höfer in: Höfer/de Groot/Küpper/Reich, BetrAVG Band I, Stand 2018, §16 Rn.23.
322 BAG v. 26.5.2009 – 3 AZR 369/07, DB 2009, 2384.

5.3.1 Belange des Versorgungsempfängers

Die Belange des Versorgungsempfängers werden definiert durch den Kaufkraftverlust infolge der inflationsbedingten Geldentwertung der laufenden Leistungen.[323] Zunächst muss der Kaufkraftverlust ermittelt werden. Die Kappungsgrenze für die Anpassungshöhe ist dann die reallohnbezogene Obergrenze.[324] Kaufkraftverluste jenseits dieses Wertes bleiben also unberücksichtigt.

Der Anpassungsbedarf wurde bis zum 31. Dezember 2002 durch den Preisindex für Vier-Personen-Haushalte von Arbeitnehmern mit mittlerem Einkommen bestimmt. Seit dem 1. Januar 2003 gilt nunmehr der Verbraucherpreisindex für Deutschland zur Ermittlung des Kaufkraftverlustes. Allerdings gilt dies nicht rückwirkend, sondern nur für Anpassungszeiträume ab dem 1. Januar 2003 (vgl. § 30c Abs. 4 BetrAVG).[325] Abzustellen ist auf den **Kaufkraftverlust zum Anpassungsstichtag**, der sich aus dem aktuellsten vom Statistischen Bundesamt veröffentlichten Verbraucherpreisindex ergibt.[326]

Der Versorgungsempfänger soll nicht stärker von einer Anpassung profitieren als vergleichbare aktive Arbeitnehmer in Form von Lohnerhöhungen. Deswegen sieht Abs. 2 Nr. 2 BetrAVG de facto eine Obergrenze für die Anpassung vor, wenn mit der Steigerung der Wert erreicht wird, der dem Anstieg der Nettolöhne vergleichbarer Arbeitnehmer im Prüfungszeitraum entspricht. Dies wirkt sich als Begrenzung des Teuerungsausgleichs aus.

5.3.1.1 Wirtschaftliche Lage des Arbeitgebers

Eine Kompensation für den Kaufkraftverlust muss vom Arbeitgeber nur dann gewährt werden, wenn dessen wirtschaftliche Lage es zulässt. Ist der Arbeitgeber in wirtschaftlichen Schwierigkeiten, kann ein Anspruch auf Teuerungsausgleich ganz oder vollständig entfallen. Der Arbeitgeber muss dabei auf **Grundlage der vergangenen Unternehmensentwicklung eine Prognose über die zukünftige Leistungsfähigkeit des Unternehmens abgeben**. Er muss darlegen, dass das Unternehmen innerhalb des Prognosezeitraums nicht in der Lage sein wird, die Anpassungen aus dem Wertzuwachs des Unternehmens und seinen Erträgen in der Zeit nach dem Anpassungsstichtag zu erbringen.[327]

---

323 BAG v. 19.6.2012 – 3 AZR 408/10, NZA-RR 2013, 426, vgl. Anhang – Verschaffungssysteme Nr. 5.
324 BAG v. 19.6.2012 – 3 AZR 464/11, RdA 2012, 250, vgl. Anhang – Betriebsrentenanpassung Nr. 11.
325 BAG v. 11.10.2011 – 3 AZR 527/09, NZA 2012, 454, vgl. Anhang – Betriebsrentenanpassung Nr. 8.
326 BAG v. 28.6.2011 – 3 AZR 859/09, NZA 2011, 1286, vgl. Anhang – Betriebsrentenanpassung Nr. 5.
327 BAG v. 21.8.2013 – 3 AZR 750/11, BeckRS 2013, 73237, vgl. Anhang – Betriebsrentenanpassung Nr. 16.

Kann der Arbeitgeber den Nachweis führen, so ist er seiner Anpassungsprüfungspflicht nachgekommen, eine Anpassung des an sich erfolgenden Teuerungsausgleichs findet dann für diesen Prüfungszeitraum nicht statt.

5.3.1.2 Allgemeine Kriterien zur Bestimmung wirtschaftlicher Leistungsfähigkeit

Nach der Rechtsprechung des BAG ist zur Ermittlung der wirtschaftlichen Lage des Unternehmens ein »bunter Strauß« an Indizien zugrunde zu legen. Es ist auf die wirtschaftliche Lage des Unternehmens insgesamt abzustellen. Die Heranziehung nur einzelner Bilanzpositionen zur Beurteilung der wirtschaftlichen Lage ist nicht zulässig.[328]

Achtung !

Die Rentenerhöhung muss aus den Erträgen und dem Wertzuwachs des Unternehmens finanzierbar sein. Eingriffe in die Unternehmenssubstanz müssen nicht hingenommen werden. Bestehende Arbeitsplätze dürfen nicht gefährdet werden.

Als Grundsatz gilt, dass Eingriffe in die **Unternehmenssubstanz** nie hingenommen werden müssen, um einen Teuerungsausgleich zu gewährleisten. Eine gesunde wirtschaftliche Entwicklung des Unternehmens sowie seine Wettbewerbsfähigkeit und bestehende Arbeitsplätze müssen vom Arbeitgeber nicht zugunsten eines Teuerungsausgleichs in Gefahr gebracht werden.[329] Die Kosten der Anpassung müssen vielmehr aus den Erträgen des Unternehmens und seinem Wertzuwachs finanzierbar sein.[330] Das Unternehmen muss also eine hinreichende Eigenkapitalverzinsung erreichen.[331] Diese setzt sich aus einem Basiszins, der der Umlaufrendite öffentlicher Anleihen entspricht, und einem Zuschlag von zwei Prozentpunkten für das Risiko, dem das in dem Unternehmen investierte Kapital ausgesetzt ist, zusammen.[332] Bei der Berechnung der Eigenkapitalverzinsung ist auf die erzielten Betriebsergebnisse sowie die Höhe des Eigenkapitals abzustellen. Dabei sind jedoch betriebswirtschaftliche Korrekturen vorzunehmen, d.h. Scheingewinne, überhöhte Abschreibungen sowie außerordentliche Erträge sind vom Betriebsergebnis abzuziehen.[333]

---

328 Höfer in: Höfer/de Groot/Küpper/Reich, BetrAVG Band I, Stand 2018, §16 Rn.174.
329 Vgl. Huber in: Kemper/Kisters-Kölkes/Berenz/Huber, BetrAVG, 7.Aufl. 2016, §16 Rn.72.
330 Vgl. Höfer in: Höfer/de Groot/Küpper/Reich, BetrAVG Band I, Stand 2018, §16 Rn.175.
331 Vgl. BAG v. 11.11.2014 – 3 AZR 116/13, BeckRS 2015, 65869, vgl. auch Anhang – Betriebsrentenanpassung Nr. 26.
332 Schnitker in: Willemsen/Hohenstatt/Schweibert/Seibt, 5.Aufl. 2016, Teil J, Rn.285.
333 BAG v. 15.4.2014 – 3 AZR 51/12, BeckRS 2014, 69079, vgl. Anhang – Betriebsrentenanpassung Nr. 19.

Eine Anpassung kann jedoch nicht nur bei einer unzureichenden Eigenkapitalverzinsung unterbleiben, sondern auch dann, wenn die Eigenkapitalausstattung ungenügend ist. Bei einer Eigenkapitalauszehrung muss verlorene Vermögenssubstanz wieder aufgebaut werden. Bis dahin besteht keine Verpflichtung zur Anpassung von Versorgungsleistungen.[334]

Die wirtschaftliche Lage eines Unternehmens wird durch seine Ertragskraft im Ganzen bestimmt. Der Arbeitgeber kann sich nicht seiner Anpassungsverpflichtung entziehen, indem er darlegt, dass sich einzelne Geschäftsbereiche negativ entwickelt haben oder entwickeln werden.[335]

Nach ständiger Rechtsprechung des BAG sind **HGB-Jahresabschlüsse zulässiger Maßstab** für die Ermittlung der wirtschaftlichen Lage eines Unternehmens. Nach anderen Rechnungslegungsregeln erstellte Jahresabschlüsse, z.B. Jahresabschlüsse nach den IFRS, können zur Beurteilung der wirtschaftlichen Lage des Arbeitgebers hingegen nicht herangezogen werden.[336] Arbeitgeber, die nicht nach handelsrechtlichen Vorschriften bilanzieren, müssen ihre schlechte wirtschaftliche Lage anhand der vom BAG entwickelten Kriterien zu handelsrechtlichen Abschlüssen nachvollziehbar darlegen. Eine Pflicht zur Erstellung handelsrechtlicher Jahresabschlüsse trifft sie hingegen nicht.[337]

> **! Achtung**
>
> Die in der Bilanz ausgewiesenen aktiven latenten Steuern i.S.v. §274 Abs. 1 Satz 2 HGB sind wegen der mit ihnen verbundenen Unsicherheiten für die Beurteilung der künftigen wirtschaftlichen Lage des Unternehmens im Rahmen der Prognoseentscheidung nach §16 Abs. 1 BetrAVG nicht geeignet.[338]

Lagert der Arbeitgeber sein operatives Geschäft im Rahmen eines Betriebsübergangs gem. §613a BGB auf einen anderen Arbeitgeber aus und wird so zu einer Rentnergesellschaft, ist er zwar verpflichtet, die Rentnergesellschaft so auszustatten, dass diese die laufenden Rentenleistungen erbringen und eine zum Zeitpunkt der Eintragung der Rentnergesellschaft in das Handelsregister bereits feststehende Anpassungsverpflichtung erfüllen kann. Für die Zeit-

---

334 BAG v. 11.12.2012 – 3 AZR 615/10, BeckRS 2013, 68165, vgl. Anhang – Betriebsrentenanpassung Nr. 13.
335 BAG v. 28.5.2013 – 3 AZR 125/11, BeckRS 2013, 71431, vgl. Anhang – Betriebsrentenanpassung Nr. 15.
336 BAG v. 21.8.2012 – 3 ABR 20/10, BeckRS 2012, 76056, vgl. Anhang – Betriebsrentenanpassung Nr. 12; v. 7.6.2016 – 3 AZR 193/15, BeckRS 2016, 71103.
337 BAG v. 12.12.2017 – 3 AZR 305/16, BeckRS 2017, 146931.
338 BAG v. 21.2.2017 – 3 AZR 455/15, BeckRS 2017, 107603, vgl. Anhang – Betriebsrentenanpassung Nr. 34.

punkt danach kommt es jedoch grundsätzlich allein auf die wirtschaftliche Lage der Rentnergesellschaft als Versorgungsschuldnerin an.[339]

5.3.1.3 Anpassung und Beherrschungsverträge

Im Ausgangspunkt ist für die Entscheidung über die Anpassung neben den Belangen des Arbeitnehmers nach §16 Abs. 1 Hs. 2 BetrAVG die wirtschaftliche Lage des Arbeitgebers maßgeblich.[340] Bei Konzernunternehmen kann es im Einzelfall jedoch erforderlich sein, nicht auf die wirtschaftliche Lage des Arbeitgebers als eigentlichen Versorgungsschuldner, sondern auf die wirtschaftliche Lage einer anderen Konzerngesellschaft abzustellen (sog. **Berechnungsdurchgriff**).

Unter Aufgabe seiner früheren Rechtsprechung,[341] hat das BAG jüngst entschieden, dass das Bestehen eines Beherrschungsvertrags einen Berechnungsdurchgriff nicht ohne weitere Voraussetzungen rechtfertigt. Erforderlich ist, dass sich durch Weisungen des beherrschenden Unternehmens eine konzerntypische Gefahrenlage verwirklicht hat.[342] Es müssen also gegenüber der abhängigen Gesellschaft, die als Vertragsarbeitgeber und Versorgungsschuldner grundsätzlich für die Rentenanpassung einzustehen hat, tatsächliche Weisungen erteilt worden sein, die dazu geführt haben, dass sich ihre wirtschaftliche Lage derart verschlechtert hat, das sie zu einer Rentenanpassung gem. §16 Abs. 1 BetrAVG nicht mehr in der Lage ist. Andernfalls besteht kein Grund für einen Berechnungsdurchgriff zugunsten der Arbeitnehmer.

Für einen Berechnungsdurchgriff genügt es auch nicht allein, dass der Arbeitgeber in einen Konzern eingebunden ist und eine andere Konzerngesellschaft tatsächlich und dauerhaft umfassend dessen Geschäfte geführt hat (sog. **qualifiziert faktischer Konzern**) und sich dabei konzerntypische Gefahren verwirklicht haben. Für den qualifizierten faktischen Konzern gilt nur noch die Existenzvernichtungshaftung bei Eingriffen der beherrschenden Gesellschaft in das Gesellschaftsvermögen der beherrschten Gesellschaft, die diese in die Insolvenz zwingen.[343] Die Existenzvernichtungshaftung aus §826 BGB kommt u.a. bei der Auslagerung des operativen Geschäfts auf eine andere

---

339 BAG v. 17.6.2014 – 3 AZR 298/13, BeckRS 2014, 72951, vgl. Anhang – Betriebsrentenanpassung Nr. 20; vgl. v.14.7.2015 – 3 AZR 252/14, BeckRS 2015, 71252, vgl. Anhang – Betriebsrentenanpassung Nr. 30.
340 BAG v. 29.9.2010 – 3 AZR 427/08, NZA 2011, 1416, vgl. Anhang – Betriebsrentenanpassung Nr. 1; vgl. v. 21.4.2015 – 3 AZR 102/14, BeckRS 2015, 70800, vgl. Anhang – Betriebsrentenanpassung Nr. 29.
341 BAG v. 26.5.2009 – 3 AZR 369/07, DB 2009, 2384.
342 BAG v. 10.3.2015 – 3 AZR 739/13, NZA 2015, 1187, vgl. Anhang – Betriebsrentenanpassung Nr. 28.
343 BAG v. 15.1.2013 – 3 AZR 638/10, NZA 2014, 87, vgl. Anhang – Betriebsrentenanpassung Nr. 14.

Konzerngesellschaft in Betracht, wenn die durch die Übertragung entstehende Rentnergesellschaft nicht ausreichend ausgestattet wurde, um eine Anpassung vorzunehmen.[344]

Ein Berechnungsdurchgriff infolge des Vorliegens eines Beherrschungsvertrags führt dazu, dass für die Frage der Leistungsfähigkeit nicht nur auf den Arbeitgeber, sondern auch auf das verbundene Konzernunternehmen abzustellen ist. Es findet also eine Zurechnung wirtschaftlicher Leistungsfähigkeit im Falle des Vorliegens eines Beherrschungsvertrags statt. Dies kann dazu führen, dass eine Anpassung auch dann geschuldet ist, wenn der Arbeitgeber nach seiner eigenen wirtschaftlichen Lage nicht zur Anpassung verpflichtet wäre.[345]

Wird der Beherrschungsvertrag beendet, entsteht nach Auffassung des BAG eine der Ausgliederung vergleichbare Situation: Da nicht sichergestellt sei, dass die ursprünglich abhängige Gesellschaft so ausgestattet ist, dass sie in Zukunft in der Lage sein würde, die Betriebsrenten anzupassen, träfen bei Beendigung des Beherrschungsvertrags das herrschende Unternehmen gegenüber den Betriebsrentnern der abhängigen Gesellschaft dieselben Verpflichtungen wie einen ehemaligen Versorgungsschuldner, der seine Versorgungsverpflichtungen (auf eine Rentnergesellschaft[346]) ausgliedere. Damit besteht nach Auffassung der Rechtsprechung die Verpflichtung gegenüber den Versorgungsberechtigten, die ehemals abhängige Gesellschaft so auszustatten, dass eine Anpassung gewährleistet ist. Sofern diese Ausstattung unterbleibt, soll die Möglichkeit der Versorgungsverpflichteten bestehen, Schadensersatzansprüche gegen das ehemals herrschende Unternehmen geltend zu machen.[347]

5.4 Ausnahmen von der Anpassungsprüfungspflicht

Ausnahmen von der Anpassungsprüfungspflicht des Arbeitgebers sind in §16 Abs. 3 BetrAVG normiert. Danach entfällt die Anpassungsverpflichtung bei einer jährlichen garantierten Mindestanpassung der Renten von mindestens 1%. Aber auch für verschiedene mittelbare Durchführungswege und eine bestimmte Leistungsart ist eine Ausnahme von der Anpassungsprüfungspflicht vorgesehen.

---

344 BAG v. 15.9.2015 – 3 AZR 839/13, BeckRS 2016, 65152, vgl. Anhang – Betriebsrentenanpassung Nr. 31.
345 BAG v. 21.10.2014 – 3 AZR 1027/12, NZA-RR 2015, 90, vgl. Anhang – Betriebsrentenanpassung Nr. 24; v. 10.2.2015 – 3 AZR 37/14, NZA-RR 2015, 318, vgl. Anhang – Betriebsrentenanpassung Nr. 27.
346 BAG, v. 26.10.2010 – 3 AZR 502/08, ZIP 2011, 632, vgl. Anhang – Betriebsrentenanpassung Nr. 2.
347 BAG v. 26.5.2009 – 3 AZR 369/07, DB 2009, 2384; kritisch insbesondere mit Blick auf das Schuldverhältnis, auf dessen Grundlage eine solche Ausstattungsverpflichtung entstehen könnte, v. a. Cisch/Kruip, NZA 2010, 540, 544; Forst/Granetzny, Der Konzern 2011, 1 6; Schäfer, ZIP 2010, 2025, 2029.

5.4.1 Einprozentige Mindestanpassung

Der Arbeitgeber hat die Möglichkeit, sich der Anpassungsprüfungspflicht aus §16 Abs. 1 BetrAVG zu entziehen, wenn er den versorgungsberechtigten Arbeitnehmern zusagt, die laufenden Rentenleistungen jährlich um mindestens **ein Prozent anzuheben**.[348]

Für den Arbeitgeber bietet dies den Vorteil, dass er den Versorgungsaufwand genauer kalkulieren kann. Der zu erwartende Mehraufwand ist von Beginn an kalkulierbar und kann somit auch bereits (steuer-)bilanziell berücksichtigt werden. Daneben bleiben ungewöhnlich hohe Rentenentwertungen für den Arbeitgeber ohne Belang.

Für die Versorgungsberechtigten bringt die einprozentige Mindestanpassung insbesondere den Vorteil mit sich, dass die Mindestanpassung im Falle der Insolvenz des Arbeitgebers vom Pensions-Sicherungs-Verein mit übernommen wird, wohingegen dieser im »Normalfall« nicht zu einer Rentenanpassung verpflichtet ist.

5.4.2 Mittelbare Durchführungswege

Grundsätzlich bleibt der Arbeitgeber selbst, auch wenn er die betriebliche Altersversorgung über einen mittelbaren Durchführungsweg erbringt, zur Rentenanpassung nach §16 Abs. 1 BetrAVG verpflichtet.[349] Die Anpassungspflicht trifft ausschließlich den Arbeitgeber, also denjenigen, der die Zusage erteilt hat, nicht aber die von ihm eingesetzten externen Versorgungsträger. Eine Anpassungsverpflichtung des externen Versorgungsträgers gegenüber den Versorgungsempfängern kann sich allerdings aus den jeweiligen Leistungsbestimmungen oder durch entsprechende Verpflichtung im Wege eines Vertrags zugunsten Dritter (§328 Abs. 1 BGB) ergeben.[350]

Daneben sind auch – je nach gewähltem mittelbaren Durchführungsweg – Besonderheiten hinsichtlich der Anpassungsprüfungspflicht des Arbeitgebers zu beachten.

---

348 BAG v. 28.6.2011 – 3 AZR 282/09, NZA 2012, 1229, vgl. Anhang – Betriebsrentenanpassung Nr. 6.
349 Steinmeyer in: ErfK, 18.Aufl. 2018, §16 BetrAVG Rn.44.
350 BAG v. 23.5.2000 – 3 AZR 83/99, NZA 2002, 554; Huber in: Kemper/Kisters-Kölkes/Berenz/Huber, BetrAVG, 7.Aufl. 2016, §16 Rn.18 f.

5.4.2.1 Direktversicherung, Pensionskasse und Pensionsfonds

Seit dem 1. Januar 2016 entfällt die Anpassungs(prüfungs)pflicht des Arbeitgebers gem. §16 Abs. 3 Nr. 2 BetrAVG, wenn die betriebliche Altersversorgung über eine Direktversicherung oder eine Pensionskasse durchgeführt wird und ab Rentenbeginn sämtliche auf den Rentenbestand entfallenden **Überschussanteile** zur Erhöhung der laufenden Leistungen verwendet werden.

> **! Tipp**
>
> Ob Überschussanteile zur Erhöhung der laufenden Leistungen verwendet werden sollen, richtet sich nach der Versorgungszusage und ist durch Auslegung zu ermitteln.[351]

Ausdrücklich normiert §16 Abs. 3 Nr. 2 BetrAVG diese Regelung nur für die Durchführungswege Direktversicherung und Pensionskasse. Ob diese Ausnahmevorschrift analog auch auf Pensionsfonds anwendbar ist, ist höchstrichterlich nicht geklärt und wird in der einschlägigen Fachliteratur unterschiedlich bewertet. Gegen eine analoge Anwendung wird vor allem vorgebracht, dass ein Pensionsfonds wegen der versicherungsaufsichtsrechtlichen Anforderungen in §236 Abs. 1 Nr. 2 VAG eine versicherungsförmige Garantie im Bereich der hauptsächlich relevanten Altersrenten letztlich nur in Form einer Beitragszusage mit Mindestleistung übernehmen könne. Diese Art von Leistungsplan führt aber bereits nach §16 Abs. 3 Nr. 3 zum Ausschluss der Anpassungsprüfungspflicht, sodass für eine analoge Anwendung von §16 Abs. 3 Nr. 2 BetrAVG kein Raum bleibt.[352]

> **! Wichtig**
>
> Die Änderung in §16 Abs. 3 Nr. 2 BetrAVG soll die Folgen zweier BAG-Urteile[353] korrigieren. Auch bereits nach altem Recht entfiel die Anpassungsprüfungspflicht des Arbeitgebers bei der Durchführung der betrieblichen Altersversorgung über eine Pensionskasse oder eine Direktversicherung, wenn ab Rentenbeginn sämtliche Überschussanteile zur Erhöhung der laufenden Leistung verwendet wurden. Zusätzliche Voraussetzung war allerdings, dass der zur Berechnung der garantierten Leistung festgesetzte Höchstzinssatz gemäß Versicherungsaufsichtsgesetz nicht überschritten wird. Dies hatte das BAG so ausgelegt, dass im Fall einer regulierten Pensionskasse, die einen aufsichtsrechtlich genehmigten Rechnungszins verwendet hatte, der oberhalb der Deckungsrückstellungsverordnung (und damit auch oberhalb des vom Versicherungsaufsichtsgesetz zugelassenen Zinssatzes) lag, die Ausnahmeregelung nicht anwendbar sei. Dies hatte zu teilweise massiven Kostenbelastungen bei den Arbeitgebern geführt.

---

351 BAG 16.2.2010 – 3 AZR 479/08, NZA-RR 2010, 601, vgl. Anhang – Verschaffungssysteme Nr. 1.
352 Ausführlich Rolfs in: Blomeyer/Rolfs/Otto, BetrAVG, 7. Aufl. 2018, §16 Rn. 304.
353 BAG v. 30.9.2014 – 3 AZR 617/12, AP BetrAVG §1 Pensionskasse Nr. 10, vgl. Anhang – Verschaffungssysteme Nr. 8; v. 30.9.2014 – 3 AZR 618/12, BeckRS 2015, 66232.

Das BAG[354] entschied allerdings mit Blick auf die Gesetzesänderung, dass § 16 Abs. 3 Nr. 2 BetrAVG keine Rückwirkung entfaltet.

5.4.2.2 Direkt- und Unterstützungskassenzusage

Auch eine **analoge Anwendung** von § 16 Abs. 3 Nr. 2 BetrAVG auf Direkt- und Unterstützungskassenzusagen, soweit eine an den Berechtigten verpfändete Rückdeckungsversicherung besteht und dem Berechtigten auch die Überschussanteile (ab Rentenbeginn) unwiderruflich zustehen, wird abgelehnt, da sich § 16 Abs. 3 Nr. 2 BetrAVG bewusst nur auf versicherungsförmig abgesicherte Leistungsansprüche bezieht.[355]

5.4.2.3 Beitragszusage mit Mindestleistung und beitragsorientierte Leistungszusage

Handelt es sich bei der Zusageform um eine Beitragszusage mit Mindestleistung, wie sie im Rahmen einer Direktversicherungs-, Pensionskassen- oder Pensionsfondszusage möglich ist, so entfällt die Anpassungsprüfungspflicht (§ 16 Abs. 1 BetrAVG) des Arbeitgebers, § 16 Abs. 3 Nr. 3 BetrAVG. Die Ausnahmeregelung gilt gleichfalls für arbeitgeberfinanzierte Zusagen und Entgeltumwandlungszusagen.

5.4.2.4 Reine Beitragszusage

Auch bei der reinen Beitragszusage entfällt die Anpassungsprüfungspflicht des Arbeitgebers, § 1 Abs. 2 Nr. 2a BetrAVG.

Achtung !

Ist dem Arbeitnehmer eine Gesamtversorgungszusage erteilt worden, die sich aus Leistungen der betrieblichen Altersversorgung des Arbeitgebers und anderen Renteneinkünften des Arbeitnehmers zusammensetzt, ist Bezugspunkt der Anpassungsprüfung nach § 16 BetrAVG dennoch nur die vom Arbeitgeber geschuldete und gezahlte Versorgungsleistung. Das gilt nur dann nicht, wenn die Parteien die Gesamtversorgung als Bezugspunkt der Anpassungsprüfung vereinbaren.[356]

---

354 BAG v. 13.12.2016 – 3 AZR 342/15, AP BetrAVG § 1 Pensionskasse Nr. 14, vgl. Anhang – Betriebsrentenanpassung Nr. 33.
355 Rolfs in: Blomeyer/Rolfs/Otto, BetrAVG, 7. Aufl. 2018, § 16 Rn. 305; Doetsch/Förster/Rühmann, DB 1998, 258 (263); a. A. Hanau/Arteaga/Kessel, DB 1997, 1401 (1405).
356 BAG v. 14.2.2012 – 3 AZR 685/09, NZA-RR 2012, 593, vgl. Anhang – Betriebsrentenanpassung Nr. 10.

5.5   Anpassung und Entgeltumwandlung

Wird eine betriebliche Altersversorgung über Entgeltumwandlung finanziert, so sieht § 16 Abs. 5 BetrAVG eine Anpassungsverpflichtung des Arbeitgebers in der Weise vor, dass er entweder entsprechend § 16 Abs. 3 Nr. 1 BetrAVG die laufenden Leistungen jährlich um 1% anzupassen hat, § 16 Abs. 5 Alt. 1 BetrAVG, oder im Falle der Durchführung über eine Direktversicherung oder eine Pensionskasse sämtliche Überschussanteile ab Rentenbeginn zur Leistungserhöhung verwenden muss, § 16 Abs. 5 Alt. 2 BetrAVG i.V.m. § 16 Abs. 3 Nr. 2 BetrAVG.

Ziel der Regelung des § 16 Abs. 5 BetrAVG war es ausweislich der Gesetzesmaterialien, die Anpassung bei Entgeltumwandlungszusagen **unabhängig von der wirtschaftlichen Lage** des Arbeitgebers zu machen.[357]

Eine Ausnahme von der Anpassungspflicht für Entgeltumwandlungen sieht § 16 Abs. 5 BetrAVG bei der Anpassung bei Beitragszusagen mit Mindestleistung vor; das Gleiche gilt für die reine Beitragszusage (s. o.).

5.6   Anpassung und Pensions-Sicherungs-Verein aG

Der Pensions-Sicherungs-Verein (PSV) wurde für den Fall gegründet, dass der Arbeitgeber aufgrund der Insolvenz seines Unternehmens nicht mehr in der Lage ist, die Erbringung der zugesagten Versorgungsleistungen sicherzustellen. In diesem Fall übernimmt der PSV die Finanzierung der unverfallbaren Versorgungsanwartschaften und Renten. Der PSV finanziert sich aus Arbeitgeberbeiträgen von solchen Arbeitgebern, die Leistungen der BAV in den insolvenzsicherungspflichtigen Durchführungswegen erbringen.

Die versicherungsrechtliche Einstandspflicht des PSV nach den §§ 7 ff. BetrAVG umfasst **nicht die gesetzliche Verpflichtung zur Anpassungsprüfung nach § 16 BetrAVG**.[358] Die Anpassungsprüfungspflicht nach § 16 BetrAVG trifft schon ausweislich des Wortlauts nur den Arbeitgeber. Damit ist der PSV nicht von dieser Verpflichtung betroffen, denn im Sicherungsfall erlangt der Versorgungsberechtigte zwar einen Rechtsanspruch gegen den PSV, der inhaltlich der Versorgungszusage des insolventen Arbeitgebers entspricht; der PSV wird aber nicht der Rechtsnachfolger des Arbeitgebers. Gerade das Gegenteil ist der Fall: Im Gegenzug für die Einräumung des Anspruchs gegen den PSV kommt

---

357 BT-Drucks. 14/4595, S. 70.
358 BAG v. 5.10.1993 – 3 AZR 698/92, NZA 1994, 459; Steinmeyer in: ErfK 18. Aufl. 2018, § 16 BetrAVG Rn. 10.

es zu einem Forderungsübergang kraft Gesetzes vom Versorgungsberechtigten auf den PSV; dieser wird damit Gläubiger aus der Versorgungszusage und bündelt im Insolvenzverfahren die Versorgungsansprüche der Arbeitnehmer bei sich.

Ist damit die Grundregel, dass der PSV nicht zur Anpassung von Renten verpflichtet ist, gibt es jedoch hiervon eine Ausnahme: Enthält die Versorgungszusage eine **vertragliche Rentenanpassungsklausel** und tritt der Insolvenzfall zu einem Zeitpunkt ein, bei dem der Gläubiger des Versorgungsanspruchs bereits Versorgungsempfänger ist, so gehört die vertragliche Anpassungsverpflichtung zur Einstandspflicht nach §7 Abs. 1 BetrAVG des PSV, da dieser die Versorgungszusage so zu erfüllen hat, wie der Arbeitgeber sie zugesagt hat.[359] Inhalt und Umfang der Anpassungspflicht richtet sich dann nach dem Inhalt der jeweiligen Rentenanpassungsklausel.[360] Eine Ausnahme zu dem Grundsatz, dass vertragliche Anpassungsklauseln auch insolvenzgeschützt sind, gilt für den Fall, dass bei Eintritt des Sicherungsfalls lediglich eine gesetzlich unverfallbare Anwartschaft vorlag und zusätzlich die Anpassungsverpflichtung an variable Bezugsgrößen gebunden ist, deren künftige Entwicklung im Zeitpunkt des Versorgungsfalls noch unklar ist. Hier führt §7 Abs. 2 i.V.m. §2 Abs. 5 BetrAVG und die damit einhergehende Veränderungssperre dazu, dass der PSV nicht an die vertragliche Vereinbarung gebunden ist und ein Insolvenzschutz diesbezüglich nicht besteht.[361]

5.7 Pflichtprüfungsturnus bei Wechsel der Leistungsart, des Versorgungsträgers und bei Ruhestandbeständen

Laufende Leistungen der betrieblichen Altersversorgung unterliegen unabhängig davon, auf welchem biologischen Ereignis (Tod, Invalidität, Alter) sie beruhen, der Anpassungsprüfungspflicht und damit auch dem Pflichtprüfungsturnus. Denkbar ist es allerdings, dass es zu einem **Wechsel der Leistungsart** kommt, etwa wenn eine Invaliditäts- oder Altersversorgung von einer Hinterbliebenenversorgung im Falle des Todes des primär Versorgungsberechtigten abgelöst wird. Eine solche Ablösung führt nach h.M. nicht dazu, dass für die

---

359 BAG v. 22.11.1994 – 3 AZR 767/93, DB 1995, 582; Steinmeyer in: ErfK, 18. Aufl. 2018, §16 BetrAVG Rn. 10.
360 Huber in: Kemper/Kisters-Kölkes/Berenz/Huber, BetrAVG, 7. Aufl. 2016, §16 Rn. 22.
361 BAG v. 22.11.1994 – 3 AZR 767/93, DB 1995, 582; Huber in: Kemper/Kisters-Kölkes/Berenz/Huber, BetrAVG, 7. Aufl. 2016, §16 Rn. 22.

neu einsetzende Leistungsart der Pflichtprüfungsturnus neu beginnt.[362] Der Grundsatz, dass der Pflichtprüfungsturnus nicht unterbrochen wird, gilt darüber hinaus auch dann, wenn es zu einem Wechsel des Versorgungsträgers kommt. Dies liegt letztlich darin begründet, dass Anpassungsschuldner der Arbeitgeber ist und abgesehen von den in § 16 BetrAVG gesetzlich vorgesehenen Befreiungen die Anpassungsprüfungspflicht bei ihm verbleibt.

Auch das zwischenzeitliche Ruhen von laufenden Versorgungsleistungen, die bereits beansprucht worden sind, führt nicht dazu, dass mit ihrem Ruhen auch der Pflichtprüfungsturnus aussetzt. Vielmehr ist weiterhin der Zeitpunkt der erstmaligen Inanspruchnahme der Leistungen maßgeblich.[363] Ein Sonderfall liegt allerdings beim sog. technischen Rentner vor, bei dem die Versorgungsleistung von Beginn an ruht, er sie also noch nicht in Anspruch genommen hat. In einem solchen Fall beginnt der Pflichtprüfungsturnus erst mit der erstmaligen Inanspruchnahme der Versorgungsleistung.[364] Der dreijährige Turnus beginnt erst mit der erstmaligen tatsächlichen Inanspruchnahme der Versorgungsleistung.

5.8 Nachträgliche und nachholende Anpassung

Hat der Arbeitgeber die Rentenanpassung in der Vergangenheit zu Unrecht unterlassen, ist er auf Verlangen des Versorgungsberechtigten zu einer nachträglichen bzw. nachholenden Anpassung verpflichtet.

5.8.1 Prüfungsstichtag

Der Prüfungszeitpunkt ist dem Wortlaut von § 16 Abs. 1 BetrAVG nach bei jeder einzelnen Versorgungszusage zu bestimmen. Dies bedeutet, dass die (erste) Anpassungsprüfung grundsätzlich für jeden Versorgungsberechtigten getrennt drei Jahre nach dem individuellen Rentenbeginn zu erfolgen hat. Den Anpassungsbedarf mehrfach jährlich feststellen zu lassen, würde für den Arbeitgeber jedoch einen unzumutbar hohen Verwaltungsaufwand bedeuten.

Um den Verwaltungsaufwand das Arbeitgebers zu entlasten, ist von der Rechtsprechung anerkannt, dass der Arbeitgeber die Prüfungstermine zu **einem jähr-**

---

362 Höfer in: Höfer/de Groot/Küpper/Reich, BetrAVG Band I, Stand 2018, § 16 Rn. 71 ff.; Rolfs in: Blomeyer/Rolfs/Otto, BetrAVG, 7. Aufl. 2018, § 16 Rn. 69.

363 Höfer in: Höfer/de Groot/Küpper/Reich, BetrAVG Band I, Stand 2018, § 16 Rn. 77.

364 Rolfs in: Blomeyer/Rolfs/Otto, BetrAVG, 7. Aufl. 2018, § 16 Rn. 68.

lichen Prüfungstermin bündeln kann.[365] Dies kann auch dazu führen, dass für manche Betriebsrentner der erstmalige Prüfungstermin verschoben wird und zeitlich nach Ablauf von drei Jahren liegt. Eine solche zeitliche Verzögerung beeinträchtigt die Interessen der Betriebsrentner jedoch nur geringfügig, hilft aber, den Verwaltungsaufwand in Grenzen zu halten. Insbesondere werden die den Betriebsrentnern entstehenden Nachteile regelmäßig dadurch kompensiert, dass wegen des längeren Betrachtungszeitraums, der sich durch die Verschiebung des ersten Prüfungstermins ergibt, auch der Teuerungsausgleich entsprechend höher ausfällt. Zudem darf sich durch den gemeinsamen Anpassungsstichtag der erste Anpassungstermin für den jeweiligen Versorgungsberechtigten nicht um mehr als sechs Monate verzögern.[366] In der Folgezeit, also nach dem ersten Anpassungstermin, muss der Dreijahresturnus allerdings eingehalten werden.[367] Es handelt sich also um einen einmaligen Vorgang.

Ob die Bündelung des Prüfungstermins auch dann zulässig ist, wenn eine **feste Anpassungsgarantie** nach § 16 Abs. 3 Nr. 1 BetrAVG zugesagt wurde, ist umstritten.[368] Für eine Zulassung der Bündelung auch bei einer Anpassungsgarantie spricht dabei der Umstand, dass auch die Anpassungsgarantie eine Vereinfachung der Anpassung der Versorgungsleistungen darstellen soll und es nicht ersichtlich ist, warum diese Vereinfachung mit dem Verlust einer anderen – nämlich der Anpassung im gebündelten Prüfungstermin – »erkauft« werden müsste. Im Rahmen einer solchen gebündelten Anpassung wäre allerdings sicherzustellen, dass die Anpassung entsprechend dem verschobenen Turnus erfolgt, bei einer Anpassung nach einem Jahr und sechs Monaten müsste die Anpassung demnach nicht 1%, sondern 1,5% betragen.

5.8.2 Nachträgliche Anpassung

Die nachträgliche Anpassung meint die rückwirkende Erhöhung der Rentenleistung durch den Arbeitgeber. Wegen der Befriedungsfunktion der Anpassungsentscheidung kommt eine rückwirkende Erhöhung der Rentenleistung grundsätzlich nur im Rahmen eines Anpassungszeitraums, d.h. innerhalb von

---

365 BAG v. 11.11.2014 – 3 AZR 117/13, NZA 2015, 1076, vgl. Anhang –Betriebsrentenanpassung Nr. 25.
366 BAG v. 30.8.2005 – 3 AZR 395/04, BB 2006, 1228; v. 30.11.2010 – 3 AZR 754/08, AP BetrAVG §16 Nr. 72, vgl. Anhang – Betriebsrentenanpassung Nr. 4; v. 19.6.2012 – 3 AZR 464/11, BetrAV 2012, 529, vgl. Anhang – Betriebsrentenanpassung Nr. 11; v. 8.12.2015 – 3 AZR 475/14, BeckRS 2016, 66410, vgl. Anhang – Betriebsrentenanpassung Nr. 32.
367 BAG v. 19.6.2012 – 3 AZR 464/11, BetrAV 2012, 529, vgl. Anhang – Betriebsrentenanpassung Nr. 11.
368 Ablehnend Rolfs in: Blomeyer/Rolfs/Otto, BetrAVG, 7. Aufl. 2018, §16 Rn. 293; Andresen/Cisch in: Richardi/Wißmann/Wlotzke/Oetker, MüHdArbR, 3. Aufl. 2009, §149, Rn. 77; befürwortend Höfer in: Höfer/de Groot/Küpper/Reich, BetrAVG Band I, Stand 2018, §16 Rn. 49/63 ff.

drei Jahren nach dem Anpassungsstichtag in Betracht.[369] Voraussetzung dafür ist, dass der Arbeitgeber einer bestehenden Anpassungsverpflichtung nicht oder nicht ausreichend nachgekommen ist und der Versorgungsberechtigte die unterbliebene bzw. nicht ausreichende Anpassung vor dem nächsten Anpassungsstichtag gerügt hat.

! Wichtig

Die Rügefrist des Arbeitnehmers läuft mit Ablauf des Tages ab, der dem folgenden Anpassungsstichtag vorausgeht.[370] Gem. § 16 Abs. 4 Satz 2 gilt die Anpassung als zu Recht unterblieben, wenn der Arbeitgeber dem Arbeitnehmer schriftlich in nachvollziehbarer Weise darlegt, dass die wirtschaftliche Lage des Unternehmens einer Anpassung der laufenden Leistungen entgegenstehe und der Arbeitnehmer nicht innerhalb einer Frist von drei Monaten schriftlich widerspricht. Für diese Fiktion ist weiter erforderlich, dass der Arbeitnehmer über die Rechtsfolgen eines nicht fristgemäßen Widerrufs belehrt wurde.[371]

Für den Fall, dass der Arbeitgeber überhaupt keine Anpassungsentscheidung getroffen hat, obwohl diese erforderlich gewesen wäre, gilt sein Schweigen als Erklärung, nicht anpassen zu wollen. Diese Entscheidung gilt erst nach Ablauf des dreijährigen Prüfungszeitraums als bekannt gegeben, sodass sie bis zum übernächsten Prüfungszeitraum durch den Arbeitnehmer angegriffen werden kann.[372]

Die Rügefrist läuft jeweils mit Ablauf des Tages ab, auf den der erste Tag des neuen Anpassungszeitraums folgt. Die Frist ist nicht bereits mit Einreichung der Klage bei Gericht gewahrt, sondern nur mit Zustellung der Klage an den Arbeitgeber innerhalb der Rügefrist.

5.8.3 Nachholende Anpassung

Die nachholende Anpassung betrifft dagegen den Fall, dass eine Rentenanpassung nicht bzw. in nicht ausreichender Höhe erfolgt ist oder über einen den Dreijahresturnus übersteigenden Zeitraum unterlassen wurde. Eine **rückwirkende Erhöhung der Rentenleistung kommt in diesen Fällen nicht in Betracht**, da der Anspruch des Arbeitnehmers auf rückwirkende Erhöhung mit Ablauf ei-

---

369 Vgl. Rolfs in: Blomeyer/Rolfs/Otto, BetrAVG, 7. Aufl. 2018, § 16 Rn. 117.
370 BAG v. 21.10.2014 – 3 AZR 937/12, BeckRS 2015, 65742, vgl. Anhang – Betriebsrentenanpassung Nr. 23.
371 BAG v. 11.10.2011 – 3 AZR 732/09, NZA 2012, 337, vgl. Anhang – Betriebsrentenanpassung Nr. 7.
372 Rolfs, in: Blomeyer/Rolfs/Otto, BetrAVG, 7. Aufl. 2018, § 16 Rn. 118.

nes Anpassungszeitraums ohne Geltendmachung des Anspruchs erlischt (s.o.). Allerdings wird der Arbeitgeber so nicht vollständig aus seiner Verpflichtung nach §16 BetrAVG frei. Er hat im Falle des Bekanntwerdens einer zu Unrecht unterlassenen Rentenanpassung, soweit seine wirtschaftliche Lage dies zulässt, den Kaufkraftverlust seit Rentenbeginn für künftige laufende Leistungen auszugleichen.[373] Ob eine Anpassungsverpflichtung des Arbeitgebers für den Kaufkraftverlust seit Rentenbeginn bzw. ab dem Zeitpunkt der erstmalig zu Unrecht unterlassenen Anpassung vorzunehmen ist, richtet sich dann nach der aktuellen wirtschaftlichen Lage des Arbeitgebers, sodass für eine Anpassungsentscheidung dann die allgemeinen Kriterien (s.o.) gelten.

---

373 Vgl. Vogelsang, in: Schaub, Arbeitsrechts-Handbuch, §279 Rn.32

6 Erweiterte Auskunftspflichten des Arbeitgebers, §4a BetrAVG

6.1 Allgemeines

Ab dem 1.1.2018 treffen die Arbeitgeber erweiterte Auskunftspflichten.

Bisher galt, dass der Arbeitgeber dem Versorgungsberechtigten auf dessen Verlangen hin mitzuteilen hat, in **welcher Höhe aus der bisher erworbenen unverfallbaren Anwartschaft** bei Erreichen der in der Versorgungsregelung vorgesehenen Altersgrenze ein Anspruch auf Altersversorgung besteht und wie hoch der Übertragungswert bei einer Übertragung der Anwartschaft nach §4 Abs. 3 BetrAVG ist.[374] Bei einem Arbeitgeberwechsel oder der Durchführung der betrieblichen Altersversorgung über einen externen Versorgungsträger trifft diese Pflicht den neuen Arbeitgeber bzw. den externen Versorgungsträger. Diese haben dem Arbeitnehmer mitzuteilen in welcher Höhe sich aus dem Übertragungswert ein Anspruch auf Versorgungsleistung ergibt. Ferner haben sie Auskunft darüber zu erteilen, ob im Falle einer Übertragung ein Anspruch auf Invaliditäts- oder Hinterbliebenenversorgung bestehen würde.

Nach §4a Abs. 1 BetrAVG n. F. erweitern sich diese Auskunftspflichten ab dem 1.1.2018 wie folgt.

Der Arbeitgeber muss auf Verlangen des versorgungsberechtigten Arbeitnehmers Auskunft darüber erteilen,

- ob und wie eine Anwartschaft auf betriebliche Altersversorgung erworben wird,
- wie hoch der Anspruch auf betriebliche Altersversorgung aus der bisher erworbenen Anwartschaft ist und bei Erreichen der in der Versorgungsregelung vorgesehenen Altersgrenze voraussichtlich sein wird,
- wie sich eine Beendigung des Arbeitsverhältnisses auf die Anwartschaft auswirkt und
- wie sich die Anwartschaft nach einer Beendigung des Arbeitsverhältnisses entwickeln wird.

---

374 Vgl. hierzu umfassend Granetzny, Die Informationspflichten von Arbeitgebern gegenüber Arbeitnehmern in der betrieblichen Altersversorgung, 2011, S. 185.

Der Arbeitgeber oder externe Versorgungsträger haben außerdem auch gegenüber bereits ausgeschiedenen Arbeitnehmern die Pflicht, diesen mitzuteilen, wie hoch die Anwartschaft auf betriebliche Altersversorgung ist und wie sich die Anwartschaft künftig entwickeln wird. Dies gilt entsprechend für Hinterbliebene im Versorgungsfall (vgl. §4a Abs. 3 BetrAVG).

Insgesamt erweitern sich durch diese Neuregelungen die Auskunftspflichten. Dies führt unter Umständen zu einem erhöhten Verwaltungsaufwand, da die Informationspflichten entsprechend den vorhandenen Systemen abgebildet werden müssen. Ihre Notwendigkeit ergibt sich indes daraus, dass Planungssicherheit für die Versorgungsberechtigten evident wichtig ist und sie daher Kenntnis über ihr zukünftiges Versorgungsniveau haben müssen.

6.2 Haftungsrisiken bei Fehlinformationen oder unterbliebener Aufklärung

Im Zusammenhang mit der Erteilung von Auskünften über Umfang und Bestehen der betrieblichen Altersversorgung entsteht für Arbeitgeber ein Haftungspotenzial. Die Erteilung von Auskünften durch den Arbeitgeber stellt zwar regelmäßig keine Willenserklärung dar, sodass sie die Verpflichtung aus dem Versorgungsversprechen nicht verändert. Vielmehr handelt es sich um eine bloße Wissenserklärung.[375] Erteilt der Arbeitgeber aber eine Auskunft, so muss diese richtig sein, sonst begeht der Arbeitgeber nach Auffassung der Rechtsprechung regelmäßig eine Pflichtverletzung, sodass ein aus der Fehlinformation **entstehender Schaden zu ersetzen** ist.[376]

Überdies nimmt die Rechtsprechung auch an, dass der Arbeitgeber auch eine Verpflichtung zur Aufklärung haben kann – auch ohne entsprechendes Verlangen des Arbeitnehmers. Dies soll insbesondere dann in Betracht kommen, wenn ein bestimmtes Verhalten des Arbeitnehmers erhebliche negative Auswirkungen auf den Umfang seiner Versorgungszusage haben kann. Die Rechtsprechung wurde vor allem im Bereich des öffentlichen Dienstes entwickelt, kann aber zumindest im Grundsatz auch auf die Privatwirtschaft übertragen werden.[377]

---

375 Rolfs in: Blomeyer/Rolfs/Otto, BetrAVG, 7. Aufl. 2018, §4a Rn. 11.
376 Rolfs in: Blomeyer/Rolfs/Otto, BetrAVG, 7. Aufl. 2018, §4a Rn. 70 ff.
377 Vgl. ausführlich zu der hierzu ergangenen Rechtsprechung und zu einer Übertragbarkeit auf den Privatsektor Granetzny, Die Informationspflichten von Arbeitgebern gegenüber Arbeitnehmern in der betrieblichen Altersversorgung, 2011, S. 197 ff., 213.

7 Mitbestimmung des Betriebsrats bei der betrieblichen Altersversorgung

Eine gerade für die Praxis entscheidende Einschränkung der inhaltlichen Ausgestaltung von Versorgungszusagen ergibt sich aus den zwingenden Mitbestimmungsrechten des Betriebsrats im Bereich der betrieblichen Altersversorgung,[378] die stets in Betracht zu ziehen sind, wenn die Maßnahmen des Arbeitgebers – wie im Bereich der betrieblichen Altersversorgung regelmäßig – einen kollektiven Bezug aufweisen.[379] Der Betriebsrat ist daher vielfach bei einer Einführung oder Änderung eines Versorgungssystems zu beteiligen. Zu differenzieren ist hierbei zwischen dem mitbestimmungsfreien Bereich einerseits und der erzwingbaren Mitbestimmung andererseits.

7.1 Mitbestimmungsfreier Bereich

Die Mitbestimmung des Betriebsrats betrifft nicht alle Aspekte einer Versorgungszusage. In wichtigen Grundsatzentscheidungen des Arbeitgebers ist der Betriebsrat außen vor.

Die unternehmerische Entscheidung, ob **überhaupt einzelne Versorgungszusagen erteilt werden und ob ein umfassendes Versorgungswerk für die Belegschaft eingerichtet wird**, unterfällt nicht dem Mitbestimmungsrecht des Betriebsrats.[380] Gleiches gilt für die Höhe des Dotierungsrahmens, also der für die Versorgung zur Verfügung gestellten finanziellen Mittel.[381] Ebenso ist der Arbeitgeber in der Wahl des Durchführungsweges frei.[382]

Darüber hinaus ist die Entscheidung darüber, welcher Personenkreis Versorgungsleistungen erhalten soll, ebenfalls mitbestimmungsfrei vom Arbeitgeber zu entscheiden.[383] Dies bedeutet indes nicht, dass er hier im vollständig

---

378 Schlewing, NZA 2010, 529.
379 Fitting, BetrVG, 29. Aufl. 2018, § 87 Rn. 14; Hesse/Tischer in: Moll, Münchener Anwaltshandbuch Arbeitsrecht, 4. Aufl. 2017, § 23 Rn. 18; ausführlich zum Meinungsstand Richardi in: Richardi, BetrVG, 16. Aufl. 2018, § 87 Rn. 15 ff.
380 Rolfs in: Blomeyer/Rolfs/Otto, BetrAVG, 7. Aufl. 2018, Anh § 1 Rn. 407; Fitting, BetrVG, 29. Aufl. 2018, § 87 Rn. 456; Richardi, in: Richardi, BetrVG, 16. Aufl. 2018, § 87 Rn. 843; Schnitker/Sittard, NZA 2011, 331.
381 Richardi in: Richardi, BetrVG, 16. Aufl. 2018, § 87 Rn, 844; Schnitker/Sittard, NZA 2011, 331.
382 Fitting, BetrVG, 29. Aufl. 2018, § 87 Rn. 456; Kisters-Kölkes in: Kemper/Kisters-Kölkes/Berenz/Huber, BetrAVG, 7. Aufl. 2016, § 1 Rn. 39; Schnitker/Sittard, NZA 2011, 331.
383 Kisters-Kölkes in: Kemper/Kisters-Kölkes/Berenz/Huber, BetrAVG, 7. Aufl. 2016, § 1 Rn. 397; Richardi in: Richardi, BetrVG, 16. Aufl. 2018, § 87 Rn, 844; Schnitker/Sittard, NZA 2011, 331.

rechtsfreien Raum agiert. Unabhängig von einer etwaigen Mitbestimmung des Betriebsrats muss sich der Arbeitgeber selbstverständlich weiterhin an gesetzliche Vorgaben halten. So darf die Einräumung von Leistungen der betrieblichen Altersversorgung z.B. nicht unter Verstoß gegen den allgemeinen arbeitsrechtlichen Gleichbehandlungsgrundsatz erfolgen oder einen Verstoß gegen das AGG darstellen.[384]

Wichtig   **!**

Dem Arbeitgeber ist es natürlich unbenommen auch in mitbestimmungsfreien Bereichen eine Absprache oder Betriebsvereinbarung mit dem Betriebsrat zu treffen. In diesem Fall handelt es sich in den mitbestimmungsfreien Bereichen um eine freiwillige Betriebsvereinbarung i.S. d §88 BetrVG, die in ihrer rechtlichen Wirkung einer Betriebsvereinbarung, die allein für mitbestimmte Regelungsmaterien abzuschließen wäre, im Grundsatz in nichts nachsteht. Unterschiede können sich allerdings bei der Frage der Nachwirkung ergeben. Hier kann es relevant werden, dass die Zusagen der betrieblichen Altersversorgung nur teilmitbestimmt sind.

7.2   Mitbestimmter Bereich

Erzwingbare Mitbestimmungsrechte ergeben sich im Rahmen einer betrieblichen Altersversorgung vor allem aus §87 Abs. 1 Nr. 8 und 10 BetrVG. Zwingende Mitbestimmungsrechte des Betriebsrats kommen in Betracht, wenn durch die Einführung eines Versorgungswerks die Angelegenheiten der **betrieblichen Lohngestaltung** (§87 Abs. 1 Nr. 10 BetrVG) und/oder die **Form, Ausgestaltung und Verwaltung von sozialen Einrichtungen** (§87 Abs. 1 Nr. 8 BetrVG) betroffen sind. Entscheidet sich der Arbeitgeber folglich dazu, eine betriebliche

---

384 Vgl. BAG v. 19.1.2011 – 3 AZR 29/09, NZA 2011, 860, vgl. Anhang – Gleichbehandlung, Diskriminierungsschutz, betriebliche Übung Nr. 8; v. 11.12.2012 – 3 AZR 634/10, NZA 2013, 564, vgl. Anhang – Gleichbehandlung, Diskriminierungsschutz, betriebliche Übung Nr. 16; v. 12.2.2013 – 3 AZR 100/11, NZA 2013, 733, vgl. Anhang – Gleichbehandlung, Diskriminierungsschutz, betriebliche Übung Nr. 17; v. 17.9.2013 – 3 AZR 686/11, NZA 2014, 33, vgl. Anhang – Gleichbehandlung, Diskriminierungsschutz, betriebliche Übung Nr. 21; v. 15.10.2013 – 3 AZR 653/11, NZA 2014, 308, vgl. Anhang – Invaliditäts- und Hinterbliebenenversorgung Nr. 6; v. 12.11.2013 – 3 AZR 356/12, NZA 2014, 848, vgl. Anhang – Gleichbehandlung, Diskriminierungsschutz, betriebliche Übung Nr. 25; v. 18.3.2014 – 3 AZR 69/12, NZA 2014, 606, vgl. Anhang – Gleichbehandlung, Diskriminierungsschutz, betriebliche Übung Nr. 29; v. 4.8.2015 – 3 AZR 137/13, NZA 2015, 1447, vgl. Anhang – Gleichbehandlung, Diskriminierungsschutz, betriebliche Übung Nr. 32; v. 26.9.2017 – 3 AZR 72/16, NZA 2018, 315, vgl. Anhang – Gleichbehandlung, Diskriminierungsschutz, betriebliche Übung Nr. 39; v. 17.10.2017 – 3 AZR 199/16, NZA 2018, 376, vgl. Anhang – Gleichbehandlung, Diskriminierungsschutz, betriebliche Übung Nr. 40; v. 7.10.2017 – 3 AZR 737/15, vgl. Anhang – Gleichbehandlung, Diskriminierungsschutz, betriebliche Übung Nr. 41; v. 14.11.2017 – 3 AZR 781/16, NZA 2018, 453, vgl. Anhang – Gleichbehandlung, Diskriminierungsschutz, betriebliche Übung Nr. 43; v. 20.2.2018 – 3 AZR 43/17, NZA 2018, 712, vgl. Anhang – Gleichbehandlung, Diskriminierungsschutz, betriebliche Übung Nr. 44.

Altersversorgung einzuführen, dann kann er die Umsetzung in der Regel nur mit dem Betriebsrat zusammen wirksam einführen.

! Wichtig

Das Mitbestimmungsrecht kann, muss aber nicht zwingend über den Abschluss einer Betriebsvereinbarung ausgeübt werden. Vielfach ist die Betriebsvereinbarung dann aber Mittel der Wahl, weil der Betriebsrat ohnehin zu beteiligen ist. Zudem ist die Anpassung einer Zusage regelmäßig einfacher, wenn diese in Form einer Betriebsvereinbarung abgeschlossen wurde, als wenn hier einzelne vertragliche Vereinbarungen mit den Arbeitnehmern abgeschlossen wurden.

Die betriebliche Altersversorgung unterliegt in ihrer Ausgestaltung in allen fünf Gestaltungsformen der **erzwingbaren** Mitbestimmung des Betriebsrats gem. § 87 (Abs. 1 Nr. 8, 10) BetrVG.

Differenzierung zwischen

mitbestimmungsfreier Bereich
- das Ob der Leistungsgewährung
- Dotierungsrahmen
- begünstigter Personenkreis
- Durchführungsweg (bzw.konkrete Wahl eines Versorgungsträgers)

- kein erzwingbares Mitbestimmungs- recht
- aber: Möglichkeit zum Abschluss einer freiwilligen BV, § 88 BetrVG
  ➢ Bindung des AG an Inhalt der BV
  ➢ Änderung nur nach allg. Regeln (nicht einseitig)

mitbestimmter Bereich
- Ausgestaltungdes Leistungsplans
- Ausgestaltung und Verwaltung von Sozialeinrichtungen (Unterstüt- zungs- und Pensionskassen)

Abb. 7: Mitbestimmung des Betriebsrates

8 Betriebliche Altersversorgung im Rahmen von Transaktionen

Im Rahmen vonUnternehmenskäufen stellt eine bestehende betriebliche Altersversorgung der Zielgesellschaft nicht selten einen wesentlichen Aspekt in den Vertragsverhandlungen dar. Dies gilt sowohl bei der Unternehmensübertragung im Wege eines Share Deals, bei welchem dem Erwerber die Gesellschaftsanteile der Zielgesellschaft übertragen werden, als auch im Wege eines Asset Deals, bei dem der Erwerber die einzelnen Wirtschaftsgüter (Assets) der Zielgesellschaft erwirbt und der arbeitsrechtlich vielfach einen Betriebsübergang nach §613a BGB auslöst. Grund sind stets die finanziellen Belastungen, die mit der Übernahme bzw. dem Übergang der Pensionsverpflichtungen einhergehen. Zudem können sich wegen der Komplexität von Versorgungssystemen und ihrer langen Laufzeit häufig Rechtsrisiken ergeben, die der Erwerber im Zweifel vermeiden möchte.

Achtung !

Es ist einem Erwerber dringend anzuraten, den Umfang der Versorgungsverpflichtungen und die Risiken bestehender Versorgungssysteme im Rahmen einer Due-Diligence-Prüfung umfassend und sorgfältig zu prüfen. Hierdurch können bestehende Risiken in die Kaufpreiskalkulation bzw. die Gestaltung von vertraglichen Garantien mit dem Verkäufer miteinbezogen werden. Typische finanzielle Gefahrenherde von Versorgungssystemen, die bei einer Due-Diligence-Prüfung besonders ins Auge zu fassen sind, sind hierbei Verstöße gegen Diskriminierungsverbote bzw. den allgemeinen Gleichbehandlungsgrundsatz, unwirksame Abfindungen oder Übertragungen, unwirksame Ablösungen oder Schließungen von Versorgungssystemen und die unterbliebene Anpassung der Versorgungsverpflichtungen. Fehler in der Dokumentation können darüber hinaus auch dazu führen, dass steuerliche Rückstellungen von der Finanzverwaltung nicht anerkannt werden, sodass hier schnell erhebliche steuerliche Risiken entstehen können.

8.1 Versorgungsverpflichtungen im Rahmen eines Asset Deals

Im Rahmen eines Asset Deals werden einzelne Wirtschaftsgüter der Zielgesellschaft übertragen. Soweit die Gesamtheit der übertragenen Wirtschaftsgüter – wie in der Regel – einen Betrieb(steil) darstellt und die Identität dieses Betriebs(teils) auch nach der Übertragung gewahrt wird, löst diese Übertragung arbeitsrechtlich die Rechtsfolgen eines Betriebsübergangs nach §613a BGB aus. Dies hat Auswirkungen auf die Versorgungsverpflichtungen der Zielgesellschaft.

8.1.1 Übergehende Versorgungsverpflichtungen

Auf Rechtsfolgenebene bestimmt §613a Abs. 1 Satz 1 BGB, dass der Erwerber zum Stichtag des Übergangs in die Rechte und Pflichten aus den im Zeitpunkt des Übergangs bestehenden Arbeitsverhältnissen eintritt. Der Eintritt in den Pflichtenkatalog erfolgt **von Gesetzes wegen**. Der Käufer kann sich gegen diese Rechtsfolge nicht wehren. Er übernimmt infolgedessen die bestehenden Arbeitsverhältnisse der aktiven Arbeitnehmer und damit einhergehend auch die diesen zugesagten Versorgungsverpflichtungen automatisch. Es gehen insoweit auch die bereits erdienten Versorgungsansprüche aus der Vergangenheit (sog. Past Service) auf den Erwerber über. Nicht vom Übergang nach §613a Abs. 1 Satz 1 BGB erfasst sind hingegen die Versorgungsverpflichtungen gegenüber ausgeschiedenen Anwärtern oder Rentnern.[385] Schuldner dieser Versorgungsverpflichtungen bleibt allein der Veräußerer. Hintergrund ist hierbei, dass diese Ausgeschiedenen nicht vom Betriebsübergang und den Rechtsfolgen des §613a BGB erfasst werden.

Versorgungsverpflichtungen von Geschäftsführern und Vorständen müssen – soweit erwünscht – durch dreiseitige Vereinbarungen und unter Beachtung der Vorgaben des §4 BetrAVG auf den Erwerber übergeleitet werden. Auch sie sind keine Arbeitnehmer im Sinne von §613a BGB und werden damit nicht vom automatischen Transfer erfasst.

> **!** **Wichtig**
>
> Soweit der Veräußerer nach dem Übergang keine operative Tätigkeit mehr ausübt und insoweit lediglich eine Gesellschaft mit dem Zweck verbleibt, die verbleibenden Versorgungsverpflichtung abzuwickeln, spricht man von einer sog. Rentnergesellschaft. Rentnergesellschaften müssen wie alle anderen Arbeitgeber eine Anpassung der Betriebsrenten nach §16 Abs. 1 und Abs. 2 BetrAVG prüfen. Anders als bei Rentnergesellschaften, die durch Übertragung der Versorgungsverpflichtungen entstanden sind, hat das BAG für Rentnergesellschaften, die infolge eines Betriebsübergangs entstanden sind, eine Dotierungspflicht des Veräußerers abgelehnt. Insoweit kann sich eine solche Rentnergesellschaft auf eine für die Betriebsrentenanpassung nach §16 Abs. 1 und 2 BetrAVG nicht ausreichende wirtschaftliche Lage berufen.[386] Für Rentnergesellschaften, die durch Ausgliederung der Versorgungsverpflichtungen entstanden sind, hatte das BAG im Jahr 2008 im Gegensatz hierzu entschieden,[387] dass eine solche mit ausreichenden finanziellen Mitteln ausgestattet sein muss, um der Verpflichtung nach §16 BetrAVG nachkommen zu können. Eine ungenügende Ausstattung kann in diesem Fall zu Schadensersatzansprüchen der Rentner führen.

---

385 Rolfs in: Blomeyer/Rolfs/Otto, BetrAVG, 7. Aufl. 2018, Anhang zu §1 Rn. 334 ff.
386 BAG v. 17.6.2014 – 3 AZR 298/13, NJOZ 2016, 1653, vgl. auch Anhang – Betriebsrentenanpassung Nr. 20.
387 BAG v. 11.3.2008 – 3 AZR 358/06, NZA 2009, 790.

Keinen Mechanismus – insbesondere keinen automatischen Übergang von Vermögen – sieht das Gesetz für die Frage der finanziellen Kompensation für die im Rahmen eines Betriebsübergangs übergegangenen Versorgungsverpflichtungen vor. Vielmehr muss der Umfang der Versorgungsverpflichtungen versicherungsmathematisch bewertet werden, um diesen im Rahmen der **Kaufpreisfindung entsprechend berücksichtigen** zu können. Typischerweise werden hierfür entweder (national) HGB-Rechnungslegungsgrundsätze verwendet oder ein internationaler Bilanzierungsmaßstab gewählt (US-GAAP, IFRS). Eine Besonderheit besteht, wenn die Versorgungsverpflichtungen extern ausfinanziert (»gefunded«) worden sind und dem Erwerber diese Deckungsmittel nach dem Übergang zur Verfügung stehen. In diesem Fall bedarf es keiner zusätzlichen Kompensation. Auch hier ist aber darauf zu achten, dass diese »Funding Assets« regelmäßig nicht als Automatismus dem Erwerber zur Verfügung stehen, sondern hierüber Vereinbarungen – auch und gerade mit dem externen Versorgungsträger, der die jeweiligen Mittel hält – getroffen werden müssen.

> **Wichtig**   **!**
>
> In einem solchen Fall muss der Erwerber den Umfang der vorhandenen Deckungsmittel (das sog. Funding Level) entsprechend sorgfältig prüfen.

8.1.2   Kollision mit Versorgungssystemen des Erwerbers

Übergegangene Versorgungsverpflichtungen stellen beim Erwerber, der selbst ein Versorgungssystem implementiert hat, nicht selten einen Fremdkörper dar. Dies kann darin begründet liegen, dass die Versorgungsverpflichtung einem völlig anderen Leistungsplan folgt oder der Veräußerer einen Durchführungsweg gewählt hat, der nicht mit der Durchführung der betrieblichen Altersversorgung beim Erwerber kompatibel ist. Auch kann das Versorgungsniveau divergieren. Aus diesem Grund besteht auf Erwerberseite nicht selten das Bestreben, die Versorgungssysteme zu harmonisieren. Inwieweit ihm diese Möglichkeit eröffnet ist, hängt davon ab, welcher Rechtsbegründungakt der Versorgungsverpflichtung zugrunde liegt. Eine davon zu trennende und gesondert zu beantwortende Frage ist, ob die Vereinheitlichung auch unter Vertrauens- und Verhältnismäßigkeitsgesichtspunkten wirksam ist.

Soweit die übergegangenen Versorgungsverpflichtungen individualrechtlich begründet worden sind, gelten sie nach dem Betriebsübergang grundsätzlich entsprechend fort. Verschlechterungen der Zusagen sind dann grundsätzlich nur im Wege der Änderungsvereinbarung oder der Änderungskündigung zulässig. Etwas anderes gilt, soweit die Versorgungszusage betriebsvereinbarungsoffen ausgestaltet ist.

Besteht beim Erwerber ebenfalls ein Versorgungssystem, das auf individual-rechtlicher Begründungsebene (Gesamtzusagen, vertragliche Einheitsregelun-gen, betriebliche Übung) fußt, stellt sich zudem die Frage, **ob der Arbeitnehmer neben dem Anspruch auf Fortführung seiner bisherigen Versorgungszusage auch einen Anspruch darauf hat, dass für die künftige Arbeit beim Erwerber die Leistung weiter anwächst,** oder ob der Arbeitnehmer »nur« Anspruch auf seine bisher zugesagte Versorgungsleistung hat. Denkbar wäre auch, dass der Arbeitnehmer die für ihn jeweils günstigere Versorgungsregelung wählen kann. Dies ist stets eine Frage des Einzelfalls und regelmäßig nur durch Auslegung zu ermitteln. Sinnvoll ist es in diesem Zusammenhang, dass der Erwerber vor Übergang der Arbeitnehmer sicherstellt, dass »sein« Versorgungssystem klar regelt, wie es sich zur Aufnahme der neuen Mitarbeiter verhält. Hier können Anpassungen am Versorgungssystem notwendig sein.

Für individualrechtlich begründete Versorgungszusagen, die mit einem beim Erwerber geltenden kollektivrechtlichen Versorgungssystem kollidieren,[388] gilt im Ausgangspunkt das Günstigkeitsprinzip und damit die günstigere Rege-lung. Ist die individualvertragliche Zusage betriebsvereinbarungsoffen, kann es zur Ablösung durch die Betriebsvereinbarung kommen.

Allerdings ist nicht voreilig davon auszugehen, dass übergehende Arbeitneh-mer in den Anwendungsbereich einer kollektivrechtlichen Versorgungszusage gelangen. Vielmehr ist mittels Auslegung zu ermitteln, ob Mitarbeiter, die mittels eines Betriebsübergangs zum Erwerber wechseln, überhaupt in den persönlichen Anwendungsbereich der Erwerberregelung fallen. Dies ist eine Frage der Auslegung.

Zulässig sind außerdem Betriebsvereinbarungen, die vorsehen, dass lediglich neu in das Unternehmen eintretende Arbeitnehmer in den Anwendungsbe-reich einer Versorgungszusage einbezogen werden, Arbeitnehmer, die durch Betriebsübergang gem. §613a BGB auf den Erwerber übergehen, jedoch nicht.[389]

> **! Wichtig**
>
> Im Rahmen einer Unternehmensübernahme sollte der Erwerber auch für das Ver-hältnis der Versorgungszusagen eine klarstellende Regelung treffen und diese an die übergehenden Arbeitnehmer – etwa im Rahmen des Unterrichtungsschreibens – kommunizieren.

---

388 Eine Kollision muss aber gesondert ermittelt werden, siehe dazu sogleich.
389 BAG v. 19.1.2010 – 3 ABR 19/08, DB 2010, 113, vgl. Anhang – Gleichbehandlung, Diskriminierungs-schutz, betriebliche Übung Nr. 3.

Beruht die Versorgungszusage des Veräußerers auf einem Tarifvertrag und ist dieser aufgrund der Tarifbindung des Erwerbers auch nach dem Übergang tariflich anwendbar, so gilt das tarifliche Versorgungswerk grundsätzlich kollektivrechtlich unverändert fort. Gilt der Tarifvertrag mangels Tarifbindung des Erwerbers indes nicht kollektivrechtlich weiter, werden die tariflichen Regelungen über betriebliche Altersversorgung gemäß §613a Abs. 1 Satz 2 BGB Inhalt des Arbeitsverhältnisses. Soweit die Zielgesellschaft jedoch in das Unternehmen des Erwerbers eingegliedert wird und für den Erwerber ein anderer Tarifvertrag gilt, kann dieser gemäß §613a Abs. 1 Satz 3 BGB den versorgungsrechtlichen Tarifvertrag des Veräußerers unter Umständen verdrängen. Dies gilt auch, wenn das tarifliche Versorgungswerk des Erwerbers für den **übergegangenen Arbeitnehmer ungünstiger** ist, wobei die Einzelheiten zu einem etwaigen Besitzstandsschutz streitig sind.[390] Streitig ist, inwieweit §613a Abs. 1 Satz 3 BGB anwendbar ist, wenn die Versorgungszusage in dem übernommenen Betrieb durch Tarifvertrag geregelt war und bei dem neuen Betriebsinhaber eine abweichende Betriebsvereinbarung über betriebliche Altersversorgung gilt. Nach Auffassung des BAG besteht die Möglichkeit einer sog. Überkreuzlösung, d.h. die Ablösung eines Tarifvertrags durch eine Betriebsvereinbarung, nicht.[391]

Auch bei einer Versorgungszusage des Veräußerers, die auf einer Betriebsvereinbarung fußt, ist zunächst zu prüfen, ob sie ihre Wirkung beim Erwerber kollektivrechtlich entfaltet. Dies ist der Fall, wenn die Identität des übernommenen Betriebs gewahrt bleibt. Eine kollektivrechtlich fortgeltende Betriebsvereinbarung kann durch eine beim Erwerber geltende oder nachträglich abzuschließende Betriebsvereinbarung abgelöst werden. Gilt die Betriebsvereinbarung nicht fort, weil es nicht zu einem identitätswahrenden Übergang kommt, werden die Regelungen der Betriebsvereinbarung gemäß §613a Abs. 1 Satz 2 BGB Inhalt des Arbeitsverhältnisses mit der Folge, dass sie innerhalb eines Jahres nicht zum Nachteil des Arbeitnehmers aufgrund einer entsprechenden Vereinbarung mit dem Arbeitnehmer abgeändert werden dürfen.

8.1.3 Besonderheiten bei Versorgungszusagen mit externen Versorgungsträgern

Bei der Übernahme von mittelbar durchgeführten Versorgungsverpflichtungen ist zu beachten, dass der Erwerber im Rahmen des Betriebsübergangs zwar

---

390 Im Einzelnen Schnitker in: Willemsen/Hohenstatt/Schweibert/Seibt, Umstrukturierung und Übertragung von Unternehmen, 5. Aufl. 2016, Kap. J Rn. 470 ff.
391 BAG v.13.11.2007 – 3 AZR 191/06, NZA 2008, 600.

automatisch die rechtliche Stellung als Arbeitgeber und Versorgungsschuldner, nicht jedoch die Rechtsbeziehungen zu den externen Versorgungsträgern übernimmt.[392] Inwieweit der Erwerber verpflichtet ist, die Durchführung über das bisherige Vehikel entsprechend herzustellen bzw. einen adäquaten Ersatz zu beschaffen, hängt dabei ganz wesentlich von der Ausgestaltung der Versorgungszusage ab. Soweit entsprechende Verpflichtungen bezüglich eines konkreten Durchführungsweges bestehen, muss der Erwerber bereits im Unternehmenskaufvertrag darauf hinwirken, dass er die betriebliche Altersversorgung über das bestehende Durchführungsvehikel fortführen kann.

Ansonsten ist je nach gewähltem Durchführungsweg zu prüfen, ob eine Fortführung überhaupt **rechtlich möglich und finanziell bzw. administrativ sinnvoll** ist.

Soweit die Versorgung bei dem Veräußerer durch eine Unterstützungskasse durchgeführt worden ist, ist stets zu prüfen, ob eine solche Fortführung überhaupt möglich ist. Vielfach sind Unterstützungskassen konzerneigene Einrichtungen und können daher von externen Unternehmen nicht genutzt werden. Vielfach ist dies auch nicht gewünscht, weil ein Veräußerer regelmäßig vermeiden will, dass ein »Konzernfremder« an einer solchen Konzerneinrichtung teilnimmt. In einem solchen Fall kann es unter Umständen notwendig werden, dass entsprechende Kassenvermögen auf eine Nachfolgeeinrichtung zu übertragen. Hierbei ist Vorsicht geboten, da Unterstützungskassen steuerlich privilegiert sind und diese Privilegierung durch eine Entnahme, die den steuerlichen Anforderungen nicht gerecht wird, gefährdet werden kann. Unter Umständen muss eine verbindliche Auskunft zur Unbedenklichkeit hinsichtlich der Entnahme eingeholt werden. Soweit eine Kasse nicht vollständig ausfinanziert ist, muss der entsprechende Anteil der Unterdeckung im Wege der Kaufpreisreduktion berücksichtigt werden.

Bei den versicherungsförmigen Durchführungswegen (Direktversicherung, Pensionskasse und Pensionsfonds) ist die Fortführung in der Regel einfacher. Allerdings sind auch Pensionskassen und Pensionsfonds zum Teil als konzerneigene Einrichtungen ausgestaltet. In diesem Fall muss – wie auch bei der Unterstützungskasse – sichergestellt sein, dass die Zusage zukünftig über einen anderen Versorgungsträger fortgesetzt werden kann.

---

392 Vgl. BAG v. 15.2.2011 – 3 AZR 54/09, NZA 2011, 928, vgl. Anhang – Verschaffungssysteme Nr. 3.

> **Achtung** !
>
> Es ist unerlässlich, die Versorgungsstruktur der Zielgesellschaft im Rahmen einer Due-Diligence-Prüfung genau untersuchen zu lassen, um diese Komponente bei den Kaufpreisverhandlungen richtig einschätzen zu können. Auch die Rechtsbeziehungen zu den externen Versorgungsträgern sind frühzeitig in die Überlegungen zum Umgang mit den Versorgungsverpflichtungen beim Veräußerer miteinzubeziehen.

8.2 Versorgungsverpflichtungen im Rahmen eines Share Deals

Der Share Deal, bei dem sich die Übernahme durch den Erwerb von Gesellschaftsanteilen an der Zielgesellschaft vollzieht, stellt in arbeitsrechtlicher Hinsicht eine Gestaltung dar, die grundsätzlich eine geringere Komplexität aufweist als etwa der Asset Deal. Dies liegt darin begründet, dass sich die Position des Arbeitgebers nicht verändert, sondern die Veränderung nur auf der Ebene des »Eigentümers« des Arbeitgebers eintritt. Allerdings sind auch hier versorgungsrechtliche Problematiken denkbar und zu beachten.

8.2.1 Umfang der bestehenden Versorgungslasten

Zunächst ist aus Erwerbersicht der Umfang der bestehenden Versorgungsverpflichtungen zu ermitteln. Das liegt darin begründet, dass ein Share Deal den **Status quo der Pensionslasten des übernommenen Unternehmens unverändert** lässt. Neben den Anwartschaften für aktive Arbeitnehmer tritt der Erwerber daher auch für sämtliche unverfallbaren Versorgungsanwartschaften bereits ausgeschiedener Arbeitnehmer und die laufenden Versorgungsleistungen für Betriebsrentner ein. Gerade in Unternehmen mit einer langen Historie können diese »Altlasten« beträchtlich sein, weshalb sie sorgfältig zu bewerten und bei den Kaufpreisverhandlungen entsprechend zu berücksichtigen sind. Für die Quantifizierung der Versorgungsverbindlichkeiten werden zumeist Wirtschaftsprüfer und Aktuare hinzugezogen

Der Erwerber übernimmt ab dem Stichtag der Übernahme auch die Pflicht zur Rentenanpassung alle drei Jahre gem. §16 BetrAVG und ab dem 1.1.2018 auch die Pflicht zur Dynamisierung von unverfallbaren Anwartschaften von ausgeschiedenen Arbeitnehmern (vgl. §2a BetrAVG). Insoweit hat der Erwerber im Rahmen einer Due-Diligence-Prüfung auch zu prüfen, ob in der Vergangenheit Anpassungsentscheidungen unterblieben sind oder fehlerhaft waren, um eine entsprechende Haftung zu vermeiden oder diese im Rahmen der Kaufpreisverhandlungen zu berücksichtigen.

8.2.2 Auswirkungen eines Share Deals auf konzerninterne Versorgungsträger des Veräußerers

Der Wechsel auf der Gesellschafterebene hat grundsätzlich keinerlei Auswirkungen auf die bereits eingegangenen Vertragsverhältnisse der Zielgesellschaft; eine Überleitung der vertraglichen Beziehungen auf den Erwerber wie beim Asset Deal ist insoweit nicht erforderlich. Probleme können indes entstehen, wenn die Zielgesellschaft ihre Altersversorgung über einen **konzerneigenen Versorgungsträger** abwickelt und der Versorgungsträger die Zugehörigkeit des Unternehmens zum Konzern als Kriterium für die Leistungserbringung, z.B. in seiner Satzung, voraussetzt. In diesen Fällen ist zu klären, ob und wie eine Fortführung der externen Leistungserbringung gewährleistet werden kann/soll oder ob die Versorgung künftig über einen anderen Versorgungsträger gewährleistet werden soll.

8.2.2.1 Konzernunterstützungskassen

Problematisch ist der Fall, dass die Zielgesellschaft aus einer Konzernstruktur herausgelöst werden soll. Dann ist zunächst zu klären, ob die Konzernunterstützungskasse dem Erwerber zum Zwecke der Fortführung der übernommenen Versorgungsverpflichtungen überhaupt offensteht. Im Regelfall sieht die Satzung einer Konzernunterstützungskasse indes vor, dass ein Unternehmen nach dem Ausscheiden aus dem Konzernverbund nicht mehr Trägerunternehmen der Unterstützungskasse sein kann.[393] Es besteht dann allerdings die Möglichkeit, die Satzung der Unterstützungskasse anzupassen, um die Fortführung zu ermöglichen. Denkbar ist auch die Überführung der Versorgung auf eine andere Unterstützungskasse, die dem Erwerber offensteht.

> **!** **Achtung**
>
> Selbst wenn die Satzung der Unterstützungskasse eine entsprechende Fortführungsmöglichkeit einräumt, stellt sich die weitere Frage, ob eine Fortführung überhaupt im Interesse des Erwerbers liegt. Im Regelfall wird eine Fortführung nicht sinnvoll sein, da er aufgrund seiner Beteiligungsrechte regelmäßig nur bedingt Einfluss auf das Geschäft der Unterstützungskasse nehmen kann.

Entscheidet sich der Erwerber aufgrund der vorgenannten Risiken gegen eine Fortführung über die bisherige Kasse, kann er die Unterstützungskassenzusage durch eine andere Unterstützungskasse fortführen lassen. Zumeist

---

393 Klemm/Frank, BB 2013, 2741 (2742); Paul/Daub, BB 2011, 1525 (1527).

gibt die Versorgungszusage dem Versorgungsberechtigten nämlich nur einen Anspruch auf einen Durchführungsweg, nicht aber auf eine konkrete (Unterstützungs-)Kasse als Versorgungseinrichtung. Voraussetzung einer Fortführung ist aber stets, dass der bisherige Versorgungsplan auch abgebildet werden kann. Eine weitere Möglichkeit der Fortführung ist der Wechsel hin zu einer Direktzusage.[394] Bei dieser Möglichkeit stellt sich dann – neben den Anforderungen zum Wechsel des Durchführungsweges – aber auch noch die Frage, wie mit dem Kassenvermögen verfahren werden kann. Hier ist zu berücksichtigen, dass die Unterstützungskasse das Kassenvermögen nicht ohne Weiteres herausgeben darf, da sie sonst womöglich ihre steuerliche Privilegierung als Sozialeinrichtung verliert. Umgekehrt führt der Wechsel des Durchführungsweges dazu, dass die Leistungsvoraussetzung für eine Zahlung durch die Kasse nicht mehr gegeben ist. Insoweit kann man argumentieren, dass die Kasse hinsichtlich dieser Verpflichtungen – je nach Dotierung der Kasse – entweder teilweise oder gar vollständig überdotiert ist und infolgedessen eine leichtere Entnahme des Kassenvermögens möglich ist.

8.2.2.2 Konzernpensionskassen

Auch Pensionskassenzusagen werden häufig von Konzerneinrichtungen durchgeführt, die ausschließlich Konzernunternehmen offenstehen. Das Ausscheiden eines solchen Unternehmens aus dem Konzern bedeutet in diesen Fällen zumeist auch, dass die Versorgung nicht ohne Weiteres über die Pensionskasse fortgeführt werden kann. Ist daher eine Fortführung beabsichtigt, muss im Rahmen der Verkaufsverhandlungen vonseiten des Erwerbers auch hier – soweit keine entsprechenden Regelungen für eine Mitgliedschaft existieren – auf eine entsprechende Satzungsänderung bzw. -anpassung hingewirkt oder die Überführung auf einen anderen Versorgungsträger vereinbart werden (inkl. Übertragung der bereits vorhandenen Mittel). Hierzu müssen ansonsten im Kaufvertrag entsprechende Regelungen getroffen werden.

Sollen allein die noch erdienbaren Anwartschaften (Future Service) über eine andere Pensionskasse abgebildet werden, besteht aber die Möglichkeit der sog. **Zäsurlösung**.[395] In diesen Fällen werden die bis zum Stichtag erdienten Ansprüche (sog. Past Service) und die dazugehörigen Deckungsmittel bei der bisherigen Pensionskasse belassen. Für den Erwerber stellt sich zudem die Frage, wie der Future Service abgedeckt werden soll. Sofern der Erwerber über

---

394 Vgl. zum Wechsel des Durchführungsweges allgemein auch Thüsing/Granetzny, BetrAV 2009, 485.
395 Schnitker in: Willemsen/Hohenstatt/Schweibert/Seibt, Umstrukturierung und Übertragung von Unternehmen, 5. Aufl. 2016, Kap. J Rn. 408.

eine eigene Pensionskasse verfügt, kann er die Arbeitnehmer dort aufnehmen. Anderenfalls kann er versuchen, die Arbeitnehmer bei einer Gruppenpensionskasse anzumelden.

Alternativ zur Zäsurlösung, bei der der Erwerber im Durchführungsweg der Pensionskasse verbleibt, kann der für die Zielgesellschaft gewählte Durchführungsweg vom Erwerber nach den allgemeinen Grundsätzen der Änderung von Versorgungszusagen geändert werden. Dies setzt abhängig von dem gewählten Rechtsbegründungsakt und der konkreten Ausgestaltung der Zusage vielfach die Zustimmung der Versorgungsberechtigten oder des zuständigen Betriebsrats voraus. Soweit mit der Änderung des Durchführungsweges keine Nachteile verbunden sind, hat der Erwerber ggf. einen Anspruch auf Erteilung der Zustimmung durch die Versorgungsberechtigten.[396] In diesem Fall ist aber gesondert und sorgfältig zu prüfen, welche Auswirkungen dieser Wechsel des Durchführungsweges für die Ansprüche gegen die Pensionskasse hat, da diese eigenen – versicherungsrechtlichen – Regeln folgen und daher nicht automatisch entfallen.

8.3 Checkliste für eine Due-Diligence-Prüfung mit dem Fokus auf die betriebliche Altersversorgung

Im Rahmen einer Unternehmenstransaktion müssen die Versorgungsverpflichtungen unabhängig von der Art der Dealstruktur ermittelt und bewertet werden. Dies erfolgt in der Regel durch eine sog. Due-Diligence-Prüfung. Hierbei ist die Vorlage folgender Dokumente und Informationen vielfach sinnvoll:[397]

- Texte sämtlicher aktueller individualvertraglich und kollektivrechtlich begründeten Versorgungszusagen einschließlich ihrer Historie samt Angaben über abweichende Handhabungen
- Texte sämtlicher abgelöster oder geschlossener Versorgungszusagen aus der Vergangenheit, bestenfalls mit entsprechenden Unterlagen und Hintergrundinformationen zur Ablösung bzw. Schließung
- Dokumentationen der nicht schriftlich zugesagten Versorgungsverbindlichkeiten (mündlicher Zusagen oder betrieblicher Übung und Anspruch aus dem allgemeinen arbeitsrechtlichen Gleichbehandlungsgrundsatz)

---

396 Zwanziger in: FS Bepler, Arbeitsgerichtsbarkeit und Wissenschaft, 2012, 689 (693 f.); Thüsing/ Granetzny, BetrAV, 2009, 485 (487); für ein einseitiges Wechselrecht Höfer/de Groot in: Höfer/de Groot/Küpper/Reich, BetrAVG Band I Stand 2018, Kap. 9 Rn. 148 ff.

397 Vgl. hierzu ausführlich Schnitker, in: Willemsen/Hohenstatt/Schweibert/Seibt, Umstrukturierung und Übertragung von Unternehmen, 5. Aufl. 2016, Kap. J Rn. 750 ff.

- sämtliche Vereinbarungen mit externen Versorgungsträgern bzw. Satzungen, Versicherungsverträge derselben, ggf. auch Informationsbroschüren
- aktuelle aktuarische Gutachten zu der Bewertung und dem Umfang der Leistungsverpflichtungen der letzten drei Geschäftsjahre mit Beschreibung der Bewertungsmethoden und der zugrunde gelegten Annahmen
- Aufstellung über die laufenden monatlichen/jährlichen finanziellen Verpflichtungen zur Bedienung der Versorgungszusagen (Rentenzahlungen, Versicherungsprämien, Zuwendungen an Kassen, Beiträge zum Pensions-Sicherungs-Verein etc.) und kurze Darstellung ihrer Entwicklung in den letzten drei Jahren
- Aufstellung über die Sicherungsübertragung, Abtretung oder Beleihung von Rechten der Versorgungsberechtigten
- Angaben über durchgeführte Überprüfungen oder Anpassungen der Leistungen der betrieblichen Altersversorgung gemäß § 16 BetrAVG
- Aufstellung mit sämtlichen außergerichtlichen und gerichtlichen Streitigkeiten über Leistungen der betrieblichen Altersversorgung in den letzten fünf Jahren mit Angabe des Streitgegenstands und Verfahrensausgangs bzw. -stands sowie der Erfolgsaussichten

9 Besonderheiten bei Versorgungszusagen von Organmitgliedern

Das BetrAVG ist primär Arbeitnehmerschutzrecht. Dies zeigen die umfangreichen Schutzvorschriften, von denen grundsätzlich nur durch Tarifvertrag zum Nachteil des Arbeitnehmers abgewichen werden kann.

Aber auch Organmitgliedern (namentlich Vorständen einer Aktiengesellschaft oder Geschäftsführern einer GmbH) werden Versorgungszusagen erteilt. Häufig besteht das Bedürfnis, auch die Betriebstreue von Organmitgliedern auf Führungsebene mit der Zusage einer betrieblichen Altersversorgung zu honorieren. Unter den Vorgaben des §17 Abs. 1 Satz 2 BetrAVG unterfallen diese Personen ebenfalls den Schutzvorschriften des BetrAVG. Damit stellt sich die Frage, ob die grundsätzlich einseitig zwingenden Vorschriften des BetrAVG nicht von Organmitgliedern abbedungen werden können.

Das BAG räumt Organmitgliedern und Unternehmen hier durchaus eine gewisse Flexibilität ein: Nach der Rechtsprechung des BAG[398] kann bei Versorgungszusagen gegenüber Organmitgliedern individualvertraglich auch von zwingenden Vorschriften (z. B. §§3, 4 BetrAVG) des BetrAVG, die grundsätzlich auch mit Zustimmung des Arbeitnehmers nicht zur Disposition stehen, abgewichen werden, soweit diese Vorschriften tarifdispositiv sind. Dieser Rechtsprechung hat sich jüngst der BGH angeschlossen.[399]

In dem Urteil des BGH stritten die Parteien um die Wirksamkeit der Kapitalabfindung der Versorgungszusage eines Gesellschafter-Geschäftsführers (Kläger). Bei Erteilung der Zusage wurde vereinbart: »Das Unternehmen ist berechtigt, nach Eintritt des Versorgungsfalls Versorgungsansprüche durch Kapitalzahlung abzufinden.« Bei Eintritt des Versorgungsfalls beschloss die Gesellschafterversammlung, von dem vereinbarten Abfindungsrecht Gebrauch zu machen. Der Kläger wehrte sich unter Verweis auf das Abfindungsverbot erfolglos dagegen.

In Übereinstimmung mit der Rechtsprechung des BAG entschied der BGH, dass von Vorschriften des Betriebsrentengesetzes zum Nachteil von Organmitglie-

---

398 BAG v. 21.4.2009 – 3 AZR 285/07, AP BetrAVG §1 Beamtenversorgung Nr. 21.
399 BGH v. 23.5.2017 – II ZR 6/16, NZG 2017, 948.

dern abgewichen werden kann, »soweit auch den Tarifvertragsparteien Abweichungen erlaubt sind«.

Das Gericht begründet diese Auffassung damit, dass Organmitglieder – ebenso wie Gewerkschaften – eine weit höhere Verhandlungsmacht haben als Arbeitnehmer.

Die Grenzen der Abdingbarkeit ergeben sich daher ebenso wie für die Tarifparteien aus § 17 Abs. 3 Satz 1 BetrAVG. Danach können auch das Unternehmen und das betreffende Organmitglied durch individualvertragliche Vereinbarung von den §§ 1a, 2 bis 5, 16, 18a Satz 1, §§ 27 und 28 abweichen.

Anhang

Rechtsprechungsübersicht

Begriff der betrieblichen Altersversorgung

1. Betriebliche Altersversorgung – Zusage aus Anlass eines Arbeitsverhältnisses oder arbeitnehmerähnlichen Beschäftigungsverhältnisses
BAG, 19.1.2010 – 3 AZR 42/08 – NZA 2010, 1066 = DB 2010, 1411
1. Eine Versorgungszusage ist nur dann »aus Anlass« eines Arbeitsverhältnisses oder Beschäftigungsverhältnisses i.S.d. §17 Abs. 1 Satz 2 BetrAVG erteilt, wenn zwischen ihr und dem Arbeits-/Beschäftigungsverhältnis ein ursächlicher Zusammenhang besteht. Erforderlich ist eine Kausalitätsprüfung, die alle Umstände des Einzelfalles berücksichtigt.
2. Sagt ein Unternehmen allen Gesellschaftern und nur ihnen eine Versorgung zu, ist das ein Indiz dafür, dass dies nicht »aus Anlass« des Arbeits-/Beschäftigungsverhältnisses geschah.

Weitere Orientierungssätze:
1. Eine Versorgungszusage ist nur dann »aus Anlass« eines Arbeitsverhältnisses oder Beschäftigungsverhältnisses i.S.d. §17 Abs. 1 Satz 2 BetrAVG erteilt, wenn zwischen ihr und dem Arbeits-/Beschäftigungsverhältnis ein ursächlicher Zusammenhang besteht. Erforderlich ist eine Kausalitätsprüfung, die alle Umstände des Einzelfalles berücksichtigt (Leitsatz 1).
2. Die Zusage ausschließlich an Gesellschafter ist insbesondere dann ein starkes Indiz für den Zusammenhang mit der Gesellschafterstellung, wenn es nur wenige Gesellschafter gibt.
3. Ferner kommt es darauf an, ob die zugesagte Versorgung nach Art und Höhe auch bei Fremdkräften wirtschaftlich vernünftig und üblich gewesen wäre.
4. Eine Rolle spielen kann auch, ob eine bereits während des Arbeits- bzw. Beschäftigungsverhältnisses zu finanzierende Direktversicherung vorliegt oder eine Direktzusage, bei der die Belastungen erst bei Eintritt des Versorgungsfalles bestehen.

Entgeltumwandlung

1. Anspruch auf Entgeltumwandlung – Abdingbarkeit
BAG, 19.4.2011 – 3 AZR 154/09 – NZA 2011, 982 = ZIP 2011, 1683 = DB 2011, 2210 = EWiR 2011, 729 (Matthießen)
1. Gemäß §17 Abs. 3 Satz 1 BetrAVG kann ein Anspruch auf Entgeltumwandlung nach §1a BetrAVG durch Tarifvertrag ausgeschlossen werden. Zwischen nicht tarifgebundenen Arbeitgebern und Arbeitnehmern haben die abwei-

chenden tariflichen Regelungen nach §17 Abs. 3 Satz 2 BetrAVG allerdings nur dann Geltung, wenn zwischen ihnen die Anwendung der einschlägigen tariflichen Regelung vereinbart ist.

2. Die einschlägige tarifliche Regelung i.S.v. §17 Abs. 3 Satz 2 BetrAVG ist diejenige, die gemäß §4 Abs. 1 TVG gelten würde, wenn die Parteien des Arbeitsvertrages tarifgebunden wären. Die Bezugnahme muss sich daher auf den räumlich, zeitlich, fachlich und persönlich anwendbaren Tarifvertrag richten.

3. Dies gilt auch dann, wenn der nicht tarifgebundene Arbeitgeber Empfänger sog. institutioneller Förderung i.S.v. §8 des Gesetzes über die Feststellung des Bundeshaushaltsplans ist und auf die Arbeitsverhältnisse mit seinen Beschäftigten kraft arbeitsvertraglicher Vereinbarung die Tarifverträge für den öffentlichen Dienst anwendet.

Weitere Orientierungssätze:

1. Der Anspruch auf Entgeltumwandlung nach §1a BetrAVG kann gemäß §17 Abs. 3 Satz 1 BetrAVG durch Tarifvertrag ausgeschlossen werden. Eine derartige Tarifbestimmung gilt nach §17 Abs. 3 Satz 2 BetrAVG auch zwischen nicht tarifgebundenen Arbeitgebern und Arbeitnehmern, wenn zwischen diesen die Anwendung der einschlägigen tariflichen Regelung vereinbart ist (vgl. Leitsatz 1).

2. Die einschlägige tarifliche Regelung i.S.v. §17 Abs. 3 Satz 2 BetrAVG ist diejenige, die gemäß §4 Abs. 1 TVG gelten würde, wenn die Parteien des Arbeitsvertrages tarifgebunden wären. Die Bezugnahme muss sich daher auf den räumlich, zeitlich, fachlich und persönlich anwendbaren Tarifvertrag richten (Leitsatz 2).

3. Dies gilt auch, wenn der Arbeitgeber die Anwendung des Tarifvertrages mit allen Arbeitnehmern vereinbart und ein anderer einschlägiger Tarifvertrag für den Arbeitgeber nicht besteht.

4. Eine andere Auslegung ist auch dann nicht geboten, wenn der Arbeitgeber Empfänger sog. institutioneller Förderung i.S.v. §8 des Gesetzes über die Feststellung des Bundeshaushaltsplans (Haushaltsgesetz) ist und auf die Arbeitsverhältnisse mit seinen Beschäftigten die Tarifverträge für den öffentlichen Dienst anwendet (vgl. Leitsatz 3).

5. Es ist zweifelhaft, ob der Abschluss einer Entgeltumwandlungsvereinbarung nach §1a BetrAVG eine Besserstellung i.S.d. §8 Abs. 2 Haushaltsgesetz bewirkt; jedenfalls hindert das Besserstellungsverbot die Arbeitnehmer nicht, Ansprüche und Rechte gegenüber dem Arbeitgeber auch dann geltend zu machen, wenn diese über diejenigen hinausgehen, die vergleichbaren Beschäftigten des öffentlichen Dienstes gesetzlich oder tariflich zustehen.

2. Entgeltumwandlung – Aufklärungspflicht des Arbeitgebers
BAG, 21.1.2014 – 3 AZR 807/11 – NZA 2014, 903
Der Arbeitgeber ist nicht verpflichtet, den Arbeitnehmer von sich aus auf den Anspruch auf Entgeltumwandlung nach §1a BetrAVG hinzuweisen.

Weitere Orientierungssätze:

Der Arbeitgeber ist nicht dazu verpflichtet, den Arbeitnehmer von sich aus auf den Anspruch auf Entgeltumwandlung nach §1a BetrAVG hinzuweisen. Eine derartige Hinweispflicht ergibt sich nicht aus den Bestimmungen des BetrAVG. Auch aufgrund einer arbeitsvertraglichen Nebenpflicht (Fürsorgepflicht) ist der Arbeitgeber grundsätzlich nicht verpflichtet, den Arbeitnehmer über die Möglichkeit einer Entgeltumwandlung aufzuklären.

Gleichbehandlung, Diskriminierungsschutz, betriebliche Übung

1. Versorgungs-TV – Gleichbehandlung Arbeiter und Angestellte
BAG, 22.12.2009 – 3 AZR 895/07 – NZA 2010, 521 = DB 2010, 2816
1. Der Gleichbehandlungsgrundsatz greift nicht ein, wenn der Arbeitgeber tarifvertragliche Normen anwendet. Dies gilt auch dann, wenn der Tarifvertrag mangels Tarifgebundenheit des Arbeitnehmers nicht unmittelbar und zwingend, sondern lediglich aufgrund einer arbeitsvertraglichen Inbezugnahme Anwendung findet.
2. Die §§23, 24 des Tarifvertrages über eine Betriebsrente für die Arbeitnehmer der Dortmunder Stadtwerke AG (DSW) und der Dortmunder Energie- und Wasserversorgung GmbH (DEW) vom 21. Juli 2004 enthalten keine allein an den unterschiedlichen Status von Arbeitern und Angestellten anknüpfenden Bestimmungen, sondern nehmen für die Berechnung der Startgutschrift auf für Arbeiter und Angestellte jeweils unterschiedliche tarifvertragliche Versorgungsregelungen und damit mittelbar auf für Arbeiter und Angestellte jeweils unterschiedliche Vergütungssysteme – den BAT und den BMT-G – Bezug.
3. Die Unterschiede zwischen den mittelbar in Bezug genommenen Regelungen des BAT und des BMT-G über die Entgeltstruktur und die Entgeltfindung sind von solcher Art und solchem Gewicht, dass sie eine unterschiedliche Behandlung bei der betrieblichen Altersversorgung rechtfertigen.

Weitere Orientierungssätze: ...
1. Tarifverträge haben Kompromisscharakter. Dies hat zur Folge, dass der Arbeitgeber innerhalb des Anwendungsbereichs derartiger Regelungen nicht an den Gleichbehandlungsgrundsatz gebunden ist. Dies gilt auch dann, wenn

der Tarifvertrag mangels Tarifgebundenheit des Arbeitnehmers nicht unmittelbar und zwingend, sondern lediglich aufgrund einer arbeitsvertraglichen Inbezugnahme Anwendung findet. Auch hier liegt ein bloßer Vollzug eines fremden Regelwerks vor (vgl. Leitsatz 1).

2. Der Gleichheitssatz des Art. 3 Abs. 1 GG wird durch eine Tarifnorm verletzt, wenn die Tarifvertragsparteien es versäumt haben, tatsächlichen Gleichheiten oder Ungleichheiten der zu ordnenden Lebensverhältnisse zu berücksichtigen, die so bedeutsam sind, dass sie bei einer am Gerechtigkeitsgedanken orientierten Betrachtungsweise beachtet werden müssen. Die aus Art. 3 Abs. 1 GG folgenden Grenzen sind dann überschritten, wenn eine Gruppe von Normadressaten im Vergleich zu anderen Normadressaten anders behandelt wird, obwohl zwischen beiden Gruppen keine Unterschiede von solcher Art und solchem Gewicht bestehen, dass sie eine Ungleichbehandlung rechtfertigen können. ...

2. Versorgungsverschaffung
BAG, 22.12.2009 – 3 AZR 136/08 – DB 2010, 1074
Orientierungssätze:

1. Sagt der Arbeitgeber einem Arbeitnehmer eine Versorgung zu, folgt aus der arbeitsrechtlichen Grundverpflichtung, dass der Arbeitgeber die Versicherungsleistungen oder zumindest gleichwertige Leistungen gegebenenfalls selbst zu erbringen hat, wenn der externe Versorgungsträger, über den die Versorgung der Zusage gemäß durchzuführen ist, die betriebsrentenrechtliche Zusage nicht erfüllt.

2. Eine Gesamtzusage des Arbeitgebers verlangt die Bekanntgabe eines Leistungsversprechens an die Belegschaft. Akte der internen Willensbildung reichen nicht aus.

3. Allein aus dem Beitritt des Arbeitgebers zu einer selbständigen Versorgungseinrichtung kann der Arbeitnehmer noch nicht das Recht auf Versorgung herleiten.

4. Meldet der Arbeitgeber nach einem unternehmensweiten, generalisierenden Prinzip eine bestimmte Gruppe von Arbeitnehmern bei einer Versorgungseinrichtung an, verlangt der allgemeine Gleichbehandlungsgrundsatz, dass die Gruppenbildung sachlichen Kriterien entspricht. In erster Linie kommt es auf das tatsächliche Verhalten des Arbeitgebers an.

5. Meldet der Arbeitgeber die in einem Verlag tätigen Redakteure zur Versorgung beim Versorgungswerk der Presse, andere Arbeitnehmer hingegen bei der Zusatzversorgungskasse der bayrischen Gemeinden an, kann die unterschiedliche Behandlung unter dem Gesichtspunkt einer verbesserten Portabilität von Versorgungsansprüchen gerechtfertigt sein.

3. Betriebsübergang – Gleichbehandlung – Betriebsvereinbarung
BAG, 19.1.2010 – 3 ABR 19/08 – DB 2010, 1131
Orientierungssätze:

1. Betriebsvereinbarungen sind am betriebsverfassungsrechtlichen Gleichbehandlungsgrundsatz zu messen, wenn sie Arbeitnehmer, deren Arbeitsverhältnis durch einen Betriebs- oder Betriebsteilübergang auf den Arbeitgeber übergeht, von einer Versorgungsordnung ausnehmen, neu eintretende Arbeitnehmer jedoch nicht.

2. Diese Herausnahme ist gerechtfertigt. Durch einen Betriebs- oder Betriebsteilübergang entsteht eine Übergangssituation. Es ist nicht von vornherein absehbar, welche Arbeits-, insbesondere Versorgungsbedingungen, in derartigen Arbeitsverhältnissen gelten und welche Unterschiede zu denen der anderen Arbeitnehmer bestehen. Die Herausnahme erleichtert eine sachgerechte und angemessene Regelung dieser Übergangssituation.

4. Betriebsrente – Gleichbehandlung Arbeiter und Angestellte
BAG, 16.2.2010 – 3 AZR 216/09 – NZA 2010, 701

1. Der bloße Statusunterschied zwischen Arbeitern und Angestellten kann eine Ungleichbehandlung in einer Betriebsvereinbarung hinsichtlich der betrieblichen Altersversorgung nicht rechtfertigen. Etwas anderes kann ausnahmsweise dann gelten, wenn mit der Anknüpfung an den Statusunterschied gleichzeitig an einen Lebenssachverhalt angeknüpft wird, der geeignet ist, gemessen am Differenzierungsgrund die in der anknüpfenden Regelung vorgesehenen unterschiedlichen Rechtsfolgen zu tragen.

2. Wird ein Versorgungsberechtigter durch die Versorgungsordnung einer Gruppenunterstützungskasse, in die er aufgenommen ist, benachteiligt, richten sich Ansprüche auf Gleichbehandlung nicht nur gegen seinen – ehemaligen – Arbeitgeber, sondern auch gegen die Gruppenunterstützungskasse.

Weitere Orientierungssätze:

1. Die Betriebsparteien dürfen in Betriebsvereinbarungen zur betrieblichen Altersversorgung nicht an den bloßen Statusunterschied zwischen gewerblichen Arbeitnehmern – Arbeitern – und Angestellten anknüpfen. Etwas anderes kann ausnahmsweise nur dann gelten, wenn mit der Anknüpfung an den Statusunterschied gleichzeitig an einen Lebenssachverhalt angeknüpft wird, der geeignet ist, die in der betrieblichen Regelung festgelegten Rechtsfolgen zu tragen. Das ist am Regelungszweck und dem aus ihm folgenden Differenzierungsgrund zu messen.

2. Ein unterschiedlich hoher Versorgungsgrad durch die gesetzliche Rente ist an sich ein billigenswerter Differenzierungsgrund.

    a)   Die Anknüpfung setzt voraus, dass die Gruppen in sich hinreichend homogen sind, die Gruppenmitglieder also einen typischerweise ähnlichen Versorgungsgrad aus der gesetzlichen Rente aufweisen. Auf Durchschnittswerte kann nicht abgestellt werden.

b)   Außerdem müssen die Rechtsfolgen in der betroffenen Regelung so ausgestaltet sein, dass sie sich dazu eignen, den unterschiedlichen Versorgungsgrad auszugleichen. Auch wenn die Betriebsparteien nicht zu »punktgenauen« Regelungen verpflichtet sind, ist eine Regelung umso weniger geeignet, die ungleiche Behandlung zu rechtfertigen, je mehr sie typisiert, obwohl eine punktgenaue Regelung ohne oder mit wenig Schwierigkeiten möglich wäre.

3.   Der Beurteilungsspielraum der Betriebsparteien bei der Ausgestaltung betriebsrentenrechtlicher Regelungen ist geringer als bei der Schaffung von Sozialplänen. Im Betriebsrentenrecht steht der Vergütungscharakter, nicht die zukunftsbezogene Versorgungsfunktion im Vordergrund.

4.   Eine Ungleichbehandlung entfällt nicht dadurch, dass statt einer Betriebsrente eine Kapitalleistung gewährt wird. Andernfalls würde das Langlebigkeitsrisiko unzulässig auf den Versorgungsberechtigten verschoben.

5.   Jedenfalls im Betriebsrentenrecht führt eine Verletzung des für die Betriebsparteien geltenden Gebots der Gleichbehandlung dazu, dass die benachteiligten Arbeitnehmer Ansprüche auf »Angleichung nach oben« haben.

6.   Für Beschäftigungszeiten vor dem 1. Juli 1993 konnten die Betriebsparteien darauf vertrauen, dass sie auch im Betriebsrentenrecht zwischen Arbeitern und Angestellten allein aufgrund des Status unterscheiden durften. Für diese Beschäftigungszeiten entstehen deshalb keine Ansprüche auf Gleichbehandlung. Weitere Einschränkungen ergeben sich daraus jedoch nicht. Insbesondere können Leistungen, die der benachteiligten Gruppe zugutekamen, ohne dass sie aufgrund des Stichtages hätten erzwungen werden können, nicht mit einem Anspruch aus Gleichbehandlung für Beschäftigungszeiten ab dem Stichtag verrechnet werden.

7.   Ansprüche aus Gleichbehandlung können nicht nur gegen den Arbeitgeber, sondern auch gegen eine Gruppenunterstützungskasse gerichtet werden, wenn der Versorgungsberechtigte in sie aufgenommen ist.

5. Weihnachtsgeld für Betriebsrentner
BAG, 16.2.2010 – 3 AZR 118/08 – NZA 2011, 104
Orientierungssätze:

1.   Betriebsrentenansprüche aus betrieblicher Übung lassen sich nicht deshalb verneinen, weil zur Abänderung oder Ablösung derartiger Ansprüche das Instrumentarium der Änderungskündigung oder der kollektivvertraglichen Abänderung regelmäßig nicht zur Verfügung steht.

2.   Will der Arbeitgeber vermeiden, dass aus der Stetigkeit seines Verhaltens aufgrund betrieblicher Übung eine in die Zukunft wirkende Bindung entsteht,

muss er den einschränkenden Vorbehalt zwar nicht ausdrücklich formulieren, aber klar und deutlich zum Ausdruck bringen.

3. Für den Bereich der betrieblichen Altersversorgung war eine gegenläufige Übung nicht anzuerkennen. Die unterschiedliche Struktur der Rechtsbeziehung verbot es, den für das Arbeitsverhältnis entwickelten Rechtsgedanken der gegenläufigen Übung auf das Versorgungsverhältnis zu übertragen.

4. Gemäß Art. 229 §5 Satz 2 EGBGB sind auf Dauerschuldverhältnisse, die vor dem 1. Januar 2002 begründet wurden, vom 1. Januar 2003 an die Vorschriften in der dann geltenden (Neu-)Fassung anzuwenden. Durch die Einräumung einer einjährigen Übergangsfrist hat der Gesetzgeber dem Vertrauensschutz des Arbeitgebers im Regelfalle genügt.

6. Hinterbliebenenversorgung – Ausschluss von Ehepartnern bei Eheschluss nach dem Ausscheiden
BAG, 20.4.2010 – 3 AZR 509/08 – NZA 2011, 1092 = DB 2010, 2000

1. Eine Versorgungszusage kann den Anspruch auf Witwen-/Witwerversorgung davon abhängig machen, dass die Ehe vor dem (vorzeitigen) Ausscheiden aus dem Arbeitsverhältnis geschlossen wurde.

2. Die einschränkende Voraussetzung, dass die Ehe vor dem Ausscheiden aus dem Arbeitsverhältnis geschlossen wurde, steht weder im Widerspruch zu Art. 6 Abs. 1 GG noch zur gesetzlichen Unverfallbarkeitsbestimmung des §1b BetrAVG. Sie stellt auch keine unzulässige Benachteiligung/Diskriminierung wegen des Alters oder des Geschlechts dar.

Weitere Orientierungssätze:

1. Eine Versorgungszusage kann den Anspruch auf Witwen-/Witwerversorgung davon abhängig machen, dass die Ehe vor dem (vorzeitigen) Ausscheiden aus dem Arbeitsverhältnis geschlossen wurde (Leitsatz 1).

2. Die einschränkende Voraussetzung, dass die Ehe vor dem Ausscheiden aus dem Arbeitsverhältnis geschlossen wurde, widerspricht nicht dem Verbot des Art. 6 Abs. 1 GG, die Ehe zu schädigen oder sonst zu beeinträchtigen. Ehepartnern entsteht durch die Einschränkung kein Nachteil, den sie ohne die Heirat nicht gehabt hätten; das Ausbleiben eines ursprünglich erhofften Vorteils ist kein rechtlicher Nachteil.

3. Die Beschränkung des Kreises derer, die einen Anspruch auf Hinterbliebenenversorgung erwerben können, steht nicht im Widerspruch zu der gesetzlichen Unverfallbarkeitsbestimmung des §1b Abs. 1 BetrAVG. Setzt ein Anspruch auf Witwen/Witwerversorgung voraus, dass die Ehe vor dem Ausscheiden aus dem Arbeitsverhältnis geschlossen wurde, so wird der Kreis der möglichen Versorgungsberechtigten von vornherein in einer für den Mitarbeiter erkennbaren Weise auf Hinterbliebene eingeschränkt, die bereits während des Bestehens des Arbeitsverhältnisses in familiärer Beziehung zum Mitarbeiter standen.

4. Die als neutrales Kriterium formulierte einschränkende Voraussetzung der Eheschließung vor dem Ausscheiden stellt keine mittelbare Benachteiligung/ Diskriminierung wegen des Alters oder des Geschlechts dar.

5. Sie hält einer Überprüfung anhand des AGG stand. Das Ziel des Arbeitgebers, seine Leistungspflichten auf Risiken zu begrenzen, die bereits während des Arbeitsverhältnisses angelegt waren, ist ein rechtmäßiges Ziel i.S.d. § 3 Abs. 2 AGG. Die Voraussetzung, dass die Ehe vor dem Ausscheiden aus dem Arbeitsverhältnis geschlossen sein muss, ist zur Erreichung des Ziels auch angemessen und erforderlich.

6. Europarechtliche Vorschriften führen zu keinem anderen Ergebnis. Art. 2 RL 2000/78/EG ist nicht verletzt. Die Festsetzung von Altersgrenzen in betrieblichen Systemen der sozialen Sicherheit ist ohne weiteres europarechtlich in der Regel zulässig. Die Prüfungsmaßstäbe nach den §§ 1, 3 und 7 AGG sind die gleichen wie die für die Benachteiligung wegen des Geschlechts nach Art. 2 RL 2006/54/EG und Art. 141 EG (nunmehr: Art. 157 AEUV).

7. Weder Art. 3 GG noch der arbeitsrechtliche Gleichbehandlungsgrundsatz enthalten weitergehende Anforderungen als § 3 AGG.

7. Betriebliche Altersversorgung – Berücksichtigung von Kindererziehungszeiten – Besitzstand aus der bisherigen VAP-Zusatzversorgung
BAG, 20.4.2010 – 3 AZR 370/08 – NZA 2010, 1188 = DB 2010, 2734
1. Der Ausschluss von
2. Erziehungsurlaubszeiten von der Anwartschaftssteigerung stellt weder nach primärem europäischem Gemeinschaftsrecht noch nach deutschem Verfassungsrecht eine mittelbare Diskriminierung wegen des Geschlechts dar.
3. Ein Anspruch auf Berücksichtigung von Erziehungsurlaubszeiten bei der Anwartschaftsberechnung folgt auch nicht aus sekundärem europäischem Gemeinschaftsrecht oder einfachem nationalen Gesetzesrecht.

Weitere Orientierungssätze:
1. Der Ausschluss von Erziehungsurlaubszeiten von der Anwartschaftssteigerung stellt weder nach primärem europäischem Gemeinschaftsrecht noch nach deutschem Verfassungsrecht eine mittelbare Diskriminierung wegen des Geschlechts dar (Leitsatz 1).
2. Eine unzulässige mittelbare Diskriminierung aufgrund des Geschlechts ist sowohl nach Art. 141 EG als auch dem nicht weitergehenden Art. 3 Abs. 2 und 3 GG nicht gegeben, wenn die streitige Maßnahme durch objektive Faktoren gerechtfertigt ist, die nichts mit der Diskriminierung aufgrund des Geschlechts zu tun haben, und der vom Arbeitgeber für die Ungleichbehandlung angeführte Grund einem wirklichen Bedürfnis des Unternehmens entspricht und für die Erreichung dieses Ziels geeignet und erforderlich ist. Dies ist bei Versorgungsregelungen, die an die tatsächliche Arbeitsleistung anknüpfen

und deshalb Zeiten des Erziehungsurlaubs nicht berücksichtigen, der Fall; das beim Erziehungsurlaub kraft Gesetzes eintretende Ruhen des Arbeitsverhältnisses rechtfertigt objektiv eine Anspruchsminderung.

3. Wenn das Arbeitsverhältnis im Ganzen ruht, darf der Arbeitgeber seine Aufwendungen für die betriebliche Altersversorgung ebenfalls ruhen lassen. Der sowohl auf nationaler als auch auf gemeinschaftsrechtlicher Ebene anerkannte Charakter der betrieblichen Altersversorgung als Vergütung für erbrachte Betriebszugehörigkeit verbietet eine Gleichbehandlung mit einer Sozialplanabfindung.

4. Es bedeutet auch keine mittelbare Diskriminierung von Frauen, wenn Zeiten des Grundwehr- oder Ersatzdienstes (sowie von Wehrübungen) aufgrund §14a Abs. 1 bis 3 ArbPlSchG (ggf. i.V.m. §78 ZDG) als umlagepflichtige Zeiten zu einer Steigerung des Besitzstandsbetrags führen, obgleich das Arbeitsverhältnis während dieser Zeiten ebenfalls ruht, §1 Abs. 1 ArbPlSchG (ggf. i.V.m. §78 ZDG). Nach §14a Abs. 2 Satz 2 ArbPlSchG kann der – private – Arbeitgeber auf die Zeit des Wehr- oder Zivildienstes entfallende Beiträge beim Bundesministerium der Verteidigung oder der von ihm bestimmten Stelle bzw. beim Bundesministerium für Familie, Senioren, Frauen und Jugend oder der von ihm bestimmten Stelle zur Erstattung anmelden. Dies erlaubt eine Differenzierung auch im Arbeitsverhältnis.

5. Dem durch Art. 6 Abs. 1 und 2 GG gesicherten Mindestanspruch der Eltern wird durch zahlreiche Einzelvorschriften hinreichend Rechnung getragen. Darüber hinaus besteht aus Gründen des verfassungsrechtlich gebotenen Mindestschutzes nicht die Notwendigkeit, Erziehungszeiten auch im Rahmen der betrieblichen Altersversorgung anwartschaftssteigernd zu berücksichtigen.

6. §15 Abs. 2 Satz 6 BEEG (gültig ab dem 1. Januar 2007) sowie §15 Abs. 2 Satz 6 BErzGG (letzte Fassung; vom 1. Januar 1992 bis zum 31. Dezember 2000: §15 Abs. 3 BErzGG, davor: §15 Abs. 4 BErzGG), wonach der Anspruch auf Erziehungsurlaub nicht durch Vertrag ausgeschlossen oder beschränkt werden kann, verbieten keine – tarifvertragliche oder satzungsrechtliche – Regelung, nach welcher die Zeiten des ruhenden Arbeitsverhältnisses für eine zusätzliche tarifliche Leistung nicht anspruchssteigernd berücksichtigt werden.

8. Betriebliche Altersversorgung – mittelbare Diskriminierung
BAG, 19.1.2011 – 3 AZR 29/09 – NZA 2011, 860 = SAE 2011, 241 (Rolfs)
Das Verbot der mittelbaren Diskriminierung wegen des Geschlechts ist auch von den Tarifvertragsparteien zu beachten. Ihnen gebührt allerdings aufgrund der Tarifautonomie eine Einschätzungsprärogative in Bezug auf die sachlichen Gegebenheiten, die betroffenen Interessen und die Regelungsfolgen sowie ein Beurteilungs- und Ermessensspielraum hinsichtlich der inhaltlichen Gestaltung der von ihnen getroffenen Regelungen. Dies ist bei der Prü-

fung, ob eine Benachteiligung wegen des Geschlechts sachlich gerechtfertigt ist, zu berücksichtigen.

Weitere Orientierungssätze:

1. Nach §2 des Tarifvertrages zur Vereinheitlichung der betrieblichen Altersversorgung i.V.m. dem Tarifvertrag Lufthansa-Betriebsrente für das Kabinenpersonal sind bei der fiktiven rückwirkenden Berechnung der sog. Lufthansa-Betriebsrente Zeiten eines früheren Arbeitsverhältnisses einer Flugbegleiterin nicht zu berücksichtigen. Darin liegt keine unzulässige Diskriminierung wegen des Geschlechts.

2. Eine nach Unionsrecht, deutschem Verfassungsrecht und dem AGG verbotene mittelbare Benachteiligung wegen des weiblichen Geschlechts setzt voraus, dass sich in der durch eine Regelung benachteiligten Gruppe im Vergleich zur begünstigten Gruppe wesentlich mehr Frauen befinden als Männer. Es darf zudem für die Unterscheidung keinen Sachgrund geben. Ein Sachgrund liegt vor, wenn die Regelung durch ein rechtmäßiges Ziel sachlich gerechtfertigt ist und die Mittel zur Erreichung

9. Betriebsrente – betriebliche Übung – Urteilsergänzung
BAG, 23.8.2011 – 3 AZR 650/09 – NZA 2012, 37 = DB 2012, 528

1. Über einen Antrag auf Urteilsergänzung nach §64 Abs. 3a ArbGG hat das Gericht unter Hinzuziehung derselben Richter zu entscheiden, die an dem Urteil mitgewirkt haben.

2. Eine betriebliche Übung kann durch die Erbringung von Versorgungsleistungen an bereits im Ruhestand befindliche Versorgungsempfänger entstehen und zu deren Gunsten anspruchsbegründend wirken.

Weitere Orientierungssätze:

1. Über einen Antrag auf Urteilsergänzung nach §64 Abs. 3a ArbGG entscheidet das Gericht unter Hinzuziehung derselben Richter, die am Urteil selbst mitgewirkt haben. Ergeht die Entscheidung über die Urteilsergänzung ohne mündliche Verhandlung, ist sie durch Beschluss zu treffen.

2. Eine in die gesetzliche Rentenversicherung überführte Rentenanwartschaft nach dem Zusatzversorgungssystem der technischen Intelligenz der ehemaligen DDR ist eine zusätzliche Altersversorgung i.S.v. §2 Abs. 4 TVV Energie.

3. Ansprüche auf betriebliche Altersversorgung können im Wege der betrieblichen Übung auch dadurch entstehen, dass Versorgungsleistungen an bereits im Ruhestand befindliche ehemalige Beschäftigte erbracht werden.

10. Betriebliche Altersversorgung – Altersdiskriminierung
BAG, 19.7.2011 – 3 AZR 434/09 – NZA 2012, 155
Die Regelungen in §7 Abs. 2 Satz 3 und Satz 4, §2 Abs. 1 Satz 1 BetrAVG zur Berechnung der insolvenzgeschützten Betriebsrentenanwartschaft und der gesetzlich unverfallbaren Anwartschaft bei vorzeitigem Ausscheiden aus dem Arbeitsverhältnis verstoßen nicht gegen das unionsrechtliche Verbot der Diskriminierung wegen des Alters.

Weitere Orientierungssätze:
1. §7 Abs. 2 Satz 3 und Satz 4 BetrAVG verweist für die Berechnung einer insolvenzgeschützten Versorgungsanwartschaft auf die Regelung in §2 Abs. 1 Satz 1 BetrAVG zur Berechnung der gesetzlich unverfallbaren Betriebsrentenanwartschaft bei vorzeitigem Ausscheiden aus dem Arbeitsverhältnis.
2. Anzuwenden ist danach das Prinzip der zeitratierlichen Berechnung. Die Berechnung erfolgt dergestalt, dass die Dauer des Arbeitsverhältnisses von dessen Beginn bis zum Sicherungsfall in das Verhältnis gesetzt wird zur möglichen Betriebszugehörigkeit vom Beginn des Arbeitsverhältnisses bis zur festen Altersgrenze. Insolvenzgeschützt ist der diesem Verhältnis entsprechende Teil der bei einer Betriebszugehörigkeit bis zur festen Altersgrenze nach der maßgeblichen Versorgungsordnung erreichbaren »fiktiven« Vollrente.
3. Diese Berechnungsmethode kann zur Folge haben, dass eine Betriebszugehörigkeit, die in jüngeren Jahren erbracht wird, zu einer geringeren Anwartschaft führt als dieselbe Betriebszugehörigkeit, die in höherem Lebensalter zurückgelegt wird. Dies kann etwa dann der Fall sein, wenn nach der Versorgungsordnung Versorgungsanwartschaften nur bis zu einer bestimmten Dauer der Betriebszugehörigkeit – z.B. 30 Jahre – erworben werden können und sich eine darüber hinausgehende Betriebszugehörigkeit nicht mehr unmittelbar rentensteigernd auswirkt.
4. Diese Ungleichbehandlung bewirkt keine gegen das Unionsrecht verstoßende Diskriminierung wegen des Alters.

(Eine auf Art. 101 Abs. 1 Satz 2 GG gestützte Verfassungsbeschwerde hat das BVerfG durch Beschluss v. 29.05.2012 – 1 BvR 3201/11 – NZA 2013, 164 nicht zur Entscheidung angenommen.)

11. Berechnung einer Betriebsrente – Diskriminierung wegen Alters
BAG, 17.4.2012 – 3 AZR 481/10 – NZA 2012, 929
Orientierungssätze:
1. Tarifvertragliche Bestimmungen sind am AGG zu messen. Sie müssen das Verbot der Diskriminierung wegen des Alters (§§1, 7 AGG) beachten.
2. Die Anwendung des AGG setzt voraus, dass unter seinem zeitlichen Geltungsbereich ein Rechtsverhältnis zwischen den Parteien bestand. Dies muss

kein Arbeitsverhältnis sein. Ausreichend ist, wenn der Arbeitnehmer mit unverfallbaren Anwartschaften aus dem Arbeitsverhältnis ausgeschieden oder Betriebsrentner ist und das damit begründete Anwartschafts- oder Versorgungsverhältnis bei oder nach Inkrafttreten des AGG noch besteht bzw. bestand.

3. Die Regelung in der Protokollnotiz I zum TV Lufthansa-Betriebsrente für das Cockpitpersonal vom 4. Dezember 2004, wonach Piloten, die aufgrund der Altersgrenze in §19 MTV Cockpitpersonal zwischen der Vollendung des 55. und des 60. Lebensjahres aus dem Arbeitsverhältnis ausscheiden, für die Zeit nach der Beendigung des Arbeitsverhältnisses bis zur Vollendung des 63. Lebensjahres ein nachvertraglicher Rentenbaustein pro Jahr zugerechnet wird, verstößt nicht gegen das Verbot der Diskriminierung wegen des Alters. Dadurch werden Piloten, die mit Vollendung des 60. Lebensjahres aus dem Arbeitsverhältnis ausscheiden und deshalb drei nachvertragliche Rentenbausteine erhalten, gegenüber Piloten, die mit derselben Betriebszugehörigkeit mit Vollendung des 55. Lebensjahres ausscheiden und denen acht nachvertragliche Rentenbausteine zugerechnet werden, nicht unzulässigerweise benachteiligt.

4. Soweit hierin überhaupt eine Ungleichbehandlung wegen des Alters i.S.d. AGG liegen sollte, ist sie nach §10 Satz 1 und Satz 2 AGG gerechtfertigt, da die tarifliche Regelung der Sicherung einer angemessenen Altersversorgung und damit einem legitimen Ziel sozialpolitischer Art i.S.v. §10 Satz 1 AGG, Art. 6 Abs. 1 RL 2000/78/EG dient und zur Erreichung dieses Ziels angemessen und erforderlich ist.

12. Versorgungsvertrag – Betriebliche Übung
BAG, 15.5.2012 – 3 AZR 610/11 – NZA 2012, 1279 = RdA 2014, 53 (Bieder)

1. Nach §1b Abs. 1 Satz 4 BetrAVG kann ein Anspruch auf Erteilung einer Versorgungszusage auf betrieblicher Übung beruhen. Die bindende Wirkung einer betrieblichen Übung tritt auch gegenüber Arbeitnehmern ein, die zwar unter Geltung der Übung im Betrieb gearbeitet, selbst aber die Vergünstigung noch nicht erhalten haben, weil sie die nach der Übung erforderlichen Voraussetzungen noch nicht erfüllt haben.

2. Vereinbart der Arbeitgeber über Jahre hinweg vorbehaltlos mit allen Arbeitnehmern nach einer bestimmten Dauer der Betriebszugehörigkeit und bei Vorliegen weiterer Voraussetzungen Versorgungsrechte, ist er aufgrund betrieblicher Übung verpflichtet, die Versorgungsrechte auch mit anderen Arbeitnehmern zu vereinbaren, sofern sie die erforderliche Betriebszugehörigkeit erbracht haben und die übrigen Voraussetzungen erfüllen.

Weitere Orientierungssätze:

1. Nimmt der Arbeitnehmer den Arbeitgeber im Klagewege auf Abgabe eines auf den Abschluss eines Versorgungsvertrages gerichteten Angebots in Anspruch, so besteht für diese Klage das erforderliche Rechtsschutzinteresse

nur dann, wenn der Arbeitnehmer ein berechtigtes Interesse daran hat, dass die Versorgungsvereinbarung nicht schon mit der Rechtkraft des Urteils zustande kommt. Andernfalls ist die Klage auf Annahme eines entsprechenden Vertragsangebots des Arbeitnehmers durch den Arbeitgeber zu richten.

2. Ein Anspruch auf Erteilung einer Versorgungszusage kann nach §1b Abs. 1 Satz 4 BetrAVG aufgrund betrieblicher Übung entstehen. Die bindende Wirkung einer betrieblichen Übung tritt auch gegenüber dem Arbeitnehmer ein, der zwar unter der Geltung der Übung im Betrieb gearbeitet, selbst aber die Vergünstigung noch nicht erhalten hat, weil er die nach der Übung vorausgesetzten Bedingungen noch nicht erfüllte. Es ist deshalb unerheblich, ob der betreffende Arbeitnehmer selbst bisher schon in die Übung einbezogen wurde. Demzufolge kann ein Arbeitnehmer bereits mit Beginn seiner Beschäftigung beim Arbeitgeber von einer betrieblichen Übung erfasst werden.

3. Will der Arbeitgeber verhindern, dass aus der Stetigkeit seines Verhaltens eine in die Zukunft wirkende Bindung entsteht, muss er einen entsprechenden Vorbehalt erklären. Dieser Vorbehalt muss klar und unmissverständlich kundgetan werden.

4. Bietet der Arbeitgeber seinen Arbeitnehmern über Jahre hinweg vorbehaltlos nach einer bestimmten Dauer der Betriebszugehörigkeit und bei Erfüllung bestimmter weiterer Voraussetzungen den Abschluss eines Versorgungsvertrages an, der u.a. eine Versorgung nach beamtenrechtlichen Grundsätzen vorsieht, so ist er aufgrund betrieblicher Übung verpflichtet, allen anderen Arbeitnehmern, die die erforderliche Betriebszugehörigkeit und die weiteren Voraussetzungen erfüllen, den Abschluss eines inhaltsgleichen Versorgungsvertrages anzubieten.

13. Verfall von Versorgungsanwartschaften – Diskriminierung wegen des Geschlechts und des Alters – Lohngleichheitsgebot
BAG, 9.10.2012 – 3 AZR 477/10 – NZA-RR 2013, 150
Orientierungssätze: Die in §1 Abs. 1 Satz 1 BetrAVG i.d.F. des Gesetzes vom 19. Dezember 1974 *(BGBl. I S. 3610)* bestimmten Fristen für die Unverfallbarkeit von Versorgungsanwartschaften sind mit Unionsrecht vereinbar und verfassungsgemäß.

14. Betriebliche Altersversorgung – Benachteiligung wegen Teilzeitbeschäftigung
BAG, 11.12.2012 – 3 AZR 588/10 –NZA 2013, 572
Orientierungssätze: Durch eine Regelung in einem Versorgungstarifvertrag, wonach Gehaltsbestandteile oberhalb der Beitragsbemessungsgrenze in der gesetzlichen Rentenversicherung mit einem höheren Betrag bewertet werden als unterhalb dieser Grenze liegende Gehaltsbestandteile (sog. gespaltene Rentenformel) werden Teilzeitbeschäftigte nicht in unzulässiger Weise gegenüber Vollzeitbeschäftigten benachteiligt.

15. Hinterbliebenenversorgung für einen eingetragenen Lebenspartner eines Dienstordnungsangestellten

BAG, 11.12.2012 – 3 AZR 684/10 – NZA-RR 2013, 308

Orientierungssätze:

1. Sieht die Dienstordnung einer Berufsgenossenschaft für die Hinterbliebenenversorgung die entsprechende Geltung der Vorschriften über die Versorgung für Beamte des Bundes vor, so hat der hinterbliebene eingetragene Lebenspartner des Dienstordnungsangestellten seit dem 1. Januar 2005 einen Anspruch auf Hinterbliebenenversorgung wie Hinterbliebene verheirateter Dienstordnungsangestellter.

2. Der Ausschluss des eingetragenen Lebenspartners von der Gewährung der Hinterbliebenenversorgung gegenüber der Gewährung einer solchen an hinterbliebene Ehepartner stellt eine nicht gerechtfertigte unmittelbare Diskriminierung wegen der sexuellen Ausrichtung dar und verstößt gegen die Richtlinie 2000/78/EG des Rates vom 27. November 2000 zur Festlegung eines allgemeinen Rahmens für die Verwirklichung der Gleichbehandlung in Beschäftigung und Beruf *(ABl. EG L 303 vom 2. Dezember 2000 S. 16)*.

16. Berechnung einer unverfallbaren Anwartschaft auf betriebliche Altersversorgung – Auslegung einer Versorgungsordnung – Diskriminierung wegen des Alters – Gleichbehandlung

BAG, 11.12.2012 – 3 AZR 634/10 –NZA 2013, 564

Orientierungssätze:

1. Eine Bestimmung in einer Versorgungsordnung, die die anrechenbare Dienstzeit auf 40 Jahre bis zur Vollendung des 65. Lebensjahres begrenzt und bestimmt, dass bei mehr als 40 Dienstjahren die letzten 40 Jahre zählen, bewirkt keine mittelbare Diskriminierung wegen des Alters nach §§1, 3 Abs. 2, §7 Abs. 1 AGG.

2. Die Regelung in §2 Abs. 1 Satz 1 BetrAVG zur Berechnung der gesetzlich unverfallbaren Anwartschaft bei vorzeitigem Ausscheiden aus dem Arbeitsverhältnis ist mit Unionsrecht vereinbar. Sie verstößt nicht gegen das unionsrechtliche Verbot der Diskriminierung wegen des Alters.

17. Betriebliche Altersversorgung – Höchstaltersgrenze

BAG, 12.2.2013 – 3 AZR 100/11 – NZA 2013, 733

Die Bestimmung in einer vom Arbeitgeber geschaffenen Versorgungsordnung, wonach ein Anspruch auf Leistungen der betrieblichen Altersversorgung nur besteht, wenn der Arbeitnehmer eine mindestens 15-jährige Betriebszugehörigkeit bis zur Regelaltersgrenze in der gesetzlichen Rentenversicherung zurücklegen kann, ist wirksam. Sie verstößt nicht gegen das Verbot der Diskriminierung wegen des Alters oder des Geschlechts.

Weitere Orientierungssätze:

1. Nach § 10 Satz 3 Nr. 4 AGG ist die Festsetzung von Altersgrenzen in betrieblichen Versorgungssystemen grundsätzlich zulässig. Allerdings muss die in der jeweiligen Versorgungsregelung bestimmte konkrete Altersgrenze i.S.v. § 10 Satz 2 AGG angemessen sein.

2. Eine in einer Versorgungsregelung als Voraussetzung für Leistungen der betrieblichen Altersversorgung festgelegte Mindestbetriebszugehörigkeit von 15 Jahren bis zur Regelaltersgrenze in der gesetzlichen Rentenversicherung ist angemessen i.S.v. § 10 Satz 2 AGG. Sie bewirkt keine Diskriminierung wegen des Alters oder wegen des Geschlechts.

3. Der Gläubiger einer Wahlschuld i.S.v. § 262 BGB genügt dem Bestimmtheitsgebot des § 253 Abs. 2 Nr. 2 ZPO, wenn er einen Klageantrag mit alternativem Inhalt erhebt.

18. Verfall von Versorgungsanwartschaften – Diskriminierung wegen des Alters und des Geschlechts – Lohngleichheitsgebot
BAG, 28.5.2013 – 3 AZR 635/11 – NZA 2014, 547
Orientierungssätze: Das in § 1b Abs. 1 Satz 1 i.V.m. § 30f Abs. 1 Satz 1 BetrAVG i.d.F. des Gesetzes vom 26. Juni 2001 (BGBl. I S.1310) für die Unverfallbarkeit von Anwartschaften auf Leistungen der betrieblichen Altersversorgung bestimmte Mindestalter von 30 Jahren bei der Beendigung des Arbeitsverhältnisses ist mit Unionsrecht vereinbar und verfassungsgemäß.

19. Verfall von Versorgungsanwartschaften – Diskriminierung wegen des Alters und des Geschlechts – Lohngleichheitsgebot
BAG, 28.5.2013 – 3 AZR 210/11 – (zur Problematik BVerfG 15.05.2014 – 1 BvR 2681/11 – NZA 2014, 734)
Orientierungssätze: Das in § 1b Abs. 1 Satz 1 i.V.m. § 30f Abs. 2 BetrAVG i.d.F. des Gesetzes vom 10. Dezember 2007 (BGBl. I S.2838) für die Unverfallbarkeit von Anwartschaften auf Leistungen der betrieblichen Altersversorgung bestimmte Mindestalter von 30 Jahren bei der Beendigung des Arbeitsverhältnisses ist mit Unionsrecht vereinbar und verfassungsgemäß.

20. Betriebliche Altersversorgung – Gleichheitssatz – Differenzierung zwischen rentennahen und rentenfernen Jahrgängen bei der Berechnung der bis zur Umstellung eines Gesamtversorgungssystems auf ein beitragsorientiertes Punktemodell erworbenen Anwartschaft
BAG, 20.8.2013 – 3 AZR 959/11 – NZA 2014, 36
Orientierungssätze: Die in den Übergangsregelungen zur Umstellung der Kirchlichen Zusatzversorgung von einem Gesamtversorgungssystem auf ein beitragsorientiertes Punktemodell vorgenommene Differenzierung zwischen rentennahen und rentenfernen Jahrgängen bei der Ermittlung der für

die Startgutschrift maßgeblichen Anwartschaft verstößt nicht deshalb gegen Art. 3 Abs. 1 GG, weil bei rentennahen Ärzten die Anwartschaft nach §73 Abs. 5 Satz 2 KZVKS unter Berücksichtigung eines nach Maßgabe des §31 Abs. 2 Buchst. c KZVKS a.F. zu ermittelnden fiktiven Bezugs aus der berufsständischen Versorgung für Ärzte zu errechnen ist, während bei rentenfernen Ärzten nach §73 Abs. 1 KZVKS i.V.m. §18 Abs. 2 BetrAVG lediglich die – geringere – fiktive Rente aus der gesetzlichen Rentenversicherung Berücksichtigung findet. Die darin liegende Benachteiligung rentenferner Ärzte ist durch die Befugnis des Normgebers zur Typisierung, Generalisierung und Pauschalierung sachlich gerechtfertigt.

21. Betriebliche Altersversorgung – Überführung in ein geändertes Versorgungssystem – Ausschluss von Arbeitnehmern, die bereits das 63. Lebensjahr vollendet haben – Verbot der Diskriminierung wegen des Alters
BAG, 17.9.2013 – 3 AZR 686/11 – NZA 2014, 33
Orientierungssätze:
1. Nach §10 Satz 3 Nr. 4 AGG ist die Festsetzung von Altersgrenzen in betrieblichen Versorgungssystemen grundsätzlich zulässig. Allerdings muss die in der jeweiligen Versorgungsregelung bestimmte konkrete Altersgrenze nach §10 Satz 2 AGG angemessen sein.
2. Diesen Anforderungen kann die Regelung in einer Betriebsvereinbarung genügen, die Arbeitnehmer von der Überleitung in ein geändertes System der betrieblichen Altersversorgung ausschließt, die im Zeitpunkt des Inkrafttretens der Änderung bereits das 63. Lebensjahr vollendet haben.

22. Verfall von Versorgungsanwartschaften – Diskriminierung wegen des Alters
BAG, 15.10.2013 – 3 AZR 10/12 – NZA-RR 2014, 87
Orientierungssatz: Das in §1 Abs. 1 Satz 1 BetrAVG i.d.F. des Gesetzes vom 19. Dezember 1974 (BGBl. I S.3610) für die Unverfallbarkeit von Anwartschaften auf Leistungen der betrieblichen Altersversorgung bestimmte Mindestalter von 35 Jahren bei der Beendigung des Arbeitsverhältnisses ist mit Unionsrecht vereinbar und verfassungsgemäß.

23. Hinterbliebenenversorgung – Ausschluss von Ehepartnern bei Eheschluss nach dem Ausscheiden – Altersdiskriminierung – Diskriminierung wegen des Geschlechts – Gleichbehandlungsgrundsatz
BAG, 15.10.2013 – 3 AZR 653/11 – NZA 2014, 308
Orientierungssätze:
1. Eine Versorgungszusage kann den Anspruch auf Witwen-/Witwerversorgung davon abhängig machen, dass die Ehe vor dem Ausscheiden aus dem Arbeitsverhältnis geschlossen wurde.

2. Die Beschränkung des Kreises derer, die einen Anspruch auf Hinterbliebenenversorgung erwerben können, steht nicht im Widerspruch zu der gesetzlichen Unverfallbarkeitsbestimmung des §1b Abs. 1 BetrAVG.

3. Die einschränkende Voraussetzung, dass die Ehe vor dem Ausscheiden aus dem Arbeitsverhältnis geschlossen wurde, bewirkt weder eine unmittelbare noch eine unzulässige mittelbare Benachteiligung wegen des Alters oder des Geschlechts.

24. Hinterbliebenenversorgung – Spätehenklausel
BAG, 15.10.2013 – 3 AZR 294/11 – NZA 2014, 1203

1. Eine Regelung in einer Versorgungsordnung, die den Anspruch auf Witwen-/Witwerrente davon abhängig macht, dass die Ehe vor Eintritt des Versorgungsfalls beim versorgungsberechtigten Arbeitnehmer geschlossen wurde, verstößt nicht gegen das Verbot der Diskriminierung wegen des Alters.

2. Macht eine Versorgungszusage den Anspruch auf Witwen-/Witwerversorgung davon abhängig, dass die Ehe vor dem Eintritt des Versorgungsfalls beim versorgungsberechtigten Arbeitnehmer geschlossen wurde, sind nicht nur diejenigen Versorgungsberechtigten von der Hinterbliebenenversorgung ausgeschlossen, die nach Eintritt des Versorgungsfalls erstmalig eine Ehe schließen. Auch Versorgungsberechtigte, die nach Eintritt des Versorgungsfalls geschieden werden und sich wiederverheiraten, haben keinen Anspruch auf eine Hinterbliebenenversorgung. Dies gilt auch dann, wenn sie ihren geschiedenen Ehegatten erneut heiraten.

Weitere Orientierungssätze:

1. Eine Versorgungszusage kann den Anspruch auf Witwen-/Witwerversorgung davon abhängig machen, dass die Ehe vor dem Eintritt des Versorgungsfalls beim versorgungsberechtigten Arbeitnehmer geschlossen wurde.

2. Die einschränkende Voraussetzung, dass die Ehe vor dem Eintritt des Versorgungsfalls beim versorgungsberechtigten Arbeitnehmer geschlossen wurde, bewirkt weder eine unmittelbare noch eine unzulässige mittelbare Benachteiligung wegen des Alters.

3. Der Ausschluss von der Hinterbliebenenversorgung für den Fall, dass die Ehe erst nach dem Eintritt des Versorgungsfalls beim versorgungsberechtigten Mitarbeiter geschlossen wurde, hält – auch unter Beachtung der grundrechtlichen Wertungen der Art. 3 Abs. 1, Art. 6 Abs. 1 und Art. 14 Abs. 1 GG – einer Überprüfung anhand der Maßstäbe der §§307 ff. BGB stand.

4. Ist nach der Versorgungszusage der Anspruch auf Witwen-/Witwerversorgung davon abhängig, dass die Ehe vor dem Eintritt des Versorgungsfalls beim versorgungsberechtigten Arbeitnehmer geschlossen wurde, sind nicht nur diejenigen Versorgungsberechtigten von der Hinterbliebenenversorgung ausgeschlossen, die nach Eintritt des Versorgungsfalls erstmalig eine Ehe ein-

gehen, sondern auch diejenigen, die sich nach einer Ehescheidung erst nach Eintritt des Versorgungsfalls wiederverheiraten. Dies gilt auch dann, wenn sie ihren geschiedenen Ehegatten erneut heiraten.

25. Betriebliche Altersversorgung – Höchstaltersgrenze
BAG, 12.11.2013 – 3 AZR 356/12 – NZA 2014, 848
Orientierungssätze:
1. Die Festsetzung von Altersgrenzen in betrieblichen Versorgungssystemen ist nach § 10 Satz 3 Nr. 4 AGG grundsätzlich zulässig. Die in der Versorgungsregelung bestimmte konkrete Altersgrenze muss nach § 10 Satz 2 AGG angemessen sein.
2. Eine in einer Versorgungsregelung geregelte Höchstaltersgrenze von 50 Jahren für die Aufnahme in den von der Versorgungsregelung begünstigten Personenkreis verstößt grds. nicht gegen das Verbot der Diskriminierung wegen des Alters oder wegen des Geschlechts.

26. Höhe der Arbeitgeberaufwendungen für die betriebliche Altersversorgung – Differenzierung zwischen Beschäftigten im Tarifgebiet West und im Tarifgebiet Ost – Verschaffungsanspruch –Anspruch auf Durchführung der betrieblichen Altersversorgung – unzulässige Anschlussberufung
BAG, 12.11.2013 – 3 AZR 92/12 – NZA-RR 2014, 315
Orientierungssätze:
1. Die in § 14 Abs. 1 Satz 1 Versorgungs-TV/MDK 2003 und § 14 Abs. 1a Satz 4 Versorgungs-TV/MDK 2011 geregelte unterschiedliche Behandlung der Beschäftigten der Medizinischen Dienste der Krankenversicherung im Tarifgebiet Ost und im Tarifgebiet West bei der Höhe der vom Arbeitgeber für die betriebliche Altersversorgung aufzuwendenden Beiträge verstößt zur Zeit noch nicht gegen Art. 3 Abs. 1 GG. Die Ungleichbehandlung ist derzeit noch sachlich gerechtfertigt. Die Tarifvertragsparteien durften angesichts der weiterhin bestehenden unterschiedlichen wirtschaftlichen Verhältnisse in den neuen und den alten Bundesländern auch für die Zeit ab 2006 noch danach differenzieren, in welchem Tarifgebiet die Arbeitsverhältnisse der Beschäftigten begründet und durchgeführt werden.
2. Nach § 1 Abs. 1 Satz 3 BetrAVG hat der Arbeitgeber für die Erfüllung der von ihm zugesagten Leistungen auch dann einzustehen, wenn die Durchführung der betrieblichen Altersversorgung nicht unmittelbar über ihn erfolgt. Durch die Einstandspflicht wird sichergestellt, dass bei Schwierigkeiten im Durchführungsweg im Versorgungsfall gleichwohl der Versorgungszusage entsprechende Leistungen erbracht werden. Wird die geschuldete Versorgung nicht auf dem vorgesehenen Durchführungsweg erbracht, hat der Arbeitgeber dem Arbeitnehmer im Versorgungsfall erforderlichenfalls aus seinem eigenen Vermögen die Versorgungsleistungen zu verschaffen, die er dem Arbeitnehmer versprochen hat.

3. Der Verschaffungsanspruch des Arbeitnehmers ist von dem Anspruch auf Einhaltung des Durchführungswegs zu unterscheiden. Aufgrund des betriebsrentenrechtlichen Durchführungsanspruchs kann der Arbeitnehmer vom Arbeitgeber verlangen, dass dieser bereits vor Eintritt des Versorgungsfalles die vereinbarten erforderlichen Handlungen vornimmt, die die spätere Erfüllung des Versorgungsversprechens über den vereinbarten Durchführungsweg sicherstellen. Der Anspruch auf Einhaltung des Durchführungswegs ist dem Verschaffungsanspruch vorgelagert. Er soll gewährleisten, dass bei Eintritt des Versorgungsfalles die Einstandspflicht des Arbeitgebers nicht zum Tragen kommt.

27. Invaliditätsversorgung – Mindestaltersgrenze
BAG, 10.12.2013 – 3 AZR 796/11 – NZA 2015, 50
Eine Bestimmung in einer Pensionsordnung, nach der ein Anspruch auf eine Invalidenrente bei Berufsunfähigkeit nur besteht, wenn der Arbeitnehmer bei Eintritt des Versorgungsfalls mindestens das 50. Lebensjahr vollendet hat, ist wirksam. Sie verstößt weder gegen das Verbot der Diskriminierung wegen des Alters noch führt sie zu einer unangemessenen Benachteiligung i. S. d. §307 Abs. 1 Satz 1 BGB.

Weitere Orientierungssätze:
1. Eine Versorgungszusage kann den Anspruch auf eine Invalidenrente bei Berufsunfähigkeit davon abhängig machen, dass der Versorgungsberechtigte bei Eintritt des Versorgungsfalls das 50. Lebensjahr vollendet hat.
2. Die einschränkende Voraussetzung, dass der Versorgungsberechtigte bei Eintritt des Versorgungsfalls der Invalidität infolge Berufsunfähigkeit das Mindestalter von 50 Jahren erreicht haben muss, bewirkt keine unzulässige Diskriminierung wegen des Alters. Da die Wahrscheinlichkeit, invalide zu werden, ab dem 50. Lebensjahr steigt, ist die Vollendung des 50. Lebensjahres ein sachgerechter Anknüpfungspunkt für Leistungen der Invaliditätsversorgung bei Berufsunfähigkeit.
3. Der Ausschluss von der Invaliditätsversorgung bei Berufsunfähigkeit für den Fall, dass der Versorgungsfall eintritt, bevor der Mitarbeiter das 50. Lebensjahr vollendet hat, hält – auch unter Beachtung der grundrechtlichen Wertungen des Art. 3 Abs. 1 GG – einer Überprüfung anhand der Maßstäbe der §§307 ff. BGB stand.

28. Betriebliche Altersversorgung – Auslegung eines Versorgungstarifvertrags – Gesamtversorgungsobergrenze – Altersdiskriminierung
BAG, 18.2.2014 – 3 AZR 833/12 – NZA 2014, 1217
Orientierungssatz: Die in einer Versorgungsregelung vorgesehene Begrenzung der mit der Betriebsrente und der Sozialversicherungsrente erzielten Gesamtversorgung auf einen bestimmten Höchstsatz des versorgungsfähi-

gen Einkommens führt nicht zu einer unzulässigen Diskriminierung wegen des Alters i.S.d. §§1, 3 Abs. 1 und Abs. 2, §7 AGG.

29. Betriebliche Altersversorgung – Höchstaltersgrenze
BAG, 18.3.2014 – 3 AZR 69/12 – NZA 2014, 606
Eine Bestimmung in einer Versorgungsordnung, nach der ein Anspruch auf eine betriebliche Altersrente nicht besteht, wenn der Arbeitnehmer bei Erfüllung der nach der Versorgungsordnung vorgesehenen zehnjährigen Wartezeit das 55. Lebensjahr vollendet hat, verstößt gegen das Verbot der Diskriminierung wegen des Alters und ist deshalb nach §7 Abs. 2 AGG unwirksam.

Weitere Orientierungssätze:
1. Die Festsetzung von Altersgrenzen in betrieblichen Versorgungssystemen ist nach §10 Satz 3 Nr. 4 AGG grundsätzlich zulässig. Die in der Versorgungsregelung bestimmte konkrete Altersgrenze muss allerdings nach §10 Satz 2 AGG angemessen sein.
2. Dies ist nicht der Fall bei einer Regelung in einer Versorgungsordnung, nach der ein Anspruch auf eine betriebliche Altersrente nicht besteht, wenn der Arbeitnehmer bei Erfüllung der nach der Versorgungsordnung vorgesehenen zehnjährigen Wartezeit das 55. Lebensjahr vollendet hat. Dadurch werden Arbeitnehmer, die bei Beginn ihres Arbeitsverhältnisses das 45. Lebensjahr vollendet haben, von Leistungen der betrieblichen Altersversorgung ausgeschlossen, obwohl sie noch mindestens 20 Jahre betriebstreu sein können. Die Regelung verstößt daher gegen das Verbot der Diskriminierung wegen des Alters und ist nach §7 Abs. 2 AGG unwirksam.

30. Betriebliche Altersversorgung – Gesamtversorgung –arbeitsrechtlicher Gleichbehandlungsgrundsatz – Unterschiedliche Behandlung von gewerblichen Arbeitnehmern und Angestellten
BAG, 17.6.2014 – 3 AZR 757/12 – NZA 2015, 319 (Ls.)
Orientierungssätze:
1. Der bloße Statusunterschied zwischen gewerblichen Arbeitnehmern und Angestellten rechtfertigt keine Ungleichbehandlung. Eine lediglich hieran anknüpfende Differenzierung beruht für sich genommen nicht auf sachgerechten Erwägungen.
2. Eine unterschiedliche Behandlung von gewerblichen Arbeitnehmern und Angestellten ist nicht zu beanstanden, wenn mit der Anknüpfung an den Statusunterschied gleichzeitig auf einen Lebenssachverhalt abgestellt wird, der geeignet ist, die Ungleichbehandlung sachlich zu rechtfertigen. Dies ist ausgehend von dem Regelungszweck zu beurteilen.
3. Die unterschiedliche Behandlung von gewerblichen Arbeitnehmern und Angestellten derselben Vergütungsgruppe im Rahmen der Ermittlung einer

Gesamtversorgung kann aufgrund unterschiedlicher Vergütungsstrukturen sachlich gerechtfertigt sein, wenn durch die unterschiedliche Behandlung verhindert werden soll, dass die Gesamtversorgung einer der beiden Arbeitnehmergruppen bei gleicher Eingruppierung höher ausfällt als die Gesamtversorgung der anderen Arbeitnehmergruppe.

31. Betriebliche Altersversorgung – Verschaffung einer Zusatzversorgung – Schadensersatz wegen der Verletzung von Aufklärungspflichten in Zusammenhang mit der unterbliebenen Anmeldung bei der VBL
BAG, 4.8.2015 – 3 AZR 508/13 – NZA-RR 2016, 30

Orientierungssatz: Die Regelung in §6 Abs. 2 Buchst. f des Versorgungs-TV vom 4. November 1966 i.d.F. des 18. Änderungs-TV vom 12. November 1987, nach der ein Arbeitnehmer nicht bei der Versorgungsanstalt des Bundes und der Länder (VBL) zu versichern ist, wenn er ua. aufgrund der Satzung einer Zusatzversorgungseinrichtung, mit der die VBL ein Überleitungsabkommen abgeschlossen hat, von der Pflicht zur Versicherung befreit worden ist, verstößt nicht gegen den Gleichheitssatz des Art. 3 Abs. 1 GG. Die Bestimmung schließt nur diejenigen Arbeitnehmer von der Pflicht zur Versicherung bei der VBL aus, die sich aufgrund einer nur ihnen zustehenden Möglichkeit dafür entschieden haben, sich von der zum 1. Januar 1985 auch für sie geltenden Pflicht zur Versicherung in dem durch Überleitungsabkommen verbundenen System der Zusatzversorgungskassen weiter befreien zu lassen. Die von der tariflichen Regelung nicht erfassten Arbeitnehmer haben hingegen keine solche Entscheidung gegen eine Versicherung in der Zusatzversorgung getroffen.

32. Spätehenklausel – Gleichbehandlung
BAG, 4.8.2015 – 3 AZR 137/13 – NZA 2015, 1447

Eine Spätehenklausel, die einem Arbeitnehmer Hinterbliebenenversorgung für seinen Ehegatten nur für den Fall zusagt, dass die Ehe vor Vollendung des 60. Lebensjahres des Arbeitnehmers geschlossen ist, benachteiligt den Arbeitnehmer unzulässig wegen des Alters.

Weitere Orientierungssätze:
1. Nach §10 Satz 3 Nr. 4 AGG kann eine unmittelbare Benachteiligung wegen des Alters insbesondere gerechtfertigt sein im Falle der »Festsetzung von Altersgrenzen bei den betrieblichen Systemen der sozialen Sicherheit als Voraussetzung für den Bezug von Leistungen«. §10 Satz 3 Nr. 4 AGG betrifft insoweit jedoch nur die Risiken »Alter« und »Invalidität«, nicht hingegen das Risiko des Todes und erfasst deshalb ausschließlich die Alters- und Invaliditätsversorgung und nicht die Hinterbliebenenversorgung. Eine erweiternde Auslegung oder analoge Anwendung von §10 Satz 3 Nr. 4 AGG ist nicht möglich.

2. Eine Spätehenklausel, nach der Witwen- und Witwerversorgung nur gewährt wird, wenn der Arbeitnehmer, dem die Versorgungszusage erteilt wurde, die Ehe vor Vollendung seines 60. Lebensjahres geschlossen hat, bewirkt eine unmittelbare Benachteiligung wegen des Alters, die nicht nach §10 Satz 1 und Satz 2 AGG gerechtfertigt ist. Danach ist eine unterschiedliche Behandlung wegen des Alters gestattet, wenn diese objektiv und angemessen und durch ein legitimes Ziel gerechtfertigt ist und die Mittel zur Erreichung dieses Ziels angemessen und erforderlich sind.

a)   Es bleibt offen, ob ein legitimes Ziel i.S.v. §10 Satz 1 AGG vorliegt, wenn sich der Arbeitgeber darauf beruft, die Spätehenklausel diene dazu, die mit der Hinterbliebenenversorgung verbundenen zusätzlichen Risiken zu begrenzen, um den Versorgungsaufwand verlässlich kalkulieren zu können und die für die Witwen-/Witwerversorgung insgesamt zur Verfügung gestellten Mittel nur einem eingegrenzten Personenkreis zukommen lassen zu wollen, um diesem bei Eintritt des Versorgungsfalls »Tod« eine Witwen-/Witwerversorgung in angemessener, weil substantieller Höhe gewähren zu können.

b)   Die auf die Vollendung des 60. Lebensjahres bestimmte Altersgrenze ist zur Erreichung dieser Ziele nicht angemessen i.S.v. §10 Satz 2 AGG, da sie zu einer übermäßigen Beeinträchtigung der legitimen Interessen der Versorgungsberechtigten führt, die – weil sie bei Eheschließung das 60. Lebensjahr vollendet hatten – von der Witwen-/Witwerversorgung vollständig ausgeschlossen werden. Zudem geht sie zum Teil auch über das hinaus, was zur Erreichung des Ziels notwendig ist.

33. Betriebliche Altersversorgung – Gleichbehandlung Arbeiter und Angestellte – Betriebsratsmitglied – betriebsübliche Entgeltentwicklung
BAG, 10.11.2015 – 3 AZR 574/14 – NZA 2016, 576 (Ls.)
Orientierungssätze:

1. Nach §37 Abs. 4 Satz 1 BetrVG darf das Arbeitsentgelt von Mitgliedern des Betriebsrats einschließlich eines Zeitraums von einem Jahr nach Beendigung der Amtszeit nicht geringer bemessen werden als das Arbeitsentgelt vergleichbarer Arbeitnehmer mit betriebsüblicher beruflicher Entwicklung. Gemäß §37 Abs. 4 Satz 2 BetrVG gilt dies auch für allgemeine Zuwendungen des Arbeitgebers. Nach ihrem Schutzzweck erfassen diese Regelungen nicht nur während des Arbeitsverhältnisses gezahltes Entgelt und gewährte Zuwendungen, sondern auch die vom Arbeitgeber zugesagten Leistungen der betrieblichen Altersversorgung.

2. Nach §78 Satz 2 BetrVG dürfen die Mitglieder des Betriebsrats wegen ihrer Tätigkeit nicht benachteiligt oder begünstigt werden; dies gilt auch für ihre berufliche Entwicklung. Eine Benachteiligung i.S.v. §78 Satz 2 BetrVG ist jede Schlechterstellung im Vergleich zu anderen Arbeitnehmern, die nicht auf

sachlichen Gründen, sondern auf der Tätigkeit als Betriebsratsmitglied beruht. Eine Benachteiligungsabsicht ist nicht erforderlich. Es genügt die objektive Schlechterstellung gegenüber Nichtbetriebsratsmitgliedern.

34. Betriebliche Altersversorgung – Gleichbehandlung Arbeiter und Angestellte
BAG, 10.11.2015 – 3 AZR 575/14 – NZA-RR 2016, 204
Orientierungssatz: Der bloße Statusunterschied zwischen gewerblichen Arbeitnehmern und Angestellten rechtfertigt keine Ungleichbehandlung beider Personengruppen. Eine unterschiedliche Behandlung von gewerblichen Arbeitnehmern und Angestellten kann jedoch zulässig sein, wenn mit der Anknüpfung an den Statusunterschied gleichzeitig auf einen Lebenssachverhalt abgestellt wird, der geeignet ist, die Ungleichbehandlung sachlich zu rechtfertigen. Das ist am Regelungszweck und dem aus ihm folgenden Differenzierungsgrund zu messen.

35. Betriebliche Altersversorgung – Gleichbehandlung Arbeiter und Angestellte – Altersteilzeit – Berücksichtigung der Freistellungsphase als Dienstzeit
BAG, 10.11.2015 – 3 AZR 576/14 – NZA 2016, 1560 (Ls.)
Orientierungssatz: Ist die Auslegung einer Betriebsvereinbarung nach Wortlaut, Systematik sowie Sinn und Zweck eindeutig, kommt es auf einen anderweitigen Willen der Betriebsparteien nicht an. Ein dem Auslegungsergebnis entgegenstehender Wille der Betriebsparteien kann wegen des Rechtsnormcharakters einer Betriebsvereinbarung nur berücksichtigt werden, wenn er im Text in irgendeiner Art und Weise seinen Niederschlag gefunden hat.

36. Betriebliche Altersversorgung – Benachteiligung Teilzeitbeschäftigter – Diskriminierung wegen des Alters – betriebsverfassungsrechtlicher Gleichbehandlungsgrundsatz
BAG, 19.4.2016 – 3 AZR 526/14 – NZA 2016, 820
Orientierungssätze:
1. Nach dem Pro-rata-temporis-Grundsatz in §4 Abs. 1 Satz 2 TzBfG müssen Teilzeitbeschäftigte Leistungen der betrieblichen Altersversorgung mindestens in der Höhe erhalten, die dem Umfang ihrer Arbeitszeit an der Arbeitszeit eines vergleichbaren Vollzeitbeschäftigen entspricht. Vergleichbar sind dabei nur Teilzeit- und Vollzeitbeschäftigte mit einer gleich langen Betriebszugehörigkeit.
2. Der betriebsverfassungsrechtliche Gleichbehandlungsgrundsatz stellt in Bezug auf Ungleichbehandlungen, die an verpönte Merkmale i.S.d. §1 AGG oder an die Teilzeitbeschäftigung anknüpfen, keine weiter gehenden Anforderungen als §3 AGG oder §4 Abs. 1 TzBfG.

37. Betriebsrente – Günstigkeitsprinzip
BAG, 19.7.2016 – 3 AZR 134/15 – NZA 2016, 1475

1. Kollidiert eine nicht günstigere individualvertragliche Versorgungszusage mit den Regelungen einer Betriebsvereinbarung, führt dies grundsätzlich dazu, dass die Individualzusage für die Dauer der Geltung der Betriebsvereinbarung verdrängt wird und damit nicht zur Anwendung gelangt.

2. Kommt die Rückabwicklung einer von einer günstigeren Betriebsvereinbarung verdrängten individualvertraglichen Versorgungszusage nicht in Betracht, müssen die Versorgungsleistungen, die dem Arbeitnehmer aufgrund der individuellen Zusage gewährt werden, auf die ihm nach der Betriebsvereinbarung zustehenden Versorgungsleistungen angerechnet werden.

3. Die Betriebsparteien sind grundsätzlich berechtigt, Arbeitnehmer, denen bereits eine individuelle Zusage auf Leistungen der betrieblichen Altersversorgung erteilt wurde, von einem kollektiven Versorgungswerk auszunehmen. Der vollständige Ausschluss solcher Arbeitnehmer setzt aber voraus, dass die Arbeitnehmer mit individuellen Zusagen im Versorgungsfall typischerweise eine zumindest annähernd gleichwertige Versorgung wie nach dem kollektiven Versorgungswerk erhalten.

Weitere Orientierungssätze:

1. Die Betriebsparteien dürfen grundsätzlich Arbeitnehmer, denen individuell Leistungen der betrieblichen Altersversorgung zugesagt sind, von einem kollektiven Versorgungswerk ausnehmen. Der vollständige Ausschluss solcher Arbeitnehmer ist aber nur dann gerechtfertigt, wenn die Betriebsparteien davon ausgehen konnten, dass die Arbeitnehmer mit individuellen Zusagen im Versorgungsfall typischerweise eine zumindest annähernd gleichwertige Versorgung wie nach dem kollektiven Versorgungswerk erhalten. Dabei steht den Betriebsparteien ein Beurteilungsspielraum zu.

2. An die Rechtfertigung eines Ausschlusses von Arbeitnehmern aus einem kollektiven Versorgungswerk sind nicht deshalb höhere Anforderungen zu stellen, weil diese Arbeitnehmer nach einer Vorgängerregelung noch zum Kreis der Versorgungsberechtigten gehören.

3. Ob eine einzelvertragliche Vereinbarung abweichende günstigere Regelungen gegenüber einer Betriebsvereinbarung enthält, ist anhand eines sog. Sachgruppenvergleichs zwischen der arbeitsvertraglichen Regelung und den Regelungen in der Betriebsvereinbarung festzustellen. Die Günstigkeit einer einzelvertraglichen Regelung gegenüber einer normativ geltenden Bestimmung einer Betriebsvereinbarung muss bereits im Voraus – also unabhängig von den konkreten Bedingungen des jeweiligen Anwendungsfalls – feststehen. Hängt es von den Umständen des Einzelfalls ab, ob die betreffende Regelung günstiger ist oder nicht (sog. ambivalente Regelung), ist keine Günstigkeit gegeben.

4. Die Kollision einer nicht günstigeren vertraglichen Vereinbarung mit den Normen einer Betriebsvereinbarung zum selben Regelungsgegenstand führt grundsätzlich dazu, dass die individualvertragliche Vereinbarung für die Dauer der Geltung der Betriebsvereinbarung verdrängt wird und damit im Arbeitsverhältnis nicht zur Anwendung gelangt.

5. Scheidet die Rückabwicklung einer von einer günstigeren Betriebsvereinbarung verdrängten individualvertraglichen Versorgungszusage aus, müssen die Versorgungsleistungen, die dem Arbeitnehmer aufgrund der Individualzusage gewährt werden, auf die ihm nach der Betriebsvereinbarung zustehenden Leistungen der betrieblichen Altersversorgung angerechnet werden. Nur mit einer solchen Anrechnung kann der Zustand hergestellt werden, der bestünde, wenn die Individualzusage nicht vollzogen worden wäre.

38. Ruhen eines eigenen Ruhegeldes bei Bezug einer betragsmäßig höheren Hinterbliebenenversorgung – Entgeltdiskriminierung i. S. d. Art. 157 AEUV
BAG, 26.9.2017 – 3 AZR 733/15 – AP BetrAVG §1 Hinterbliebenenversorgung Nr. 38
Orientierungssätze:

1. Das einem Arbeitnehmer nach einer Versorgungsordnung zugesagte Ruhegeld und die ihm für den Fall seines Todes zugesagte Hinterbliebenenversorgung sind Entgelt i. S. d. Art. 157 AEUV.

2. Eine Bestimmung in einer Versorgungsordnung, die das Ruhen der betragsmäßig niedrigeren Versorgungsleistung anordnet, wenn ein Arbeitnehmer dem Grunde nach Anspruch auf ein Ruhegeld und eine von seinem verstorbenen Ehepartner abgeleitete Hinterbliebenenversorgung aus dieser Versorgungsordnung hat, kann eine unmittelbare Diskriminierung wegen des Geschlechts nach Art. 157 AEUV bewirken.

39. Betriebliche Altersversorgung – Altersgrenzen
BAG, 26.9.2017 – 3 AZR 72/16 – NZA 2018, 315
Nach §10 Satz 3 Nr. 4 AGG können unter den dort genannten Voraussetzungen in betrieblichen Versorgungssystemen Altersgrenzen festgesetzt werden. Diese müssen nach §10 Satz 1 und Satz 2 AGG einem legitimen Ziel dienen sowie angemessen und erforderlich sein. Danach sind solche Altersgrenzen zwar grundsätzlich, aber nicht stets zulässig.

Weitere Orientierungssätze:

1. Nach Art. VIII §2 Abs. 1 Nr. 1 i. V. m. Art. VIII §1 Abs. 1 Nr. 2 2. BesVNG müssen die Dienstordnungen der landesunmittelbaren Körperschaften des öffentlichen Rechts im Bereich der Sozialversicherung den durch das Landesrecht bestimmten Rahmen und die Grundsätze des Versorgungsrechts einhalten. Eine

unmittelbare Geltung des Versorgungsrechts der Beamtinnen und Beamten eines Landes für Dienstordnungs-Angestellte ist damit nicht angeordnet.

2. Das Allgemeine Gleichbehandlungsgesetz ist auch dann anzuwenden, wenn der Inhalt des Arbeits- und Versorgungsverhältnisses durch eine Dienstordnung geregelt ist. Eine Dienstordnung stellt autonomes Satzungsrecht dar und muss sich im Rahmen der gesetzlichen Vorschriften halten.

3. Nach § 10 Satz 3 Nr. 4 AGG ist die Festsetzung von Altersgrenzen bei den betrieblichen Systemen der sozialen Sicherheit als Voraussetzung für die Mitgliedschaft oder den Bezug von Altersrente oder von Leistungen bei Invalidität einschließlich der Festsetzung unterschiedlicher Altersgrenzen im Rahmen dieser Systeme für bestimmte Beschäftigte oder Gruppen von Beschäftigten und die Verwendung von Alterskriterien im Rahmen dieser Systeme für versicherungsmathematische Berechnungen grundsätzlich, aber nicht immer zulässig. Die in der Versorgungsordnung festgelegte konkrete Altersgrenze muss angemessen und erforderlich sein.

4. § 10 AGG geht in seinen Anforderungen an die Zulässigkeit von Altersgrenzen in betrieblichen Systemen der sozialen Sicherheit über das hinaus, was nach Art. 6 Abs. 2 Richtlinie 2000/78/EG erforderlich ist.

5. Der in einer Dienstordnung einer Körperschaft des öffentlichen Rechts im Land Nordrhein-Westfalen durch Verweis auf das Landesbeamtenversorgungsrecht vorgesehene Ausschluss der Anrechnung von vor der Vollendung des 17. Lebensjahres erbrachten Beschäftigungszeiten bei der Ermittlung der Höhe der Altersversorgungsleistungen verstößt weder gegen das Verbot der Diskriminierung wegen des Alters noch wegen des Geschlechts.

40. Betriebliche Altersversorgung – Diskriminierung wegen des Alters – Anrechnungsausschluss von Zeiten nach der Vollendung des 60. Lebensjahres
BAG, 17.10.2017 – 3 AZR 199/16 – NZA 2018, 376
Orientierungssätze:

1. Die Festlegung einer Altersgrenze in einer Versorgungsordnung, bis zu der berücksichtigungsfähige Beschäftigungszeiten erbracht werden können, dient der besseren Begrenzung und Kalkulierbarkeit der wirtschaftlichen Belastungen des Arbeitgebers. Dies hält sich im Rahmen eines legitimen Ziels i. S. v. § 10 Satz 1 AGG.

2. Die Regelung in einer Versorgungsordnung, dass nach Vollendung des 60. Lebensjahres erbrachte Beschäftigungszeiten nicht berücksichtigungsfähig sind, kann angemessen i. S. v. § 10 Satz 2 AGG sein.

41. Ablösung VBL-Versorgung – Übergangsregelung – Altersdiskriminierung
BAG, 7.10.2017 – 3 AZR 737/15, BeckRS 2017, 143408
Orientierungssätze:

1. §10 Satz 3 Nr. 4 AGG lässt die Festsetzung von Altersgrenzen in Systemen der betrieblichen Altersversorgung unter den dort genannten Voraussetzungen grundsätzlich zu. Die konkret bestimmte Altersgrenze muss nach §10 Satz 1 und Satz 2 AGG einem legitimen Ziel dienen sowie angemessen und erforderlich sein. Altersgrenzen sind danach grundsätzlich aber nicht ausnahmslos zulässig.

2. Eine Regelung, die der Begrenzung und Kalkulierbarkeit von Versorgungsansprüchen dient, ist unangemessen und stellt eine unzulässige Altersdiskriminierung dar, wenn sie allein an ein bestimmtes Lebensalter anknüpft, jüngere Arbeitnehmer mit vergleichbar hoher Betriebsrente aber nicht erfasst.

3. Eine Versorgungsregelung, die die Berücksichtigung von Vordienstzeiten bei anderen Arbeitgebern begrenzen soll, ist nicht erforderlich und damit altersdiskriminierend, wenn sie nur Arbeitnehmer einer bestimmten Altersgruppe erfasst und nicht darauf abstellt, ob solche Vordienstzeiten tatsächlich erbracht wurden.

42. Betriebliche Altersversorgung – Gleichbehandlung
BAG, 14.11.2017 – 3 AZR 515/16 – NZA 2018, 367
Der arbeitsrechtliche Gleichbehandlungsgrundsatz ist nicht verletzt, wenn der Arbeitgeber freiwillig eine Betriebsrente zahlt, bei deren Berechnung er auch Beschäftigungszeiten zugrunde legt, auf deren Berücksichtigung nach seiner Auffassung kein Rechtsanspruch besteht, diese Begünstigung stichtagsbezogen jedoch nur den Versorgungsempfängern, nicht aber den Versorgungsanwärtern gewährt.

Weiterer Orientierungssatz:
Es liegt kein Verstoß gegen den arbeitsrechtlichen Gleichbehandlungsgrundsatz vor, wenn der Arbeitgeber stichtagsbezogen den Betriebsrentnern freiwillig eine Betriebsrente gewährt, bei deren Berechnung er auch Beschäftigungszeiten zugrunde legt, auf deren Berücksichtigung nach seiner Auffassung kein Rechtsanspruch besteht, diese Begünstigung jedoch nicht auf die Betriebsrentenanwärter erstreckt. Die unterschiedliche Behandlung beider Personengruppen ist aufgrund ihrer unterschiedlichen Situation gerechtfertigt. Der Eintritt des Versorgungsfalls stellt eine entscheidende Zäsur dar und bildet damit einen sachgerechten Anknüpfungspunkt.

43. Diskriminierung wegen des Alters – Spätehenklausel
BAG, 14.11.2017 – 3 AZR 781/16 – NZA 2018, 453
Regelungen in Versorgungsordnungen, die eine Hinterbliebenenversorgung ausschließen, wenn der versorgungsberechtigte Arbeitnehmer bei der Eheschließung ein bestimmtes Alter überschritten hatte, unterfallen §10 Satz 3 Nr. 4 AGG jedenfalls dann, wenn dem versorgungsberechtigten Arbeitnehmer eine Altersversorgung zugesagt wird und sich die Höhe der Hinterbliebenenversorgung an der Höhe der betrieblichen Altersrente oder – sofern versprochen – der Invaliditätsrente orientiert. Die Hinterbliebenenversorgung steht dann regelmäßig in einem Abhängigkeitsverhältnis zur Alters- oder Invaliditätsrente.

Weitere Orientierungssätze:
1. Bei der Beurteilung der Frage, ob Regelungen einer betrieblichen Hinterbliebenenversorgung eine Benachteiligung i.S.d. Allgemeinen Gleichbehandlungsgesetzes bewirken, ist auf die Person des Arbeitnehmers und nicht auf den Hinterbliebenen abzustellen.
2. Eine Hinterbliebenenversorgung kann als »Annex« einer Alters- oder Invaliditätsversorgung unter §10 Satz 3 Nr. 4 AGG fallen.
3. Nach §10 Satz 3 Nr. 4 AGG ist die Festsetzung von Altersgrenzen bei den betrieblichen Systemen der sozialen Sicherheit als Voraussetzung für die Mitgliedschaft oder den Bezug von Altersrente oder von Leistungen bei Invalidität einschließlich der Festsetzung unterschiedlicher Altersgrenzen im Rahmen dieser Systeme für bestimmte Beschäftigte oder Gruppen von Beschäftigten und die Verwendung von Alterskriterien im Rahmen dieser Systeme für versicherungsmathematische Berechnungen grundsätzlich aber nicht immer zulässig. Die in der Versorgungsordnung festgelegte konkrete Altersgrenze muss angemessen und erforderlich sein.
4. Altersgrenzen in betrieblichen Systemen der sozialen Sicherheit, die an betriebsrentenrechtliche Strukturprinzipien – wie etwa die feste Alters-grenze – anknüpfen, sind angemessen i.S.v. §10 Satz 2 AGG.

44. Betriebliche Altersversorgung – Altersabstandsklausel
BAG, 20.2.2018 – 3 AZR 43/17 – NZA 2018, 712
Eine Regelung in einer Versorgungsordnung, nach der Ehegatten, die mehr als 15 Jahre jünger als der versorgungsberechtigte Arbeitnehmer sind, von der Gewährung einer Hinterbliebenenversorgung ausgeschlossen sind, bewirkt keine unzulässige Benachteiligung wegen des Alters nach §§1, 3 AGG.

Weitere Orientierungssätze:
1. Eine Regelung in einer Versorgungsordnung, die Ehegatten von der Zahlung einer Hinterbliebenenrente ausschließt, wenn sie mehr als 15 Jahre jünger

als der versorgungsberechtigte Arbeitnehmer sind, bewirkt eine unmittelbare Benachteiligung wegen des Alters i. S. d. § 3 Abs. 1 AGG.

2. Die durch eine solche Altersabstandsklausel bewirkte unmittelbare Benachteiligung wegen des Alters ist nach § 10 Satz 1 und Satz 2 AGG sachlich gerechtfertigt.

3. Eine solche Regelung ist von einem legitimen Ziel i. S. d. § 10 Satz 1 AGG getragen. Durch den Ausschluss aus der Hinterbliebenenversorgung werden die damit verbundenen finanziellen Risiken begrenzt. Dies dient dem Interesse des Arbeitgebers an einer überschaubaren und kalkulierbaren Versorgungslast.

4. Eine solche Altersabstandsklausel ist angemessen und erforderlich i. S. d. § 10 Satz 2 AGG. Bei einem Altersabstand von mehr als 15 Jahren ist der gemeinsame Lebenszuschnitt der Ehepartner typischerweise darauf angelegt, dass der jüngere Ehepartner einen größeren Zeitabschnitt seines Lebens ohne den Versorgungsberechtigten und damit ohne die an dessen Einkommenssituation gekoppelten Versorgungsmöglichkeiten verbringt. Die Regelung schließt nur solche Ehegatten von der Hinterbliebenenrente aus, deren Altersunterschied zum Ehepartner den üblichen Abstand in erheblichem Maße übersteigt.

Verschaffungssysteme

1. Direktversicherung – Überschussanteile
BAG, 16.2.2010 – 3 AZR 479/08 – NZA-RR 2010, 601
Orientierungssätze: Ob die Überschussanteile einer Direktversicherung zur betrieblichen Altersversorgung im Verhältnis zwischen Arbeitgeber und Arbeitnehmer dem Arbeitgeber oder dem Arbeitnehmer zustehen, richtet sich nach der Versorgungszusage und ist durch deren Auslegung zu ermitteln (Anspruch des Arbeitnehmers hier bejaht).

2. Negative Feststellungsklage – Aussonderungsrecht
BAG, 26.10.2010 – 3 AZR 496/08 – NZA 2011, 654
Orientierungssätze:

1. Eine negative Feststellungsklage kann auf das Nichtbestehen eines Aussonderungsrechts nach § 47 InsO gerichtet sein.

2. Wird betriebliche Altersversorgung durch einen Versicherungsvertrag mit einer Pensionskasse abgewickelt, kann der Insolvenzverwalter des Arbeitgebers nicht auf die Leistungsklage gegen die Pensionskasse verwiesen werden, um zu klären, ob dem Arbeitnehmer ein Aussonderungsrecht an den Rechten aus dem Versicherungsvertrag zusteht.

3. Versorgungszusage – Betriebsübergang – Beendigung

BAG, 15.2.2011 – 3 AZR 54/09 – NZA 2011, 928 = BB 2011, 2941 (Döring)

Orientierungssätze:

1. Die dynamische Verweisung auf tarifliche Regelungen in einem mit einem tarifgebundenen Arbeitgeber abgeschlossenen Arbeitsvertrag aus der Zeit vor dem 1. Januar 2002 ist in der Regel so auszulegen, dass die nicht tarifgebundenen Arbeitnehmer mit den Arbeitnehmern, die tarifgebunden sind, gleichgestellt werden sollten. Im Falle eines Betriebsteilübergangs auf einen nicht an den Tarifvertrag gebundenen Betriebserwerber hat dies zur Folge, dass die in Bezug genommenen tarifvertraglichen Regelungen statisch bezogen auf den Zeitpunkt des Betriebsübergangs weiter Anwendung finden.

2. Wird auf eine tarifliche Versorgungsregelung verwiesen, die einen externen Durchführungsweg vorsieht, und ist eine Versorgung über diesen Durchführungsweg nach dem Betriebsübergang nicht mehr möglich, hat der Betriebserwerber dem Arbeitnehmer eine gleichwertige Versorgung anderweitig zu verschaffen.

4. Betriebliche Altersversorgung – Direktversicherung – Insolvenz – Herausgabe des Versicherungsscheins

BAG, 19.4.2011 – 3 AZR 267/09 – DB 2011, 2555

Orientierungssätze:

1. Wird eine betriebliche Altersversorgung im Wege der Direktversicherung durchgeführt, ist zwischen der Rechtsbeziehung des Arbeitgebers zum Versicherer einerseits (Deckungsverhältnis) und zum Arbeitnehmer andererseits zu unterscheiden. Welche Rechte der Arbeitgeber gegenüber dem Versicherer geltend machen kann, richtet sich allein nach der Rechtslage im Deckungsverhältnis. Das gilt auch, wenn der Arbeitgeber gegenüber dem Arbeitnehmer verpflichtet ist, von den ihm im Deckungsverhältnis gegebenen Möglichkeiten nur in einer bestimmten Weise Gebrauch zu machen.

2. Sehen die Versicherungsbedingungen vor, dass die Abtretung der Rechte aus dem Versicherungsvertrag »erst dann wirksam« ist, wenn die Abtretung gegenüber der Versicherung schriftlich angezeigt worden ist, ist eine Abtretung absolut und damit auch gegenüber dem Arbeitnehmer unwirksam, wenn diese Anzeige nicht erfolgt ist. Der Arbeitgeber kann dann weiter die Rechte aus dem Versicherungsvertrag geltend machen und – soweit der Versicherungsvertrag dies zulässt – das Bezugsrecht des Arbeitnehmers widerrufen.

3. Stehen dem Arbeitgeber die Rechte aus dem Versicherungsvertrag einschließlich des Rechts, das Bezugsrecht des Arbeitnehmers zu widerrufen, zu, ist er nach §952 BGB Eigentümer des Versicherungsscheins. Er kann dessen Herausgabe nach §985 BGB verlangen, wenn dieser sich im Besitz des Arbeitnehmers befindet. Der Arbeitnehmer hat in diesem Fall kein Recht zum Besitz (§986 BGB) an dem Versicherungsschein. Dies gilt auch dann, wenn der

Arbeitgeber ihm gegenüber verpflichtet ist, das Bezugsrecht nicht zu widerrufen.

4. In der Insolvenz des Arbeitgebers tritt der Insolvenzverwalter nach §80 Abs. 1 InsO in dessen Rechte ein. Daher gilt dort nichts Abweichendes.

5. Betriebsrente – Pensionskasse – Einstandspflicht
BAG, 19.6.2012 – 3 AZR 408/10 – AP BetrAVG §1 Pensionskasse Nr. 9

1. Hat der Arbeitgeber dem Arbeitnehmer Leistungen der betrieblichen Altersversorgung zugesagt, die über eine Pensionskasse durchgeführt werden, und macht die Pensionskasse von ihrem satzungsmäßigen Recht Gebrauch, Fehlbeträge durch Herabsetzung ihrer Leistungen auszugleichen, hat der Arbeitgeber nach §1 Abs. 1 Satz 3 BetrAVG dem Versorgungsempfänger im Umfang der Leistungskürzung einzustehen.

2. Von dieser Einstandspflicht kann der Arbeitgeber sich durch vertragliche Abreden nicht zum Nachteil der Arbeitnehmer befreien. Deshalb begründet eine in der Versorgungszusage enthaltene (dynamische) Verweisung auf die Satzung der Pensionskasse kein akzessorisches Recht des Arbeitgebers zur Kürzung laufender Leistungen der betrieblichen Altersversorgung.

Weitere Orientierungssätze:

1. Nach §1 Abs. 1 BetrAVG ist betriebsrentenrechtlich zu unterscheiden zwischen der Versorgungszusage (Satz 1), der Vereinbarung des internen oder externen Durchführungsweges (Satz 2) und dem aus der Einstandspflicht (Satz 3) folgenden Verschaffungsanspruch als Erfüllungsanspruch.

2. Die Einstandspflicht nach §1 Abs. 1 Satz 3 BetrAVG richtet sich darauf, eine Lücke zu schließen, die sich aus der Versorgungszusage einerseits und der Ausgestaltung des Durchführungsweges andererseits ergeben kann. Sie stellt sicher, dass bei Schwierigkeiten im Durchführungsweg gleichwohl der Versorgungszusage entsprechende Leistungen erbracht werden.

3. Hat der Arbeitgeber dem Arbeitnehmer Leistungen der betrieblichen Altersversorgung zugesagt, die über eine Pensionskasse durchgeführt werden, und macht die Pensionskasse von ihrem satzungsmäßigen Recht Gebrauch, Fehlbeträge durch Herabsetzung ihrer Leistungen auszugleichen, so hat der Arbeitgeber nach §1 Abs. 1 Satz 3 BetrAVG für die Leistungskürzung einzustehen.

4. Die in der Satzung einer Pensionskasse vorgesehene Möglichkeit der Leistungskürzung ist nicht Bestandteil der dem Arbeitnehmer im arbeitsrechtlichen Grundverhältnis erteilten Versorgungszusage, sondern regelt nur, ob und in welchem Umfang die Pensionskasse gegenüber dem Arbeitgeber zu einer Abweichung von den mit diesem ursprünglich für das Durchführungsverhältnis getroffenen Abreden befugt ist.

5. Der Arbeitgeber kann sich von der Einstandspflicht – wie sich aus § 17 Abs. 3 Satz 3 BetrAVG ergibt – durch vertragliche Abreden nicht zulasten der Arbeitnehmer befreien.

6. Eine in der Versorgungszusage enthaltene (dynamische) Verweisung auf die Satzung der Pensionskasse dient allein dazu, die Versorgungszusage des Arbeitgebers zu konkretisieren. Sie erstreckt sich nicht auf Satzungsbestimmungen der Pensionskasse, die ausschließlich den Durchführungsweg, mithin die Frage betreffen, unter welchen Voraussetzungen und in welchem Umfang die Pensionskasse von den ursprünglich mit dem Arbeitgeber für die Durchführung der betrieblichen Altersversorgung getroffenen Abreden abweichen darf. Eine Auslegung der Verweisungsklausel dahin, dass auch derartige Satzungsbestimmungen erfasst sein sollen, wäre mit zwingenden betriebsrentenrechtlichen Wertungen unvereinbar.

6. Höhe der Arbeitgeberaufwendungen für die betriebliche Altersversorgung – Differenzierung zwischen Beschäftigten im Tarifgebiet West und im Tarifgebiet Ost – Verschaffungsanspruch – Anspruch auf Durchführung der betrieblichen Altersversorgung – unzulässige Anschlussberufung
BAG, 12.11.2013 – 3 AZR 92/12 – NZA-RR 2014, 315
Orientierungssätze: ...

1. Nach § 1 Abs. 1 Satz 3 BetrAVG hat der Arbeitgeber für die Erfüllung der von ihm zugesagten Leistungen auch dann einzustehen, wenn die Durchführung der betrieblichen Altersversorgung nicht unmittelbar über ihn erfolgt. Durch die Einstandspflicht wird sichergestellt, dass bei Schwierigkeiten im Durchführungsweg im Versorgungsfall gleichwohl der Versorgungszusage entsprechende Leistungen erbracht werden. Wird die geschuldete Versorgung nicht auf dem vorgesehenen Durchführungsweg erbracht, hat der Arbeitgeber dem Arbeitnehmer im Versorgungsfall erforderlichenfalls aus seinem eigenen Vermögen die Versorgungsleistungen zu verschaffen, die er dem Arbeitnehmer versprochen hat.

2. Der Verschaffungsanspruch des Arbeitnehmers ist von dem Anspruch auf Einhaltung des Durchführungswegs zu unterscheiden. Aufgrund des betriebsrentenrechtlichen Durchführungsanspruchs kann der Arbeitnehmer vom Arbeitgeber verlangen, dass dieser bereits vor Eintritt des Versorgungsfalles die vereinbarten erforderlichen Handlungen vornimmt, die die spätere Erfüllung des Versorgungsversprechens über den vereinbarten Durchführungsweg sicherstellen. Der Anspruch auf Einhaltung des Durchführungswegs ist dem Verschaffungsanspruch vorgelagert. Er soll gewährleisten, dass bei Eintritt des Versorgungsfalles die Einstandspflicht des Arbeitgebers nicht zum Tragen kommt.

7. Pensionskassenrente – Ergänzungsanspruch
BAG, 18.2.2014 – 3 AZR 542/13 – NZA 2014, 1142

Hat der Arbeitgeber einem Arbeitnehmer Leistungen der betrieblichen Alters-versorgung zugesagt, die von einer Pensionskasse nach deren Satzung zu erbringen sind, und bleiben im Falle des vorzeitigen Ausscheidens des Arbeit-nehmers aus dem Arbeitsverhältnis die bei Eintritt des Versorgungsfalls von der Pensionskasse zu erbringenden, auf Arbeitgeberbeiträgen beruhenden satzungsmäßigen Leistungen hinter dem nach § 2 Abs. 1 BetrAVG errechne-ten arbeitgeberfinanzierten Teilanspruch zurück, ist der Arbeitgeber nach § 2 Abs. 3 Satz 1 BetrAVG verpflichtet, den Differenzbetrag in Ergänzung zu den von der Pensionskasse erbrachten Leistungen zu zahlen, wenn er nicht die sog. versicherungsrechtliche Lösung nach § 2 Abs. 3 Satz 2 und Satz 3 BetrAVG verlangt hat.

Weitere Orientierungssätze:

1. Besteht eine zugesagte betriebliche Altersversorgung aus mehreren Kom-ponenten, hängt es von der Ausgestaltung der Versorgungszusage ab, ob und gegebenenfalls inwieweit die einzelnen Bestandteile für die zeitratierliche Be-rechnung der unverfallbaren Anwartschaft eines vorzeitig aus dem Arbeits-verhältnis ausgeschiedenen Arbeitnehmers nach § 2 Abs. 1 BetrAVG einheitlich oder getrennt zu betrachten sind.

2. Sind einem Arbeitnehmer Leistungen der betrieblichen Altersversorgung zugesagt, die von einer Pensionskasse zu erbringen sind, kann dies im Falle des vorzeitigen Ausscheidens aus dem Arbeitsverhältnis dazu führen, dass der bis dahin aufgrund der erbrachten Beitragsleistungen entstandene Ver-sorgungsanspruch gegenüber der Pensionskasse geringer ist als der zeitan-teilig nach § 2 Abs. 1 BetrAVG ermittelte Teilanspruch. Nach § 2 Abs. 3 Satz 1 BetrAVG ist der Arbeitgeber verpflichtet, den Differenzbetrag, soweit er auf Arbeitgeberbeiträgen beruht, in Ergänzung zu den Leistungen der Pensions-kasse zu zahlen, wenn er nicht die sog. versicherungsrechtliche Lösung nach § 2 Abs. 3 Satz 2 und Satz 3 BetrAVG verlangt hat.

8. Einstandspflicht des Arbeitgebers bei Leistungsherabsetzung durch Pensionskasse
BAG, 30.9.2014 – 3 AZR 617/12, NZA 2015, 544

1. Hat der Arbeitgeber dem Arbeitnehmer Leistungen der betrieblichen Al-tersversorgung zugesagt, die über eine Pensionskasse durchgeführt werden, und macht die Pensionskasse von ihrem satzungsmäßigen Recht Gebrauch, Fehlbeträge durch Herabsetzung der Leistungen auszugleichen, hat der Ar-beitgeber nach § 1 Abs. 1 S. 3 BetrAVG dem Versorgungsempfänger gegenüber auch dann im Umfang der Leistungskürzungen einzustehen, wenn er auf die

Verwaltung des Vermögens und die Kapitalanlage der Pensionskasse sowie auf deren Beschlussfassungen keinen Einfluss nehmen konnte.

2. §16 Abs. 3 Nr. 2 BetrAVG nimmt über die Verweisung auf den nach §65 Abs. 1 S.1 Nr. 1 Buchst.a VAG festgesetzten Höchstzinssatz zur Berechnung der Deckungsrückstellung ausschließlich den in §2 Abs. 1 Deckungsrückstellungsverordnung bestimmten Höchstrechnungszins in Bezug. Dieser Höchstrechnungszins ist auch maßgeblich, wenn der Arbeitgeber die betriebliche Altersversorgung über eine »regulierte« Pensionskasse durchführt.

3. §16 Abs. 3 Nr. 2 BetrAVG gilt nur für laufende Leistungen, die auf Zusagen beruhen, die seit dem Inkrafttreten der Deckungsrückstellungsverordnung am 16. Mai 1996 erteilt wurden.

Weitere Orientierungssätze:

1. Nach §66 Abs. 1 ZPO kann nur derjenige, der ein rechtliches Interesse daran hat, dass in einem zwischen anderen Personen anhängigen Rechtsstreit eine Partei obsiegt, dieser Partei zum Zwecke ihrer Unterstützung beitreten. Das setzt voraus, dass der Nebenintervenient zu der unterstützten Partei oder zu dem Gegenstand des Rechtsstreits in einem Rechtsverhältnis steht, auf das die Entscheidung des Rechtsstreits durch ihren Inhalt oder ihre Vollstreckung unmittelbar oder auch nur mittelbar »rechtlich« einwirkt. Ein bloß wirtschaftliches oder tatsächliches Interesse an dem Obsiegen der unterstützten Partei reicht für die Zulässigkeit der Nebenintervention nicht aus.

2. (= LS 1.)

3. Nach §16 Abs. 3 Nr. 2 BetrAVG entfällt die Verpflichtung zur Anpassungsprüfung und -entscheidung nach §16 Abs. 1 BetrAVG, wenn die betriebliche Altersversorgung über eine Direktversicherung im Sinne des §1b Abs. 2 BetrAVG oder über eine Pensionskasse im Sinne des §1b Abs. 3 BetrAVG durchgeführt wird, ab Rentenbeginn sämtliche auf den Rentenbestand entfallenden Überschussanteile zur Erhöhung der laufenden Leistungen verwendet werden und zur Berechnung der garantierten Leistung der nach §65 Abs. 1 S 1 Nummer 1 Buchst. a VAG festgesetzte Höchstzinssatz zur Berechnung der Deckungsrückstellung nicht überschritten wird. Beide Voraussetzungen müssen kumulativ erfüllt sein.

4. §16 Abs. 3 Nr. 2 BetrAVG nimmt über die Verweisung auf den nach §65 Abs. 1 S 1 Nr 1 Buchst. a VAG festgesetzten Höchstzinssatz zur Berechnung der Deckungsrückstellung ausschließlich den in §2 Abs. 1 Deckungsrückstellungsverordnung bestimmten Höchstrechnungszins in Bezug. Dieser Höchstrechnungszins – und nicht ein von der Bundesanstalt für Finanzdienstleistungsaufsicht (BaFin) genehmigter höherer Rechnungszins – ist auch dann maßgeblich, wenn der Arbeitgeber die betriebliche Altersversorgung über eine regulierte Pensionskasse durchführt.

5. § 16 Abs. 3 Nr 2 BetrAVG ist zwar auch auf Versorgungszusagen anwendbar, die vor dem Inkrafttreten der Bestimmung am 1. Januar 1999 erteilt wurden; allerdings gilt er nicht für laufende Leistungen, die auf Zusagen beruhen, die vor dem Inkrafttreten der Deckungsrückstellungsverordnung am 16. Mai 1996 erteilt wurden.

9. Eigenbeiträge – Umfassungszusage – Einstandspflicht
BAG, 15.3.2016 – 3 AZR 827/14 – NZA 2016, 1205

1. § 1 Abs. 2 Nr. 4 BetrAVG gilt auch für Versorgungszusagen, die vor dem Inkrafttreten der Norm am 1. Juli 2002 erteilt wurden.

2. Nach § 1 Abs. 2 Nr. 4 BetrAVG ist es nicht nur erforderlich, dass der Arbeitnehmer Beiträge aus seinem Arbeitsentgelt zur Finanzierung von Leistungen der betrieblichen Altersversorgung u. a. an eine Pensionskasse erbringt; das Versorgungsversprechen des Arbeitgebers muss zusätzlich auch die Leistungen aus den Eigenbeiträgen des Arbeitnehmers umfassen.

3. Bei beitragsbezogenen Versorgungsversprechen aus der Zeit vor dem Inkrafttreten von § 1 Abs. 2 Nr. 4 BetrAVG sind an die Annahme, das Versorgungsversprechen des Arbeitgebers umfasse auch die Leistungen aus vom Arbeitnehmer aufgewandten Eigenbeiträgen, erhöhte Anforderungen zu stellen.

Weitere Orientierungssätze:

1. Hat der Arbeitgeber dem versorgungsberechtigten Arbeitnehmer Leistungen der betrieblichen Altersversorgung zugesagt, die über eine Pensionskasse durchgeführt werden, und macht die Pensionskasse von ihrem satzungsmäßigen Recht Gebrauch, Fehlbeträge durch Herabsetzung der Leistungen auszugleichen, hat der Arbeitgeber nach § 1 Abs. 1 Satz 3 BetrAVG dem Versorgungsempfänger gegenüber für die Leistungskürzungen einzustehen.

2. Die mit Wirkung zum 1. Juli 2002 in Kraft getretene Bestimmung des § 1 Abs. 2 Nr. 4 BetrAVG ist auch auf Versorgungszusagen anwendbar, die vor dem 1. Juli 2002 erteilt wurden.

3. Eine Umfassungszusage nach § 1 Abs. 2 Nr. 4 BetrAVG erfordert nicht nur, dass der Arbeitnehmer Beiträge aus seinem Arbeitsentgelt zur Finanzierung von Leistungen der betrieblichen Altersversorgung aufwendet; vielmehr muss das Versorgungsversprechen des Arbeitgebers auch die Leistungen aus den vom Arbeitnehmer selbst geleisteten Beiträgen umfassen.

4. Für beitragsbezogene Versorgungszusagen, die vor dem 1. Juli 2002 erteilt wurden, sind für die Annahme einer derartigen Zusage erhöhte Anforderungen zu stellen. Es genügt insoweit nicht, dass die Beteiligung des Arbeitnehmers nicht freiwillig ist und die Leistungsberechnung aus den vom Arbeitgeber und vom Arbeitnehmer geleisteten Beiträgen einheitlich erfolgt.

5. Die vom Senat für die Ermittlung der wirtschaftlichen Lage im Rahmen von §16 Abs. 1 BetrAVG aufgestellten Grundsätze gelten auch für solche privatrechtlich organisierten Arbeitgeber, die sich ausschließlich in öffentlicher Hand befinden, jedenfalls soweit sie nach ihrem Unternehmenszweck darauf ausgerichtet sind, auch Gewinne zu erwirtschaften.

10. Berufsunfähigkeitsrente – versicherungsförmige Lösung
BAG, 19.5.2016 – 3 AZR 794/14 – BeckRS 2016, 71525

Das Verlangen des Arbeitgebers nach der versicherungsförmigen Lösung gemäß §2 Abs. 2 Satz 3 BetrAVG kann bereits vor der Beendigung des Arbeitsverhältnisses des Arbeitnehmers wirksam erklärt werden. Erforderlich ist jedoch, dass zum Zeitpunkt des Zugangs der Erklärung beim Arbeitnehmer und bei der Versicherung bereits ein sachlicher und zeitlicher Zusammenhang mit einer konkret bevorstehenden Beendigung des Arbeitsverhältnisses besteht.

Weitere Orientierungssätze:
1. Wird die betriebliche Altersversorgung über eine Direktversicherung durchgeführt, tritt nach §2 Abs. 2 Satz 2 BetrAVG an die Stelle der Ansprüche eines vorzeitig mit einer gesetzlich unverfallbaren Anwartschaft aus dem Arbeitsverhältnis ausgeschiedenen Arbeitnehmers gegen den Arbeitgeber auf dessen Verlangen die vom Versicherer nach dem Versicherungsvertrag zu erbringende Versicherungsleistung, sog. versicherungsförmige Lösung.
2. Das Verlangen des Arbeitgebers muss spätestens drei Monate nach der Beendigung des Arbeitsverhältnisses dem Arbeitnehmer und dem Versicherer gegenüber erklärt werden. Es kann bereits vor der Beendigung des Arbeitsverhältnisses vom Arbeitgeber wirksam erklärt werden, wenn zum Zeitpunkt seines Zugangs beim Arbeitnehmer und beim Versicherer ein sachlicher und zeitlicher Zusammenhang mit der bevorstehenden Beendigung des Arbeitsverhältnisses besteht.
3. Zum Zeitpunkt des Zugangs der Erklärung muss es dem Arbeitnehmer ohne Weiteres möglich sein, auf die Angaben zur Versicherung – Versicherer und Versicherungsvertragsnummer – zuzugreifen.
4. Dem Versicherer muss bis zum Ablauf der Frist des §2 Abs. 2 Satz 3 BetrAVG bekannt sein, dass der Arbeitnehmer mit einer gesetzlich unverfallbaren Anwartschaft aus dem Arbeitsverhältnis ausgeschieden ist und der Arbeitgeber die versicherungsförmige Lösung gewählt hat.
5. Knüpft eine Versorgungsordnung mit dem Versorgungsfall Berufsunfähigkeit an das zum Zeitpunkt ihrer Schaffung geltende Sozialversicherungsrecht an, ergibt die Auslegung regelmäßig, dass ein im Sinne des heute geltenden Sozialversicherungsrechts vollständig erwerbsgeminderter Arbeitnehmer berufsunfähig im Sinne der Versorgungsordnung ist.

11. Anschlussberufung – eigenständige Beschwer – Rückzahlungsanspruch eines Trägerunternehmens gegen eine Gruppenunterstützungskasse
BAG, 19.5.2016 – 3 AZR 766/14 – NZA 2016, 1560 (Ls.)
Orientierungssätze: ...
1. Eine Rückdeckungsversicherung ist kein (mittelbarer) Durchführungsweg der betrieblichen Altersversorgung, sondern ein Finanzierungsinstrument des Arbeitgebers.

12. Betriebliche Altersversorgung – Pensionskassenrente – Ergänzungsanspruch
BAG, 19.5.2016 – 3 AZR 1/14 – BeckRS 2016, 71641
Orientierungssätze:
1. Besteht eine zugesagte betriebliche Altersversorgung aus mehreren Komponenten, hängt es von der Ausgestaltung der Versorgungszusage ab, ob und gegebenenfalls inwieweit die einzelnen Bestandteile für die zeitratierliche Berechnung der unverfallbaren Anwartschaft eines vorzeitig aus dem Arbeitsverhältnis ausgeschiedenen Arbeitnehmers einheitlich oder getrennt zu betrachten sind.
2. Wird eine Versorgungsordnung abgelöst, ist der zum Zeitpunkt der Ablösung entsprechend §2 Abs. 1 und Abs. 5 BetrAVG zu ermittelnde erdiente Besitzstand auch dann nach §2 BetrAVG als Mindestbetrag geschützt, wenn der Arbeitnehmer vorzeitig aus dem Arbeitsverhältnis ausscheidet. Dies gilt jedenfalls insoweit als sich die in der ablösenden Versorgungsordnung vorgesehene Besitzstandsrente auch nach den Kriterien des §2 Abs. 1 und Abs. 5 BetrAVG ergäbe und zum Zeitpunkt der Ablösung die Anwartschaft bereits gesetzlich unverfallbar war.
3. Durch Auslegung der maßgeblichen Versorgungsordnung ist zu ermitteln, ob bei Eintritt des Versorgungsfalls »Alter« eine zuvor gewährte Invaliditätsrente weiter zu leisten ist oder in eine Altersrente umgestellt wird. Eine Umstellung kommt in Betracht, wenn für die Gewährung der Invaliditätsversorgung ein Bescheid der gesetzlichen Rentenversicherung erforderlich ist und die Invaliditätsversorgung nur so lange geleistet wird, wie ein entsprechender Bescheid vorgelegt werden kann.

13. Rückzahlungsanspruch eines Trägerunternehmens gegen eine Gruppenunterstützungskasse
BAG, 21.3.2017 – 3 AZR 619/15 – NZA 2017, 990
Orientierungssätze:
1. Werden durch die Satzung einer in der Rechtsform eines eingetragenen Vereins geführten Gruppenunterstützungskasse Rückforderungsansprüche generell ausgeschlossen oder nur unter bestimmten Voraussetzungen zuge-

lassen, erfasst dieser Ausschluss auch etwaige Ansprüche aus dem Geschäfts-besorgungsrecht *(§ 675 Abs. 1, § 667 BGB)*.

2. Ein in einer Satzung einer Unterstützungskasse vorgesehener Ausschluss von Rückforderungsansprüchen hält einer Inhaltskontrolle nach §§ 242, 315 BGB stand, wenn die Satzung für den Fall der Beendigung der Mitgliedschaft des Trägerunternehmens eine Auskehrung des segmentierten Kassenvermö-gens auf andere Einrichtungen vorsieht, die mittelbare Durchführungswege der betrieblichen Altersversorgung sind.

14. Betriebliche Altersversorgung – Pensionskasse – Eigenbeiträge – Umfassungszusage
BAG, 21.3.2017 – 3 AZR 464/15 – NZA 2018, 104
Orientierungssätze:

1. § 1 Abs. 2 Nr. 4 BetrAVG findet auch auf Versorgungszusagen Anwendung, die vor dem Zeitpunkt des Inkrafttretens der Bestimmung am 1. Juli 2002 er-teilt wurden.

2. Bei Versorgungszusagen, die vor dem Zeitpunkt des Inkrafttretens der Be-stimmung erteilt wurden, und die auch durch den Arbeitnehmer finanziert werden, sind an die Annahme, die Zusage des Arbeitgebers erfasse die auf den Beiträgen der Arbeitnehmer beruhenden Leistungen, erhöhte Anforde-rungen zu stellen.

3. Eine in der Satzung einer Pensionskasse enthaltene Regelung, wonach bei einem vorzeitigen Ausscheiden der Arbeitnehmer aus dem Arbeitsverhältnis an die Stelle der beitragsfrei fortzuführenden Anwartschaft bei der Pensions-kasse für den auf Beiträgen der Arbeitnehmer beruhenden Teil der Anwart-schaft – nicht aber für den vom Arbeitgeber finanzierten Teil – auf Antrag eine Austrittsvergütung tritt, verstößt nicht gegen den Gleichheitssatz. Die Differenzierung nach der Art der Finanzierung der Anwartschaft knüpft an die bereits in § 2 Abs. 2 Satz 4 bis 6 und Abs. 3 Satz 3 BetrAVG i.d.F. 19. Dezember 1974 enthaltene gesetzliche Wertung an.

15. Betriebliche Altersversorgung – Loss-of-Licence-Versicherung – Invaliditätsversorgung
BAG, 25.4.2017 – 3 AZR 668/15 – BeckRS 2017, 113033
Orientierungssätze:

1. Ein Verschaffungsanspruch kann vom Arbeitnehmer bereits vor dem Ein-tritt des Versorgungsfalles mit einer Feststellungsklage gerichtlich geltend gemacht werden.

2. Eine dem Betriebsrentengesetz unterfallende Invaliditätsversorgung liegt vor, wenn sie einem Versorgungszweck dient, durch das im Gesetz genannte biometrische Risiko »Invalidität« ausgelöst ist sowie die Versorgungszusage vom Arbeitgeber aus Anlass eines Arbeitsverhältnisses erteilt wurde und den

Lebensstandard des Arbeitnehmers nach dem Ausscheiden aus dem Erwerbs- und Berufslebens sichert.

Betriebsrentenberechnung

1. Berechnung der Betriebsrente bei vorgezogener Inanspruchnahme nach vorzeitigem Ausscheiden – Barber-Urteil
BAG, 29.9.2010 – 3 AZR 564/09 –DB 2011, 540
Orientierungssätze:
1.   Bei der Ermittlung der erreichbaren Vollrente entsprechend den Grundsätzen des §2 Abs. 1 und 5 BetrAVG gelten Veränderungssperre und Festschreibeeffekt. Zugrunde zu legen ist zum einen die bei Ausscheiden geltende Versorgungsordnung und sind zum anderen die Bemessungsgrundlagen bezogen auf den Zeitpunkt des Ausscheidens. Dabei sind die zum Zeitpunkt des Ausscheidens bestehenden Bemessungsgrundlagen zwar auf den Zeitpunkt des Versorgungsfalls hochzurechnen. Eine Hochrechnung kommt jedoch nur dann in Betracht, wenn die künftige Entwicklung bestimmter Faktoren durch die bei Ausscheiden bereits vorhandenen Bemessungsgrundlagen eindeutig vorgezeichnet ist.
2.   Das ist beispielsweise bei einer gehaltsabhängigen Versorgung der Fall, für die ein bestimmter fester jährlicher Steigerungsbetrag in der Versorgungsordnung vorgesehen ist. Anders verhält es sich i.d.R. bei einer gehaltsabhängigen Versorgung, die auf das Tarifgehalt zum Zeitpunkt des Versorgungsfalls abstellt. Dessen weitere Entwicklung durch Tariferhöhungen ist zum Zeitpunkt des Ausscheidens i.d.R. nicht sicher absehbar, sondern völlig offen.
3.   Nach der Entscheidung des EuGH in der Rechtssache Barber (17. Mai 1990 – C262/88 – Slg. 1990, I-1889) ist eine Benachteiligung der Männer ab dem Stichtag 17. Mai 1990 nicht nur beim Pensionsalter, sondern auch bei der Leistungshöhe oder bei den sonstigen Leistungsvoraussetzungen unzulässig. Wird zwar für Männer und Frauen eine einheitliche Altersgrenze festgelegt, jedoch im Fall der vorgezogenen betrieblichen Altersleistung für Frauen ein geringerer versicherungsmathematischer Abschlag berechnet, so ist dies ebenfalls nur für Teile der Betriebsrente zulässig, die bis zum 17. Mai 1990 erdient wurden. Das Gleiche gilt, wenn sich unterschiedliche Pensionsalter dahin auswirken, dass Frauen sich keinen versicherungsmathematischen Abschlag gefallen lassen müssten.

2. Betriebsrente – versicherungsmathematische Abschläge – Auslegung
BAG, 29.9.2010 – 3 AZR 557/08 – NZA 2011, 206 = BB 2011, 764 (Christ)
Eine Versorgungsordnung, die für den Fall der vorgezogenen Inanspruchnahme einer Betriebsrente eine »versicherungsmathematische Herabsetzung« vor-

sieht, ohne deren Höhe genau anzugeben, ist zumindest bei Eintritt des Versorgungsfalls bis zum Jahr 2002 dahingehend auszulegen, dass ein Abschlag von 0,5% pro Monat der vorgezogenen Inanspruchnahme vorzunehmen ist.

Weitere Orientierungssätze:
1. Scheidet ein Arbeitnehmer vor dem Eintritt des Versorgungsfalls mit einer gesetzlich unverfallbaren Betriebsrentenanwartschaft aus dem Arbeitsverhältnis aus und nimmt er die Betriebsrente vorgezogen in Anspruch, kann der Arbeitgeber die Betriebsrente unter zwei Gesichtspunkten kürzen: Zum einen hat der Arbeitnehmer nicht die vollständige Zeit der Betriebszugehörigkeit erbracht, zum anderen nimmt der Versorgungsberechtigte die erdiente Betriebsrente mit höherer Wahrscheinlichkeit, früher und länger als mit der Versorgungszusage versprochen ist in Anspruch.
2. Enthält die Versorgungsordnung für den Fall der vorgezogenen Inanspruchnahme der Betriebsrente unmittelbar nach Beendigung des Arbeitsverhältnisses eine Kürzungsregelung, ist diese auch heranzuziehen, wenn der Arbeitnehmer vorzeitig aus dem Arbeitsverhältnis ausgeschieden war.
3. Eine Versorgungsordnung, die für diesen Fall eine »versicherungsmathematische Herabsetzung« vorsieht, ohne sie der Höhe nach zu regeln, ist dahingehend auszulegen, dass eine Kürzung in der Höhe erfolgen soll, die in der betrieblichen Altersversorgung allgemein üblich ist und als angemessen angesehen wird. Bei Rentenbeginn im Jahr 2002 ist dies ein Abschlag von 0,5% pro Monat der vorgezogenen Inanspruchnahme der Betriebsrente.
4. Das Transparenzgebot steht dem nicht entgegen. Dies gilt unabhängig davon, ob die Zusage nach dem Recht der Allgemeinen Geschäftsbedingungen zu beurteilen ist oder es sich um eine Betriebsvereinbarung handelt.

3. Betriebsrente – Auslegung – versicherungsmathematischer Abschlag
BAG, 8.3.2011 – 3 AZR 666/09 – BAG, 08.03.2011 – 3 AZR 666/09 – BeckRS 2011, 74887
Orientierungssätze:
1. Sieht eine Versorgungsordnung einen »versicherungsmathematischen Abschlag« für den Fall vor, dass ein Arbeitnehmer seine Betriebsrente vorgezogen in Anspruch nimmt, ohne diesen Abschlag der Höhe nach festzulegen, darf der Arbeitgeber pauschal einen Abschlag von 0,5% pro Monat der vorgezogenen Inanspruchnahme vornehmen.
2. Etwas anderes kann gelten, wenn im Betrieb allgemein bekannt ist, dass der Arbeitgeber den Abschlag nach der Barwertmethode jeweils im Einzelfall berechnen will. In diesem Fall kommt eine individuelle Berechnung des versicherungsmathematischen Abschlags in Betracht. ...

4. Betriebsrente – vorgezogene Inanspruchnahme – vorzeitiges Ausscheiden
BAG, 19.4.2011 – 3 AZR 318/09 – BeckRS 2011, 73551

Orientierungssätze:

1. Enthält die Versorgungszusage keine ausdrückliche Regelung für die Berechnung der Betriebsrente bei vorgezogener Inanspruchnahme nach vorzeitigem Ausscheiden, richtet sich die Höhe der Rente nach den allgemeinen Grundsätzen des Betriebsrentenrechts.

2. Im Falle der vorgezogenen Inanspruchnahme der Betriebsrente nach dem Ausscheiden aus dem Arbeitsverhältnis vor Eintritt des Versorgungsfalls ergibt sich nach den allgemeinen Grundsätzen des Betriebsrentenrechts in der Regel eine Berechtigung zur Kürzung der Betriebsrente unter zwei Gesichtspunkten: Einmal wird in das Gegenseitigkeitsverhältnis, das der Berechnung der Vollrente zugrunde liegt, dadurch eingegriffen, dass der Arbeitnehmer die Betriebszugehörigkeit bis zum Zeitpunkt der festen Altersgrenze nicht erbracht hat. Zum anderen ergibt sich eine Verschiebung des in der Versorgungszusage festgelegten Verhältnisses von Leistung und Gegenleistung daraus, dass er die erdiente Betriebsrente mit höherer Wahrscheinlichkeit, früher und länger als mit der Versorgungszusage versprochen in Anspruch nimmt.

3. Der Senat hat dem ersten Gedanken dadurch Rechnung getragen, dass die bei voller Betriebszugehörigkeit bis zur festen Altersgrenze erreichbare – fiktive – Vollrente nach §2 Abs. 1 und 5 BetrAVG zeitratierlich entsprechend dem Verhältnis der tatsächlichen zu der bis zum Erreichen der festen Altersgrenze möglichen Betriebszugehörigkeit zu kürzen ist. Der zweite Gesichtspunkt ist entsprechend den Wertungen in der Versorgungsordnung zu berücksichtigen. Wenn und soweit diesem Gesichtspunkt in der Versorgungszusage Rechnung getragen wird, z.B. indem ein versicherungsmathematischer Abschlag vorgesehen ist, verbleibt es dabei. Enthält die Versorgungszusage hingegen keine Wertung, hat der Senat als »Auffangregelung« für die Fälle, in denen die Versorgungszusage keinen versicherungsmathematischen Abschlag vorsieht, ohne ihn ihrerseits auszuschließen, einen »untechnischen versicherungsmathematischen Abschlag« entwickelt.

5. Betriebsrentenanwartschaft – Neuberechnung
BAG, 23.8.2011 – 3 AZR 669/09 –DB 2012, 527

Orientierungssätze: Der Versorgungsberechtigte hat keinen Anspruch auf Neuberechnung seiner Betriebsrentenanwartschaft gegen den Versorgungsschuldner mit dem Ziel, Meinungsverschiedenheiten über den Inhalt des Versorgungsanspruchs auszuräumen. Der Auskunftsanspruch nach §4a Abs. 1 Nr. 1 BetrAVG dient nicht dazu, einen Streit über den Inhalt des Versorgungsanspruchs zu beseitigen. Derartige Streitigkeiten sind durch eine Klage auf Feststellung des Inhalts und der Höhe des Versorgungsanspruchs zu klären.

6. Auslegung einer Versorgungsordnung – Berücksichtigung von Altersteilzeitarbeit bei der Ermittlung des rentenfähigen Arbeitsverdienstes
BAG, 17.4.2012 – 3 AZR 280/10 – NZA-RR 2012, 489
Orientierungssätze: Die Auslegung einer vor Inkrafttreten des Altersteilzeitgesetzes geschaffenen Versorgungsordnung, die für die Ermittlung des rentenfähigen Arbeitsverdienstes zwischen vollzeitbeschäftigten und teilzeitbeschäftigten Arbeitnehmern unterscheidet, kann ergeben, dass Arbeitnehmer, die Altersteilzeitarbeit leisten, von der Regelung für teilzeitbeschäftigte Arbeitnehmer nicht erfasst werden. In diesem Fall richtet sich der rentenfähige Arbeitsverdienst nach den für vollzeitbeschäftigte Arbeitnehmer geltenden Bestimmungen.

7. Beitragsbemessungsgrenze – gespaltene Rentenformel
BAG, 23.4.2013 – 3 AZR 475/11 – NZA 2013, 1275
Eine vor dem 1. Januar 2003 im Wege der Gesamtzusage getroffene Versorgungsvereinbarung, die für den Teil des versorgungsfähigen Einkommens oberhalb der Beitragsbemessungsgrenze in der gesetzlichen Rentenversicherung (BBG) höhere Versorgungsleistungen vorsieht als für den darunter liegenden Teil (sog. »gespaltene Rentenformel«), ist nach der außerplanmäßigen Anhebung der BBG durch §275c SGB VI zum 1. Januar 2003 nicht ergänzend dahin auszulegen, dass die Betriebsrente so zu berechnen ist, als wäre die außerplanmäßige Anhebung der BBG nicht erfolgt. An der gegenteiligen Rechtsprechung aus den Urteilen vom 21. April 2009 (– 3 AZR 471/07 – und – 3 AZR 695/08 –) hält der Senat nicht fest. Ein Anspruch auf eine höhere Betriebsrente wegen der außerplanmäßigen Anhebung der BBG zum 1. Januar 2003 kann sich allenfalls nach den Regeln über die Störung der Geschäftsgrundlage (§313 BGB) ergeben.

Weitere Orientierungssätze:
1. Eine vor dem 1. Januar 2003 im Wege der Gesamtzusage getroffene Versorgungsvereinbarung, die für den Teil des versorgungsfähigen Einkommens oberhalb der Beitragsbemessungsgrenze in der gesetzlichen Rentenversicherung (BBG) höhere Versorgungsleistungen vorsieht als für den darunter liegenden Teil (sog. »gespaltene Rentenformel«), kann nach der außerplanmäßigen Anhebung der BBG zum 1. Januar 2003 nicht ergänzend dahin ausgelegt werden, dass die Betriebsrente so zu berechnen ist, als wäre die außerplanmäßige Anhebung der BBG nicht erfolgt. Einer dahingehenden ergänzenden Auslegung der Versorgungsvereinbarung steht entgegen, dass mehrere gleichwertige Möglichkeiten zur Lückenschließung bestehen.
2. Ein Anspruch auf Zahlung einer höheren Betriebsrente wegen der außerplanmäßigen Anhebung der BBG zum 1. Januar 2003 kann sich allenfalls nach den Regeln über die Störung der Geschäftsgrundlage (§313 BGB) ergeben.

3. Beträgt die infolge der außerplanmäßigen Anhebung der BBG eingetretene Versorgungseinbuße lediglich ca. 8%, führt das Festhalten an der unveränderten Versorgungsregelung für den Versorgungsberechtigten nicht zu einem untragbaren Ergebnis, weshalb ein Anspruch auf Vertragsanpassung nach den Regeln über die Störung der Geschäftsgrundlage (§ 313 BGB) nicht in Betracht kommt.

8. Betriebliche Altersversorgung – Berechnung einer Betriebsrente – Versorgungstarifvertrag – Auswirkungen der »außerplanmäßigen« Anhebung der Beitragsbemessungsgrenze in der gesetzlichen Rentenversicherung zum 1. Januar 2003

BAG, 23.4.2013 – 3 AZR 23/11 – NZA 2014, 223 (Ls.)
Orientierungssätze:
1. Ein vor dem 1. Januar 2003 abgeschlossener Versorgungstarifvertrag, der für den Teil des versorgungsfähigen Einkommens oberhalb der Beitragsbemessungsgrenze in der gesetzlichen Rentenversicherung höhere Versorgungsleistungen vorsieht als für den darunter liegenden Teil (sog. gespaltene Rentenformel), kann nach der »außerplanmäßigen« Anhebung der Beitragsbemessungsgrenze zum 1. Januar 2003 durch § 275c SGB VI nicht ergänzend dahin ausgelegt werden, dass die Versorgungsleistungen so zu berechnen sind, als wäre die »außerplanmäßige« Anhebung der Beitragsbemessungsgrenze nicht erfolgt.
2. Wurde ein Versorgungstarifvertrag mit einer derartigen gespaltenen Rentenformel nach dem 1. Januar 2003 abgeschlossen, ist mit der Beitragsbemessungsgrenze in der gesetzlichen Rentenversicherung die bereits durch § 275c SGB VI angehobene Beitragsbemessungsgrenze gemeint.
3. Die Anpassung eines Tarifvertrags nach den Grundsätzen über die Störung der Geschäftsgrundlage kann allenfalls eine Tarifvertragspartei verlangen, nicht aber der einzelne nachteilig betroffene Arbeitnehmer.

9. Kapitalleistung – vorgezogene Inanspruchnahme – Abschlag

BAG, 25.6.2013 – 3 AZR 219/11 – NZA 2013, 1421
Die Grundsätze zur Berechnung der Betriebsrente bei vorgezogener Inanspruchnahme nach vorzeitigem Ausscheiden aus dem Arbeitsverhältnis gelten auch für Versorgungszusagen, die einmalige Kapitalleistungen vorsehen. Sofern die Versorgungsregelung nichts anderes bestimmt, ist die Leistung nach § 2 Abs. 1 und Abs. 5 BetrAVG zeitratierlich zu berechnen und um einen sog. untechnischen versicherungsmathematischen Abschlag zu kürzen.

Weitere Orientierungssätze:
1. Einmalige Kapitalleistungen können die Merkmale der betrieblichen Altersversorgung i.S.d. § 1 Abs. 1 Satz 1 BetrAVG erfüllen.

2. Scheidet ein Arbeitnehmer vorzeitig – vor Erreichen des Versorgungsfalles – aus dem Arbeitsverhältnis aus und nimmt er die zugesagte Kapitalleistung vorgezogen – vor der nach der Versorgungszusage maßgeblichen festen Altersgrenze oder der Regelaltersgrenze – in Anspruch, so kann, wenn die Versorgungsordnung diesen Fall nicht regelt, die Kapitalleistung nach den Grundsätzen des Betriebsrentenrechts gekürzt werden.

3. Danach ist die Kapitalleistung wegen des vorzeitigen Ausscheidens nach §2 Abs. 1 und Abs. 5 BetrAVG zeitratierlich zu berechnen. Wegen der vorgezogenen Inanspruchnahme der Kapitalleistung kann ein versicherungsmathematischer Abschlag vorgenommen werden, wenn die Versorgungsregelung dies für den Fall des Fortbestands des Arbeitsverhältnisses bis zum Eintritt des Versorgungsfalles der vorgezogenen Inanspruchnahme der Betriebsrente vorsieht. Fehlt eine derartige Bestimmung in der Versorgungsregelung, kann ein sog. untechnischer versicherungsmathematischer Abschlag vorgenommen werden, wenn die Versorgungsordnung Abschläge wegen der vorgezogenen Inanspruchnahme der Leistung nicht ausschließt. Das bedeutet, dass der nach §2 Abs. 1 und Abs. 5 BetrAVG ermittelte Betrag nochmals zeitratierlich entsprechend dem Verhältnis der Betriebszugehörigkeit vom Beginn des Arbeitsverhältnisses bis zur vorgezogenen Inanspruchnahme der Leistung zu der möglichen Betriebszugehörigkeit bis zu der nach der Versorgungszusage maßgeblichen festen Altersgrenze oder der Regelaltersgrenze gekürzt werden kann.

10. Betriebliche Altersversorgung – Berechnung der Zusatzversorgung nach dem Hamburgischen Zusatzversorgungsgesetz – Auslegung – Gleichheitssatz – Vertrauensschutz
BAG, 20.8.2013 – 3 AZR 333/11 – NZA-RR 2014, 42
Orientierungssätze: Nach §30 Abs. 2 Satz 2 HmbZVG ist bei der Ermittlung des fiktiven Nettoarbeitsentgelts als Berechnungsgrundlage für das Grundruhegeld die für den Arbeitnehmer am Stichtag 31. Juli 2003 maßgebliche Steuerklasse zugrunde zu legen. Die Festschreibung der Steuerklasse nach den zum Stichtag 31. Juli 2003 bestehenden familienrechtlichen Verhältnissen ist wirksam. Sie verstößt nicht gegen höherrangiges Recht.

11. Berechnung einer vorgezogen in Anspruch genommenen Betriebsrente
BAG, 10.12.2013 – 3 AZR 726/11 – NZA-RR 2014, 654
Orientierungssätze:
1. Die Berechnung der gemäß §6 BetrAVG vorgezogen in Anspruch genommenen Betriebsrente eines bis zu diesem Zeitpunkt betriebstreuen Arbeitnehmers erfolgt nur dann nach allgemeinen Grundsätzen des Betriebsrentenrechts unter entsprechender Anwendung des §2 Abs. 1 BetrAVG, wenn die

zugrunde liegende Versorgungsordnung für den Fall der vorgezogenen Inanspruchnahme keine eigenständige Berechnungsregel enthält.

2. Eine eigenständige Berechnungsregel liegt nicht schon dann vor, wenn die Versorgungsordnung allgemein vorsieht, dass die Höhe der Betriebsrente von der Dauer der anrechnungsfähigen Dienstzeit abhängt und nach Ablauf der in der Versorgungsordnung bestimmten Wartezeit jährlich ansteigt. Allein einer solchen sog. »aufsteigenden Berechnung« kann nicht entnommen werden, dass auch die vorgezogen in Anspruch genommene Betriebsrente unter Zugrundelegung der bis zu diesem Zeitpunkt zurückgelegten Dienstzeit nach den Regelungen der Versorgungsordnung zu berechnen ist. Vielmehr muss sich aus der Versorgungsordnung ergeben, dass diese Berechnung auch für den Fall der vorgezogenen Inanspruchnahme nach §6 BetrAVG gelten soll und nicht nur für die Berechnung der für eine Betriebszugehörigkeit bis zur festen Altersgrenze zugesagten Betriebsrente.

3. Die im Rahmen einer Gesamtversorgung erforderliche Anrechnung der Rente aus der gesetzlichen Rentenversicherung kann bei vorgezogener Inanspruchnahme der Betriebsrente nach §6 BetrAVG nur dann unter Zugrundelegung einer fiktiv auf die feste Altersgrenze berechneten Rente aus der gesetzlichen Rentenversicherung erfolgen, wenn die Versorgungsordnung dies selbst vorsieht oder wenn im Rahmen der Quotierung nach §2 Abs. 1 BetrAVG die fiktive Vollrente zu ermitteln ist.

12. Berechnung der Betriebsrente bei vorzeitigem Ausscheiden und vorgezogener Inanspruchnahme – Auslegung einer Versorgungsordnung

BAG, 10.12.2013 – 3 AZR 832/11 – NZA-RR 2014, 375
Orientierungssätze:

1. Regelt eine Versorgungsordnung die Berechnung der vorgezogen in Anspruch genommenen Betriebsrente nach vorzeitigem Ausscheiden aus dem Arbeitsverhältnis nicht selbst, so richtet sich die Berechnung nach den allgemeinen Grundsätzen des Betriebsrentenrechts. Danach kann die Betriebsrente wegen der fehlenden Betriebszugehörigkeit nach §2 Abs. 1 und Abs. 5 BetrAVG zeitratierlich gekürzt werden.

2. Sieht die Versorgungsordnung eine Gesamtversorgung vor, ist die fiktive Vollrente nach §2 Abs. 1 BetrAVG unter Berücksichtigung der fiktiven, auf die feste Altersgrenze hochgerechneten Rente aus der gesetzlichen Rentenversicherung zu ermitteln.

3. Die Hochrechnung der fiktiven Rente aus der gesetzlichen Rentenversicherung hat nach §2 Abs. 5 BetrAVG unter Zugrundelegung des letzten Einkommens vor dem vorzeitigen Ausscheiden aus dem Arbeitsverhältnis und der zu diesem Zeitpunkt geltenden Rechengrößen in der Sozialversicherung zu erfolgen.

13. Beitragsbemessungsgrenze – gespaltene Rentenformel
BAG, 18.3.2014 – 3 AZR 952/11 – NZA 2014, 843

Eine vor dem 1. Januar 2003 durch Betriebsvereinbarung getroffene Versorgungsvereinbarung, die für den Teil des versorgungsfähigen Einkommens oberhalb der Beitragsbemessungsgrenze in der gesetzlichen Rentenversicherung (BBG) höhere Versorgungsleistungen vorsieht als für den darunter liegenden Teil (sog. gespaltene Rentenformel), ist nach der außerplanmäßigen Anhebung der BBG durch §275c SGB VI zum 1. Januar 2003 nicht ergänzend dahin auszulegen, dass die Betriebsrente so zu berechnen ist, als wäre die außerplanmäßige Anhebung der BBG nicht erfolgt.

Weitere Orientierungssätze:

1. Eine vor dem 1. Januar 2003 abgeschlossene Betriebsvereinbarung über Leistungen der betrieblichen Altersversorgung, die für den Teil des versorgungsfähigen Einkommens oberhalb der Beitragsbemessungsgrenze in der gesetzlichen Rentenversicherung höhere Versorgungsleistungen vorsieht als für den darunter liegenden Teil (sog. gespaltene Rentenformel), kann nach der »außerplanmäßigen« Anhebung der Beitragsbemessungsgrenze zum 1. Januar 2003 durch §275c SGB VI nicht ergänzend dahin ausgelegt werden, dass die Versorgungsleistungen so zu berechnen sind, als wäre die »außerplanmäßige« Anhebung der Beitragsbemessungsgrenze nicht erfolgt.
2. Die Anpassung einer Betriebsvereinbarung nach den Grundsätzen über die Störung der Geschäftsgrundlage kann allenfalls der Betriebsrat als Partei der Betriebsvereinbarung, nicht aber der einzelne nachteilig betroffene Arbeitnehmer verlangen.

14. Gesamtversorgungsobergrenze – vorzeitiges Ausscheiden
BAG, 19.5.2015 – 3 AZR 771/13 – BeckRS 2015, 70801

Ist dem vorzeitig aus dem Arbeitsverhältnis ausgeschiedenen Arbeitnehmer eine Gesamtversorgung zugesagt, so ist eine in der Versorgungsordnung enthaltene Gesamtversorgungsobergrenze bereits bei der Berechnung der maßgeblichen fiktiven Vollrente nach §2 Abs. 1 BetrAVG zu berücksichtigen und nicht erst auf die zeitratierlich gekürzte Betriebsrente anzuwenden. Etwas anderes gilt nur dann, wenn die Versorgungsordnung ausdrücklich eine abweichende Berechnung zugunsten der vorzeitig aus dem Arbeitsverhältnis ausgeschiedenen Arbeitnehmer vorsieht.

Weitere Orientierungssätze:

1. Zur Berechnung der bei Eintritt des Versorgungsfalls zu zahlenden Betriebsrente eines vorzeitig aus dem Arbeitsverhältnis ausgeschiedenen Arbeitnehmers nach §2 Abs. 1 BetrAVG ist zunächst die sog. Vollrente, d.h. die Leistung zu ermitteln, die dem Arbeitnehmer bei einem Verbleib im Unter-

nehmen bis zum Erreichen der festen Altersgrenze zugestanden hätte. Dabei sind alle in der Versorgungsordnung vorgegebenen Berechnungsschritte zur Ermittlung der fiktiven Vollrente durchzuführen. Erst im Anschluss daran ist entsprechend der tatsächlichen zur höchstmöglichen Betriebszugehörigkeit eine zeitratierliche Kürzung vorzunehmen.

2. Wurde dem vorzeitig ausgeschiedenen Arbeitnehmer eine Gesamtversorgung zugesagt, ist im Rahmen der Berechnung seines Ruhegelds nach § 2 Abs. 1 BetrAVG eine in der Versorgungsordnung enthaltene Gesamtversorgungsobergrenze bereits bei der Ermittlung der maßgeblichen fiktiven Vollversorgung zu berücksichtigen. Eine Anwendung der Begrenzungsregelung erst auf die anteilig quotierte Betriebsrente des vorzeitig ausgeschiedenen Arbeitnehmers kommt lediglich in Betracht, wenn die maßgebliche Versorgungsordnung ausdrücklich eine von § 2 Abs. 1 BetrAVG abweichende Berechnung zugunsten der Arbeitnehmer vorsieht. Auf den Zweck der Höchstbegrenzungsklausel kommt es hingegen nicht an.

3. Sieht eine Versorgungsordnung vor, dass das betriebliche Ruhegeld jährlich zu einem bestimmten Stichtag an die Inflationsrate – begrenzt durch die Nettovergütungsentwicklung – anzupassen ist, ist Prüfungszeitraum sowohl für die Inflationsrate als auch für die Nettovergütung der aktiven Mitarbeiter die Zeit seit dem letzten Anpassungsstichtag bis zum nachfolgenden Stichtag. Da zum Stichtag die maßgebliche tatsächliche Lage schon gegeben sein muss und nicht erst zeitgleich mit ihm eintreten darf, ist auf die den jeweiligen Stichtagen vorhergehenden Monate abzustellen.

15. Altersversorgung – Versorgungsausgleich – Bindung
BAG, 10.11.2015 – 3 AZR 813/14 – NZA 2016, 304

Trifft das Familiengericht im Versorgungsausgleichsverfahren nach § 10 VersAusglG eine rechtskräftige Entscheidung über die interne Teilung des vom Versorgungsberechtigten während der Ehezeit erworbenen Anrechts, so entfaltet diese Bindungswirkung in einem nachfolgenden arbeitsgerichtlichen Verfahren zwischen dem Versorgungsberechtigten und dem am Versorgungsausgleichsverfahren beteiligten Versorgungsträger über die Höhe des sich hieraus ergebenden Kürzungsbetrags der Versorgung.

Weitere Orientierungssätze:

1. Überträgt das Familiengericht im Versorgungsausgleichsverfahren dem ausgleichsberechtigten geschiedenen Ehegatten im Wege der internen Teilung nach § 10 Abs. 1 VersAusglG ein Anrecht zulasten des vom Versorgungsberechtigten während der Ehezeit beim Versorgungsträger erworbenen Anrechts, so führt die gerichtliche Entscheidung auch zu einer Kürzung des Anrechts des Versorgungsberechtigten.

2. Der Umfang der Kürzung der vom Versorgungsträger geschuldeten Versorgungsleistung ergibt sich aus dem vom Familiengericht im Versorgungsausgleich vorgenommenen Vollzug der internen Teilung nach § 10 VersAusglG. Gemäß § 10 Abs. 3 VersAusglG richtet sich der Vollzug der internen Teilung grundsätzlich nach der für das geteilte Versorgungsanrecht geltenden Versorgungs- und Teilungsordnung.

3. Wegen der rechtsgestaltenden Wirkung der gerichtlich ausgesprochenen internen Teilung haben die Familiengerichte die Aufgabe, die rechtliche Vereinbarkeit der Versorgungs- und Teilungsordnung mit höherrangigem Recht zu überprüfen.

4. Die mit Eintritt der Rechtskraft nach § 224 Abs. 1 FamFG wirksam werdende Entscheidung des Familiengerichts über die interne Teilung nach § 10 VersAusglG entfaltet auch Bindungswirkung in einem nachfolgenden arbeitsgerichtlichen Verfahren zwischen dem ausgleichspflichtigen Ehegatten und dem gemäß § 219 Nr. 2 FamFG am Versorgungsausgleichsverfahren beteiligten Versorgungsträger über die Höhe des sich hieraus ergebenden Kürzungsbetrags der Versorgung.

5. Die Präjudizialität der familiengerichtlichen Entscheidung über den Versorgungsausgleich für das arbeitsgerichtliche Verfahren beschränkt sich nicht nur auf die unmittelbar in der Beschlussformel zum Ausdruck kommende Gestaltungswirkung, sondern erfasst auch den Berechnungsweg, den das Familiengericht auf der Basis der von ihm angewandten Teilungsordnung bei der Durchführung der internen Teilung des in der Ehezeit erworbenen Anrechts zwischen den geschiedenen Ehegatten zugrunde gelegt hat.

6. Der familiengerichtlichen Entscheidung kommt auch dann eine erweiterte Bindungswirkung zu, wenn das Familiengericht nicht geprüft hat, ob die von ihm bei der Durchführung der internen Teilung nach § 10 Abs. 1 VersAusglG angewandte Teilungsordnung mit höherrangigem Recht vereinbar ist.

7. Eine etwaige Diskriminierung wegen des Geschlechts, die sich aus der Verwendung geschlechtsspezifischer Barwertfaktoren bei der gerichtlichen Teilungsentscheidung ergeben soll, muss im Versorgungsausgleichsverfahren geltend gemacht werden.

16. Betriebliche Altersversorgung – Versorgungszusage – Auslegung
BAG, 19.7.2016 – 3 AZR 141/15 – NZA-RR 2016, 604
Orientierungssatz: In einer Versorgungszusage kann die für die Berechnung einer Betriebsrente maßgebliche versorgungsfähige Vergütung auf einzelne Bestandteile des Tarifentgelts beschränkt werden. Es müssen nicht sämtliche tariflichen Vergütungsbestandteile zugrunde gelegt werden.

17. Beitragsorientierte Leistungszusage – vorzeitiges Ausscheiden
BAG, 20.2.2018 – 3 AZR 252/17 – NZA 2018, 728
Die Tarifvertragsparteien dürfen nach §19 Abs. 1 BetrAVG von den in §2 BetrAVG geregelten Vorgaben zur Berechnung der Höhe einer gesetzlich unverfallbaren Anwartschaft auch zulasten der Arbeitnehmer abweichen. Diese Befugnis erfasst auch die Übergangsregelung in §30g Abs. 2 BetrAVG. In Tarifverträgen kann daher auch für vor dem 1. Januar 2001 erteilte beitragsorientierte Leistungszusagen eine Berechnung der Anwartschaft nach §2 Abs. 5 BetrAVG angeordnet werden.

Weitere Orientierungssätze:
1. Die Verweisung in einem nach dem 31. Dezember 2000 geschlossenen Tarifvertrag, der eine beitragsorientierte Leistungszusage enthält, und zur Berechnung einer unverfallbaren Anwartschaft eines vorzeitig aus dem Arbeitsverhältnis ausgeschiedenen Arbeitnehmers auf die Regelungen des Betriebsrentengesetzes Bezug nimmt, kann eine konstitutive Regelung darstellen. In diesem Fall richtet sich die Berechnung der Rentenhöhe nach §2 Abs. 5 BetrAVG, ohne dass es darauf ankäme, ob die Voraussetzungen der Übergangsvorschrift des §30g Abs. 2 BetrAVG erfüllt sind.
2. Die Tarifvertragsparteien dürfen nach §19 Abs. 1 BetrAVG in einem Versorgungstarifvertrag von §2 BetrAVG abweichen. Dies ermöglicht es ihnen, auch von der Übergangsvorschrift in §30g Abs. 2 BetrAVG abweichende Regelungen zu treffen.

Betriebsrentenanpassung

1. Betriebsrentenanpassung – Berechnungsdurchgriff – Patronatserklärung
BAG, 29.9.2010 – 3 AZR 427/08 – NZA 2011, 1416DB 2011, 362 = ZIP 2011, 191 = EWiR 2011, 171 (Matthießen)
1. Für die Anpassung der Betriebsrenten nach §16 BetrAVG ist grundsätzlich die wirtschaftliche Lage des Versorgungsschuldners maßgeblich. Dies gilt auch dann, wenn dieser in einen Konzern eingebunden ist.
2. Ausnahmsweise kann ein Berechnungsdurchgriff auf die günstige wirtschaftliche Lage eines anderen Konzernunternehmens in Betracht kommen. In dem Fall muss ein Unternehmen, das selbst wirtschaftlich nicht zur Anpassung der Betriebsrenten in der Lage ist, gleichwohl eine Anpassung des Ruhegeldes vornehmen, wenn die wirtschaftliche Lage des anderen Konzernunternehmens dies zulässt. Deshalb setzt der Berechnungsdurchgriff einen Gleichlauf von Zurechnung und Innenhaftung im Sinne einer Einstandspflicht/Haftung des anderen Konzernunternehmens gegenüber dem Versorgungsschuldner voraus.

3. Verpflichtet sich die Konzernmutter gegenüber einem Gläubiger des konzernangehörigen Versorgungsschuldners, diesen finanziell so auszustatten, dass sein Geschäftsbetrieb aufrechterhalten werden kann (sog. konzernexterne harte Patronatserklärung), begründet dies keinen Berechnungsdurchgriff.

Weitere Orientierungssätze:

1. Die Anpassungsverpflichtung nach § 16 BetrAVG trifft grundsätzlich den Versorgungsschuldner; sie hängt von seiner wirtschaftlichen Lage ab. Dies gilt auch dann, wenn der Versorgungsschuldner in einen Konzern eingebunden ist (vgl. Leitsatz 1).

2. Eine Ausnahme hiervon gilt im Fall des sog. Berechnungsdurchgriffs. Dieser führt dazu, dass ein Unternehmen, das selbst wirtschaftlich nicht zur Anpassung der Betriebsrenten in der Lage ist, gleichwohl eine Anpassung des Ruhegeldes vorzunehmen hat, wenn die wirtschaftliche Lage des anderen Konzernunternehmens dies zulässt. Der Berechnungsdurchgriff setzt deshalb einen Gleichlauf von Zurechnung und Innenhaftung im Sinne einer Einstandspflicht/Haftung des anderen Konzernunternehmens gegenüber dem Versorgungsschuldner voraus (vgl. Leitsatz 2).

3. Ein Berechnungsdurchgriff kann nicht auf eine konzernexterne sog. harte Patronatserklärung gestützt werden, mit der sich die Konzernmutter gegenüber einem Gläubiger verpflichtet hat, den Versorgungsschuldner finanziell so auszustatten, dass sein Geschäftsbetrieb aufrechterhalten werden kann. Bei der konzernexternen harten Patronatserklärung handelt es sich um einen einseitig verpflichtenden Vertrag sui generis, der als unechter Vertrag zugunsten eines Dritten ausgestaltet ist und dem Begünstigten keinen eigenen Anspruch einräumt (vgl. Leitsatz 3).

4. Ob vor dem Hintergrund der geänderten Rechtsprechung des Bundesgerichtshofs zum qualifiziert faktischen Konzern an den vom Senat insbes. mit Urteil vom 4. Oktober 1994 (3 AZR 910/93 – zu B II 4 b der Gründe, BAGE 78, 87) entwickelten Grundsätzen zum Berechnungsdurchgriff im qualifiziert faktischen Konzern festgehalten werden kann, bedurfte keiner Entscheidung.

2. Betriebsrentenanpassung – Abwicklungs- oder Rentnergesellschaft – Berechnungsdurchgriff
BAG, 26.10.2010 – 3 AZR 502/08 – ZIP 2011, 632 = EWiR 2011, 403 (Kock/Milenk)
Orientierungssätze:
1. Auch Rentner- und Abwicklungsgesellschaften haben eine Anpassung der Betriebsrenten nach § 16 BetrAVG zu prüfen.
2. Dabei sind auch Rentner- und Abwicklungsgesellschaften nicht verpflichtet, die Kosten für die Betriebsrentenanpassung aus ihrem Vermögen aufzubringen. Auch ihnen ist eine angemessene Eigenkapitalverzinsung zuzubilli-

gen. Allerdings ist bei Rentner- und Abwicklungsgesellschaften bereits eine Eigenkapitalverzinsung angemessen, die der Umlaufrendite öffentlicher Anleihen entspricht. Für einen Zuschlag, wie er aktiven Arbeitgebern zugebilligt wird, deren in das Unternehmen investiertes Eigenkapital einem erhöhten Risiko ausgesetzt ist, besteht kein Anlass.

3. Die wirtschaftliche Lage eines Unternehmens wird durch dessen Ertragskraft im Ganzen geprägt. Der Arbeitgeber ist nicht schon dann zur Anpassung der Betriebsrenten verpflichtet, wenn einzelne Einkünfte den Umfang der Anpassungslast übersteigen. Entscheidend kommt es auf eine angemessene Eigenkapitalverzinsung und eine hinreichende Eigenkapitalausstattung an.

3. Betriebsrente – Entgeltentwicklung – Ausgangsrente
BAG, 26.10.2010 – 3 AZR 711/08 – NZA 2011, 595

1. Eine Dienstvereinbarung kann die Entwicklung der Betriebsrente rechtswirksam an die Entwicklung des Einkommens der aktiv beschäftigten Arbeitnehmer knüpfen. Dabei dürfen Senkungen des Einkommens der Arbeitnehmer entsprechend einer Verkürzung der regelmäßigen Arbeitszeit einbezogen werden.

2. Soweit es die Dienstvereinbarung ermöglicht, das mit der Ausgangsrente definierte Versorgungsniveau zu beeinträchtigen, entspricht sie nicht den nach §71 PersVG Berlin zu beachtenden Grundsätzen von Recht und Billigkeit, zu denen auch die zwingenden Grundwertungen des Betriebsrentenrechts gehören. Insoweit ist die Regelung unwirksam.

Weitere Orientierungssätze:

1. Weder das für Eingriffe in Betriebsrentenanwartschaften entwickelte dreistufige Prüfschema noch die diesem zugrunde liegenden Grundsätze des Vertrauensschutzes und der Verhältnismäßigkeit sind heranzuziehen, wenn nach einer Versorgungsordnung die Entwicklung der laufenden Betriebsrentenleistung von der Steigerung oder Senkung des Einkommens der vergleichbaren aktiv Beschäftigten abhängt und sich aus diesem Grund die Betriebsrente verringert. Darin liegt kein Eingriff in die sich aus der Versorgungsordnung ergebenden Rechte, da die Versorgungsordnung von vornherein an die Entwicklung der tariflichen Arbeitseinkommen anknüpft.

2. Eine Dienstvereinbarung, die eine solche Regelung vorsieht, ist jedoch nach dem jeweiligen Personalvertretungsrecht (hier: §71 PersVG Berlin) daraufhin zu überprüfen, ob sie den Grundsätzen von Recht und Billigkeit entspricht. Dazu gehören die zwingenden Grundwertungen des Betriebsrentenrechts.

3. Es ist grundsätzlich nicht zu beanstanden, wenn die Entwicklung der Betriebsrenten von der Entwicklung der Tarifentgelte der aktiv Beschäftigten abhängig gemacht wird. Das gilt jedoch nur, soweit das mit der bei Eintritt des

Versorgungsfalls entstandenen Ausgangsrente definierte Versorgungsniveau nicht beeinträchtigt wird. Ermöglicht die Dienstvereinbarung eine weitergehende Kürzung der Betriebsrente, ist sie in diesem Umfang unwirksam.

4. Betriebsrentenanpassung – Essener Verband – Diskriminierung wegen des Alters
BAG, 30.11.2010 – 3 AZR 754/08 – NZA-RR 2011, 593
Orientierungssätze:
1. Nach § 9 Abs. 2 der Leistungsordnung des Essener Verbandes (LO) werden die Betriebsrenten derjenigen Versorgungsempfänger, die mit Eintritt des Versorgungsfalls aus dem Arbeitsverhältnis mit dem Versorgungsschuldner ausgeschieden sind, vom Verband regelmäßig überprüft und ggf. den veränderten Verhältnissen angepasst. Bei Versorgungsempfängern, die bereits vor dem Eintritt des Versorgungsfalls aus dem Arbeitsverhältnis ausgeschieden sind, wird die Anpassung der Leistungen der betrieblichen Altersversorgung nach § 11 Abs. 3 LO durch das Mitglied nach § 16 BetrAVG überprüft.
2. Diese unterschiedliche Behandlung ist sachlich gerechtfertigt. Sie hält einer Überprüfung anhand des AGG stand. Die vorzeitig ausgeschiedenen Versorgungsempfänger werden nicht unzulässigerweise wegen des Alters diskriminiert.

5. Betriebsrentenanpassung – Verbraucherpreisindex – Zinsen
BAG, 28.6.2011 – 3 AZR 859/09 – NZA 2011, 1286 = DB 2011, 2926
1. Im Rahmen der Anpassungsprüfung nach § 16 Abs. 1 und Abs. 2 BetrAVG ist auf den Kaufkraftverlust abzustellen, der sich aus dem zum Anpassungsstichtag aktuellsten vom statistischen Bundesamt veröffentlichten Verbraucherpreisindex ergibt.
2. Wird die Anpassungsverpflichtung nach § 16 Abs. 1 und Abs. 2 BetrAVG durch gerichtliches Urteil bestimmt, sind Prozess- und Verzugszinsen erst ab Rechtskraft des Urteils zu zahlen.

Weitere Orientierungssätze:
1. Der Versorgungsschuldner, der die Betriebsrente nach § 16 Abs. 1 und Abs. 2 BetrAVG anpasst, hat den danach zu berücksichtigenden Kaufkraftverlust anhand des zum Anpassungsstichtag aktuellsten vom Statistischen Bundesamt veröffentlichten Verbraucherpreisindexes zu ermitteln.
2. Sowohl der Anspruch auf Prozesszinsen als auch der Anspruch auf Verzugszinsen setzt die Fälligkeit der zugrunde liegenden Forderung voraus. Wird die Höhe der Anpassung einer Betriebsrente durch gerichtliches Gestaltungsurteil festgesetzt, tritt die Fälligkeit erst mit Rechtskraft des Urteils ein. Erst ab diesem Zeitpunkt werden Prozess- und Verzugszinsen geschuldet.

6. Betriebsrente – Eingriff in Anpassungsregelung
BAG, 28.6.2011 – 3 AZR 282/09 – NZA 2012, 1229 = ZIP 2011, 2164 = DB 2011, 2923

1. § 16 Abs. 1 und Abs. 2 BetrAVG schreiben vor, dass der Arbeitgeber alle drei Jahre eine Anpassung der laufenden Betriebsrenten zu prüfen und hierüber nach billigem Ermessen zu entscheiden hat. § 16 Abs. 3 Nr. 1 BetrAVG legt fest, dass diese Verpflichtung entfällt, wenn sich der Arbeitgeber verpflichtet, die Leistungen jährlich um wenigstens 1 v. H. anzupassen. Dies gilt nach § 30c Abs. 1 BetrAVG nur, wenn die Versorgungszusage nach dem 31. Dezember 1998 erteilt wurde.

2. Eingriffe in Versorgungsregelungen hinsichtlich laufender Leistungen bedürfen tragfähiger Gründe. In der Regel können nur noch geringfügige Verschlechterungen gerechtfertigt sein. Dazu bedarf es sachlich nachvollziehbarer, Willkür ausschließender Gründe. Ein mehr als geringfügiger Eingriff bedarf darüber hinausgehender Gründe.

Weitere Orientierungssätze:

1. Nach § 16 Abs. 3 Nr. 1 BetrAVG entfällt die Anpassungs(prüfungs)pflicht nach § 16 Abs. 1 und Abs. 2 BetrAVG, wenn sich der Arbeitgeber verpflichtet, die Betriebsrente um mindestens 1% jährlich anzupassen. Dies gilt nach § 30c Abs. 1 BetrAVG nur, wenn die Versorgungszusage nach dem 31. Dezember 1998 erteilt wurde.

2. Eingriffe in Versorgungsregelungen hinsichtlich laufender Leistungen bedürfen tragfähiger Gründe. Dies gilt auch für die Änderung von Anpassungsregelungen.

3. Nach Eintritt des Versorgungsfalls können in der Regel nur noch geringfügige Verschlechterungen vorgenommen werden. Auch dafür bedarf es sachlich nachvollziehbarer, Willkür ausschließender Gründe. Mehr als geringfügige Eingriffe erfordern darüber hinausgehende Gründe.

4. Mehr als geringfügig sind Eingriffe in eine Anpassungsregelung, die dem Betriebsrentner – hätte er mit ihnen gerechnet – während des bestehenden Arbeitsverhältnisses vernünftigerweise hätten Anlass geben können, eine möglicherweise entstehende Versorgungslücke durch eine private Absicherung auszugleichen.

7. Betriebsrente – zu Recht unterbliebene Anpassung
BAG, 11.10.2011 – 3 AZR 732/09 – NZA 2012, 337 = ZIP 2012, 644

Die Fiktion der zu Recht unterbliebenen Anpassung der Betriebsrente nach § 16 Abs. 4 Satz 2 BetrAVG kann nur eintreten, wenn der Arbeitgeber dem Versorgungsempfänger in nachvollziehbarer Weise schriftlich dargelegt hat, aus welchen Gründen davon auszugehen ist, dass das Unternehmen voraussichtlich nicht in der Lage sein wird, die Anpassungsleistungen aufzubringen. Die Darlegungen des Arbeitgebers müssen so detailliert sein, dass der Versorgungsempfänger in der Lage ist, die Entscheidung des Arbeitgebers auf ihre Plausibilität zu überprüfen.

Weitere Orientierungssätze:

1. Nach §16 Abs. 1 Satz 1 BetrAVG hat der Arbeitgeber alle drei Jahre eine Anpassung der laufenden Leistungen der betrieblichen Altersversorgung zu prüfen und hierüber nach billigem Ermessen zu entscheiden. §16 BetrAVG lässt die Bündelung aller in einem Betrieb anfallenden Prüfungstermine zu einem einheitlichen jährlichen Termin grundsätzlich zu. Der von §16 BetrAVG vorgeschriebene Dreijahresturnus bei der Überprüfung von Betriebsrenten-anpassungen zwingt nicht zu starren, individuellen Prüfungsterminen. Der Arbeitgeber kann auch nur alle drei Jahre eine gebündelte Prüfung für alle Betriebsrentner im Unternehmen vornehmen.

2. Die Fiktion der zu Recht unterbliebenen Anpassung nach §16 Abs. 4 Satz 2 BetrAVG tritt nur ein, wenn sich der schriftlichen Information des Arbeitge-bers entnehmen lässt, aufgrund welcher Umstände davon auszugehen ist, dass das Unternehmen voraussichtlich nicht in der Lage ist, die Anpassungen zu leisten. Die Darstellung der wirtschaftlichen Lage im Unterrichtungsschrei-ben des Arbeitgebers muss so detailliert sein, dass der Versorgungsempfän-ger durch diese allein in die Lage versetzt wird, die Entscheidung des Arbeit-gebers auf ihre Plausibilität hin überprüfen zu können.

3. Zur Ermittlung des Anpassungsbedarfs für Zeiträume vor dem 1. Januar 2003 ist nach §30c Abs. 4 BetrAVG i.V.m. §16 Abs. 2 Nr. 1 BetrAVG auf den Preis-index für die Lebenshaltung von 4-Personen-Haushalten von Arbeitern und Angestellten mit mittlerem Einkommen abzustellen.

8. Betriebsrentenanpassung – Ermittlung des Kaufkraftverlusts – Grenzen des billigen Ermessens
BAG, 11.10.2011 – 3 AZR 527/09 – NZA 2012, 454 = DB 2012, 809 = EWiR 2012, 307

1. Der für die Anpassung von Betriebsrenten maßgebliche Kaufkraftverlust ist gem. §16 Abs. 2 Nr. 1 BetrAVG grundsätzlich nach dem Verbraucherpreis-index für Deutschland zu ermitteln. Für Zeiträume vor dem 1. Januar 2003 ist jedoch nach §30c Abs. 4 BetrAVG der Preisindex für die Lebenshaltung von Vier-Personen-Haushalten von Arbeitern und Angestellten mit mittlerem Ein-kommen zugrunde zu legen.

2. Bei der Berechnung des Anpassungsbedarfs vom individuellen Rentenbe-ginn bis zum aktuellen Anpassungsstichtag kann die sog. Rückrechnungsme-thode angewendet werden. Danach wird die Teuerungsrate zwar nach dem Verbraucherpreisindex für Deutschland berechnet; für Zeiträume vor dem 1. Januar 2003 wird der Verbraucherpreisindex für Deutschland jedoch in dem Verhältnis umgerechnet, in dem sich dieser Index und der Preisindex für die

Lebenshaltung von Vier-Personen-Haushalten von Arbeitern und Angestellten mit mittlerem Einkommen im Dezember 2002 gegenüberstanden.

Weitere Orientierungssätze:

1. Nach § 16 Abs. 1 BetrAVG hat der Arbeitgeber als Versorgungsschuldner bei seiner Entscheidung, ob und gegebenenfalls in welchem Umfang die laufenden Leistungen der betrieblichen Altersversorgung anzupassen sind, insbesondere die Belange des Versorgungsempfängers und seine wirtschaftliche Lage zu berücksichtigen. Die Belange des Versorgungsempfängers bestehen grundsätzlich im Ausgleich des Kaufkraftverlusts seit Rentenbeginn, also in der Wiederherstellung des ursprünglich vorausgesetzten Verhältnisses von Leistung und Gegenleistung. Dementsprechend ist der volle Anpassungsbedarf zu ermitteln, der in der seit Rentenbeginn eingetretenen Teuerung besteht, soweit sie nicht durch vorhergehende Anpassungen ausgeglichen wurde.

2. Zwar ist nach § 16 Abs. 2 Nr. 1 BetrAVG für die Ermittlung des Kaufkraftverlusts auf den Verbraucherpreisindex für Deutschland abzustellen. Aus § 30c Abs. 4 BetrAVG folgt jedoch, dass für Prüfungszeiträume vor dem 1. Januar 2003 der Preisindex für die Lebenshaltung von Vier-Personen-Haushalten von Arbeitern und Angestellten mit mittlerem Einkommen und erst für die Zeit danach der Verbraucherpreisindex für Deutschland maßgebend ist.

3. Auch dann, wenn der Prüfungszeitraum sowohl Zeiträume vor dem 1. Januar 2003 als auch Zeiträume nach dem 31. Dezember 2002 erfasst, verbleibt es dabei, dass der volle Anpassungsbedarf vom Rentenbeginn bis zum aktuellen Anpassungsstichtag zu ermitteln ist.

4. Hierfür bietet sich die sog. Rückrechnungsmethode an. Danach wird die Teuerungsrate zwar aus den seit 2003 maßgeblichen Indizes berechnet; für Zeiträume, die vor dem 1. Januar 2003 liegen, wird der Verbraucherpreisindex für Deutschland jedoch in dem Verhältnis umgerechnet, in dem sich dieser Index und der Preisindex für die Lebenshaltung von Vier-Personen-Haushalten von Arbeitern und Angestellten mit mittlerem Einkommen im Dezember 2002 gegenüberstanden.

5. Nach § 16 Abs. 1 BetrAVG darf der Arbeitgeber neben den Belangen des Versorgungsempfängers und seiner eigenen wirtschaftlichen Lage noch andere Kriterien in seine Prüfung und Entscheidung einbeziehen. Das Gesetz räumt ihm deshalb über den Beurteilungsspielraum hinaus einen zusätzlichen Ermessensspielraum ein. Allerdings muss seine Entscheidung im Ergebnis billigem Ermessen entsprechen.

6. Das ist nicht der Fall, wenn der Arbeitgeber deshalb keinen vollen Teuerungsausgleich leistet, weil er für die nächsten beiden Anpassungsstichtage eine Erhöhung der Betriebsrenten um jeweils drei Prozent garantiert. Nach § 16 Abs. 3 Nr. 1 BetrAVG entfällt die Verpflichtung nach Absatz 1, wenn der

Arbeitgeber sich verpflichtet, die laufenden Leistungen jährlich um wenigstens eins vom Hundert anzupassen. Mit dieser Bestimmung hat der Gesetzgeber selbst das Interesse des Arbeitgebers an Planungs- und Rechtssicherheit
gegenüber dem Interesse des Arbeitnehmers an der Wiederherstellung des
ursprünglichen Verhältnisses von Leistung und Gegenleistung abgewogen
und zugleich festgelegt, welche Mindestvoraussetzungen vorliegen müssen,
damit eine von der wirtschaftlichen Lage des Arbeitgebers unabhängige Ga-
rantieanpassung billigem Ermessen entspricht. Im Übrigen gilt § 16 Abs. 3 Nr. 1
BetrAVG nur für die Anpassung von Betriebsrenten, die aufgrund von nach
dem 31. Dezember 1998 erteilten Versorgungszusagen gezahlt werden (§ 30c
Abs. 1 BetrAVG).

9. Anpassung der Betriebsrente – sofortiges Anerkenntnis
BAG, 14.2.2012 – 3 AZB 59/11 – NZA 2012, 469 (Barbara Reinhard [Editorial NZA Heft 8/2012])

1. Der Versorgungsempfänger hat bei einem Streit darüber, ob und ggf. in
welchem Umfang laufende Leistungen der betrieblichen Altersversorgung
nach § 16 BetrAVG anzupassen sind, hinsichtlich der vom Arbeitgeber zu erbringenden künftigen Leistungen ein Titulierungsinteresse für die volle geschuldete Betriebsrente.
2. Der Wert der Beschwer nach §§ 9, 5 ZPO und der Streitwert nach § 42 Abs. 2
und Abs. 4 GKG sind nach der vollen eingeklagten Betriebsrente zu berechnen.
3. Nimmt der Versorgungsempfänger den Arbeitgeber, der die Betriebsrente
zum jeweiligen Anpassungsstichtag anpasst und die sich aus seiner Anpassungsentscheidung ergebende Betriebsrente an den Versorgungsempfänger
auszahlt, mit einer Klage auf künftige Leistungen in Höhe der vollen geschuldeten Betriebsrente in Anspruch und erkennt der Arbeitgeber den Anspruch
in der von ihm errechneten Höhe sofort an, trägt der Versorgungsempfänger
nach § 93 ZPO im Umfang des Anerkenntnisses jedenfalls dann die Kosten des
Rechtsstreits, wenn der gezahlte und anerkannte Teilbetrag nur geringfügig
hinter der insgesamt geschuldeten Betriebsrente zurückbleibt.

Weitere Orientierungssätze:
1. Streiten die Parteien darüber, ob und ggf. in welchem Umfang laufende
Leistungen der betrieblichen Altersversorgung nach § 16 BetrAVG anzupassen
sind, so hat der Versorgungsempfänger bei einer Klage auf künftige Leistungen ein Titulierungsinteresse für die volle geschuldete Betriebsrente.
2. Hinsichtlich des streitigen Teils der Betriebsrente ist ein Titel schon deswegen erforderlich, weil erst dieser dem Kläger die Vollstreckung ermöglicht.
Ein Titulierungsinteresse hat der Kläger auch hinsichtlich des unstreitigen
Teilbetrags. Dies folgt aus § 258 ZPO, wonach bei wiederkehrenden Leistungen

auch wegen der erst nach Erlass des Urteils fällig werdenden Leistungen Klage auf künftige Entrichtung erhoben werden kann.

3. Für den Wert der Beschwer nach §§ 9, 5 ZPO und für den Streitwert nach § 42 Abs. 2 und Abs. 4 GKG ist der Wert der vollen eingeklagten Betriebsrente maßgeblich.

4. Passt der Arbeitgeber die Betriebsrente zum jeweiligen Anpassungsstichtag an, zahlt er die sich aus seiner Anpassungsentscheidung ergebende Betriebsrente an den Versorgungsempfänger aus und erkennt er insoweit den Anspruch des auf künftige Leistungen in Höhe der vollen geschuldeten Betriebsrente klagenden Versorgungsempfängers sofort an, so trägt der Versorgungsempfänger nach § 93 ZPO im Umfang des Anerkenntnisses jedenfalls dann die Kosten des Rechtsstreits, wenn der gezahlte und anerkannte Teilbetrag nur geringfügig hinter der insgesamt geschuldeten Betriebsrente zurückbleibt.

10. Gesamtversorgung – Anpassung der Betriebsrente – Auslegung einer einzelvertraglichen Pensionszusage
BAG, 14.2.2012 – 3 AZR 685/09 – NZA-RR 2012, 593
Orientierungssätze:

1. Nach § 16 Abs. 1 BetrAVG hat der Arbeitgeber alle drei Jahre eine Anpassung der laufenden Leistungen der betrieblichen Altersversorgung zu prüfen und hierüber nach billigem Ermessen zu entscheiden; dabei sind insbesondere die Belange des Versorgungsempfängers und die wirtschaftliche Lage des Arbeitgebers zu berücksichtigen. Bezugsobjekt der Anpassung nach § 16 Abs. 1 und Abs. 2 BetrAVG ist die Ausgangsrente, d. h. die Betriebsrente, die sich nach der Versorgungsvereinbarung zum Zeitpunkt des Versorgungsfalls errechnet und vom Arbeitgeber gezahlt wird.

2. Auch dann, wenn der Arbeitgeber eine Gesamtversorgung zugesagt hat, die sich aus Leistungen der betrieblichen Altersversorgung des Arbeitgebers und anderen Renteneinkünften des Arbeitnehmers zusammensetzt, ist Bezugsobjekt der Anpassung nach § 16 Abs. 1 und Abs. 2 BetrAVG grundsätzlich die vom Arbeitgeber geschuldete und gezahlte Betriebsrente und nicht die Gesamtversorgung. § 16 BetrAVG will eine Auszehrung der zum Zeitpunkt des Versorgungsfalls geschuldeten und gezahlten Betriebsrente vermeiden und den realen Wert dieser Betriebsrente erhalten, nicht jedoch den Wert anderer Leistungen sichern.

3. Die Parteien können in der Versorgungsvereinbarung eine abweichende Regelung treffen. Sie können die Anpassungsprüfungspflicht nach § 16 Abs. 1 BetrAVG dahin modifizieren, dass Bezugsobjekt der Anpassungsprüfung nach § 16 BetrAVG die Gesamtversorgung sein soll. Ob dies der Fall ist, ist durch Auslegung der Versorgungsvereinbarung zu ermitteln.

11. Betriebsrentenanpassung – Prüfungszeitraum
BAG, 19.6.2012 – 3 AZR 464/11 – NZA 2012, 1291 = RdA 2012, 250 (Schnitker/ Granetzny)
Nach § 16 Abs. 1 Halbs. 1 BetrAVG hat der Arbeitgeber alle drei Jahre eine Anpassung der laufenden Leistungen der betrieblichen Altersversorgung zu prüfen und hierüber nach billigem Ermessen zu entscheiden. Dabei hat er insbesondere die Belange des Versorgungsempfängers und seine eigene wirtschaftliche Lage zu berücksichtigen. Die Belange des Versorgungsempfängers werden durch den Anpassungsbedarf bestimmt. Dieser richtet sich nach dem seit Rentenbeginn eingetretenen Kaufkraftverlust. Der Anpassungsbedarf wird durch die Nettoverdienstentwicklung bei den aktiven Arbeitnehmern *(reallohnbezogene Obergrenze)* begrenzt. Für die Ermittlung sowohl des Kaufkraftverlustes als auch der reallohnbezogenen Obergrenze kommt es auf die Entwicklung vom Rentenbeginn bis zum jeweils aktuellen Anpassungsstichtag an. Der Prüfungszeitraum steht nicht zur Disposition des Arbeitgebers. Dies ist von Verfassungs wegen nicht zu beanstanden.

Weitere Orientierungssätze:
1. Nach § 16 Abs. 1 Halbs. 1 BetrAVG hat der Arbeitgeber alle drei Jahre eine Anpassung der laufenden Leistungen der betrieblichen Altersversorgung zu prüfen und hierüber nach billigem Ermessen zu entscheiden. Dabei hat er insbesondere die Belange des Versorgungsempfängers und seine eigene wirtschaftliche Lage zu berücksichtigen. Die Belange des Versorgungsempfängers werden durch den Anpassungsbedarf und die sog. reallohnbezogene Obergrenze bestimmt. Der Anpassungsbedarf besteht im Ausgleich des zwischenzeitlich eingetretenen Kaufkraftverlustes. Er wird durch die Nettoverdienstentwicklung bei den aktiven Arbeitnehmern begrenzt. Nach § 16 Abs. 2 BetrAVG gilt die Verpflichtung nach Absatz 1 als erfüllt, wenn die Anpassung nicht geringer ist als der Anstieg des Verbraucherpreisindexes für Deutschland *(Nr. 1)* oder der Nettolöhne vergleichbarer Arbeitnehmergruppen des Unternehmens *(Nr. 2)* im Prüfungszeitraum.
2. Da die reallohnbezogene Obergrenze den auf der Grundlage des zwischenzeitlich eingetretenen Kaufkraftverlustes ermittelten Anpassungsbedarf begrenzt und damit die Belange des Versorgungsempfängers betrifft, gilt für beide derselbe Prüfungszeitraum. Dies ist die Zeit vom Rentenbeginn bis zum jeweils aktuellen Anpassungsstichtag. Der Prüfungszeitraum steht nicht zur Disposition des Arbeitgebers.
3. Dies ist von Verfassungs wegen nicht zu beanstanden. Dass die Betriebsrenten in ihrem Wert erhalten werden, liegt nicht nur im Interesse der Versorgungsempfänger, sondern auch im Allgemeininteresse. Der Gesetzgeber hat mit der Ausgestaltung der Anpassungsprüfungspflicht in § 16 Abs. 1 und Abs. 2 BetrAVG dahin, dass sowohl für die Ermittlung des Kaufkraftverlustes

als auch der reallohnbezogenen Obergrenze die Zeit vom Rentenbeginn bis zum Anpassungsstichtag maßgeblich ist, die widerstreitenden grundrechtlichen Schutzgüter des Arbeitgebers und des Versorgungsempfängers in praktischer Konkordanz zur Geltung gebracht.

12. Betriebliche Altersversorgung – Betriebsvereinbarung – Anpassung von Anwartschaften – wirtschaftliche Lage des Arbeitgebers – handelsrechtliche Jahresabschlüsse – Abschlüsse nach IFRS
BAG, 21.8.2012 – 3 ABR 20/10 – BeckRS 2012, 76056
Orientierungssätze: ...
1. Nach § 16 BetrAVG rechtfertigt die wirtschaftliche Lage des Arbeitgebers die Ablehnung einer Betriebsrentenanpassung insoweit, als das Unternehmen dadurch übermäßig belastet und seine Wettbewerbsfähigkeit gefährdet würde. Dies ist nach ständiger Rechtsprechung des Senats dann der Fall, wenn der Arbeitgeber annehmen darf, dass es ihm mit hinreichender Wahrscheinlichkeit nicht möglich sein wird, den Teuerungsausgleich aus den Unternehmenserträgen und den verfügbaren Wertzuwächsen des Unternehmensvermögens in der Zeit bis zum nächsten Anpassungsstichtag aufzubringen. Demzufolge kommt es auf die voraussichtliche Entwicklung der Eigenkapitalverzinsung und der Eigenkapitalausstattung des Unternehmens an.
2. Bei der Berechnung der Eigenkapitalverzinsung ist einerseits auf die Höhe des Eigenkapitals, andererseits auf das erzielte Betriebsergebnis abzustellen. Beide Bemessungsgrundlagen sind stets ausgehend von den nach handelsrechtlichen Rechnungslegungsregeln ermittelten Jahresabschlüssen zu bestimmen. Allerdings sind die betriebswirtschaftlich gebotenen Korrekturen vorzunehmen.
3. Nach anderen Rechnungslegungsregeln erstellte Jahresabschlüsse, z.B. Jahresabschlüsse nach den IFRS, sind zur Beurteilung der wirtschaftlichen Lage des Arbeitgebers ungeeignet.
4. Zu ermitteln ist die tatsächliche Eigenkapitalverzinsung und nicht eine fiktive, die sich ergeben hätte, wenn unternehmerische Entscheidungen anders getroffen worden wären. § 16 BetrAVG knüpft an die tatsächliche wirtschaftliche Lage des Arbeitgebers an und bezweckt keine Korrektur unternehmerischer Entscheidungen.

13. Anpassung der Betriebsrente – wirtschaftliche Lage des Arbeitgebers – Eigenkapitalverzinsung – Eigenkapitalausstattung – handelsrechtliche Jahresabschlüsse
BAG Urt. v. 11.12.2012 – 3 AZR 615/10, BeckRS 2013, 68165
Orientierungssätze:
1. Die wirtschaftliche Lage des Arbeitgebers rechtfertigt die Ablehnung einer Betriebsrentenanpassung insoweit, als der Arbeitgeber annehmen darf, dass

es ihm mit hinreichender Wahrscheinlichkeit nicht möglich sein wird, den Teuerungsausgleich aus den Unternehmenserträgen und den verfügbaren Wertzuwächsen des Unternehmensvermögens in der Zeit bis zum nächsten Anpassungsstichtag aufzubringen. Demzufolge kommt es auf die voraussichtliche Entwicklung der Eigenkapitalverzinsung und der Eigenkapitalausstattung des Unternehmens an.

2. Die Anpassung kann nicht nur bei einer unzureichenden Eigenkapitalverzinsung unterbleiben, sondern auch dann, wenn die Eigenkapitalausstattung ungenügend ist. Bei einer Eigenkapitalauszehrung muss verlorene Vermögenssubstanz wieder aufgebaut werden. Bis dahin besteht keine Verpflichtung zur Anpassung von Versorgungsleistungen.

3. Die Feststellung sowohl der erzielten Betriebsergebnisse als auch des vorhandenen Eigenkapitals erfolgen auf der Grundlage der handelsrechtlichen Jahresabschlüsse.

4. Maßgeblich sind die handelsrechtlichen Unternehmensabschlüsse des Versorgungsschuldners. Dies gilt auch dann, wenn der Versorgungsschuldner die Führungsgesellschaft eines Konzerns ist. Auch dann kommt es nicht auf die handelsrechtlichen Konzernabschlüsse an.

14. Anpassung der Betriebsrente – Berechnungsdurchgriff
BAG, 15.1.2013 – 3 AZR 638/10 – NZA 2014, 87

Der Versorgungsschuldner ist zur Anpassung der laufenden Leistungen der betrieblichen Altersversorgung nach §16 Abs. 1 und Abs. 2 BetrAVG nicht verpflichtet, wenn seine wirtschaftliche Lage der Anpassung entgegensteht. Die Einbindung des Versorgungsschuldners in einen Konzern kann u.U. dazu führen, dass sich der Versorgungsschuldner die günstige wirtschaftliche Lage eines anderen konzernangehörigen Unternehmens zurechnen lassen muss *(sog. Berechnungsdurchgriff)*. Dazu genügt es nicht, dass eine andere Konzerngesellschaft die Geschäfte des Versorgungsschuldners tatsächlich dauernd und umfassend geführt hat und sich dabei konzerntypische Gefahren verwirklicht haben. Die gegenteilige bisherige Rechtsprechung gibt der Senat auf. Ein Berechnungsdurchgriff, gestützt auf die Rechtsprechung des BGH zur Haftung im qualifiziert faktischen Konzern nach den §§302, 303 AktG analog, kommt, nachdem der BGH diese Rechtsprechung aufgegeben hat, nicht mehr in Betracht.

Weitere Orientierungssätze:

1. Schuldner der Anpassungsverpflichtung nach §16 Abs. 1 und Abs. 2 BetrAVG ist dasjenige Unternehmen, welches als Arbeitgeber die Versorgungszusage erteilt oder im Wege der Rechtsnachfolge übernommen hat; auf seine wirtschaftliche Lage kommt es an. Ist am Anpassungsstichtag die Prognose gerechtfertigt, dass der Versorgungsschuldner aufgrund seiner wirtschaftlichen Lage nicht imstande sein wird, die Anpassung aus den Erträgen und

den verfügbaren Wertzuwächsen des Unternehmensvermögens in der Zeit bis zum nächsten Anpassungsstichtag aufzubringen, kann er die Betriebsrentenanpassung ablehnen.

2. Etwas anderes kann gelten, wenn der Versorgungsschuldner in einen Konzern eingebunden ist; in diesem Fall kann ihm ausnahmsweise die günstige wirtschaftliche Lage eines anderen konzernangehörigen Unternehmens oder der Konzernobergesellschaft zuzurechnen sein. Bei der Anpassungsentscheidung ist dann auf die wirtschaftliche Lage dieses Unternehmens abzustellen *(sog. Berechnungsdurchgriff)*.

3. Der Berechnungsdurchgriff führt dazu, dass ein Unternehmen, welches selbst wirtschaftlich nicht zur Anpassung der Betriebsrenten in der Lage ist, gleichwohl eine Anpassung des Ruhegeldes vornehmen muss, wenn die wirtschaftliche Lage des anderen Konzernunternehmens oder der Konzernobergesellschaft dies zulässt. Deshalb setzt der Berechnungsdurchgriff einen Gleichlauf von Zurechnung und Innenhaftung im Sinne einer Einstandspflicht/ Haftung des anderen Konzernunternehmens gegenüber dem Versorgungsschuldner voraus.

4. Ein Berechnungsdurchgriff, gestützt auf die Rechtsprechung des BGH zur Haftung im qualifiziert faktischen Konzern nach den §§302, 303 AktG analog, kommt, nachdem der BGH diese Rechtsprechung, insbesondere durch seine Entscheidungen vom 16. Juli 2007 *(- II ZR 3/04 – [TRIHOTEL] BGHZ 173, 246)* und vom 28. April 2008 *(- II ZR 264/06 – [GAMMA] BGHZ 176, 204)*, aufgegeben hat, nicht mehr in Betracht.

15. Betriebsrente – Anpassung – Prüfungszeitraum – zu Recht unterbliebene Anpassung – wirtschaftliche Lage des Arbeitgebers – Verschmelzung
BAG Urt. v. 28.5.2013 – 3 AZR 125/11, BeckRS 2013, 71431
Orientierungssätze:

1. Nach §16 Abs. 1 und Abs. 2 BetrAVG ist der Arbeitgeber, sofern seine wirtschaftliche Lage nicht entgegensteht, alle drei Jahre zur Anpassung der Betriebsrente an den seit Rentenbeginn eingetretenen Kaufkraftverlust verpflichtet. Diese Verpflichtung wird durch die Nettolohnentwicklung vergleichbarer Arbeitnehmergruppen des Unternehmens begrenzt *(reallohnbezogene Obergrenze)*. Prüfungszeitraum sowohl für den Kaufkraftverlust als auch für die reallohnbezogene Obergrenze ist die Zeit vom individuellen Rentenbeginn bis zum jeweiligen Anpassungsstichtag. Dies gilt auch dann, wenn der Arbeitgeber gemäß §16 Abs. 4 BetrAVG nicht verpflichtet ist, eine bei einem vorgelagerten Prüfungsstichtag zu Recht unterbliebene Anpassung ab dem Folgestichtag nachzuholen. Ist die Anpassung zu vorangegangenen Anpassungsstichtagen zu Recht ganz unterblieben, ist der Anpassungsbedarf vom Rentenbeginn bis zum aktuellen Anpassungsstichtag zu ermitteln und hier-

von der Anpassungsbedarf vom Rentenbeginn bis zum vorgelagerten Anpassungsstichtag in Abzug zu bringen.

2. Die Anpassungsprüfungspflicht nach §16 Abs. 1 und Abs. 2 BetrAVG trifft den Versorgungsschuldner; auf seine wirtschaftliche Lage kommt es an. Damit ist es grundsätzlich entscheidend, wer zum jeweiligen Anpassungsstichtag Versorgungsschuldner ist. Ist der Versorgungsschuldner aus einer Verschmelzung zweier Unternehmen entstanden, die in dem für die Prognose maßgeblichen repräsentativen Zeitraum stattgefunden hat, kommt es grundsätzlich auch auf die wirtschaftliche Entwicklung der beiden ursprünglich selbstständigen Unternehmen bis zur Verschmelzung an. Dies gilt unabhängig davon, ob ein wirtschaftlich gesundes Unternehmen auf ein wirtschaftlich schwaches Unternehmen oder ein wirtschaftlich schwaches Unternehmen auf ein wirtschaftlich starkes Unternehmen verschmolzen wird.

3. Die wirtschaftliche Lage eines Unternehmens wird durch dessen Ertragskraft im Ganzen geprägt. Der Versorgungsschuldner ist nicht schon dann zur Anpassung der Betriebsrenten verpflichtet, wenn einzelne Einkünfte den Umfang der Anpassungslast übersteigen. Er kann eine Anpassung der Betriebsrente nach §16 BetrAVG auch nicht allein mit der Begründung ablehnen, dass sich die Ergebnisse einzelner Geschäftsbereiche des Unternehmens negativ entwickelt haben oder sich negativ entwickeln werden.

16. Betriebsrente – Anpassung – Prüfungszeitraum – zu Recht unterbliebene Anpassung – wirtschaftliche Lage des Arbeitsgebers – Beurteilungszeitpunkt BAG, 20.8.2013 – 3 AZR 750/11 – BeckRS 2013, 73237
Orientierungssätze: Nach §16 Abs. 1 und Abs. 2 BetrAVG ist der Arbeitgeber, sofern seine wirtschaftliche Lage nicht entgegensteht, alle drei Jahre zur Anpassung der Betriebsrente an den Kaufkraftverlust verpflichtet. Die wirtschaftliche Lage des Arbeitgebers ist eine zukunftsbezogene Größe; sie umschreibt seine künftige Belastbarkeit und setzt eine zum Anpassungsstichtag zu erstellende Prognose auf Grundlage der bisherigen wirtschaftlichen Entwicklung des Unternehmens vor dem Anpassungsstichtag – soweit daraus Schlüsse für dessen weitere Entwicklung gezogen werden können – voraus. Die wirtschaftliche Entwicklung des Unternehmens nach dem Anpassungsstichtag kann nur dann bei der zum Anpassungsstichtag zu erstellenden Prognose berücksichtigt werden, wenn diese am Anpassungsstichtag bereits vorhersehbar war. Nicht absehbare Veränderungen der wirtschaftlichen Verhältnisse des Unternehmens können erst bei der nächsten Anpassungsprüfung berücksichtigt werden.

**17. Betriebsrentenanpassung – Auslegung von Versorgungsbestimmungen –
Zusage einer beamtenmäßigen Alters- und Hinterbliebenenversorgung
BAG, 17.9.2013 – 3 AZR 419/11 – NZA 2015, 106**
Orientierungssätze:

1. Die in einer Betriebsvereinbarung enthaltene Zusage einer »beamtenmäßigen« Alters- und Hinterbliebenenversorgung enthält in der Regel keine umfassende Verweisung auf die für die Versorgung eines Beamten geltenden Bestimmungen. Der Begriff »beamtenmäßig« bringt vielmehr zum Ausdruck, dass sich die zugesagte Alters- und Hinterbliebenenversorgung nach den für die Beamtenversorgung geltenden Prinzipien bestimmen soll.

2. Seit der Einführung von §86 Abs. 2 Bundesbeamtengesetz i.d.F. vom 14. Juli 1953 und – bezogen auf die Beamten des Landes Hessen – von §39 Abs. 1 HBesG 1957 gehört es zu den grundlegenden Prinzipien der Beamtenversorgung, dass sich die Versorgungsbezüge jeweils nach den allgemeinen Veränderungen der Dienstbezüge errechnen.

3. Erhielten die Versorgungsberechtigten zu ihrer aktiven Beschäftigungszeit eine tarifliche Vergütung und keine Besoldung und haben die Betriebsparteien die zuletzt bezogene Vergütung der Versorgungsberechtigten weder einer bestimmten Besoldungsgruppe nach dem Besoldungsgesetz zugeordnet noch bestimmt, dass für die Berechnung der Versorgung eine bestimmte Besoldungsgruppe zugrunde zu legen ist, führt die Anwendung des beamtenrechtlichen Grundsatzes, wonach sich die Versorgungsbezüge jeweils nach den allgemeinen Veränderungen der Dienstbezüge errechnen, regelmäßig nicht dazu, dass die ruhegehaltsfähige Vergütung der Versorgungsberechtigten entsprechend den jeweiligen Erhöhungen der Beamtenbesoldung neu zu berechnen ist. Für die Neuberechnung der Betriebsrenten sind vielmehr die Steigerungen maßgeblich, die die tariflichen Vergütungen der aktiven Arbeitnehmer durch die für den Arbeitgeber geltenden Vergütungstarifverträge erfahren.

**18. Betriebliche Altersversorgung – Anpassung – Ausgleich
des Kaufkraftverlustes – reallohnbezogene Obergrenze
BAG, 18.3.2014 – 3 AZR 249/12 – NZA 2014, 1026**
Orientierungssätze:

1. Nach §16 Abs. 1 BetrAVG ist der Arbeitgeber verpflichtet, alle drei Jahre eine Anpassung der laufenden Leistungen der betrieblichen Altersversorgung zu prüfen und hierüber nach billigem Ermessen zu entscheiden. Diese Verpflichtung gilt nach §16 Abs. 2 BetrAVG als erfüllt, wenn die Anpassung nicht geringer ist als der Anstieg des Verbraucherpreisindexes für Deutschland oder der Nettolöhne vergleichbarer Arbeitnehmergruppen des Unternehmens im Prüfungszeitraum. Prüfungszeitraum ist die Zeit vom individuellen Rentenbeginn bis zum Anpassungsstichtag. Dies gilt für die Ermittlung sowohl des Kaufkraftverlustes als auch der reallohnbezogenen Obergrenze.

2. Bei der Ermittlung der für die reallohnbezogene Obergrenze maßgeblichen Nettoeinkommen der aktiven Beschäftigten ist nicht auf ein Jahreseinkommen, sondern auf die Verhältnisse in den jeweiligen Monaten vor dem Rentenbeginn und dem Anpassungsprüfungszeitpunkt abzustellen. Etwaige jahresbezogene Einmalzahlungen können anteilig berücksichtigt werden. Handelt es sich um variable jahresbezogene Vergütungsbestandteile, deren Höhe zum Zeitpunkt der Anpassungsprüfung noch nicht feststeht, spricht nichts dagegen, die jeweils zuletzt vor Rentenbeginn und Anpassungsprüfungsstichtag erfolgten Zahlungen anteilig mit in die Ermittlung der reallohnbezogenen Obergrenze einzubeziehen.

3. Die reallohnbezogene Obergrenze dient dazu, das Versorgungsniveau der Versorgungsempfänger in demselben Umfang aufrechtzuerhalten wie das Einkommensniveau der Aktiven. Maßgeblich dafür ist das verfügbare Einkommen. Betriebsrentenanwartschaften, die auf einer vom Arbeitgeber finanzierten betrieblichen Altersversorgung beruhen, gehören nicht zum verfügbaren Arbeitseinkommen der aktiv Beschäftigten. Daher kann ihre Wertentwicklung nicht bei der Ermittlung der reallohnbezogenen Obergrenze berücksichtigt werden.

19. Betriebsrentenanpassung – Teilurteil
BAG, 18.3.2014 – 3 AZR 874/12 – NZA 2014, 1026
Orientierungssatz: Der auf § 16 Abs. 1 und Abs. 2 BetrAVG gestützte Anspruch auf Anpassung der Betriebsrente zu einem bestimmten Anpassungsstichtag ist ein einheitlicher Anspruch, der nicht teilbar ist. Dies schließt es aus, durch Teilurteil darüber zu entscheiden, ob ein möglicher Anpassungsanspruch nicht den vollen Teuerungsausgleich umfasst, sondern durch die reallohnbezogene Obergrenze auf einen geringeren Betrag begrenzt ist, und die Entscheidung darüber, ob die wirtschaftliche Lage des Arbeitgebers der Anpassung entgegensteht, dem Schlussurteil vorzubehalten.

19. Betriebsrentenanpassung – wirtschaftliche Lage des Versorgungsschuldners – Verschmelzung – Pension-Trust – betriebliche Übung
BAG v. 15.4.2014 – 3 AZR 51/12, BeckRS 2014, 69079
Orientierungssätze:
1. Die wirtschaftliche Lage des Versorgungsschuldners rechtfertigt die Ablehnung einer Betriebsrentenanpassung nach § 16 Abs. 1 BetrAVG insoweit, als dieser prognostizieren darf, dass es ihm mit hinreichender Wahrscheinlichkeit nicht möglich sein wird, den Teuerungsausgleich aus den Unternehmenserträgen und den verfügbaren Wertzuwächsen des Unternehmensvermögens in der Zeit bis zum nächsten Anpassungsstichtag aufzubringen. Demzufolge kommt es auf die voraussichtliche Entwicklung der Eigenkapitalverzinsung und der Eigenkapitalausstattung des Unternehmens an, die grundsätzlich an-

hand der bisherigen Entwicklung – i.d.R. in den letzten drei Jahren vor dem Anpassungsstichtag – zu ermitteln ist.

2. Bei der Berechnung der Eigenkapitalverzinsung ist einerseits auf die erzielten Betriebsergebnisse, andererseits auf die Höhe des Eigenkapitals abzustellen. Beide Berechnungsfaktoren sind nicht ausgehend von den nach internationalen Rechnungslegungsregeln erstellten Abschlüssen, sondern auf der Grundlage der nach den handelsrechtlichen Rechnungslegungsregeln erstellten Abschlüsse des Versorgungsschuldners zu bestimmen.

3. Allerdings sind die betriebswirtschaftlich gebotenen Korrekturen vorzunehmen. Außerordentliche Erträge und außerordentliche Verluste i.S.v. §277 Abs. 4 HGB sind i.d.R. aus den der Prognose zugrunde gelegten früheren Abschlüssen herauszurechnen, da sie für die künftige wirtschaftliche Entwicklung regelmäßig nicht repräsentativ sind. Aufwendungen aus Verlustübernahme i.S.v. §277 Abs. 3 Satz 2 HGB sind keine außerordentlichen Aufwendungen i.S.d. §277 Abs. 4 HGB, sondern Aufwendungen im Rahmen der gewöhnlichen Geschäftstätigkeit und deshalb nicht aus der Prognose zugrunde gelegten Abschlüssen herauszurechnen.

4. Hat der Versorgungsschuldner zur Ausfinanzierung und Sicherung der Pensionslasten Vermögensgegenstände auf einen Treuhänder (Pension-Trust) übertragen, ist durch Auslegung des Treuhandvertrags zu ermitteln, ob es im Rahmen der vom Versorgungsschuldner nach §16 Abs. 1 und Abs. 2 BetrAVG geschuldeten Anpassungsprüfung auch auf die wirtschaftliche Lage des Pension-Trusts ankommt.

5. Der Arbeitgeber hat zu jedem Anpassungsstichtag erneut über die Anpassung der Betriebsrenten gemäß §16 Abs. 1 BetrAVG zu entscheiden. Seine Entscheidung muss insgesamt billigem Ermessen entsprechen. Deshalb ist er nicht gehindert, bei ausreichender wirtschaftlicher Leistungsfähigkeit nicht nur den im Prüfungszeitraum eingetretenen Kaufkraftverlust auszugleichen, sondern eine höhere Anpassung vorzunehmen. Ebenso kann er eine Anpassung vornehmen, obgleich er aufgrund seiner wirtschaftlichen Lage die Betriebsrentenanpassung ablehnen dürfte. Hat der Versorgungsschuldner seine mangelnde wirtschaftliche Leistungsfähigkeit mehrfach nicht zum Anlass genommen, die Anpassung zu verweigern, können die Betriebsrentner hieraus nicht schließen, dass auch bei künftigen Anpassungsprüfungen so verfahren werden soll.

20. Betriebsrentenanpassung – Rentnergesellschaft – Betriebsübergang
BAG v. 17.6.2014 – 3 AZR 298/13, BeckRS 2014, 72951

1. Wird der Versorgungsschuldner durch Veräußerung seines operativen Geschäfts auf einen Erwerber im Wege des Betriebsübergangs zu einer Rentnergesellschaft, ist es dieser auch dann nicht nach Treu und Glauben (§242 BGB) verwehrt, sich auf eine für eine Betriebsrentenanpassung nach §16 Abs. 1 und

Abs. 2 BetrAVG nicht ausreichende wirtschaftliche Lage zu berufen, wenn die Rentnergesellschaft nicht so ausgestattet wurde, dass sie nicht nur die laufenden Betriebsrenten zahlen kann, sondern auch zu den gesetzlich vorgesehenen Anpassungen in der Lage ist.

2. Die unzureichende Ausstattung der Rentnergesellschaft führt in einem solchen Fall nicht zu Schadensersatzansprüchen der Betriebsrentner.

Weitere Orientierungssätze:

1. Überträgt der Versorgungsschuldner sein operatives Geschäft im Wege des Betriebsübergangs auf einen Erwerber und wird so zu einer Rentnergesellschaft, kann er sich auch dann auf eine für eine Betriebsrentenanpassung nach §16 Abs. 1 und Abs. 2 BetrAVG nicht ausreichende Leistungsfähigkeit berufen, wenn die Rentnergesellschaft nicht so ausgestattet wurde, dass sie auch zu den gesetzlich vorgesehenen Anpassungen in der Lage ist.

2. §16 Abs. 1 BetrAVG sieht nur eine Anpassungsprüfung vor, die auch die wirtschaftliche Lage des Versorgungsschuldners berücksichtigt. Dabei kommt es auf die tatsächliche wirtschaftliche Lage und nicht auf eine fiktive Lage an, die bestanden hätte, wenn unternehmerische Entscheidungen anders getroffen worden wären. Eine fiktive Fortschreibung früherer wirtschaftlicher Verhältnisse kommt nicht in Betracht. Andernfalls müsste der Versorgungsschuldner die Anpassung ggf. aus der Vermögenssubstanz finanzieren. Dies will §16 Abs. 1 BetrAVG jedoch verhindern.

3. Eine andere Beurteilung ist auch dann nicht geboten, wenn die für eine Betriebsrentenanpassung nicht hinreichende wirtschaftliche Lage des Versorgungsschuldners auf Einflussmaßnahmen aufgrund konzernrechtlicher Verflechtungen beruht. Derartige Umstände können allenfalls einen Berechnungsdurchgriff auf die günstige wirtschaftliche Lage eines anderen Konzernunternehmens zur Folge haben.

4. Wird der Versorgungsschuldner durch Veräußerung seines operativen Geschäfts an einen Erwerber im Wege eines Betriebsübergangs zu einer Rentnergesellschaft und ist die Rentnergesellschaft nicht so ausgestattet worden, dass sie auch zu den in §16 Abs. 1 und Abs. 2 BetrAVG vorgesehenen Anpassungen in der Lage ist, können die Betriebsrentner eine Betriebsrentenanpassung grundsätzlich nicht im Wege des Schadensersatzes verlangen. Den versorgungspflichtigen Arbeitgeber trifft in diesem Fall keine Verpflichtung, die Rentnergesellschaft so auszustatten, dass sie nicht nur zur Zahlung der laufenden Betriebsrenten, sondern auch zu den gesetzlich vorgesehenen Anpassungen imstande ist.

5. Eine solche Verpflichtung folgt nicht aus §613a BGB. Die Grundsätze, die der Senat mit Urteil vom 11. März 2008 (– 3 AZR 358/06 – BAGE 126, 120) zur Ausstattung einer Rentnergesellschaft entwickelt hat, auf die Versorgungsverbindlichkeiten im Wege der Ausgliederung nach dem Umwandlungsgesetz

übertragen wurden, sind auf eine Rentnergesellschaft, die durch Übertragung ihres operativen Geschäfts im Wege des Betriebsübergangs auf einen Betriebserwerber entsteht, nicht anwendbar.

21. Betriebliche Altersversorgung – Betriebsrentenanpassung nach der Leistungsordnung des Essener Verbandes – Berücksichtigung eines sog. biometrischen Faktors
BAG, 30.9.2014 – 3 AZR 402/12 – NZA 2015, 227
Orientierungssätze:

1. Nach § 9 Abs. 2 LO 2006 und nach § 9 Abs. 2 LO 2009 ist der Essener Verband verpflichtet, die von seinen Mitgliedsunternehmen gezahlten Ruhegelder in regelmäßigen Abständen zu überprüfen und gegebenenfalls den veränderten Verhältnissen anzupassen. Die Regelungen enthalten für die bis zum Eintritt eines Leistungsfalls betriebstreuen Arbeitnehmer eine eigenständige Regelung der Anpassungsprüfungs- und -entscheidungspflicht, die an die Stelle der den einzelnen Mitgliedsunternehmen des Essener Verbandes obliegenden Pflicht zur Anpassungsprüfung und -entscheidung nach § 16 Abs. 1 und Abs. 2 BetrAVG tritt.

2. § 9 Abs. 2 LO 2006 und § 9 Abs. 2 LO 2009 begründen ein vertragliches Leistungsbestimmungsrecht. Der Essener Verband hat seine Entscheidung über eine Anpassung der Zahlbeträge gemäß § 315 Abs. 1 BGB nach billigem Ermessen zu treffen. Seine Anpassungsbeschlüsse unterliegen einer uneingeschränkten Billigkeitskontrolle nach § 315 Abs. 3 BGB.

3. Die Begrenzung des Anpassungsbedarfs durch einen biometrischen Faktor, mit dem die Mehrbelastungen für die Mitgliedsunternehmen ausgeglichen werden sollen, die dadurch entstehen, dass die Betriebsrentner des Essener Verbandes durchschnittlich länger leben als die Bezieher von Renten aus der gesetzlichen Rentenversicherung, entspricht nicht billigem Ermessen. Mit der Zusage laufender Versorgungsleistungen hat der Arbeitgeber das Langlebigkeitsrisiko der Arbeitnehmer übernommen. Dieses Risiko kann er nicht einseitig, auch nicht im Rahmen einer nach billigem Ermessen zu treffenden Entscheidung über die Anpassung der laufenden Leistungen der betrieblichen Altersversorgung, auf die Betriebsrentner verlagern.

22. Betriebsrente – Einstandspflicht – Anpassungsprüfung
BAG, 30.9.2014 – 3 AZR 617/12 – NZA 2015, 544

1. Hat der Arbeitgeber dem Arbeitnehmer Leistungen der betrieblichen Altersversorgung zugesagt, die über eine Pensionskasse durchgeführt werden, und macht die Pensionskasse von ihrem satzungsmäßigen Recht Gebrauch, Fehlbeträge durch Herabsetzung der Leistungen auszugleichen, hat der Arbeitgeber nach § 1 Abs. 1 Satz 3 BetrAVG dem Versorgungsempfänger gegenüber auch dann im Umfang der Leistungskürzungen einzustehen, wenn er

auf die Verwaltung des Vermögens und die Kapitalanlage der Pensionskasse sowie auf deren Beschlussfassungen keinen Einfluss nehmen konnte.

2. §16 Abs. 3 Nr. 2 BetrAVG nimmt über die Verweisung auf den nach §65 Abs. 1 Satz 1 Nr. 1 Buchst. a VAG festgesetzten Höchstzinssatz zur Berechnung der Deckungsrückstellung ausschließlich den in §2 Abs. 1 Deckungsrückstellungsverordnung bestimmten Höchstrechnungszins in Bezug. Dieser Höchstrechnungszins ist auch maßgeblich, wenn der Arbeitgeber die betriebliche Altersversorgung über eine »regulierte« Pensionskasse durchführt.

3. §16 Abs. 3 Nr. 2 BetrAVG gilt nur für laufende Leistungen, die auf Zusagen beruhen, die seit dem Inkrafttreten der Deckungsrückstellungsverordnung am 16. Mai 1996 erteilt wurden.

Weitere Orientierungssätze:

1. Nach §66 Abs. 1 ZPO kann nur derjenige, der ein rechtliches Interesse daran hat, dass in einem zwischen anderen Personen anhängigen Rechtsstreit eine Partei obsiegt, dieser Partei zum Zwecke ihrer Unterstützung beitreten. Das setzt voraus, dass der Nebenintervenient zu der unterstützten Partei oder zu dem Gegenstand des Rechtsstreits in einem Rechtsverhältnis steht, auf das die Entscheidung des Rechtsstreits durch ihren Inhalt oder ihre Vollstreckung unmittelbar oder auch nur mittelbar »rechtlich« einwirkt. Ein bloß wirtschaftliches oder tatsächliches Interesse an dem Obsiegen der unterstützten Partei reicht für die Zulässigkeit der Nebenintervention nicht aus.

2. Hat der Arbeitgeber dem Arbeitnehmer Leistungen der betrieblichen Altersversorgung zugesagt, die über eine Pensionskasse durchgeführt werden, und macht die Pensionskasse von ihrem satzungsmäßigen Recht Gebrauch, Fehlbeträge durch Herabsetzung der Leistungen auszugleichen, hat der Arbeitgeber nach §1 Abs. 1 Satz 3 BetrAVG dem Versorgungsempfänger gegenüber im Umfang der Leistungskürzungen einzustehen. Das gilt auch dann, wenn er auf die Verwaltung des Vermögens und die Kapitalanlage der Pensionskasse sowie auf deren Beschlussfassungen keinen Einfluss nehmen konnte.

3. Nach §16 Abs. 3 Nr. 2 BetrAVG entfällt die Verpflichtung zur Anpassungsprüfung und -entscheidung nach §16 Abs. 1 BetrAVG, wenn die betriebliche Altersversorgung über eine Direktversicherung i.S.d. §1b Abs. 2 BetrAVG oder über eine Pensionskasse i.S.d. §1b Abs. 3 BetrAVG durchgeführt wird, ab Rentenbeginn sämtliche auf den Rentenbestand entfallenden Überschussanteile zur Erhöhung der laufenden Leistungen verwendet werden und zur Berechnung der garantierten Leistung der nach §65 Abs. 1 Satz 1 Nr. 1 Buchst. a VAG festgesetzte Höchstzinssatz zur Berechnung der Deckungsrückstellung nicht überschritten wird. Beide Voraussetzungen müssen kumulativ erfüllt sein.

4. §16 Abs. 3 Nr. 2 BetrAVG nimmt über die Verweisung auf den nach §65 Abs. 1 Satz 1 Nr. 1 Buchst. a VAG festgesetzten Höchstzinssatz zur Berechnung

der Deckungsrückstellung ausschließlich den in §2 Abs. 1 Deckungsrückstellungsverordnung bestimmten Höchstrechnungszins in Bezug. Dieser Höchstrechnungszins – und nicht ein von der Bundesanstalt für Finanzdienstleistungsaufsicht (BaFin) genehmigter höherer Rechnungszins – ist auch dann maßgeblich, wenn der Arbeitgeber die betriebliche Altersversorgung über eine »regulierte« Pensionskasse durchführt.

5. § 16 Abs. 3 Nr. 2 BetrAVG ist zwar auch auf Versorgungszusagen anwendbar, die vor dem Inkrafttreten der Bestimmung am 1. Januar 1999 erteilt wurden; allerdings gilt er nicht für laufende Leistungen, die auf Zusagen beruhen, die vor dem Inkrafttreten der Deckungsrückstellungsverordnung am 16. Mai 1996 erteilt wurden.

23. Betriebsrentenanpassung – Rügefrist – Klageeinreichung
BAG, 21.10.2014 – 3 AZR 937/12 – BeckRS 2015, 65742

Die Frist zur Rüge, mit der die Unrichtigkeit einer früheren Anpassungsentscheidung nach § 16 BetrAVG geltend gemacht wird, läuft mit dem Ablauf des Tages ab, der dem maßgeblichen folgenden Anpassungsstichtag vorausgeht. Bis dahin muss die Rüge der Anpassungsentscheidung dem Versorgungsschuldner zugegangen sein. § 167 ZPO ist auf die Rügefrist nach § 16 BetrAVG nicht anwendbar.

Weitere Orientierungssätze:

1. Wenn der Versorgungsempfänger die Anpassungsentscheidung des Arbeitgebers für unrichtig hält, muss er dies grundsätzlich vor dem nächsten Anpassungsstichtag dem Arbeitgeber gegenüber wenigstens außergerichtlich geltend machen. Mit dem nächsten Anpassungsstichtag erlischt der Anspruch auf Korrektur einer früheren Anpassungsentscheidung. Etwas anderes gilt ausnahmsweise dann, wenn der Versorgungsschuldner keine ausdrückliche – positive oder negative – Anpassungsentscheidung getroffen hat. Das Schweigen des Versorgungsschuldners enthält zwar die Erklärung, nicht anpassen zu wollen. Diese Erklärung gilt jedoch erst nach Ablauf von drei Jahren als abgegeben. Deshalb kann der Versorgungsberechtigte diese nachträgliche Entscheidung bis zum übernächsten Anpassungsstichtag rügen.

2. Einer Anwendung von § 167 ZPO auf die Rügefrist nach § 16 BetrAVG stehen Sinn und Zweck dieser Fristbestimmung entgegen. Die Auslegung von § 16 BetrAVG ergibt, dass die Frist zur Rüge einer früheren Anpassungsentscheidung zwingend mit Ablauf des Tages abläuft, der dem folgenden maßgeblichen Anpassungsstichtag vorausgeht. Bis dahin muss die Rüge einer unzutreffenden Anpassungsentscheidung dem Arbeitgeber zugegangen sein i. S. v. § 130 BGB.

3. § 16 BetrAVG enthält ein in sich geschlossenes System aufeinander abgestimmter Stichtage und Fristen, mit denen der Gesetzgeber selbst die Interessen des Versorgungsberechtigten am Werterhalt seiner Betriebsrente und des

Arbeitgebers an Planungs- und Rechtssicherheit gegeneinander abgewogen hat. §16 BetrAVG will nach seinem Schutzzweck nicht nur eine Entwertung der Betriebsrente durch Kaufkraftverluste möglichst verhindern. Die Bestimmung will auch die Gesamtbelastung aus bereits bestehenden Versorgungsverpflichtungen berechenbar gestalten und eine zuverlässige Beurteilung der wirtschaftlichen Lage des Arbeitgebers zum Anpassungsstichtag ermöglichen. Das setzt voraus, dass der Arbeitgeber am jeweils aktuellen Anpassungsstichtag weiß, ob und in welchen Fällen eine vorangegangene Anpassungsentscheidung gerügt wurde.

24. Betriebliche Altersversorgung – Anpassung einer Betriebsrente – Eigenkapitalauszehrung – Berechnungsdurchgriff
BAG, 21.10.2014 – 3 AZR 1027/12 – NZA-RR 2015, 90
Orientierungssätze:
1. Die wirtschaftliche Lage des Arbeitgebers rechtfertigt die Ablehnung einer Betriebsrentenanpassung insoweit, als der Arbeitgeber am Anpassungsstichtag annehmen darf, dass es ihm mit hinreichender Wahrscheinlichkeit nicht möglich sein wird, den Teuerungsausgleich aus den Unternehmenserträgen und den verfügbaren Wertzuwächsen des Unternehmensvermögens in der Zeit bis zum nächsten Anpassungsstichtag aufzubringen. Folglich kommt es auf die voraussichtliche Entwicklung der Eigenkapitalverzinsung und der Eigenkapitalausstattung des Unternehmens an.
2. Die Anpassung kann sowohl bei einer unzureichenden Eigenkapitalverzinsung als auch bei einer ungenügenden Eigenkapitalausstattung unterbleiben. Im Falle einer ungenügenden Eigenkapitalausstattung (Eigenkapitalauszehrung) muss zunächst verlorene Vermögenssubstanz aufgebaut werden. Bis dahin ist der Arbeitgeber nicht zur Anpassung der laufenden Versorgungsleistungen verpflichtet.
3. Die Anpassungsprüfungs- und -entscheidungspflicht nach §16 Abs. 1 und Abs. 2 BetrAVG trifft den Versorgungsschuldner. Es kommt dabei auf deren wirtschaftliche Lage an. Dies gilt auch dann, wenn dieser in einen Konzern eingebunden ist. Eine Ausnahme hiervon gilt im Falle des sog. Berechnungsdurchgriffs.

25. Betriebliche Altersversorgung – Betriebsrentenanpassung – Anpassungsstichtag
BAG, 11.11.2014 – 3 AZR 117/13 – NZA 2015, 1076
Orientierungssätze:
1. Der von §16 Abs. 1 BetrAVG vorgesehene Drei-Jahresturnus zwingt den Versorgungsschuldner nicht zu starren, individuellen Prüfungsterminen. Eine Bündelung der im Unternehmen anfallenden Prüfungstermine zu einem einheitlichen Termin im Kalenderjahr ist zulässig.

2. Für die Versorgungsempfänger darf sich die erste Anpassungsprüfung um höchstens sechs Monate verzögern. Eine weitere Verzögerung der ersten Anpassungsprüfung ist nicht zulässig und steht nicht zur Disposition des Versorgungsempfängers.

26. Bestimmung der angemessenen Eigenkapitalverzinsung
BAG, 11.11.2014 – 3 AZR 116/13 – BeckRS 2015, 65869

1. Die im Rahmen der Anpassungsprüfung- und -entscheidung nach §16 Abs. 1 und Abs. 2 BetrAVG zu ermittelnde Eigenkapitalverzinsung besteht aus einem Basiszins und einem Risikozuschlag.

2. Der Basiszins entspricht der jeweils aktuellen Umlaufrendite der Anleihen der öffentlichen Hand in den einzelnen Jahren des Beurteilungszeitraums. Der Risikozuschlag beträgt für alle werbend am Markt tätigen Unternehmen einheitlich 2 v.H.

Weitere Orientierungssätze:

1. Die wirtschaftliche Lage des Arbeitgebers i.S.v. §16 Abs. 1 BetrAVG ist eine zukunftsbezogene Größe, umschreibt seine künftige Belastbarkeit und setzt eine Prognose voraus. Beurteilungsgrundlage ist die bisherige Entwicklung des Unternehmens über einen längeren – in der Regel drei Jahre umfassenden – Zeitraum.

2. Für die Anpassungsprüfung nach §16 Abs. 1 und Abs. 2 BetrAVG ist die wirtschaftliche Lage des Arbeitgebers maßgeblich. Dies gilt auch dann, wenn der Arbeitgeber in einen Konzern eingebunden ist.

3. Die bei der Beurteilung der wirtschaftlichen Lage im Rahmen der Anpassungsprüfung- und -entscheidung nach §16 Abs. 1 und Abs. 2 BetrAVG zu ermittelnde Eigenkapitalverzinsung besteht aus einem Basiszins und einem Risikozuschlag.

4. Der Basiszins entspricht der jeweiligen Umlaufrendite der Anleihen der öffentlichen Hand im Beurteilungszeitraum und ist nicht anhand der auf der Grundlage von §253 Abs. 2 HGB erlassenen Rückstellungsabzinsungsverordnung zu bestimmen.

5. Der Risikozuschlag beträgt für alle werbend am Markt tätigen Unternehmen einheitlich 2 v.H.

27. Betriebsrentenanpassung – wirtschaftliche Lage des Versorgungsschuldners – konzerninterne Verrechnungspreisabrede
BAG, 10.2.2015 – 3 AZR 37/14 – NZA-RR 2015, 318
Orientierungssätze:

1. Bei der Anpassungsprüfung und -entscheidung nach §16 Abs. 1 und Abs. 2 BetrAVG hat der Arbeitgeber insbesondere die Belange des Versorgungsempfängers und seine eigene wirtschaftliche Lage zu berücksichtigen. Lässt seine

wirtschaftliche Lage eine Anpassung der Betriebsrenten nicht zu, ist der Versorgungsschuldner zur Anpassung nicht verpflichtet.

2. Die wirtschaftliche Lage des Arbeitgebers rechtfertigt die Ablehnung der Betriebsrentenanpassung insoweit, als das Unternehmen dadurch übermäßig belastet und seine Wettbewerbsfähigkeit gefährdet würde. Die Wettbewerbsfähigkeit wird gefährdet, wenn keine angemessene Eigenkapitalverzinsung erwirtschaftet wird oder wenn das Unternehmen nicht mehr über genügend Eigenkapital verfügt. Darf der Arbeitgeber annehmen, dass er in der Zeit bis zum nächsten Anpassungsstichtag entweder keine angemessene Eigenkapitalverzinsung erwirtschaftet oder dass er wegen nicht hinreichender Eigenkapitalausstattung nicht genügend belastbar sein wird, darf er eine Anpassung der Betriebsrenten ablehnen.

3. Maßgeblich ist die tatsächliche wirtschaftliche Lage des Versorgungsschuldners und nicht eine fiktive, die bestehen würde, wenn unternehmerische Entscheidungen anders getroffen worden wären. Erträge, die der Versorgungsschuldner aufgrund einer mit der Muttergesellschaft getroffenen Verrechnungspreisabrede erzielt, sind bei der Bestimmung seiner wirtschaftlichen Lage daher zu berücksichtigen.

4. Die wirtschaftliche Lage des Arbeitgebers wird durch dessen Ertragskraft im Ganzen geprägt. Deshalb sagt ein Arbeitsplatzabbau für sich betrachtet nichts über die wirtschaftliche Leistungsfähigkeit des Versorgungsschuldners aus. Der Arbeitgeber kann demzufolge eine Anpassung der Betriebsrenten nicht allein mit der Begründung ablehnen, eine Verpflichtung zur Betriebsrentenanpassung hätte einen Stellenabbau zur Folge.

28. Berechnungsdurchgriff – Beherrschungsvertrag
BAG, 10.3.2015 – 3 AZR 739/13 – NZA 2015, 1187

1. Das Bestehen eines Beherrschungsvertrags schafft eine Gefahrenlage für das durch § 16 Abs. 1 BetrAVG geschützte Interesse der Betriebsrentner am Werterhalt laufender Leistungen der betrieblichen Altersversorgung. Dies rechtfertigt einen Berechnungsdurchgriff auf die wirtschaftliche Lage des herrschenden Unternehmens, wenn sich die durch den Beherrschungsvertrag für die Versorgungsempfänger begründete Gefahrenlage verwirklicht hat.

2. Im Prozess hat der Versorgungsempfänger zunächst darzulegen und ggf. zu beweisen, dass ein Beherrschungsvertrag besteht. Darüber hinaus muss er lediglich die bloße Behauptung erheben, die dem Beherrschungsvertrag eigene Gefahrenlage habe sich verwirklicht. Einer bespielhaften Darlegung von im Konzerninteresse erfolgten Weisungen bedarf es nicht.

3. Der Arbeitgeber hat dann im Einzelnen substantiiert und unter Benennung der Beweismittel nachvollziehbar darzulegen, dass sich die im Beherrschungsvertrag angelegte Gefahrenlage nicht verwirklicht oder seine wirtschaftliche

Lage nicht in einem für die Betriebsrentenanpassung maßgeblichen Umfang verschlechtert hat.

Weitere Orientierungssätze:

1. Das Bestehen eines Beherrschungsvertrags rechtfertigt nicht ohne weitere Voraussetzungen einen Berechnungsdurchgriff auf die wirtschaftliche Lage des herrschenden Unternehmens. Ein Beherrschungsvertrag eröffnet jedoch Gefahren für die Anpassung laufender Leistungen der betrieblichen Altersversorgung, weil die beherrschte Gesellschaft auch nachteiligen Weisungen ausgesetzt sein kann. Aus § 16 BetrAVG kann sich deshalb ein Berechnungsdurchgriff ergeben mit der Folge, dass die wirtschaftliche Lage der herrschenden Gesellschaft der beherrschten Gesellschaft zuzurechnen ist.

2. Bei Bestehen eines Beherrschungsvertrags erfolgt ein Berechnungsdurchgriff auf die wirtschaftliche Lage des herrschenden Unternehmens, wenn sich die durch den Beherrschungsvertrag für die Versorgungsempfänger begründete Gefahrenlage verwirklicht hat.

3. Der Versorgungsempfänger muss zunächst darlegen und ggf. beweisen, dass ein Beherrschungsvertrag besteht und die bloße Behauptung aufstellen, die dem Beherrschungsvertrag immanente Gefahrenlage habe sich verwirklicht. Dann ist es Sache des Arbeitgebers, detailliert unter Benennung der Beweismittel darzulegen, dass sich infolge der ihm erteilten Weisungen des herrschenden Unternehmens diese Gefahrenlage nicht verwirklicht oder seine wirtschaftliche Lage nicht in einem für die Anpassung der Betriebsrente erheblichen Umfang verschlechtert hat.

4. Die reallohnbezogene Obergrenze nach § 16 Abs. 2 Nr. 2 BetrAVG rechtfertigt keine den Kaufkraftverlust unterschreitende Anpassung der Betriebsrente, wenn der Versorgungsschuldner keine Arbeitnehmer mehr beschäftigt.

29. Betriebliche Altersversorgung – Betriebsrentenanpassung – wirtschaftliche Lage des Versorgungsschuldners – angemessene Eigenkapitalverzinsung – außerordentliche Aufwendungen – Berechnungsdurchgriff – Verrechnungspreisabrede – Patronatserklärung
BAG, 21.4.2015 – 3 AZR 102/14 – BeckRS 2015, 70800
Orientierungssätze:

1. Die Prüfung, ob die wirtschaftliche Lage des Versorgungsschuldners einer Anpassung der Betriebsrenten nach § 16 Abs. 1 BetrAVG entgegensteht, hat grundsätzlich nach einem für alle Arbeitgeber einheitlich geltenden Maßstab zu erfolgen. Maßgebend sind die voraussichtliche Entwicklung der Eigenkapitalverzinsung und der Eigenkapitalausstattung des Unternehmens.

2. Bei der Beurteilung der künftigen Ertragsentwicklung des Versorgungsschuldners sind außerordentliche Aufwendungen wegen ihres Ausnahmecharakters regelmäßig außer Acht zu lassen. Etwas anderes gilt, wenn die

außerordentlichen Aufwendungen auch der Höhe nach eine ausreichende Kontinuität aufweisen.

3. Die außerordentlichen Aufwendungen, die daraus resultieren, dass der Versorgungsschuldner die laufenden Pensionsverpflichtungen und Pensionsanwartschaften ab dem Geschäftsjahr 2010 nach dem durch das Gesetz zur Modernisierung des Bilanzrechts (Bilanzrechtsmodernisierungsgesetz) vom 25. Mai 2009 geänderten § 253 HGB neu zu bewerten sowie den sich danach ergebenden Zuführungsbetrag nach Art. 67 EGHGB bis spätestens zum 31. Dezember 2024 anzusammeln und in jedem Geschäftsjahr zu mindestens 1/15 den Rückstellungen zuzuführen hat, sind im Rahmen des erzielten Betriebsergebnisses regelmäßig ergebnismindernd zu berücksichtigen.

4. Für die Frage, ob die wirtschaftliche Lage des Versorgungsschuldners einer Anpassung der Betriebsrenten an den Kaufkraftverlust nach § 16 Abs. 1 BetrAVG entgegensteht, ist seine tatsächliche wirtschaftliche Lage und nicht eine fiktive Lage entscheidend, die bestanden hätte, wenn unternehmerische Entscheidungen anders getroffen worden wären. Deshalb ist es für einen auf § 16 BetrAVG gestützten Anspruch auf Anpassung der Betriebsrente unerheblich, ob der Versorgungsschuldner höhere Umsatzerlöse erzielt hätte, wenn eine für ihn günstigere konzerninterne Verrechnungspreisabrede getroffen worden wäre.

5. Eine konzerninterne harte Patronatserklärung rechtfertigt keinen Berechnungsdurchgriff auf die wirtschaftliche Lage der Patronin, wenn aus der Patronatserklärung nicht hervorgeht, dass diese sich auch auf künftige Betriebsrentenanpassungen bezieht.

6. Die Begründung eines Berufungsurteils entspricht den gesetzlichen Anforderungen, wenn sich trotz der Wiederholung der Urteilsgründe einer anderen Entscheidung ergibt, dass das Berufungsgericht den Sachvortrag der Parteien in der Berufungsinstanz wahrgenommen und gewürdigt hat.

30. Betriebliche Altersversorgung – Anpassung der Betriebsrente – wirtschaftliche Lage der Versorgungsschuldnerin – Rentnergesellschaft – unzureichende Ausstattung – Schadensersatzanspruch gegen die Rentnergesellschaft
BAG, 14.7.2015 – 3 AZR 252/14 – BeckRS 2015, 71252
Orientierungssätze:

1. Die wirtschaftliche Lage des Arbeitgebers rechtfertigt die Ablehnung einer Betriebsrentenanpassung nach § 16 Abs. 1 und Abs. 2 BetrAVG, wenn das Unternehmen nicht mehr über genügend Eigenkapital verfügt. Das vorhandene Eigenkapital spiegelt die dem Unternehmen zuzuordnende Vermögenssubstanz wider und zeigt, inwieweit das Unternehmen Wertzuwächse oder Wertverluste zu verzeichnen hat. Daher ist es dem Arbeitgeber zuzubilligen, dass er nach Eigenkapitalverlusten oder einer Eigenkapitalauszehrung möglichst rasch für eine ausreichende Kapitalausstattung sorgt und verlorene Ver-

mögenssubstanz wieder aufbaut. Solange das vorhandene Eigenkapital des Unternehmens die Summe aus gezeichnetem Kapital *(§ 272 Abs. 1 Satz 1 HGB)* und zusätzlich gebildeten Kapitalrücklagen *(vgl. § 272 Abs. 2 HGB)* noch nicht erreicht hat, besteht keine Verpflichtung zur Anpassung von Versorgungsleistungen.

2. Bei der Übertragung von Versorgungsverbindlichkeiten auf eine Rentnergesellschaft im Wege der umwandlungsrechtlichen Abspaltung nach §123 Abs. 2 UmwG steht den Versorgungsberechtigten kein Schadensersatzanspruch gegen die Rentnergesellschaft zu, wenn diese vom bisherigen Versorgungsschuldner für die Erfüllung der laufenden Betriebsrentenansprüche und die Anpassungen nach §16 Abs. 1 und Abs. 2 BetrAVG nicht ausreichend ausgestattet wurde. Der bisherige Versorgungsschuldner bestimmt den Umfang der zu übertragenden Vermögensteile und damit auch des Kapitals, mit dem die Rentnergesellschaft ausgestattet wird. Deshalb ist die Rentnergesellschaft hinsichtlich ihrer Ausstattung nicht Handelnde, sondern lediglich Handlungsobjekt. Damit fehlt es an einem schadensverursachenden Verhalten der Rentnergesellschaft.

31. Betriebsrentenanpassung – Rechtsschein – Schadensersatz
BAG, 15.9.2015 – 3 AZR 839/13 – NZA 2016, 235

1. Die Berücksichtigung der wirtschaftlichen Lage einer anderen Gesellschaft als der Versorgungsschuldnerin bei der Anpassungsprüfung nach §16 Abs. 1 und Abs. 2 BetrAVG aus Rechtsscheinhaftung kommt nur dann in Betracht, wenn der erforderliche Rechtsschein durch dem Versorgungsschuldner zurechenbare Erklärungen oder Verhaltensweisen begründet wurde.

2. Ein Anspruch auf Anpassung der Betriebsrente kann sich, wenn die wirtschaftliche Lage des Arbeitgebers der Anpassung nach §16 Abs. 1 und Abs. 2 BetrAVG entgegensteht, ausnahmsweise aus §826 BGB ergeben. Denkbar ist ein solcher Schadensersatzanspruch, wenn der konzernangehörige Arbeitgeber sein operatives Geschäft innerhalb des Konzerns überträgt und dort die wirtschaftlichen Aktivitäten weitergeführt werden.

Weitere Orientierungssätze:

1. Überträgt der Versorgungsschuldner sein operatives Geschäft auf einen Erwerber und wird so zu einer Rentnergesellschaft, kann er sich auch dann auf eine für eine Betriebsrentenanpassung nach §16 Abs. 1 und Abs. 2 BetrAVG nicht ausreichende Leistungsfähigkeit berufen, wenn die Rentnergesellschaft nicht so ausgestattet wurde, dass sie auch zu Betriebsrentenanpassungen nach dieser Vorschrift in der Lage ist.

2. Wird der Versorgungsschuldner durch Veräußerung seines operativen Geschäfts zu einer Rentnergesellschaft und ist die Rentnergesellschaft nicht so ausgestattet worden, dass sie auch zu den in §16 Abs. 1 und Abs. 2 BetrAVG

vorgesehenen Anpassungen in der Lage ist, können die Betriebsrentner eine Betriebsrentenanpassung grundsätzlich nicht im Wege des Schadensersatzes aufgrund nicht hinreichender Ausstattung verlangen. Den versorgungspflichtigen Arbeitgeber trifft in diesem Fall keine Verpflichtung, die Rentnergesellschaft so auszustatten, dass sie nicht nur zur Zahlung der laufenden Betriebsrenten, sondern auch zu den gesetzlich vorgesehenen Anpassungen imstande ist.

3. Ein Berechnungsdurchgriff auf die wirtschaftliche Lage eines anderen Unternehmens im Rahmen der Anpassungsprüfung nach §16 Abs. 1 und Abs. 2 BetrAVG ist auf der Grundlage der Rechtsprechung des Bundesgerichtshofs zur Haftung wegen existenzvernichtendem Eingriff generell ausgeschlossen, da dieser die Herbeiführung oder Vertiefung einer Insolvenz voraussetzt.

4. Die Berücksichtigung der wirtschaftlichen Lage einer anderen Gesellschaft bei der Anpassungsprüfung nach §16 Abs. 1 und Abs. 2 BetrAVG aus Rechtsscheinhaftung kommt nur dann in Betracht, wenn der Rechtsschein durch Erklärungen oder Verhaltensweisen begründet wurde, die dem Versorgungsschuldner zugerechnet werden können.

5. Der Versorgungsschuldner, der durch Übertragung seines operativen Geschäfts auf andere Unternehmen desselben Konzerns zur Rentnergesellschaft wird, kann im Wege des Schadensersatzes nach §826 BGB zur Anpassung der Betriebsrenten verpflichtet sein, ohne dass insoweit seine eigene wirtschaftliche Lage entgegensteht.

32. Betriebsrentenanpassung – Anpassungsprüfungsstichtag
BAG, 8.12.2015 – 3 AZR 475/14 – BeckRS 2016, 66410
Orientierungssätze:

1. Die in einem Unternehmen anfallenden Stichtage für die Prüfung, ob die Betriebsrente nach §16 Abs. 1 und Abs. 2 BetrAVG an den seit Rentenbeginn eingetretenen Kaufkraftverlust anzupassen ist, dürfen zu einem einheitlichen Jahrestermin gebündelt werden, wenn sich die erste Anpassungsprüfung nicht um mehr als sechs Monate verzögert und in der Folgezeit der Drei-Jahres-Zeitraum eingehalten ist.

2. Der Anpassungsprüfungsstichtag steht nicht zur Disposition des Versorgungsempfängers. Auch mit Zustimmung des Versorgungsberechtigten ist daher eine Verzögerung des ersten Anpassungsprüfungsstichtags um mehr als sechs Monate seit Rentenbeginn nicht zulässig.

33. Pensionskasse – Anpassung laufender Leistungen
BAG, 13.12.2016 – 3 AZR 342/15 – NZA 2017, 1263
Die Änderung von §16 Abs. 3 Nr. 2 BetrAVG durch das Gesetz zur Umsetzung der EU-Mobilitäts-Richtlinie vom 21. Dezember 2015 (BGBl. I S.2553) hat keine Bedeutung, wenn über die Anpassung laufender Leistungen der betrieblichen

Altersversorgung an Anpassungsstichtagen vor dem 31. Dezember 2015 zu entscheiden war.

Weitere Orientierungssätze:

1. Hat der Arbeitgeber dem versorgungsberechtigten Arbeitnehmer Leistungen der betrieblichen Altersversorgung zugesagt, die über eine Pensionskasse durchgeführt werden, und macht die Pensionskasse von ihrem satzungsmäßigen Recht Gebrauch, Fehlbeträge durch Herabsetzung der Leistungen auszugleichen, hat nach §1 Abs. 1 Satz 3 BetrAVG der Arbeitgeber gegenüber dem Versorgungsempfänger für die Leistungskürzungen einzustehen.

2. Eine Umfassungszusage nach §1 Abs. 2 Nr. 4 BetrAVG erfordert nicht nur, dass der Arbeitnehmer Beiträge aus seinem Arbeitsentgelt zur Finanzierung von Leistungen der betrieblichen Altersversorgung aufwendet. Das Versorgungsversprechen des Arbeitgebers muss vielmehr auch die Leistungen aus den vom Arbeitnehmer selbst geleisteten Beiträgen umfassen.

3. Für beitragsbezogene Versorgungszusagen, die vor dem 1. Juli 2002 erteilt wurden, sind für die Annahme einer Umfassungszusage erhöhte Anforderungen zu stellen. Dafür reicht es nicht aus, dass die Beteiligung des Arbeitnehmers an den Beiträgen nicht freiwillig ist und die Berechnung der Versorgungsleistungen aus den vom Arbeitgeber und vom Arbeitnehmer geleisteten Beiträgen einheitlich erfolgt.

4. §16 Abs. 3 Nr. 2 BetrAVG in der Fassung des Gesetzes zur Umsetzung der EU-Mobilitäts-Richtlinie vom 21. Dezember 2015 *(BGBl. I S. 2553)* ist nicht anwendbar, wenn die Prüfung der Anpassung laufender Leistungen der betrieblichen Altersversorgung und die Entscheidung darüber an vor seinem Inkrafttreten am 31. Dezember 2015 liegenden Anpassungsstichtagen vorzunehmen war.

34. Betriebsrentenanpassung – aktive latente Steuern
BAG, 21.2.2017 – 3 AZR 455/15 – BeckRS 2017, 107603
Für die Beurteilung der künftigen wirtschaftlichen Lage eines Unternehmens im Rahmen einer nach §16 Abs. 1 BetrAVG anzustellenden Prognose sind die in der Bilanz ausgewiesenen aktiven latenten Steuern i.S.v. §274 Abs. 1 Satz 2 HGB nicht geeignet.

Weitere Orientierungssätze:

1. Ein Arbeitgeber darf eine Betriebsrentenanpassung nach §16 Abs. 1 BetrAVG ablehnen, wenn aufgrund seiner wirtschaftlichen Lage das Unternehmen durch die Anpassung übermäßig belastet und seine Wettbewerbsfähigkeit gefährdet würde. Für die Beurteilung der wirtschaftlichen Lage eines Unternehmens kommt es auf die voraussichtliche Entwicklung der Eigenkapitalverzinsung und die voraussichtliche Eigenkapitalausstattung an.

2. Die nach den Rechnungslegungsregeln des Handelsgesetzbuches erstellten Bilanzen und Gewinn- und Verlustrechnungen stellen eine geeignete Grundlage für die Beurteilung der wirtschaftlichen Lage des Unternehmens bei Anpassungsprüfungen nach § 16 BetrAVG dar. Allerdings können betriebswirtschaftlich gebotene Korrekturen vorzunehmen sein.

3. In einer Bilanz ausgewiesene aktive latente Steuern i.S.v. § 274 Abs. 1 Satz 2 HGB sind wegen der mit ihnen verbundenen Unsicherheiten für die Beurteilung der künftigen wirtschaftlichen Entwicklung des Unternehmens im Zusammenhang mit der Erstellung einer Prognose im Rahmen des § 16 Abs. 1 BetrAVG nicht geeignet und können diese deshalb nicht entkräften. Diese Unsicherheit liegt der gesetzgeberischen Entscheidung in § 268 Abs. 8 HGB zugrunde, wonach eine Ausschüttungssperre für den Betrag gilt, um den die aktiven latenten Steuern die passiven latenten Steuern übersteigen.

35. Betriebliche Altersversorgung – Betriebsrentenanpassung – Gleichbehandlungsgrundsatz
BAG, 11.7.2017 – 3 AZR 691/16 – NZA 2017, 1388
Orientierungssätze:

1. Für ein Unternehmen, das als institutioneller Zuwendungsempfänger gemeinnützige und damit nicht in erster Linie eigenwirtschaftliche und auf Gewinnerzielung ausgerichtete, sondern öffentliche Zwecke verfolgt, gelten im Rahmen des § 16 BetrAVG bei der Prüfung, ob seine wirtschaftliche Lage einer Anpassung der Betriebsrenten an den Kaufkraftverlust entgegensteht, jedenfalls von dem Zeitpunkt an, zu dem die staatliche Förderung eingestellt und das Unternehmen deswegen in der Folgezeit liquidiert wird, die für Rentner- und Abwicklungsgesellschaften entwickelten Grundsätze.

2. Der arbeitsrechtliche Gleichbehandlungsgrundsatz greift nur ein bei einem gestaltenden Verhalten des Arbeitgebers, hingegen nicht beim bloßen – auch vermeintlichen – Normvollzug. Ein Anspruch kann daher nicht auf den arbeitsrechtlichen Gleichbehandlungsgrundsatz gestützt werden, wenn der Arbeitgeber sowohl bei der Gewährung als auch bei der Vorenthaltung von Leistungen rechtliche Vorgaben erfüllen möchte.

3. Beruft sich der Arbeitnehmer auf den arbeitsrechtlichen Gleichbehandlungsgrundsatz, hat er als Anspruchsteller einen Sachverhalt vorzutragen, der es als naheliegend erscheinen lässt, dass die Leistung des Arbeitgebers auf einer von ihm selbst gesetzten Regel und nicht auf etwaigem Normvollzug beruht.

Ablösung und Widerruf von Betriebsrentensystemen und Versorgungszusagen

1. Betriebliche Altersversorgung – Unterstützungskasse – Dynamische Bezugnahme auf Versorgungsrichtlinien

BAG, 16.2.2010 – 3 AZR 181/08 – NZA 2011, 42 = DB 2010, 1833

1. Werden Satzung und Richtlinien einer Unterstützungskasse – ausdrücklich oder stillschweigend – in Bezug genommen, müssen die Arbeitnehmer schon aufgrund des Ausschlusses des Rechtsanspruchs stets mit einer Abänderung der Versorgungsordnung rechnen.

2. Bei der dynamischen Bezugnahme auf die Versorgungsrichtlinien einer Unterstützungskasse handelt es sich nicht um eine überraschende Klausel i. S. d. § 305c Abs. 1 BGB.

3. Die dynamische Bezugnahme auf die Versorgungsrichtlinien einer Unterstützungskasse ist auch nicht wegen Verstoßes gegen das Transparenzgebot des § 307 Abs. 1 Satz 2 BGB unwirksam.

Weitere Orientierungssätze:

1. Werden Satzung und Richtlinien einer Unterstützungskasse – ausdrücklich oder stillschweigend – in Bezug genommen, müssen die Arbeitnehmer schon aufgrund des Ausschlusses des Rechtsanspruchs stets mit einer Abänderung der Versorgungsordnung rechnen. Der Ausschluss des Rechtsanspruchs in Satzungen und Versorgungsplänen einer Unterstützungskasse begründet nur ein Widerrufsrecht, das an sachliche Gründe gebunden ist (vgl. Leitsatz 1).

2. Bei der dynamischen Bezugnahme auf die Versorgungsrichtlinien einer Unterstützungskasse handelt es sich nicht um eine überraschende Klausel i. S. d. § 305c Abs. 1 BGB (Leitsatz 2).

3. Die dynamische Bezugnahme auf die Versorgungsrichtlinien einer Unterstützungskasse ist auch nicht wegen Verstoßes gegen das Transparenzgebot des § 307 Abs. 1 Satz 2 BGB unwirksam. Eine dynamische Verweisung auf Vorschriften eines anderen Regelungswerks führt für sich genommen noch nicht zur Intransparenz. Für die Wahrung des Transparenzgebotes reicht es aus, wenn die im Zeitpunkt der jeweiligen Anwendung geltenden in Bezug genommenen Regelungen bestimmbar sind (vgl. Leitsatz 3).

4. Die Möglichkeiten eines Arbeitgebers, mit Hilfe einer dynamischen Verweisung auf die Richtlinien einer Unterstützungskasse auf die Versorgungsanwartschaften der begünstigten Arbeitnehmer einzuwirken, gehen nicht weiter als die Möglichkeiten der Betriebspartner im Rahmen von Änderungsvereinbarungen. Die aufgrund einer derartigen Zusage erdienten Besitzstände der bisher Begünstigten sind gegenüber einer Neufassung der Leistungsrichtlinien ebenso geschützt wie gegenüber einer ablösenden Betriebsvereinbarung.

5. Eingriffe in die Besitzstände sind nur im Rahmen der Verhältnismäßigkeit und des Vertrauensschutzes möglich.

2. Auslegung einer Versorgungszusage – Ablösung einer Gesamtzusage – Kündigung einer Betriebsvereinbarung

BAG, 15.2.2011 – 3 AZR 45/09 – DB 2011, 1928 = BB 2011, 3068 (Schnitker/Sittard)

Orientierungssätze: ...

1. Eine Gesamtzusage über Leistungen der betrieblichen Altersversorgung kann durch eine inhaltsgleiche Betriebsvereinbarung dauerhaft abgelöst, d.h. ersetzt werden, wenn die Gesamtzusage betriebsvereinbarungsoffen ist oder der Arbeitgeber sich den Widerruf des Versorgungsversprechens vorbehalten hat. Ersetzen die Betriebsparteien die Gesamtzusage in diesem Fall durch eine inhaltsgleiche Betriebsvereinbarung, lebt die Gesamtzusage nach Beendigung der Betriebsvereinbarung nicht wieder auf.

2. Die Betriebsvereinbarungsoffenheit muss nicht ausdrücklich in der Gesamtzusage formuliert sein, sondern kann sich auch aus den Gesamtumständen ergeben, z.B. aus dem Hinweis, dass die Leistung auf mit dem Betriebsrat abgestimmten Richtlinien beruht.

3. Der Ausschluss des Rechtsanspruchs in Satzungen und Versorgungsplänen von Unterstützungskassen ist als Widerrufsrecht auszulegen, das an sachliche Gründe gebunden ist. Da der Arbeitgeber, der die betriebliche Altersversorgung über eine Unterstützungskasse abwickelt, sein Versorgungsversprechen regelmäßig in dem Umfang begrenzen will, wie es Satzung und Richtlinien der Unterstützungskasse vorsehen, beinhaltet auch seine Versorgungszusage diesen Widerrufsvorbehalt. Die Widerrufsmöglichkeit aus sachlichem Grund ist integraler Bestandteil der zugesagten Versorgung.

4. Die Möglichkeiten eines Arbeitgebers, durch Kündigung einer Betriebsvereinbarung über betriebliche Altersversorgung auf die Versorgungsanwartschaften der begünstigten Arbeitnehmer einzuwirken, gehen nicht weiter als die Möglichkeiten der Betriebspartner im Rahmen von Aufhebungs- oder Änderungsvereinbarungen. Bei einer ablösenden Betriebsvereinbarung sind Eingriffe in Anwartschaften nur in den sich aus den Grundsätzen der Verhältnismäßigkeit und des Vertrauensschutzes ergebenden Grenzen zulässig. Im Umfang der sich aus diesen Grundsätzen ergebenden Beschränkungen bleibt die Betriebsvereinbarung auch nach ihrer Kündigung als normativ unmittelbar und zwingend geltende kollektiv-rechtliche Grundlage erhalten.

5. Der Senat hat es offengelassen, ob gekündigte Betriebsvereinbarungen über Leistungen der betrieblichen Altersversorgung nach §77 Abs. 6 BetrVG nachwirken können; im Streitfall lagen bereits die Voraussetzungen für eine Nachwirkung nach §77 Abs. 6 BetrVG nicht vor. Nach den Angaben des Arbeitgebers standen nach der Kündigung der Betriebsvereinbarung keine Mittel mehr zur Verfügung, über deren Verteilung der Betriebsrat hätte mitbestimmen können.

3. Betriebsrente – Eingriff in Anpassungsregelung
BAG, 28.6.2011 – 3 AZR 282/09 – ZIP 2011, 2164 = DB 2011, 2923 = EWiR 2012, 231 (Stöhr)

1. § 16 Abs. 1 und Abs. 2 BetrAVG schreiben vor, dass der Arbeitgeber alle drei Jahre eine Anpassung der laufenden Betriebsrenten zu prüfen und hierüber nach billigem Ermessen zu entscheiden hat. § 16 Abs. 3 Nr. 1 BetrAVG legt fest, dass diese Verpflichtung entfällt, wenn sich der Arbeitgeber verpflichtet, die Leistungen jährlich um wenigstens 1 v.H. anzupassen. Dies gilt nach § 30c Abs. 1 BetrAVG nur, wenn die Versorgungszusage nach dem 31. Dezember 1998 erteilt wurde.

2. Eingriffe in Versorgungsregelungen hinsichtlich laufender Leistungen bedürfen tragfähiger Gründe. In der Regel können nur noch geringfügige Verschlechterungen gerechtfertigt sein. Dazu bedarf es sachlich nachvollziehbarer, Willkür ausschließender Gründe. Ein mehr als geringfügiger Eingriff bedarf darüber hinausgehender Gründe.

Weitere Orientierungssätze:

1. Nach § 16 Abs. 3 Nr. 1 BetrAVG entfällt die Anpassungs(prüfungs)pflicht nach § 16 Abs. 1 und Abs. 2 BetrAVG, wenn sich der Arbeitgeber verpflichtet, die Betriebsrente um mindestens 1 % jährlich anzupassen. Dies gilt nach § 30c Abs. 1 BetrAVG nur, wenn die Versorgungszusage nach dem 31. Dezember 1998 erteilt wurde.

2. Eingriffe in Versorgungsregelungen hinsichtlich laufender Leistungen bedürfen tragfähiger Gründe. Dies gilt auch für die Änderung von Anpassungsregelungen.

3. Nach Eintritt des Versorgungsfalls können in der Regel nur noch geringfügige Verschlechterungen vorgenommen werden. Auch dafür bedarf es sachlich nachvollziehbarer, Willkür ausschließender Gründe. Mehr als geringfügige Eingriffe erfordern darüber hinausgehende Gründe.

4. Mehr als geringfügig sind Eingriffe in eine Anpassungsregelung, die dem Betriebsrentner – hätte er mit ihnen gerechnet – während des bestehenden Arbeitsverhältnisses vernünftigerweise hätten Anlass geben können, eine möglicherweise entstehende Versorgungslücke durch eine private Absicherung auszugleichen.

4. Ablösung einer Versorgungsordnung – DreiStufenSchema – Anhebung der gesetzlichen Regelungsaltersgrenze – Umstellung laufender Rentenleistungen auf Kapitalleistung
BAG, 15.5.2012 – 3 AZR 11/10 – NZA-RR 2012, 433

1. Stellt eine vor dem RV-Altersgrenzenanpassungsgesetz entstandene Versorgungsordnung für den Eintritt des Versorgungsfalles auf die Vollendung des 65. Lebensjahres ab, so ist diese Versorgungsordnung regelmäßig dahingehend

auszulegen, dass damit auf die Regelaltersgrenze in der gesetzlichen Rentenversicherung nach §§ 35, 235 Abs. 2 Satz 2 SGB VI Bezug genommen wird.

2. Die Umstellung eines Versprechens laufender Betriebsrentenleistungen in ein Kapitalleistungsversprechen bedarf wegen der damit für den Arbeitnehmer verbundenen Nachteile einer eigenständigen Rechtfertigung anhand der Grundsätze des Vertrauensschutzes und der Verhältnismäßigkeit.

Weitere Orientierungssätze:

1. Ob eine spätere Betriebsvereinbarung in Versorgungsrechte eingreift und deshalb einer Überprüfung anhand des dreistufigen Prüfungsschemas unterliegt und auf welcher Besitzstandsstufe der Eingriff erfolgt, kann nur im jeweiligen Einzelfall und auf das Einzelfallergebnis bezogen festgestellt werden. Dazu ist es erforderlich, dass die Versorgungsrechte bzw. Anwartschaften nach den beiden Versorgungsordnungen berechnet und gegenübergestellt werden.

2. Ist der Arbeitnehmer vorzeitig mit einer unverfallbaren Anwartschaft aus dem Arbeitsverhältnis ausgeschieden, so hat der Vergleich in Anwendung von § 2 Abs. 1 und Abs. 5 BetrAVG auf die zum Zeitpunkt des vorzeitigen Ausscheidens erworbenen unverfallbaren Anwartschaften zu erfolgen. Sehen die Versorgungsordnungen eine feste Altersgrenze vor, sind die Anwartschaften bezogen auf den Eintritt des Versorgungsfalles bei Erreichen der festen Altersgrenze nach der abzulösenden und der ablösenden Versorgungsregelung zu vergleichen. Es bleibt offen, ob im Falle einer vorgezogenen Inanspruchnahme der Betriebsrente ein erneuter Vergleich stattzufinden hat.

3. Die durch das RV-Altersgrenzenanpassungsgesetz erfolgte Änderung des § 2 Abs. 1 Satz 1 BetrAVG lässt zwar nach wie vor die Möglichkeit bestehen, an die Stelle der Regelaltersgrenze in der gesetzlichen Rentenversicherung einen früheren Zeitpunkt treten zu lassen, wenn dieser in der Versorgungsregelung als feste Altersgrenze vorgesehen ist. Ob Versorgungsordnungen, die nicht abstrakt auf das Erreichen der Regelaltersgrenze in der gesetzlichen Rentenversicherung abstellen, sondern ausdrücklich auf die Vollendung des 65. Lebensjahres, das schrittweise Anheben der Altersgrenze bis zur Vollendung des 67. Lebensjahres nachvollziehen oder ob die Vollendung des 65. Lebensjahres einen früheren Zeitpunkt i.S.d. § 2 Abs. 1 Satz 1 Halbs. 2 BetrAVG darstellt, ist durch Auslegung zu ermitteln.

4. Versorgungsordnungen, die vor Inkrafttreten des RV-Altersgrenzenanpassungs-gesetzes geschaffen wurden und als feste Altersgrenze die Vollendung des 65. Lebensjahres vorsehen, liegt typischerweise der Gedanke zugrunde, dass zu diesem Zeitpunkt der Arbeitnehmer regelmäßig seine ungekürzte Altersrente aus der gesetzlichen Sozialversicherung bezieht und das Arbeitsverhältnis zu diesem Zeitpunkt enden wird. Es liegt darin folglich eine Anlehnung an die im gesetzlichen Rentenversicherungsrecht bestehende Altersgrenze.

5. Die Ersetzung einer Rentenanwartschaft durch eine Anwartschaft auf eine Kapitalleistung in einer ablösenden Betriebsvereinbarung bedarf nach den Grundsätzen des Vertrauensschutzes und der Verhältnismäßigkeit einer eigenständigen Rechtfertigung. Laufende Rentenleistungen haben für den Arbeitnehmer eine besondere Wertigkeit. Er kann darauf vertrauen als Gegenleistung für seine Dienste und seine Betriebstreue im Alter laufende Rentenzahlungen zu erhalten. Deshalb hat ein Arbeitgeber, der eine Zusage laufender Rentenleistungen durch die Zusage einer Kapitalleistung ersetzen will, diese Umstellung besonders zu rechtfertigen.

5. Betriebliche Altersversorgung – Änderung einer Anpassungsregelung
BAG, 18.9.2012 – 3 AZR 415/10 – BeckRS 2012, 76155

1. Eine arbeitsvertragliche Regelung, wonach der Arbeitnehmer Leistungen der betrieblichen Altersversorgung nach einer vom Arbeitgeber geschaffenen Versorgungsordnung in der jeweils geltenden Fassung erhält, ist wirksam. Sie verstößt weder gegen das Transparenzgebot des § 307 Abs. 1 Satz 2 BGB noch gegen § 308 Nr. 4 BGB.

2. Die in § 17 Abs. 3 Satz 1 BetrAVG für die Tarifvertragsparteien eröffnete Möglichkeit, in Tarifverträgen von § 16 BetrAVG abweichende Regelungen zuungunsten der Arbeitnehmer zu vereinbaren, setzt voraus, dass die Tarifvertragsparteien von ihrer Befugnis zur Regelung der betrieblichen Altersversorgung Gebrauch machen. Überlassen sie die Regelung der betrieblichen Altersversorgung den Betriebspartnern, den Partnern einer Dienstvereinbarung oder dem Arbeitgeber, sind sie nicht befugt, ausschließlich eine von § 16 BetrAVG abweichende Bestimmung zuungunsten der Arbeitnehmer zu vereinbaren.

Weitere Orientierungssätze:

1. Hat sich der Arbeitgeber mittels einer sog. Jeweiligkeitsklausel in einem Formulararbeitsvertrag eine Abänderung von auf arbeitsvertraglicher Einheitsregelung beruhenden Ansprüchen auf Leistungen der betrieblichen Altersversorgung vorbehalten, so ist die Jeweiligkeitsklausel i.d.R. so zu verstehen, dass sich der Arbeitgeber lediglich solche Änderungen vorbehält, die sich im Rahmen der von der Rechtsprechung entwickelten Grundsätze des Vertrauensschutzes und der Verhältnismäßigkeit halten.

2. Eine derartige Klausel verstößt weder gegen das Transparenzgebot des § 307 Abs. 1 Satz 2 BGB noch ist sie nach § 308 Nr. 4 BGB unwirksam. Die Abänderungsmöglichkeit unter Beachtung der Grundsätze des Vertrauensschutzes und der Verhältnismäßigkeit ist integraler Bestandteil der Jeweiligkeitsklausel. Einer ausdrücklichen Angabe von Änderungsgründen in der Jeweiligkeitsklausel selbst bedarf es nicht.

3. § 17 Abs. 3 Satz 1 BetrAVG eröffnet den Tarifvertragsparteien die Möglichkeit, in Tarifverträgen von § 16 BetrAVG abweichende Regelungen zuungunsten

der Arbeitnehmer zu treffen. Das setzt voraus, dass die Tarifvertragsparteien von ihrer Befugnis zur Regelung der betrieblichen Altersversorgung Gebrauch machen. Überlassen sie dies den Betriebspartnern, den Partnern einer Dienstvereinbarung oder dem Arbeitgeber, können sie nicht ausschließlich eine von §16 BetrAVG abweichende Bestimmung zuungunsten der Arbeitnehmer treffen und damit einer gegen §17 Abs. 3 Satz 3 BetrAVG verstoßenden Bestimmung in einer Betriebs- oder Dienstvereinbarung oder einer vom Arbeitgeber einseitig geschaffenen Versorgungsordnung zur Wirksamkeit verhelfen.

6. Betriebsrente – Anpassung – Ablösung einer Betriebsvereinbarung – Regelungskompetenz der Betriebspartner für Betriebsrentner – Jeweiligkeitsklausel – Bindung der Betriebspartner an die Grundsätze der Verhältnismäßigkeit und des Vertrauensschutzes
BAG, 18.9.2012 – 3 AZR 431/10 – BeckRS 2013, 65634
Orientierungssätze:
1. Die arbeitsvertragliche Verweisung auf die für die betriebliche Altersversorgung beim Arbeitgeber geltenden Bestimmungen ist im Regelfall dynamisch und erstreckt sich auch auf die Rentenbezugsphase. Soll die Versorgung unabhängig von der jeweils geltenden allgemeinen Versorgungsordnung zugesagt oder die Dynamik nicht auf die Rentenbezugsphase erstreckt werden, so muss dies in der Versorgungszusage deutlich zum Ausdruck gebracht werden.
2. Mit einer dynamischen Bezugnahme, die sich auch auf die Rentenbezugsphase erstreckt, eröffnen die Parteien auch die Möglichkeit für eine Ablösung der Versorgungsbedingungen auf kollektivrechtlicher Grundlage und damit auch im Wege einer Betriebsvereinbarung.
3. Bei Veränderungen von Anpassungsregelungen sind die Grundsätze der Verhältnismäßigkeit und des Vertrauensschutzes zu beachten. Das für Eingriffe in Versorgungsanwartschaften entwickelte dreistufige Prüfungsschema gilt in diesem Fall nicht. Vielmehr ist eine Abwägung der wechselseitigen Interessen erforderlich. Dabei müssen die zur Rechtfertigung der Änderung vom Arbeitgeber angeführten Gründe um so gewichtiger sein je schwerwiegender für den Arbeitnehmer die Nachteile der Änderung sind.

7. Widerruf einer Versorgungszusage – Rechtsmissbrauch
BAG, 13.11.2012 – 3 AZR 444/10 – NZA 2013, 1279
1. Grobe Pflichtverletzungen, die ein Arbeitnehmer begangen hat, berechtigen den Arbeitgeber nur dann zum Widerruf der Versorgungszusage, wenn die Berufung des Arbeitnehmers auf das Versorgungsversprechen rechtsmissbräuchlich (§242 BGB) ist.
2. Dies kann der Fall sein, wenn der Arbeitnehmer die Unverfallbarkeit seiner Versorgungsanwartschaft nur durch Vertuschung schwerer Verfehlungen erschlichen hat. Das ist anzunehmen, wenn eine rechtzeitige Entdeckung

derartiger Verfehlungen zur fristlosen Kündigung geführt hätte, bevor die Versorgungsanwartschaft unverfallbar wurde und der Arbeitnehmer den Arbeitgeber durch die Vertuschung des Fehlverhaltens daran gehindert hat, noch vor Eintritt der Unverfallbarkeit zu kündigen.

3. Der Rechtsmissbrauchseinwand kann auch dann gerechtfertigt sein, wenn der Arbeitnehmer dem Arbeitgeber durch grobes Fehlverhalten einen nicht behebbaren, insbesondere durch Ersatzleistungen nicht wiedergutzumachenden schweren Schaden zugefügt hat.

4. Stützt sich der Arbeitgeber auf die Verursachung eines Vermögensschadens durch den Arbeitnehmer, so kann er die Versorgungszusage nur dann widerrufen, wenn der Arbeitnehmer seine Pflichten in grober Weise verletzt und dem Arbeitgeber hierdurch einen existenzgefährdenden Schaden zugefügt hat.

Weitere Orientierungssätze:

1. Der Widerruf einer Versorgungszusage wegen grober Pflichtverletzungen des Arbeitnehmers kommt nur in Betracht, wenn die Berufung des Arbeitnehmers auf das Versorgungsversprechen rechtsmissbräuchlich (§ 242 BGB) ist. Dies folgt aus dem Entgeltcharakter der Leistungen der betrieblichen Altersversorgung.

2. Der Rechtsmissbrauchseinwand kann gerechtfertigt sein, wenn der Arbeitnehmer die Unverfallbarkeit seiner Versorgungsanwartschaft durch Vertuschung schwerer Verfehlungen erschlichen hat. Das setzt voraus, dass eine rechtzeitige Entdeckung derartiger Verfehlungen zur fristlosen Kündigung geführt hätte, bevor die Versorgungsanwartschaft unverfallbar wurde und der Arbeitnehmer den Arbeitgeber durch die Vertuschung des Fehlverhaltens daran gehindert hat, noch vor Eintritt der Unverfallbarkeit zu kündigen. Eine »Vertuschung« in diesem Sinn kann auch darin liegen, dass sich der Arbeitnehmer seine Stellung in der Betriebshierarchie und die damit verbundene »Abhängigkeit« anderer Mitarbeiter zunutze macht, um seine Pflichtverletzungen zu verschleiern.

3. Die Berufung des Versorgungsberechtigten auf das Versorgungsversprechen kann auch dann rechtsmissbräuchlich sein, wenn der Arbeitnehmer dem Arbeitgeber durch grobes Fehlverhalten einen nicht behebbaren, insbesondere durch Ersatzleistungen nicht wiedergutzumachenden schweren Schaden zugefügt hat.

4. Stützt sich der Arbeitgeber auf die Verursachung eines Vermögensschadens durch den Arbeitnehmer, kann er die Versorgungszusage nur dann widerrufen, wenn der Arbeitnehmer seine Pflichten in grober Weise verletzt und ihm hierdurch einen existenzgefährdenden Schaden zugefügt hat.

5. Führen vom Arbeitnehmer durch pflichtwidriges Verhalten verursachte Vermögensschäden nicht zu einer Gefährdung der wirtschaftlichen Grundlage des

Arbeitgebers, sind die Interessen des Arbeitgebers mit der Möglichkeit, den Arbeitnehmer auf Schadensersatz in Anspruch zu nehmen, hinreichend gewahrt.

8. Betriebliche Altersversorgung – Ablösung einer auf einer Betriebsvereinbarung beruhenden Versorgungsordnung durch eine nachfolgende Betriebsvereinbarung – Eingriff in die erdiente Dynamik – Eingriff in dienstzeitabhängige Steigerungsbeträge
BAG, 15.1.2013 – 3 AZR 705/10 – NZA-RR 2013, 376
Orientierungssätze:
1. Regeln zeitlich aufeinanderfolgende Betriebsvereinbarungen denselben Gegenstand, so gilt das Ablösungsprinzip, wonach grundsätzlich eine neue Betriebsvereinbarung eine ältere auch dann ablöst, wenn die Neuregelung für den Arbeitnehmer ungünstiger ist. Das Ablösungsprinzip ermöglicht jedoch nicht jede Änderung. Greift eine Neuregelung in bestehende Besitzstände ein, müssen die Grundsätze des Vertrauensschutzes und der Verhältnismäßigkeit beachtet werden.
2. Ob eine spätere Betriebsvereinbarung in Versorgungsrechte eingreift und deshalb einer Überprüfung anhand des zur Konkretisierung der Grundsätze des Vertrauensschutzes und der Verhältnismäßigkeit entwickelten dreistufigen Prüfungsschemas unterliegt und auf welcher Besitzstandsstufe der Eingriff erfolgt, kann nur im jeweiligen Einzelfall und auf das Einzelfallergebnis bezogen festgestellt werden. Dazu ist es erforderlich, dass die Versorgungsrechte bzw. Anwartschaften nach den beiden Versorgungsordnungen berechnet und gegenübergestellt werden.
3. Die erdiente Dynamik im Sinne des dreistufigen Prüfungsschemas baut auf dem nach den Grundsätzen des §2 Abs. 1, Abs. 5 BetrAVG ermittelten, vom Arbeitnehmer erdienten Teilbetrag auf. Geschützt ist dabei eine Dynamik, bei der der Wertzuwachs der Anwartschaft allein durch die künftige Entwicklung variabler Berechnungsfaktoren, z.B. des ruhegeldfähigen Gehalts, eintritt, ohne von der weiteren Dienstzeit des Arbeitnehmers abhängig zu sein. Der Zweck der dienstzeitunabhängigen Dynamik liegt in der flexiblen Erfassung eines sich wandelnden Versorgungsbedarfs.
4. Die Abkoppelung einer zugesagten Gesamtversorgung von der künftigen Entwicklung einer anzurechnenden Rente aus der gesetzlichen Rentenversicherung kann zu einem Eingriff in die erdiente Dynamik führen. Bei Gesamtversorgungssystemen darf der versorgungsberechtigte Arbeitnehmer darauf vertrauen, dass seine Anwartschaften den geänderten Verhältnissen, auch dem Anwachsen einer Versorgungslücke als Folge der Entwicklung seiner Rentenbiografie und der Sozialgesetzgebung, angepasst werden. Die Wertsteigerung der Anwartschaften, die sich aus dem ansteigenden Versorgungsbedarf ergibt, gehört zum erdienten Besitzstand, soweit sie auf den bereits erdienten Anwartschaftsteil entfällt.

9. Versorgungsanwartschaft – Ablösung – Unverfallbarkeit
BAG, 15.1.2013 – 3 AZR 169/10 – NZA 2013, 1028

Wird bei der Ablösung von Versorgungsregelungen durch Betriebs- oder Dienstvereinbarung in bereits erworbene Anwartschaften eingegriffen, ist dies nur unter Beachtung der Grundsätze der Verhältnismäßigkeit und des Vertrauensschutzes zulässig. Der Senat hat diese Grundsätze durch ein dreistufiges Prüfungsschema konkretisiert. Dieses Schema findet auch dann Anwendung, wenn die nach der abzulösenden Versorgungsregelung erworbenen Anwartschaften im Ablösungszeitpunkt noch nicht gesetzlich unverfallbar sind.

Weitere Orientierungssätze:

1. Regeln mehrere zeitlich aufeinanderfolgende Betriebs- oder Dienstvereinbarungen denselben Gegenstand, gilt das Ablösungsprinzip. Danach löst eine neue Betriebs- oder Dienstvereinbarung eine ältere grundsätzlich auch dann ab, wenn die Neuregelung für den Arbeitnehmer ungünstiger ist. Allerdings ermöglicht das Ablösungsprinzip nicht jede Änderung. Soweit in bestehende Besitzstände eingegriffen wird, sind die Grundsätze der Verhältnismäßigkeit und des Vertrauensschutzes zu beachten.

2. Der Senat hat diese Grundsätze für Versorgungsanwartschaften durch ein dreistufiges Prüfungsschema konkretisiert. Dieses Prüfungsschema findet nicht nur dann Anwendung, wenn die nach der abzulösenden Betriebs- oder Dienstvereinbarung erworbenen Anwartschaften zum Ablösungszeitpunkt bereits unverfallbar waren, sondern auch dann, wenn sie zu diesem Zeitpunkt noch verfallbar waren. Auf die Unverfallbarkeit der Anwartschaft kommt es nur beim vorzeitigen Ausscheiden des Arbeitnehmers aus dem Arbeitsverhältnis an.

3. Das dreistufige Prüfungsschema ist auch für Eingriffe in Anwartschaften in den Jahren 1970 und 1976 anzuwenden.

10. Betriebliche Altersversorgung – Ablösung von Richtlinien einer Unterstützungskasse durch Betriebsvereinbarung – Anwendbarkeit des dreistufigen Prüfungsschemas
BAG, 12.2.2013 – 3 AZR 636/10 – BeckRS 2013, 70480

Orientierungssatz: Das vom Senat für Eingriffe in Anwartschaften entwickelte dreistufige Prüfungsschema ist auf Änderungen der Versorgungsregelungen einer Gewerkschaft nicht einschränkungslos anwendbar. Wird lediglich in noch nicht erdiente, dienstzeitabhängige Zuwächse eingegriffen, reichen sachliche Gründe zur Rechtfertigung des Eingriffs aus. Auf die Proportionalität des Eingriffs kommt es nicht an.

11. Betriebliche Altersversorgung – Gleichheitssatz – Differenzierung zwischen rentennahen und rentenfernen Jahrgängen bei der Berechnung der bis zur Umstellung eines Gesamtversorgungssystems auf ein beitragsorientiertes Punktemodell erworbenen Anwartschaft
BAG, 20.8.2013 – 3 AZR 959/11 –NZA 2014, 36
Orientierungssätze: Die in den Übergangsregelungen zur Umstellung der Kirchlichen Zusatzversorgung von einem Gesamtversorgungssystem auf ein beitragsorientiertes Punktemodell vorgenommene Differenzierung zwischen rentennahen und rentenfernen Jahrgängen bei der Ermittlung der für die Startgutschrift maßgeblichen Anwartschaft verstößt nicht deshalb gegen Art. 3 Abs. 1 GG, weil bei rentennahen Ärzten die Anwartschaft nach §73 Abs. 5 Satz 2 KZVKS unter Berücksichtigung eines nach Maßgabe des §31 Abs. 2 Buchst. c KZVKS a.F. zu ermittelnden fiktiven Bezugs aus der berufsständischen Versorgung für Ärzte zu errechnen ist, während bei rentenfernen Ärzten nach §73 Abs. 1 KZVKS i.V.m. §18 Abs. 2 BetrAVG lediglich die – geringere – fiktive Rente aus der gesetzlichen Rentenversicherung Berücksichtigung findet. Die darin liegende Benachteiligung rentenferner Ärzte ist durch die Befugnis des Normgebers zur Typisierung, Generalisierung und Pauschalierung sachlich gerechtfertigt.

12. Teilweiser Widerruf einer Versorgungszusage wegen Rechtsmissbrauchs
BAG, 12.11.2013 – 3 AZR 274/12 – NZA 2014, 780
Der teilweise »Widerruf« einer Versorgungszusage wegen grober Pflichtverletzungen des Arbeitnehmers ist nur zulässig, wenn die Berufung des Arbeitnehmers auf das Versorgungsversprechen rechtsmissbräuchlich (§242 BGB) ist. An einen »Teilwiderruf« einer Versorgungszusage sind keine geringeren Anforderungen zu stellen als an den vollständigen »Widerruf«.

Weitere Orientierungssätze:
1. Grobe Pflichtverletzungen, die ein Arbeitnehmer begangen hat, berechtigen den Arbeitgeber nur dann zum »Widerruf« der Versorgungszusage, wenn die Berufung des Versorgungsberechtigten auf das Versorgungsversprechen dem Rechtsmissbrauchseinwand (§242 BGB) ausgesetzt ist. Dies kann der Fall sein, wenn der Arbeitnehmer die Unverfallbarkeit seiner Versorgungsanwartschaft nur durch Vertuschung schwerer Verfehlungen erschlichen hat oder wenn der Arbeitnehmer dem Arbeitgeber durch grobes Fehlverhalten einen nicht behebbaren, insbesondere durch Ersatzleistungen nicht wieder gutzumachenden schweren Schaden zugefügt hat.
2. Dies gilt auch dann, wenn der Arbeitgeber die Versorgungszusage nicht vollständig, sondern nur teilweise widerruft. Ein Arbeitgeber, der sich auf einen »Teilwiderruf« des Versorgungsversprechens beschränkt, kann sich nicht unter erleichterten Bedingungen von seiner Bindung an die erteilte Versorgungszusage lösen.

12. Verweigerung von Versorgungsleistungen – Widerruf einer Versorgungs- zusage – Rechtsmissbrauch – Widerrufsvorbehalt – Verzicht – Verwirkung – Verjährung

BAG, 17.6.2014 – 3 AZR 412/13 – BeckRS 2014, 72449

Orientierungssätze:

1. Pflichtverletzungen des Arbeitnehmers berechtigen den Arbeitgeber nur dann zur Verweigerung von Versorgungsleistungen, wenn die Berufung des Versorgungsberechtigten auf die Versorgungszusage rechtsmissbräuchlich (§ 242 BGB) ist.

2. Der Arbeitgeber kann sich mittels eines Widerrufsvorbehalts nicht unter leichteren Voraussetzungen von der erteilten Versorgungszusage befreien, als dies nach den allgemeinen Grundsätzen des Rechtsmissbrauchs gemäß § 242 BGB möglich ist. Deshalb ist ein vertraglicher Widerrufsvorbehalt regel- mäßig nur als deklaratorischer Hinweis auf den Rechtsmissbrauchseinwand zu verstehen.

13. Ablösung von Versorgungsregelungen – Vertrauensschutz und Verhält- nismäßigkeit – dreistufiges Prüfungsschema

BAG, 14.7.2014 – 3 AZR 517/13 – BeckRS 2015, 71691

Orientierungssätze:

1. Religionsgesellschaften verfügen nicht über die Rechtsmacht, eine nor- mative Wirkung ihrer Regelungen auch im privaten Arbeitsverhältnis anzuord- nen. Wählen sie die privatrechtliche Ausgestaltung ihrer Arbeitsverhältnisse, stehen ihnen auch nur die privatrechtlichen Gestaltungsmittel zur Verfügung.

2. Verweisungen auf die für die betriebliche Altersversorgung beim Arbeitge- ber geltenden Bestimmungen sind regelmäßig dynamisch; sie verweisen auf die jeweils beim Arbeitgeber geltenden Regelungen. Das Verständnis einer solchen Bezugnahme als dynamische Verweisung auf die jeweils geltenden Versorgungsregelungen ist sachgerecht und wird in der Regel den Interessen der Parteien eher gerecht als eine statische Verweisung auf einen im Zeit- punkt des Vertragsabschlusses bestehenden Rechtszustand.

3. Eine in einem Formulararbeitsvertrag enthaltene Verweisung auf die je- weilige Fassung einer Versorgungsordnung ist für den Arbeitnehmer als Ver- tragspartner des Verwenders nur dann zumutbar i.S.v. § 308 Nr. 4 BGB, wenn die ablösende Neuregelung den Grundsätzen des Vertrauensschutzes und der Verhältnismäßigkeit und damit grundsätzlich dem vom Bundesarbeitsgericht entwickelten dreistufigen Prüfungsschema entspricht.

4. Das dreistufige Prüfungsschema findet unabhängig davon Anwendung, ob die erworbenen Anwartschaften bereits unverfallbar sind. Das Vertrauen des Arbeitnehmers auf den Bestand der Zusage und damit auf die zugesagten Leistungen ist nicht erst dann geschützt, wenn die Anwartschaft unverfallbar geworden ist. Auf die Unverfallbarkeit der Anwartschaft kommt es lediglich

bei einem vorzeitigen Ausscheiden des Arbeitnehmers aus dem Arbeitsverhältnis an. Für die Beurteilung der Zulässigkeit der Ablösung von Versorgungsregelungen im fortbestehenden Arbeitsverhältnis hat sie keine Bedeutung.

14. Betriebliche Altersversorgung – Ablösung von Versorgungsregelungen – Anhebung der festen Altersgrenze für Frauen vom 60. auf das 65. Lebensjahr – Einführung von versicherungsmathematischen Abschlägen für Frauen – Berechnung einer Betriebsrente – zeitratierliche Kürzung
BAG, 30.9.2014 – 3 AZR 998/12 – NZA 2015, 750
Orientierungssätze:
1. Der mit der Anhebung der festen Altersgrenze für Frauen auf die für Männer bereits zuvor geltende Altersgrenze von 65 Lebensjahren verbundene Eingriff in die künftigen, dienstzeitabhängigen Zuwächse der Versorgungsanwartschaft ist durch sachlich-proportionale Gründe gerechtfertigt. Durch die Vereinheitlichung der Altersgrenzen wurde die Entgeltgleichheit von Mann und Frau nach dem – zum Zeitpunkt der Anhebung der Altersgrenze maßgeblichen – Art. 119 EWG-Vertrag verwirklicht.
2. Mit der Anhebung der festen Altersgrenze für Frauen auf das 65. Lebensjahr wurde erstmals auch für diese die Möglichkeit eröffnet, die betriebliche Altersrente nach §6 BetrAVG vorgezogen in Anspruch zu nehmen. Auf die durch die vorgezogene Inanspruchnahme der Betriebsrente verursachte Verschiebung des in der Versorgungszusage festgelegten Verhältnisses von Leistung und Gegenleistung durfte mit der Einführung eines versicherungsmathematischen Abschlags auch für Frauen reagiert werden. Die Regeln für die Berechnung der nach §6 BetrAVG von Frauen vorgezogen in Anspruch genommenen Betriebsrente konnten daher in den Grenzen der Billigkeit neu gestaltet werden.
3. §2 Abs. 1 BetrAVG verstößt nicht gegen das unionsrechtliche Verbot der Diskriminierung wegen des Alters, wie es nunmehr in Art. 21 Abs. 1 der Charta der Grundrechte der Europäischen Union niedergelegt und in den Regelungen nach Art. 1, Art. 2 und Art. 6 Abs. 1 der Richtlinie 2000/78/EG des Rates vom 27. November 2000 zur Festlegung eines allgemeinen Rahmens für die Verwirklichung der Gleichbehandlung in Beschäftigung und Beruf konkretisiert ist.

15. Ablösung einer Versorgungsordnung
BAG, 9.12.2014 – 3 AZR 323/13 – NZA 2015, 1198
1. Änderungen einer Versorgungsregelung, die dienstzeitabhängige, noch nicht erdiente Zuwächse betreffen, bedürfen sachlich-proportionaler Gründe. Darunter sind nachvollziehbare, anerkennenswerte und damit willkürfreie Gründe zu verstehen.
2. Beruft sich der Arbeitgeber dabei auf wirtschaftliche Schwierigkeiten, kommt es grundsätzlich auf die wirtschaftliche Entwicklung des Unternehmens an, das Versorgungsschuldner ist. Verflechtungen innerhalb des

Konzerns können allerdings dazu führen, dass ausnahmsweise eine konzerneinheitliche Betrachtung geboten ist und der Arbeitgeber wirtschaftliche Schwierigkeiten im Konzern zum Anlass für Eingriffe in die noch nicht erdienten dienstzeitabhängigen Zuwächse nehmen darf.

3. Dem Arbeitgeber stehen sachlich-proportionale Gründe zur Seite, wenn wirtschaftliche Schwierigkeiten vorliegen, auf die ein vernünftiger Unternehmer reagieren darf, und der Eingriff in die betriebliche Altersversorgung in der eingetretenen wirtschaftlichen Situation nicht unverhältnismäßig ist. Verhältnismäßig ist der Eingriff dann, wenn er sich in ein auf eine Verbesserung der wirtschaftlichen Lage zur Beseitigung der wirtschaftlichen Schwierigkeiten ausgerichtetes Gesamtkonzept einpasst und die Ausgestaltung des Gesamtkonzepts plausibel ist.

Weitere Orientierungssätze:

1. Änderungen einer Versorgungsregelung, die die noch nicht erdienten dienstzeitabhängigen Zuwächse betreffen, setzen sachlich-proportionale Gründe voraus. Diese müssen nachvollziehbar und anerkennenswert und damit willkürfrei sein. Derartige Gründe können auf einer Fehlentwicklung der betrieblichen Altersversorgung oder einer wirtschaftlich ungünstigen Entwicklung des Unternehmens beruhen.

2. Stützt der Arbeitgeber den Eingriff auf wirtschaftliche Schwierigkeiten, kommt es zwar grundsätzlich auf die wirtschaftliche Entwicklung des Unternehmens an, das Versorgungsschuldner ist. Ist der Arbeitgeber in einen Konzern eingebunden, können Verflechtungen innerhalb des Konzerns allerdings dazu führen, dass ausnahmsweise eine konzerneinheitliche Betrachtung zulässig ist und der Arbeitgeber wirtschaftliche Schwierigkeiten im Konzern zum Anlass für Eingriffe in die noch nicht erdienten dienstzeitabhängigen Zuwächse nehmen darf. Dies ist ohne Weiteres dann anzunehmen, wenn sämtliche Anteile an dem die Versorgung schuldenden Arbeitgeber von der Führungsgesellschaft des Konzerns gehalten werden, deren ausschließlicher Unternehmensgegenstand die Leitung einer Gruppe von Unternehmen ist.

3. Dem Arbeitgeber stehen sachlich-proportionale Gründe für einen Eingriff in die noch nicht erdienten dienstzeitabhängigen Zuwächse zur Seite, wenn wirtschaftliche Schwierigkeiten vorliegen, auf die ein vernünftiger Unternehmer reagieren darf, und der Eingriff in die betriebliche Altersversorgung in der eingetretenen wirtschaftlichen Situation nicht unverhältnismäßig ist. Letzteres ist dann der Fall, wenn die Neuregelung der betrieblichen Altersversorgung in die künftigen dienstzeitabhängigen Zuwächse nicht weiter eingreift, als ein vernünftiger Unternehmer dies zur Kosteneinsparung in der konkreten wirtschaftlichen Situation für geboten erachten durfte. Da es eines ausgewogenen, die Sanierungslasten angemessen verteilenden Sanierungsplans nicht bedarf, müssen die einzelnen zur Kosteneinsparung getroffenen Maßnahmen

nicht in einem angemessenen Verhältnis zueinander stehen. Vielmehr reicht es aus, dass sich der Eingriff in das betriebliche Versorgungswerk in ein auf eine Verbesserung der wirtschaftlichen Lage zur Beseitigung der wirtschaftlichen Schwierigkeiten ausgerichtetes plausibles Gesamtkonzept einpasst.

4. Dem Arbeitgeber und insbesondere den Betriebsparteien steht bei der Beurteilung der dem Eingriff zugrunde liegenden tatsächlichen Gegebenheiten und der finanziellen Auswirkungen der ergriffenen Maßnahmen eine Einschätzungsprärogative zu. Hinsichtlich der Ausgestaltung des Gesamtkonzepts haben sie einen Beurteilungsspielraum.

5. Der Arbeitgeber hat im Prozess substantiiert darzutun, welche wirtschaftlichen Schwierigkeiten vorliegen, in welchem Gesamtumfang angesichts dessen eine Kosteneinsparung aus Sicht eines vernünftigen Unternehmers geboten war und wie das notwendige Einsparvolumen ermittelt wurde. Darüber hinaus hat er sein Gesamtkonzept zu erläutern. Hierzu hat er sämtliche anderen Maßnahmen im Einzelnen darzulegen, die zur Kosteneinsparung getroffen wurden. Zudem ist vorzutragen, in welchem Umfang diese Maßnahmen bei prognostischer Betrachtung zur Einsparung beitragen und wie das auf die durchgeführten Maßnahmen entfallende Einsparpotential ermittelt wurde. Ferner ist darzutun, in welchem Umfang die Neuregelung der betrieblichen Altersversorgung zur Kosteneinsparung beiträgt und nach welchen Kriterien das prognostizierte Einsparvolumen ermittelt wurde. Auf entsprechenden Einwand des Arbeitnehmers muss der Arbeitgeber erläutern, weshalb anderweitige Maßnahmen zur Reduzierung der Kosten nicht getroffen wurden und unternehmerische Entscheidungen, die auf den ersten Blick dem Ziel der Kostenreduzierung zuwiderlaufen, erklären.

16. Betriebliche Altersversorgung – Ablösung einer Gesamtzusage durch eine Betriebsvereinbarung – Grundsätze des Vertrauensschutzes und der Verhältnismäßigkeit
BAG, 10.3.2015 – 3 AZR 56/14 – BeckRS 2015, 68602
Orientierungssätze:

1. Der Arbeitgeber, der Leistungen der betrieblichen Altersversorgung im Wege einer Gesamtzusage verspricht, sagt regelmäßig nur eine Versorgung nach den jeweils bei ihm geltenden Versorgungsbedingungen zu. Da die Geltung der Regelungen auf einen längeren, unbestimmten Zeitraum angelegt ist, sind diese für die Begünstigten erkennbar von vornherein einem möglichen künftigen Änderungsbedarf ausgesetzt.

2. Die Zusage einer Versorgung nach den jeweils beim Arbeitgeber geltenden Versorgungsregeln erfasst alle Regelungen, mit denen betriebliche Altersversorgung gestaltet werden kann und eröffnet damit auch die Möglichkeit für eine Ablösung auf kollektivvertraglicher Grundlage. Dem Betriebsrat steht bei der Ausgestaltung der geltenden Versorgungsregelungen ein Mitbestimmungs-

recht nach §87 Abs. 1 Nr. 10 BetrVG zu, das typischerweise durch den Abschluss einer Betriebsvereinbarung ausgeübt wird. Zu den jeweils geltenden Versorgungsregelungen gehören daher erkennbar nicht nur vom Arbeitgeber einseitig erstellte Versorgungsordnungen, sondern auch Betriebsvereinbarungen.

3. Das vom Senat entwickelte dreistufige Prüfungsschema, das nach den Grundsätzen des Vertrauensschutzes und der Verhältnismäßigkeit bei Einschnitten in Versorgungsrechte zu beachten ist, findet auch Anwendung auf Eingriffe in erworbene Anwartschaften, die noch nicht unverfallbar waren. Die Verfallbarkeit der Anwartschaft ist nur bei einem vorzeitigen Ausscheiden des Arbeitnehmers aus dem Arbeitsverhältnis von Bedeutung. Für die Zulässigkeit einer Ablösung von Versorgungsregelungen im fortbestehenden Arbeitsverhältnis spielt sie keine Rolle.

4. Einem Privatgutachten kommt in Bezug auf die Richtigkeit der darin enthaltenen inhaltlichen Angaben nicht unmittelbar die Kraft eines Beweismittels i.S.d. §§355 ff. ZPO zu. Es begründet daher – für sich genommen – nach §416 ZPO lediglich Beweis dafür, dass der beauftragte Gutachter die im Gutachten enthaltenen Erklärungen auch abgegeben hat, nicht aber, dass die dem Gutachten zugrunde liegenden Tatsachen auch zutreffend sind.

5. Bei den testierten und im Bundesanzeiger veröffentlichten Jahresabschlüssen handelt es sich um offenkundige Tatsachen i.S.d. §291 ZPO.

17. Ablösung einer Versorgungsordnung – Drei-Stufen-Prüfungsschema – Begriff der sachlich-proportionalen Gründe – Anforderungen an die Substantiierung

BAG, 10.11.2015 – 3 AZR 390/14 – BeckRS 2016, 65484

Orientierungssätze:

1. Änderungen einer Versorgungsregelung, die die noch nicht erdienten dienstzeitabhängigen Zuwächse betreffen, setzen sachlich-proportionale Gründe voraus. Diese müssen nachvollziehbar und anerkennenswert und damit willkürfrei sein. Derartige Gründe können auf einer Fehlentwicklung der betrieblichen Altersversorgung oder einer wirtschaftlich ungünstigen Entwicklung des Unternehmens beruhen.

2. Stützt der Arbeitgeber den Eingriff auf eine Fehlentwicklung der betrieblichen Altersversorgung, so muss dafür eine erhebliche, zum Zeitpunkt der Schaffung des Versorgungswerks unvorhersehbare Mehrbelastung eingetreten sein, die auf Änderungen im Recht der gesetzlichen Rentenversicherung oder im Steuerrecht beruht. Die Ermittlung des Anstiegs der Kosten ist anhand eines Barwertvergleichs festzustellen, der bezogen auf den Ablösestichtag einerseits und den Tag der Schaffung des Versorgungswerks andererseits vorzunehmen ist. Dabei sind die Anwartschaftsberechtigten zugrunde zu legen, die am Ablösestichtag dem Versorgungswerk unterfallen. Jedenfalls bei geschlossenen Versorgungssystemen sind weitere externe kostensteigernde

Faktoren, wie etwa die Entgeltentwicklung oder der Anstieg der Lebenserwartung, nicht zu berücksichtigen.

18. Betriebliche Altersversorgung – Ablösender Tarifvertrag – Verschlechterung einer Anpassungsregelung
BAG, 20.9.2016 – 3 AZR 273/15 – NZA 2017, 64
Orientierungssätze:

1. Die Regelungsmacht der Tarifparteien erstreckt sich nicht nur auf Arbeitnehmer, sondern erfasst nach Beendigung des Arbeitsverhältnisses auch die Betriebsrentner.

2. Der Gleichheitssatz aus Art. 3 Abs. 1 GG verlangt nicht, dass die Betriebsrentner durch eine entsprechende Betriebsrentenanpassung an der Gehaltssteigerung der aktiven Mitarbeiter teilhaben müssen.

3. Das vom Senat für die Prüfung der Zulässigkeit von Eingriffen in Versorgungsanwartschaften entwickelte, dreistufige Prüfungsschema gilt wegen der durch Art. 9 Abs. 3 GG garantierten Tarifautonomie nicht für ablösende tarifvertragliche Regelungen.

4. Tarifliche Regelungen, die zu einem Eingriff in Versorgungsrechte oder in laufende Betriebsrenten führen, entfalten regelmäßig unechte Rückwirkung, da sie typischerweise auf die noch nicht abgeschlossenen Rechtsbeziehungen der aktiven Arbeitnehmer oder der Betriebsrentner einwirken. Die Tarifvertragsparteien müssen deshalb Gründe haben, die den Eingriff rechtfertigen. Wie gewichtig diese Gründe sein müssen, hängt von den Nachteilen ab, die den Versorgungsberechtigten durch die Änderung der Versorgungsregelungen entstehen.

5. Führt die tarifliche Regelung für die betroffenen Arbeitnehmer oder Betriebsrentner nur zu geringfügigen Nachteilen, reichen sachliche Gründe aus.

6. Mehr als geringfügig sind nur solche Eingriffe, die dem Betriebsrentner, wenn er mit ihnen gerechnet hätte, während des noch bestehenden Arbeitsverhältnisses vernünftigerweise hätten Anlass geben können, sie durch eine weiter gehende private Vorsorge auszugleichen.

19. Betriebliche Altersversorgung – Wirksamkeit einer Versorgungszusage – Vertretungsbefugnis des Aufsichtsrats nach § 112 AktG – »Widerruf« einer Versorgungszusage – Wirksamkeit von Pfandrechtsbestellungen – Insolvenzschutz durch den Pensions-Sicherungs-Verein – Aufrechnung des Insolvenzverwalters – Vorbehaltsurteil
BAG, 20.9.2016 – 3 AZR 77/15 – NZA 2017, 644
Orientierungssätze:

1. Nach § 52 Satz 2 InsO sind Insolvenzgläubiger, denen der Schuldner nicht nur persönlich haftet, sondern die auch abgesonderte Befriedigung nach § 173 InsO beanspruchen können, zur anteilsmäßigen Befriedigung aus der Insol-

venzmasse nur berechtigt, soweit sie auf eine abgesonderte Befriedigung verzichten oder bei ihr ausgefallen sind. Dies hat nicht zur Folge, dass die absonderungsberechtigten Insolvenzgläubiger ihre Forderung gegen die Insolvenzmasse nicht vollumfänglich gerichtlich feststellen lassen könnten. Die Ausfallhaftung nach §52 InsO wirkt sich erst bei der Verteilung der Insolvenzmasse an die Insolvenzgläubiger, nicht jedoch im Anmeldeverfahren aus.

2. Nach §112 AktG wird eine Aktiengesellschaft gegenüber dem Vorstand durch den Aufsichtsrat vertreten. Die Norm findet beim Formwechsel von einer GmbH in eine Aktiengesellschaft vor Eintragung des Rechtsformwechsels im Handelsregister auf die umzuwandelnde GmbH keine Anwendung. Etwas anderes gilt, wenn es um Rechtsgeschäfte geht, die die Bestellung des Vorstands der Aktiengesellschaft und möglicherweise die hierfür erforderlichen vertraglichen Vereinbarungen betreffen. Eine weiter gehende Geltung des §112 AktG für die GmbH ist mit einer rechtssicheren Abgrenzung der Kompetenzen innerhalb des rechtsformändernden Rechtsträgers nicht zu vereinbaren.

3. §112 AktG kann aufgrund seines Normzwecks nicht nur für im Amt befindliche Vorstandsmitglieder, sondern auch für bereits ausgeschiedene Vorstandsmitglieder gelten. Auch Rechtsgeschäfte mit dem ehemaligen Geschäftsführer einer in eine Aktiengesellschaft umgewandelten GmbH können unter die Bestimmung fallen und zwar unabhängig davon, ob die ehemalige GmbH vor der Umwandlung über einen Aufsichtsrat verfügt hat.

4. Die Anwendung des §112 AktG auf Rechtsgeschäfte mit ehemaligen Organmitgliedern setzt eine abstrakte Gefahr der Beeinträchtigung von Gesellschaftsbelangen voraus. Diese ist – bei typisierender Betrachtung – gegeben, wenn das Verhalten der amtierenden Vorstandsmitglieder von der Vorstellung beeinflusst werden kann, eines Tages in eine ähnliche Situation zu geraten wie das ehemalige Organmitglied. Hiervon ist immer dann auszugehen, wenn das Rechtsgeschäft mit der Gesellschaft Fragen betrifft, die den Fortbestand oder die Fortentwicklung von Rechten und Pflichten aus der Organmitgliedschaft selbst betreffen oder dort ihren Ursprung haben. Steht das Rechtsgeschäft dagegen in keinem Zusammenhang zur früheren Organstellung oder deren Beendigung, verbleibt es bei der Vertretungszuständigkeit des Vorstands nach §78 Abs. 1 AktG.

5. Ist an die Stelle eines auf der Organmitgliedschaft beruhenden Dienstverhältnisses ein Arbeitsverhältnis zwischen dem früheren Organmitglied und der Aktiengesellschaft getreten, so werden Rechtsgeschäfte, die ausschließlich dessen vertragliche Fortentwicklung oder Beendigung regeln, nicht von §112 AktG erfasst.

6. Einer Anwendung von §112 AktG auf Rechtsgeschäfte ehemaliger Vorstandsmitglieder steht nicht entgegen, dass diese inzwischen Mitglied des Aufsichtsrats der Aktiengesellschaft sind. Auch in diesem Fall greift der mit der Vorschrift verfolgte Schutzzweck. Etwaigen Interessenkonflikten ist da-

durch Rechnung zu tragen, dass das betroffene Aufsichtsratsmitglied bei der für die Vornahme des Rechtsgeschäfts erforderlichen Beschlussfassung des Aufsichtsrats entsprechend §34 BGB nicht stimmberechtigt ist oder sich im Fall eines dreiköpfigen Aufsichtsrats lediglich der Stimme enthalten darf.

7. Selbst wenn es sich bei §112 AktG um eine bloße Vertretungsregelung handeln sollte, sodass eine nachträgliche Genehmigungsfähigkeit des entgegen den Vorgaben des §112 AktG vom Vorstand abgeschlossenen Rechtsgeschäfts durch den Aufsichtsrat in Betracht käme, würde dies erfordern, dass sich der Aufsichtsrat im Rahmen seiner nachträglichen Beschlussfassung konkret mit dem Rechtsgeschäft und dessen wesentlichen Bedingungen beschäftigt. Nur damit wäre hinreichend gewährleistet, dass sich die von §112 AktG vorausgesetzte Gefahrenlage beim Abschluss des Geschäfts nicht verwirklicht hat und der Schutzfunktion der gesetzlichen Regelung zumindest nachträglich Genüge getan wird. Ein Genehmigungsbeschluss des Aufsichtsrats, mit dem pauschal alle ab einem bestimmten Zeitpunkt abgeschlossenen Rechtsgeschäfte des Vorstands vom Aufsichtsrat genehmigt wurden, ist mit dem Schutzzweck des §112 AktG grundsätzlich nicht zu vereinbaren und deshalb nichtig.

8. Die vom Senat entwickelten Grundsätze zum Widerruf von Versorgungszusagen wegen grober Pflichtverletzung *(vgl. BAG 13. November 2012 – 3 AZR 444/10)* greifen nicht nur, wenn der Arbeitnehmer seine vertraglichen oder nachvertraglichen Pflichten aus dem Arbeitsverhältnis gegenüber dem Arbeitgeber verletzt. Auch grobe Pflichtverletzungen, die ein früherer Arbeitnehmer im Rahmen eines anderen Rechtsverhältnisses mit seinem ehemaligen Arbeitgeber zu dessen Lasten begeht und die zu einem existenzgefährdenden Schaden des ehemaligen Arbeitgebers führen, können die Berufung des ehemaligen Arbeitnehmers auf sein Versorgungsversprechen nach §242 BGB rechtsmissbräuchlich machen.

9. Hat während der Dauer eines Beschäftigungsverhältnisses ein Wechsel von der Stellung als Unternehmer zu der eines Arbeitnehmers stattgefunden, sind beim gesetzlichen Insolvenzschutz die Wertungen der §§7, 17 Abs. 1 Satz 2 BetrAVG zu beachten. In zeitlicher Hinsicht kann der Insolvenzschutz durch den Pensions-Sicherungs-Verein in einem solchen Fall allenfalls den Rentenanteil erfassen, der auf die Zeiten entfällt, die der Versorgungsempfänger wie ein Arbeitnehmer verbracht hat.

10. Zudem muss für die Frage des gesetzlichen Insolvenzschutzes – unabhängig von der Umgehungsvorschrift in §7 Abs. 5 BetrAVG – geprüft werden, inwieweit Art und Höhe der bei dem Wechsel in das Arbeitsverhältnis vereinbarten Versorgung durch die ehemalige Unternehmereigenschaft bedingt sind. Geht die Versorgungszusage offensichtlich über das hinaus, was bei einem Arbeitnehmer ohne frühere Unternehmerstellung üblich wäre, besteht insoweit kein Insolvenzschutz nach §7 BetrAVG.

11. Ein Vorbehaltsurteil nach §302 ZPO darf nicht erlassen werden, wenn feststeht, dass die von der beklagten Partei erklärte Aufrechnung unzulässig ist.

20. Betriebliche Altersversorgung – Ablösung einer Versorgungsordnung – versicherungsmathematische Abschläge – dreistufiges Prüfungsschema – Benachteiligung wegen der Behinderung
BAG, 13.10.2016 – 3 AZR 439/15 – BeckRS 2016, 110282
Orientierungssätze:

1. Das dreistufige Prüfungsschema für die Überprüfung der Wirksamkeit einer ablösenden Betriebsvereinbarung ist nur bei Eingriffen in die Höhe der Versorgungsanwartschaften anzuwenden. Auch die Einführung eines versicherungsmathematischen Abschlags für die Inanspruchnahme einer Betriebsrente vor Erreichen der festen Altersgrenze kann sich auf die Höhe der Versorgungsanwartschaft auswirken und ist folglich am dreistufigen Prüfungsschema zu messen.

2. Das Verhalten eines Arbeitnehmers in seiner Funktion als Vorsitzender oder stellvertretender Vorsitzender des Betriebsrats bindet ihn nicht bei der Ausübung und Geltendmachung ihm persönlich zustehender Rechtspositionen.

3. §3 Abs. 2 AGG enthält zwar nach seinem Wortlaut nicht ausdrücklich das Erfordernis »in einer vergleichbaren Situation«. Da das Diskriminierungsverbot des §7 Abs. 1 AGG der spezifische Ausdruck des allgemeinen Gleichheitssatzes ist und die Grundsätze der Gleichbehandlung und der Nichtdiskriminierung generell verlangen, dass gleiche Sachverhalte nicht unterschiedlich und unterschiedliche Sachverhalte nicht gleich behandelt werden, ist auch bei einer mittelbaren Diskriminierung die Frage nach einer »vergleichbaren Situation« bzw. einer »vergleichbaren Lage« von Bedeutung.

4. Ablösende Betriebsvereinbarungen dürfen in künftige, noch nicht erdiente, dienstzeitabhängige Steigerungen von Versorgungsanwartschaften nur eingreifen, wenn dafür sachlich-proportionale Gründe vorliegen. Solche können gegeben sein, wenn die Betriebsparteien eine neue gestaltende Verteilungsentscheidung treffen. Voraussetzung ist, dass der Dotierungsrahmen im Wesentlichen zumindest gleich hoch bleibt und der Eingriff für die nachteilig betroffene Arbeitnehmergruppe zumutbar ist.

21. Betriebliche Berufsunfähigkeitsrente – Ablösung einer Versorgungsordnung – Grundsätze des Vertrauensschutzes und der Verhältnismäßigkeit – Einführung eines Antragserfordernisses – Konzernbetriebsvereinbarung – dynamische Verweisung – Schadensersatz – Hinweispflicht – Vermutung aufklärungsgemäßen Verhaltens
BAG, 21.2.2017 – 3 AZR 542/15 – NZA 2017, 944
Orientierungssätze:

1. Verweisen Betriebsparteien in einer Betriebsvereinbarung dynamisch auf außerhalb der Urkunde existierende Bestimmungen, genügt es zur Wahrung des Schriftformgebots nach §77 Abs. 2 Satz 2 BetrVG, wenn die einbezogenen Regelungen bei Abschluss der Betriebsvereinbarung in schriftlicher Form vorliegen und damit ein Bezug auf spätere Fassungen sichergestellt ist.

2. Mit der Einführung eines Antragserfordernisses für den Leistungsbeginn in einer Versorgungsordnung, die eine ältere Versorgungsordnung ablösen soll, wird nicht in die Höhe der Versorgungsanwartschaften eingegriffen. Eine solche Änderung ist unmittelbar an den Grundsätzen der Verhältnismäßigkeit und des Vertrauensschutzes zu messen, die dem von der Rechtsprechung für Eingriffe in Versorgungsanwartschaften entwickelten dreistufigen Prüfungsschema zugrunde liegen.

3. Die Einführung eines Erfordernisses, einen Antrag zu stellen, um den Rentenbezug in Lauf zu setzen, verletzt jedenfalls dann nicht die Grundsätze des Vertrauensschutzes und der Verhältnismäßigkeit, wenn die vom Arbeitgeber zugesagten Versorgungsleistungen hinsichtlich einer betrieblichen Berufsunfähigkeitsrente nach der Neuregelung der Versorgungsordnung erheblich günstiger sind als die Ansprüche auf eine gesetzliche Erwerbsminderungsrente nach dem SGB VI, und an die Art und Weise der Antragstellung keine unangemessen hohen Anforderungen gestellt werden.

22. Betriebliche Altersversorgung – Änderung einer Anpassungsregelung
BAG, 11.7.2017 – 3 AZR 601/16 – BeckRS 2017, 126344
Orientierungssätze:
1. Veränderungen der Anpassungsregelungen in einer Versorgungsordnung sind während des noch bestehenden Arbeitsverhältnisses unmittelbar anhand der Grundsätze der Verhältnismäßigkeit und des Vertrauensschutzes zu überprüfen. Das vom Senat für Eingriffe in die Höhe von Versorgungsanwartschaften entwickelte dreistufige Prüfungsschema findet dabei keine Anwendung.
2. Die zur Rechtfertigung eines Eingriffs in Anpassungsregelungen während des noch bestehenden Arbeitsverhältnisses angeführten Gründe müssen gerade den vorgenommenen Eingriff tragen und deshalb in einem inneren Zusammenhang mit ihm stehen.

23. Betriebliche Altersversorgung – Änderung einer Anpassungsregelung
BAG, 11.7.2017 – 3 AZR 513/16 – NZA 2017, 1471
Orientierungssätze:
1. Sieht ein Tarifvertrag vor, dass Änderungen bestehender Betriebsvereinbarungen zur betrieblichen Altersversorgung nur mit der Zustimmung der Tarifvertragsparteien wirksam werden, so sind die durch Betriebsvereinbarungen mit Zustimmung der Tarifvertragsparteien vorgenommenen Eingriffe in bestehende Versorgungsrechte anhand der für Betriebsvereinbarungen geltenden Maßstäbe zu überprüfen.
2. Veränderungen der Versorgungsordnung nach dem Eintritt des Arbeitnehmers in den Ruhestand sind unmittelbar anhand der Grundsätze der Verhältnismäßigkeit und des Vertrauensschutzes zu überprüfen. Das vom Senat

entwickelte dreistufige Prüfungsschema für Eingriffe in die Höhe von Versorgungsanwartschaften findet insoweit keine Anwendung.

3. Die zur Rechtfertigung eines Eingriffs in Versorgungsrechte angeführten Gründe müssen gerade den vorgenommenen Eingriff tragen und folglich in einem inneren Zusammenhang mit ihm stehen.

Auszehrungsverbot

1. Betriebsrente – Wirtschaftliche Auszehrung anderer Ansprüche
BAG, 18.5.2010 – 3 AZR 80/08 – DB 2010, 2400 = BB 2011, 443 (Reichenbach/ Küpper)
Orientierungssätze:

1. §5 Abs. 1 BetrAVG verbietet die Minderung der bei Eintritt des Versorgungsfalls festgesetzten Leistungen der betrieblichen Altersversorgung im Hinblick auf die Anpassung anderer Versorgungsbezüge an die wirtschaftliche Entwicklung. Die Bestimmung steht der Anrechnung von Versorgungsleistungen, die an den Versorgungsberechtigten nach Eintritt des Versorgungsfalls erstmals geleistet werden, nicht entgegen.

2. §5 Abs. 2 BetrAVG steht nur der Anrechnung solcher anderweitiger Versorgungsleistungen auf eine Betriebsrente entgegen, die der Arbeitnehmer ausschließlich durch eigene Beiträge erworben hat. Ob der Arbeitgeber seinerseits Aufwendungen getätigt hat, um das Recht auf die anderweitigen Versorgungsleistungen zu begründen, ist nicht entscheidend. Einkünfte aus einer Beamtenversorgung können danach angerechnet werden. Das gilt auch, wenn es sich um Witwergeld handelt, das eine eigene betriebliche Altersrente mindern soll.

3. §2 Abs. 5 BetrAVG steht nur der Anrechnung von Versorgungsleistungen entgegen, die sich der Arbeitnehmer anderweitig erarbeitet, nachdem er aus dem Arbeitsverhältnis mit einer unverfallbaren Versorgungsanwartschaft ausgeschieden ist. Die Regelung steht sonstigen Bestimmungen in einer Versorgungsordnung, nach denen auf eine Betriebsrente anderweitige Versorgungsleistungen anzurechnen sind, nicht entgegen.

4. Es verstößt nicht gegen den verfassungsrechtlichen Schutz von Ehe und Familie, wenn eine Versorgungsordnung den Bezug von Witwergeld aufgrund Beamtenversorgungsrechts bei der Berechnung der Versorgungsleistung aus der Altersversorgung berücksichtigt.

5. Der Grundsatz der Gleichbehandlung gebietet es, bei der Gestaltung von Anrechnungsregeln den Versorgungszweck der betrieblichen Altersversorgung einerseits und ihren Entgeltcharakter andererseits zu einem angemessenen Ausgleich zu bringen. Die Berücksichtigung anderweitiger Bezüge bei der Berechnung von Leistungen der betrieblichen Altersversorgung darf nicht zu deren unverhältnismäßiger wirtschaftlicher Entwertung führen, ist im Übrigen

aber nicht gleichheitswidrig. Wird anderweitige Hinterbliebenenversorgung auf eine betriebliche Altersrente angerechnet, muss der Wert der Hinterbliebenenversorgung zumindest zu 20% erhalten bleiben. Entgegenstehende Betriebsvereinbarungen sind insoweit unwirksam, als sie diese Grenze nicht beachten.

2. Betriebsrente – wirtschaftliche Auszehrung anderer Ansprüche
BAG, 18.5.2010 – 3 AZR 97/08 – NZA 2011, 581 = DB 2010, 2114
1. Die Berücksichtigung anderweitiger Bezüge bei der Berechnung der betrieblichen Altersversorgung darf nicht zur unverhältnismäßigen wirtschaftlichen Entwertung dieser Bezüge führen.
2. Keine unverhältnismäßige wirtschaftliche Entwertung liegt vor, wenn eine Witwenrente aus der gesetzlichen Rentenversicherung auf eine Hinterbliebenenrente angerechnet wird, die auf dem Ableben derjenigen Person beruht, deren Versterben den Anspruch auf Witwenrente ausgelöst hat. Demgegenüber darf die Berücksichtigung einer eigenen Altersrente der hinterbliebenen Person lediglich zu einer wirtschaftlichen Entwertung der Altersrente um bis zu 80% führen.
3. Betriebsvereinbarungen sind insoweit unwirksam, als sie die Grenze der zulässigen wirtschaftlichen Entwertung überschreiten.

Weitere Orientierungssätze:
1. Leistungen der betrieblichen Altersversorgung haben Versorgungscharakter. Andererseits stellen diese Leistungen, auch solche der Hinterbliebenenversorgung, Entgelt des berechtigten Arbeitnehmers dar, das er als Gegenleistung für die im Arbeitsverhältnis erbrachte Betriebstreue erhält.
2. Arbeitsrechtliche Grundsätze der Gleichbehandlung – hier §75 BetrVG – gebieten es, diese Zwecke angemessen zu einem Ausgleich zu bringen, wenn anderweitige Bezüge bei der Berechnung einer Versorgungsleistung berücksichtigt werden. Das steht einer unverhältnismäßigen wirtschaftlichen Entwertung des anderweitigen Bezuges entgegen.
3. Einkunftsarten, die mit den Versorgungsansprüchen gleichgerichtet sind, auf die die Anrechnung in der Versorgungsordnung angeordnet ist, dürfen in vollem Umfange angerechnet werden. Der anderweitig gedeckte und der durch die Versorgungsordnung zu deckende Versorgungsbedarf entsprechen sich dann in ihrem Anlass. Der Arbeitnehmer hat kein Recht darauf, letztlich doppelte Leistungen – sei es auch für seine Hinterbliebenen – zu erhalten.
4. Treffen Leistungen, die auf Rechten mehrerer Personen beruhen, in einer Person dadurch zusammen, dass ein Versorgungsberechtigter neben Leistungen der betrieblichen Altersversorgung noch weitere Bezüge erhielt, ist es gleichheitswidrig, wenn die neben der Betriebsrente bezogene Leistung um mehr als 80% ausgezehrt wird.
5. Eine Betriebsvereinbarung ist insoweit unwirksam, als die Grenze des Auszehrungsverbots überschritten wird. Sie verstößt gegen den betriebsver-

fassungsrechtlichen Gleichbehandlungsgrundsatz nach §75 BetrVG. Der Versorgungsberechtigte hat Anspruch auf den Betrag, hinsichtlich dessen eine Auszehrung nicht hätte erfolgen dürfen.

3. Anrechnung von Versorgungsbezügen auf betriebliche Altersversorgung im öffentlichen Dienst
BAG, 31.5.2011 – 3 AZR 355/09 – BeckRS 2011, 75959
Orientierungssätze:
1. §55 Beamtenversorgungsgesetz (BeamtVG) in der am 31. August 2006 geltenden Fassung gilt derzeit nach Art. 125a GG für kommunale Wahlbeamte im Freistaat Bayern als Bundesrecht fort.
2. Nach §55 Abs. 1 Satz 1 und Satz 2 Nr. 2 BeamtVG in der am 31. August 2006 geltenden Fassung ist die Anrechnung der Versorgungsbezüge aus einer Tätigkeit als kommunaler Wahlbeamter auf zusätzliche Altersversorgungsleistungen für Angehörige des öffentlichen Dienstes ausgeschlossen.
3. Das gilt auch, soweit Leistungen der zusätzlichen Altersversorgung für Angehörige des öffentlichen Dienstes auf Tarifverträgen beruhen. Die durch Art. 9 Abs. 3 GG geschützte Koalitionsfreiheit steht nicht dem entgegen.

4. Betriebsrente – Verrechnung von Leistungen anderer Versorgungsträger
BAG, 13.12.2011 – 3 AZR 731/09 – DB 2012, 984
Orientierungssätze:
1. Die Auslegung einer Versorgungsordnung kann – auch ohne dass dies ausdrücklich geregelt ist – ergeben, dass nach Eintritt des Versorgungsfalls eine vom Arbeitgeber zu zahlende Betriebsrente neu berechnet wird, wenn sich die Leistungen eines externen Versorgungsträgers verändern. Einer ausdrücklichen Regelung in der Versorgungsordnung bedarf es nicht.
2. Bei der Prüfung, ob gegen das Auszehrungsverbot in §5 Abs. 1 BetrAVG verstoßen wird, sind die vom Arbeitgeber zugesagten Renten in der Regel als Einheit zu betrachten, auch wenn die vom Arbeitgeber gewährte Altersversorgung auf verschiedene Versorgungsformen verteilt wird.

Invaliditäts- und Hinterbliebenenversorgung

1. Betriebliche Altersversorgung – »Dienstunfähigkeit« i.S.d. Leistungsordnung des Bochumer Verbandes
BAG, 20.4.2010 – 3 AZR 553/08 -BeckRS 2011, 75959
Orientierungssätze:
1. §2 LO enthält eine eigenständige Definition der Anspruchsvoraussetzung »Dienstunfähigkeit«. Danach ist dienstunfähig, »wer nicht nur vorüberge-

hend außerstande ist, eine seiner Vorbildung und seiner bisherigen Dienststellung entsprechende Tätigkeit auszuüben«.

2. Die Dienstunfähigkeit i.S.v. §2 Abs. 2 LO ist nicht identisch mit der »Berufs«- bzw. »Erwerbsunfähigkeit« nach §§43, 44 SGB VI in der bis zum 31. Dezember 2000 geltenden Fassung und auch nicht mit der »Erwerbsminderung« i.S.d. §43 SGB VI in der seit dem 1. Januar 2001 geltenden Fassung.

3. Für den Anspruch auf Ruhegeld reicht es nicht aus, dass der Angestellte aus gesundheitlichen Gründen nicht nur vorübergehend außerstande ist, die von ihm zuletzt ausgeübte Tätigkeit wahrzunehmen. Die LO hat den Maßstab für die Beurteilung der Dienstunfähigkeit nicht auf die zuletzt innegehabte Stelle beschränkt; Maßstab ist vielmehr jede Tätigkeit, die der Vorbildung und der bisherigen Dienststellung des Angestellten entspricht, insoweit also gleichwertig ist.

4. Die als Maßstab für die Beurteilung der Dienstunfähigkeit fungierenden, der Vorbildung und der bisherigen Dienststellung entsprechenden Arbeitsplätze müssen bei dem Mitglied, bei dem der Angestellte beschäftigt ist bzw. war, bestehen.

5. Für die Beurteilung der Dienstunfähigkeit nach §2 Abs. 1 Buchst. a LO können zudem nur der Vorbildung und der Dienststellung entsprechende Arbeitsplätze herangezogen werden, die bei dem Mitglied zum Zeitpunkt des Ausscheidens des Mitarbeiters vorhanden sind oder waren. Darauf, ob sie frei sind bzw. waren, kommt es nicht an.

6. Aus §2 Abs. 2 Satz 3 LO ergibt sich nichts dafür, dass die Feststellungen eines Vertrauensarztes über die Dienstunfähigkeit bzw. Wiederherstellung der Dienstfähigkeit für die Parteien bindend sein sollen.

7. Im Falle der Wiederherstellung der Dienstfähigkeit geht der Anspruch auf Zahlung des Ruhegeldes nicht ohne Weiteres unter. Die LO sieht nur vor, dass die Zahlung des Ruhegeldes eingestellt werden »kann«. Damit ist die Entscheidung über die Einstellung der Leistungen nach billigem Ermessen i.S.d. §315 Abs. 1 BGB zu treffen.

2. Hinterbliebenenversorgung – Ausschluss von Ehepartnern bei Eheschluss nach dem Ausscheiden
BAG, 20.4.2010 – 3 AZR 509/08 – NZA 2011, 1092 = DB 2010, 2000

1. Eine Versorgungszusage kann den Anspruch auf Witwen-/Witwerversorgung davon abhängig machen, dass die Ehe vor dem (vorzeitigen) Ausscheiden aus dem Arbeitsverhältnis geschlossen wurde.

2. Die einschränkende Voraussetzung, dass die Ehe vor dem Ausscheiden aus dem Arbeitsverhältnis geschlossen wurde, steht weder im Widerspruch zu Art. 6 Abs. 1 GG noch zur gesetzlichen Unverfallbarkeitsbestimmung des §1b BetrAVG. Sie stellt auch keine unzulässige Benachteiligung/Diskriminierung wegen des Alters oder des Geschlechts dar.

Weitere Orientierungssätze:

1. Eine Versorgungszusage kann den Anspruch auf Witwen-/Witwerversorgung davon abhängig machen, dass die Ehe vor dem (vorzeitigen) Ausscheiden aus dem Arbeitsverhältnis geschlossen wurde (Leitsatz 1).

2. Die einschränkende Voraussetzung, dass die Ehe vor dem Ausscheiden aus dem Arbeitsverhältnis geschlossen wurde, widerspricht nicht dem Verbot des Art. 6 Abs. 1 GG, die Ehe zu schädigen oder sonst zu beeinträchtigen. Ehepartnern entsteht durch die Einschränkung kein Nachteil, den sie ohne die Heirat nicht gehabt hätten; das Ausbleiben eines ursprünglich erhofften Vorteils ist kein rechtlicher Nachteil.

3. Die Beschränkung des Kreises derer, die einen Anspruch auf Hinterbliebenenversorgung erwerben können, steht nicht im Widerspruch zu der gesetzlichen Unverfallbarkeitsbestimmung des §1b Abs. 1 BetrAVG. Setzt ein Anspruch auf Witwen/Witwerversorgung voraus, dass die Ehe vor dem Ausscheiden aus dem Arbeitsverhältnis geschlossen wurde, so wird der Kreis der möglichen Versorgungsberechtigten von vornherein in einer für den Mitarbeiter erkennbaren Weise auf Hinterbliebene eingeschränkt, die bereits während des Bestehens des Arbeitsverhältnisses in familiärer Beziehung zum Mitarbeiter standen.

4. Die als neutrales Kriterium formulierte einschränkende Voraussetzung der Eheschließung vor dem Ausscheiden stellt keine mittelbare Benachteiligung/ Diskriminierung wegen des Alters oder des Geschlechts dar.

5. Sie hält einer Überprüfung anhand des AGG stand. Das Ziel des Arbeitgebers, seine Leistungspflichten auf Risiken zu begrenzen, die bereits während des Arbeitsverhältnisses angelegt waren, ist ein rechtmäßiges Ziel i.S.d. §3 Abs. 2 AGG. Die Voraussetzung, dass die Ehe vor dem Ausscheiden aus dem Arbeitsverhältnis geschlossen sein muss, ist zur Erreichung des Ziels auch angemessen und erforderlich.

6. Europarechtliche Vorschriften führen zu keinem anderen Ergebnis. Art. 2 RL 2000/78/EG ist nicht verletzt. Die Festsetzung von Altersgrenzen in betrieblichen Systemen der sozialen Sicherheit ist ohne weiteres europarechtlich in der Regel zulässig. Die Prüfungsmaßstäbe nach den §§1, 3 und 7 AGG sind die gleichen wie die für die Benachteiligung wegen des Geschlechts nach Art. 2 RL 2006/54/EG und Art. 141 EG (nunmehr: Art. 157 AEUV).

7. Weder Art. 3 GG noch der arbeitsrechtliche Gleichbehandlungsgrundsatz enthalten weitergehende Anforderungen als §3 AGG.

3. Betriebliche Altersversorgung – Invalidenrente
BAG, 19.1.2011 – 3 AZR 83/09 – NZA 2012, 566 = DB 2011, 2499
Sagt der Arbeitgeber dem Arbeitnehmer die Zahlung einer Invalidenrente für den Fall der Erwerbsunfähigkeit oder voraussichtlich dauernden Berufsunfähigkeit im Sinne des jeweiligen Sozialversicherungsrechts zu, so ist er auch

dann zur Leistung verpflichtet, wenn der Sozialversicherungsträger dem Arbeitnehmer eine lediglich befristete Rente wegen voller Erwerbsminderung nach §43 Abs. 2 SGB VI bewilligt.

Weitere Orientierungssätze:

1. Eine Versorgungszusage, mit der der Arbeitgeber die Zahlung einer Invalidenrente für den Fall der Erwerbsunfähigkeit oder voraussichtlich dauernden Berufsunfähigkeit verspricht, bedarf der Auslegung.

2. Ergibt die Auslegung, dass die Zahlung für den Fall der Erwerbsunfähigkeit oder voraussichtlich dauernden Berufsunfähigkeit im Sinne des jeweiligen Sozialversicherungsrechts versprochen wurde, so hat der Arbeitnehmer Anspruch auf die Invalidenrente, wenn er voll erwerbsgemindert i.S.d. §43 Abs. 2 SGB VI n.F. ist.

3. Dies gilt grundsätzlich auch dann, wenn der Sozialversicherungsträger die Rente wegen voller Erwerbsminderung nur befristet bewilligt.

4. Hinterbliebenenversorgung – Gleichbehandlung
BAG, 19.7.2011 – 3 AZR 398/09 – DB 2012, 1214
Eine Regelung in einer tariflichen Versorgungsordnung, die bestimmt, dass zwar ein beim Versorgungsschuldner erzieltes eigenes Arbeitseinkommen des Hinterbliebenen die Hinterbliebenenrente mindert, nicht jedoch ein Einkommen aus einer Tätigkeit für einen anderen Arbeitgeber, verstößt in der Regel gegen den Gleichheitssatz des Art. 3 Abs. 1 GG.

Weitere Orientierungssätze:

1. Die Tarifvertragsparteien sind jedenfalls mittelbar an den Gleichheitssatz des Art. 3 Abs. 1 GG gebunden.

2. Eine tarifliche Regelung wie §13 Abs. 7 Satz 1 VTV 1998, die bestimmt, dass das Witwengeld auf 25% zu kürzen ist, wenn die Witwe Vergütung von der Versorgungsschuldnerin bezieht, nicht jedoch, wenn sie Vergütung von anderen Arbeitgebern erhält, verstößt gegen den Gleichheitssatz. Das gilt grundsätzlich auch, wenn der Versorgungsschuldner eine Anstalt des öffentlichen Rechts ist und sich die Versorgung nicht insgesamt an den Strukturprinzipien des Beamtenversorgungsrechts orientiert.

5. Betriebliche Altersversorgung – Berufsunfähigkeitsrente – Auslegung einer Betriebsvereinbarung
BAG, 9.10.2012 – 3 AZR 539/10 -BeckRS 2013, 66462
Orientierungssätze:

1. Eine Versorgungszusage, mit der der Arbeitgeber die Zahlung einer Betriebsrente für den Fall der Berufsunfähigkeit verspricht, bedarf der Auslegung.

2. Ergibt die Auslegung, dass ein Gleichlauf der Voraussetzungen für die Bewilligung einer gesetzlichen Rente wegen Leistungsminderungen und einer Betriebsrente gewollt ist, so hat der Arbeitnehmer Anspruch auf die Betriebsrente, wenn er teilweise erwerbsgemindert i.S.d. §43 Abs. 1 SGB VI n.F. ist.

6. Hinterbliebenenversorgung – Ausschluss von Ehepartnern bei Eheschluss nach dem Ausscheiden – Altersdiskriminierung – Diskriminierung wegen des Geschlechts – Gleichbehandlungsgrundsatz
BAG, 15.10.2013 – 3 AZR 653/11 – NZA 2014, 308
Orientierungssätze:
1. Eine Versorgungszusage kann den Anspruch auf Witwen-/Witwerversorgung davon abhängig machen, dass die Ehe vor dem Ausscheiden aus dem Arbeitsverhältnis geschlossen wurde.
2. Die Beschränkung des Kreises derer, die einen Anspruch auf Hinterbliebenenversorgung erwerben können, steht nicht im Widerspruch zu der gesetzlichen Unverfallbarkeitsbestimmung des §1b Abs. 1 BetrAVG.
3. Die einschränkende Voraussetzung, dass die Ehe vor dem Ausscheiden aus dem Arbeitsverhältnis geschlossen wurde, bewirkt weder eine unmittelbare noch eine unzulässige mittelbare Benachteiligung wegen des Alters oder des Geschlechts.

7. Hinterbliebenenversorgung – Spätehenklausel
BAG, 15.10.2013 – 3 AZR 294/11 – NZA 2014, 1203
1. Eine Regelung in einer Versorgungsordnung, die den Anspruch auf Witwen-/Witwerrente davon abhängig macht, dass die Ehe vor Eintritt des Versorgungsfalls beim versorgungsberechtigten Arbeitnehmer geschlossen wurde, verstößt nicht gegen das Verbot der Diskriminierung wegen des Alters.
2. Macht eine Versorgungszusage den Anspruch auf Witwen-/Witwerversorgung davon abhängig, dass die Ehe vor dem Eintritt des Versorgungsfalls beim versorgungsberechtigten Arbeitnehmer geschlossen wurde, sind nicht nur diejenigen Versorgungsberechtigten von der Hinterbliebenenversorgung ausgeschlossen, die nach Eintritt des Versorgungsfalls erstmalig eine Ehe schließen. Auch Versorgungsberechtigte, die nach Eintritt des Versorgungsfalls geschieden werden und sich wiederverheiraten, haben keinen Anspruch auf eine Hinterbliebenenversorgung. Dies gilt auch dann, wenn sie ihren geschiedenen Ehegatten erneut heiraten.

Weitere Orientierungssätze:
1. Eine Versorgungszusage kann den Anspruch auf Witwen-/Witwerversorgung davon abhängig machen, dass die Ehe vor dem Eintritt des Versorgungsfalls beim versorgungsberechtigten Arbeitnehmer geschlossen wurde.

2. Die einschränkende Voraussetzung, dass die Ehe vor dem Eintritt des Versorgungsfalls beim versorgungsberechtigten Arbeitnehmer geschlossen wurde, bewirkt weder eine unmittelbare noch eine unzulässige mittelbare Benachteiligung wegen des Alters.

3. Der Ausschluss von der Hinterbliebenenversorgung für den Fall, dass die Ehe erst nach dem Eintritt des Versorgungsfalls beim versorgungsberechtigten Mitarbeiter geschlossen wurde, hält – auch unter Beachtung der grundrechtlichen Wertungen der Art. 3 Abs. 1, Art. 6 Abs. 1 und Art. 14 Abs. 1 GG – einer Überprüfung anhand der Maßstäbe der §§ 307 ff. BGB stand.

4. Ist nach der Versorgungszusage der Anspruch auf Witwen-/Witwerversorgung davon abhängig, dass die Ehe vor dem Eintritt des Versorgungsfalls beim versorgungsberechtigten Arbeitnehmer geschlossen wurde, sind nicht nur diejenigen Versorgungsberechtigten von der Hinterbliebenenversorgung ausgeschlossen, die nach Eintritt des Versorgungsfalls erstmalig eine Ehe eingehen, sondern auch diejenigen, die sich nach einer Ehescheidung erst nach Eintritt des Versorgungsfalls wiederverheiraten. Dies gilt auch dann, wenn sie ihren geschiedenen Ehegatten erneut heiraten.

8. Invaliditätsversorgung – Mindestaltersgrenze
BAG, 10.12.2013 – 3 AZR 796/11 – NZA 2015, 50

Eine Bestimmung in einer Pensionsordnung, nach der ein Anspruch auf eine Invalidenrente bei Berufsunfähigkeit nur besteht, wenn der Arbeitnehmer bei Eintritt des Versorgungsfalls mindestens das 50. Lebensjahr vollendet hat, ist wirksam. Sie verstößt weder gegen das Verbot der Diskriminierung wegen des Alters noch führt sie zu einer unangemessenen Benachteiligung i.S.d. §307 Abs. 1 Satz 1 BGB.

Weitere Orientierungssätze:

1. Eine Versorgungszusage kann den Anspruch auf eine Invalidenrente bei Berufsunfähigkeit davon abhängig machen, dass der Versorgungsberechtigte bei Eintritt des Versorgungsfalls das 50. Lebensjahr vollendet hat.

2. Die einschränkende Voraussetzung, dass der Versorgungsberechtigte bei Eintritt des Versorgungsfalls der Invalidität infolge Berufsunfähigkeit das Mindestalter von 50 Jahren erreicht haben muss, bewirkt keine unzulässige Diskriminierung wegen des Alters. Da die Wahrscheinlichkeit, invalide zu werden, ab dem 50. Lebensjahr steigt, ist die Vollendung des 50. Lebensjahres ein sachgerechter Anknüpfungspunkt für Leistungen der Invaliditätsversorgung bei Berufsunfähigkeit.

3. Der Ausschluss von der Invaliditätsversorgung bei Berufsunfähigkeit für den Fall, dass der Versorgungsfall eintritt, bevor der Mitarbeiter das 50. Lebensjahr vollendet hat, hält – auch unter Beachtung der grundrechtlichen Wertungen des Art. 3 Abs. 1 GG – einer Überprüfung anhand der Maßstäbe der §§ 307 ff. BGB stand.

9. Hinterbliebenenversorgung – »Haupternährerklausel«
BAG, 30.9.2014 – 3 AZR 930/12 – NZA 2015, 231

Die in einer Pensionszusage enthaltene Allgemeine Geschäftsbedingung, wonach die Gewährung einer Witwenrente voraussetzt, dass der Versorgungsberechtigte »den Unterhalt der Familie überwiegend bestritten hat«, ist wegen Verstoßes gegen das Transparenzgebot nach §307 Abs. 1 Satz 1 i.V.m. Satz 2 BGB unwirksam.

Weitere Orientierungssätze:

1. Die in einer Pensionszusage enthaltene Allgemeine Geschäftsbedingung, wonach die Gewährung einer Witwenrente voraussetzt, dass der Versorgungsberechtigte »den Unterhalt der Familie überwiegend bestritten hat«, ist nicht klar und verständlich und damit nach §307 Abs. 1 Satz 1 i.V.m. Satz 2 BGB unwirksam. Die Bestimmung lässt nicht erkennen, welche Voraussetzungen im Einzelnen erfüllt sein müssen, damit der Versorgungsberechtigte »Haupternährer« ist.

2. Die Klausel kann von einem verständigen Arbeitnehmer nicht dahin verstanden werden, dass damit an die Begrifflichkeiten in §43 Abs. 1 Angestelltenversicherungsgesetz in der bis zum 31. Dezember 1985 geltenden Fassung und in §1266 Abs. 1 Reichsversicherungsordnung in der bis zum 31. Dezember 1985 geltenden Fassung sowie die dazu ergangene Rechtsprechung des Bundessozialgerichts angeknüpft werden sollte.

10. Waisenrente – Änderung einer Ermessensentscheidung – Nachranggrundsatz
BAG, 8.12.2015 – 3 AZR 141/14 – BeckRS 2016, 66511

Orientierungssatz: Die Einstellung einer nach der anzuwendenden Versorgungsordnung als Ermessensleistung ausgestalteten Waisenrente für einen Sozialhilfeempfänger kann ermessensfehlerfrei erfolgen, wenn der Träger der Sozialhilfe diesen Anspruch nach §93 SGB XII vollständig auf sich überleitet. Der sozialhilferechtliche Nachranggrundsatz steht dem nicht entgegen.

11. Betriebliche Berufsunfähigkeitsrente – Ablösung einer Versorgungsordnung – Grundsätze des Vertrauensschutzes und der Verhältnismäßigkeit – Einführung eines Antragserfordernisses – Konzernbetriebsvereinbarung – dynamische Verweisung –Schadensersatz – Hinweispflicht – Vermutung aufklärungsgemäßen Verhaltens
BAG, 21.2.2017 – 3 AZR 542/15 – NZA 2017, 944

Orientierungssätze:

1. Verweisen Betriebsparteien in einer Betriebsvereinbarung dynamisch auf außerhalb der Urkunde existierende Bestimmungen, genügt es zur Wahrung des Schriftformgebots nach §77 Abs. 2 Satz 2 BetrVG, wenn die einbezogenen

Regelungen bei Abschluss der Betriebsvereinbarung in schriftlicher Form vorliegen und damit ein Bezug auf spätere Fassungen sichergestellt ist.

2. Mit der Einführung eines Antragserfordernisses für den Leistungsbeginn in einer Versorgungsordnung, die eine ältere Versorgungsordnung ablösen soll, wird nicht in die Höhe der Versorgungsanwartschaften eingegriffen. Eine solche Änderung ist unmittelbar an den Grundsätzen der Verhältnismäßigkeit und des Vertrauensschutzes zu messen, die dem von der Rechtsprechung für Eingriffe in Versorgungsanwartschaften entwickelten dreistufigen Prüfungsschema zugrunde liegen.

3. Die Einführung eines Erfordernisses, einen Antrag zu stellen, um den Rentenbezug in Lauf zu setzen, verletzt jedenfalls dann nicht die Grundsätze des Vertrauensschutzes und der Verhältnismäßigkeit, wenn die vom Arbeitgeber zugesagten Versorgungsleistungen hinsichtlich einer betrieblichen Berufsunfähigkeitsrente nach der Neuregelung der Versorgungsordnung erheblich günstiger sind als die Ansprüche auf eine gesetzliche Erwerbsminderungsrente nach dem SGB VI, und an die Art und Weise der Antragstellung keine unangemessen hohen Anforderungen gestellt werden.

12. Hinterbliebenenversorgung – AGB-Kontrolle
BAG, 21.2.2017 – 3 AZR 297/15 – NZA 2017, 723

1. Weicht der Verwender Allgemeiner Geschäftsbedingungen von der sich aus rechtlichen Vorgaben ergebenden Vertragstypik ab, unterliegt diese Abweichung einer uneingeschränkten Inhaltskontrolle nach dem Recht der Allgemeinen Geschäftsbedingungen.

2. Sind Regelungen in Allgemeinen Geschäftsbedingungen unwirksam, ist eine ergänzende Vertragsauslegung ausnahmsweise jedenfalls dann möglich, wenn ein Festhalten am Vertrag auch für den Verwender eine unzumutbare Härte darstellt.

Weitere Orientierungssätze:

1. Weicht der Arbeitgeber in Allgemeinen Geschäftsbedingungen bei der Zusage von Leistungen der betrieblichen Altersversorgung von den im Betriebsrentengesetz angelegten Formen der Risikoabsicherung ab, ist die Einschränkung nach dem Recht der Allgemeinen Geschäftsbedingungen uneingeschränkt auf ihre Angemessenheit zu kontrollieren. Die Höhe der zugesagten Versorgung ist nicht kontrollfähig.

2. Die Hinterbliebenenversorgung soll das mit dem Todesfall bestehende typische Versorgungsinteresse des Arbeitnehmers absichern. Sie soll eine Kategorie von Personen, die in einem abgrenzbaren Näheverhältnis zum Versorgungsberechtigten steht, absichern. Sagt der Arbeitgeber für eine bestimmte Kategorie von Hinterbliebenen eine Versorgung zu, unterliegt die Einschränkung des danach erfassten Personenkreises der vollen Angemessenheitskontrolle.

3. Eine Regelung in einer Versorgungsordnung, nach der lediglich die Ehefrau die Hinterbliebenenversorgung erhalten soll, mit der die Ehe zum Zeitpunkt der Erteilung der Versorgungszusage besteht, benachteiligt den Arbeitnehmer unangemessen. Damit stellt der Arbeitgeber während des bestehenden Arbeitsverhältnisses auf einen rein zufällig gewählten Zeitpunkt des Bestehens der Ehe ab. Dafür besteht kein berechtigtes Interesse.

4. Wurde die Versorgungszusage vor Inkrafttreten des Schuldrechtsmodernisierungsgesetzes – also vor dem 1. Januar 2002 – erteilt, ist ausnahmsweise eine ergänzende Vertragsauslegung geboten. Eine auf den Zeitpunkt der Erteilung der Versorgungszusage abstellende Klausel ist dahingehend auszulegen, dass die Ehe bereits während des Arbeitsverhältnisses bestanden haben muss, damit eine Hinterbliebenenversorgung gewährt wird.

13. Betriebliche Altersversorgung – Hinterbliebenenversorgung – Tarifauslegung
BAG, 21.3.2017 – 3 AZR 86/16 – NZA 2017, 939
Orientierungssätze:

1. Eine in einem Versorgungstarifvertrag enthaltene dynamische Bezugnahme auf das Satzungsrecht der Versorgungsanstalt des Bundes und der Länder (VBL) verliert ihre Dynamik mit der Beendigung des Versorgungstarifvertrags und dessen Eintritt in die Nachwirkung. An spätere Änderungen der VBL-Satzung ist der Arbeitgeber auch dann nicht gebunden, wenn diese Änderungen auf einen Zeitpunkt vor der Beendigung des Versorgungstarifvertrags zurückwirken.

2. Wird arbeitsvertraglich der jeweils geltende Tarifvertrag in Bezug genommen, der seinerseits dynamisch auf das Satzungsrecht der VBL verweist und endet diese Dynamik wegen des Eintritts der Nachwirkung, erfasst die vertragliche Verweisungsklausel nicht spätere ggf. auch rückwirkende Änderungen der VBL-Satzung.

14. Betriebliche Altersversorgung – Loss-of-Licence-Versicherung – Invaliditätsversorgung
BAG, 25.4.2017 – 3 AZR 668/15 – BeckRS 2017, 113033
Orientierungssätze: …

1. Eine dem Betriebsrentengesetz unterfallende Invaliditätsversorgung liegt vor, wenn sie einem Versorgungszweck dient, durch das im Gesetz genannte biometrische Risiko »Invalidität« ausgelöst ist sowie die Versorgungszusage vom Arbeitgeber aus Anlass eines Arbeitsverhältnisses erteilt wurde und den Lebensstandard des Arbeitnehmers nach dem Ausscheiden aus dem Erwerbs- und Berufslebens sichert.

15. Invaliditätsrente – Ausscheiden vor dem Versorgungsfall
BAG, 23.1.2018 – 3 AZR 448/16 – BeckRS 2018, 5058
Bei der Abgrenzung eines bis zum Eintritt eines Versorgungsfalls »betriebstreuen« Arbeitnehmers von dem vorzeitig i.S.d. §1b Abs. 1 BetrAVG mit einer gesetzlich unverfallbaren Anwartschaft ausscheidenden Arbeitnehmer dürfen auch die Tarifvertragsparteien nicht darauf abstellen, zu welchem Zeitpunkt der Arbeitnehmer bei seinem Arbeitgeber einen Antrag auf Gewährung von Versorgungsleistungen gestellt hat.

Weitere Orientierungssätze:
1. Die Tarifvertragsparteien haben bei der Abgrenzung des bis zum Eintritt eines Versorgungsfalls »betriebstreuen« Arbeitnehmers von dem vorzeitig i.S.d. §1b Abs. 1 BetrAVG und damit – bei Vorliegen der gesetzlichen Voraussetzungen – lediglich mit einer Anwartschaft ausscheidenden Arbeitnehmer die zwingenden Wertungen in §§1, 1b BetrAVG zu beachten. Eine hiervon zulasten der Arbeitnehmer abweichende Regelung ist nach §17 Abs. 3 Satz 1 BetrAVG in der bis zum 31. Dezember 2017 geltenden Fassung bzw. §19 Abs. 1 BetrAVG in der ab dem 1. Januar 2018 geltenden Fassung auch den Tarifvertragsparteien nicht erlaubt.
2. Nach §1 Abs. 1 Satz 1, §1b Abs. 1 BetrAVG ist für die Abgrenzung eines bis zum Eintritt eines Versorgungsfalls betriebszugehörigen Arbeitnehmers vom vorzeitig ausgeschiedenen entscheidend, ob der Arbeitnehmer zu einem Zeitpunkt aus dem Arbeitsverhältnis ausscheidet, zu dem sich das vom Arbeitgeber in der Versorgungsordnung mit der Zusage einer Alters-, Invaliditäts- oder Hinterbliebenenversorgung übernommene Risiko realisiert hat. Keine Rolle spielt es hingegen, zu welchem Zeitpunkt der Arbeitnehmer bei seinem Arbeitgeber einen Antrag auf Gewährung von Versorgungsleistungen gestellt hat.

Auslegungsfragen

1. Altersversorgung – Lektoren – Vertragsauslegung
BAG, 16.3.2010 – 3 AZR 744/08 – NZA-RR 2010, 610
Orientierungssätze: Lektoren unterfallen nicht dem persönlichen Anwendungsbereich des BAT und des im öffentlichen Dienst geltenden Versorgungstarifvertrags. Nehmen die Arbeitsvertragsparteien trotzdem einzelne Bestimmungen des BAT und die diese Bestimmungen ergänzenden Tarifverträge in Bezug, sind die tariflichen Bestimmungen ohne Berücksichtigung der tariflichen Einschränkungen im persönlichen Anwendungsbereich anzuwenden. Das gilt auch hinsichtlich der Durchführung der Versicherung bei der Versorgungsanstalt des Bundes und der Länder.

2. Betriebsrente – Auslegung einer Versorgungsordnung
BAG, 30.11.2010 – 3 AZR 475/09 – NZA 2011, 748 = DB 2011, 828

Orientierungssätze: Sieht eine Versorgungsordnung in Form einer Betriebsvereinbarung vor, dass die Hälfte der gesetzlichen Rente auf das betriebliche Ruhegeld anzurechnen ist und dass eine Kürzung der gesetzlichen Rente um Abschläge, die aufgrund vorzeitigen Eintritts in den Ruhestand wegen der längeren Bezugsdauer der gesetzlichen Rente erfolgen, durch das Unternehmen nicht ausgeglichen wird und daher »voll zu Lasten des Mitarbeiters geht«, ist bei der Berechnung der Betriebsrente nicht die tatsächlich gezahlte, gekürzte gesetzliche Rente zugrunde zu legen, sondern die abschlagsfreie gesetzliche Rente, die der Arbeitnehmer erhalten würde, wenn er nicht vorzeitig in den Ruhestand getreten wäre.

3. Betriebliche Altersversorgung – Verweis auf Beamtenrecht
BAG, 30.11.2010 – 3 AZR 798/08 – NZA-RR 2011, 255

1. Eine in einem Formularvertrag enthaltene Verweisung auf die für die Berechnung des Ruhegehalts jeweils geltenden Vorschriften des Beamtenversorgungsrechts muss lediglich dem Transparenzgebot des §307 Abs. 1 Satz 2 BGB genügen. Eine weitergehende Inhaltskontrolle nach den §§307 ff. BGB findet nicht statt.
2. Richtet sich die Berechnung des Ruhegehalts eines Versorgungsempfängers, der während seiner aktiven Beschäftigungszeit nach §6 Abs. 2, §8 Abs. 1 AVG bzw. §5 Abs. 1 SGB VI von der gesetzlichen Rentenversicherung befreit war, weil er eine Vergütung und Versorgung nach beamtenrechtlichen Grundsätzen erhält und bei Krankheit Anspruch auf Fortzahlung seiner Bezüge nach beamtenrechtlichen Grundsätzen sowie auf Beihilfe hat, nach den Vorschriften des Beamtenversorgungsrechts, ist auch die Anpassung des Ruhegehalts nach den entsprechenden beamtenrechtlichen Vorschriften und nicht §16 BetrAVG vorzunehmen.

Weitere Orientierungssätze:
1. Eine in einem Formularvertrag enthaltene Verweisung auf die für die Berechnung des Ruhegehalts jeweils geltenden Vorschriften des Beamtenversorgungsrechts unterliegt keiner uneingeschränkten Inhaltskontrolle nach den §§307 ff. BGB, da sie die Hauptleistung festlegt.
2. Eine Klausel, nach der sich die Versorgung nach den Vorschriften des Beamtenversorgungsrechts richtet, kann nicht in einen den unmittelbaren Gegenstand der Hauptleistung regelnden und damit der uneingeschränkten AGB-Kontrolle entzogenen Teil und einen Teil aufgespalten werden, der die Hauptleistungspflicht modifiziert.
3. War dem Versorgungsempfänger eine Vergütung und Versorgung nach beamtenrechtlichen Grundsätzen zugesagt worden und hatte er bei Krankheit

Anspruch auf Fortzahlung seiner Bezüge nach beamtenrechtlichen Grundsätzen sowie auf Beihilfe und war er deshalb nach §6 Abs. 2, §8 Abs. 1 AVG bzw. §5 Abs. 1 SGB VI von der gesetzlichen Rentenversicherung befreit, ist die Anpassung seines Ruhegehalts nach den Bestimmungen des Beamtenrechts vorzunehmen und nicht nach §16 BetrAVG.

4. §§6, 8 AVG, §5 Abs. 1 SGB VI liegt die Grundwertung des Gesetzgebers zugrunde, dass die Versorgung nach dem Beamtenversorgungsgesetz einen auskömmlichen Unterhalt nach dem Ausscheiden aus dem Arbeitsverhältnis sichert und die sonstigen Beschäftigten von Körperschaften i.S. dieser Bestimmungen wegen dieser ausreichenden anderweitigen Versorgung nicht des Schutzes durch die gesetzliche Rentenversicherung bedürfen. Diese Wertungen wirken sich auch im Betriebsrentenrecht aus.

4. Versorgungsordnung – Auslegung – Beschäftigungsverhältnis
BAG, 14.12.2010 – 3 AZR 939/08 – BeckRS 2011, 70008
Orientierungssätze:
1. Verwenden die Betriebsparteien in einer Betriebsvereinbarung Begriffe, die in der Rechtsterminologie einen bestimmten Inhalt haben, ist regelmäßig davon auszugehen, dass diese Begriffe auch in ihrer allgemeinen rechtlichen Bedeutung gelten sollen, soweit sich aus der Betriebsvereinbarung nichts Gegenteiliges ergibt. Regelt die Betriebsvereinbarung betriebliche Altersversorgung und verwendet sie im Sozialversicherungsrecht gebräuchliche Begriffe, ohne diese selbst zu definieren, legt sie regelmäßig den Sprachgebrauch des Sozialversicherungsrechts zugrunde.
2. Wird in einer Betriebsvereinbarung über die betriebliche Altersversorgung der Begriff des Beschäftigungsverhältnisses gebraucht und ergibt sich aus dem Zusammenhang der Betriebsvereinbarung, dass damit nicht das Arbeitsverhältnis gemeint ist, ist dies ein Anhaltspunkt für ein Begriffsverständnis der Betriebsparteien, das an den sozialversicherungsrechtlichen Begriff des Beschäftigungsverhältnisses in seinem Verständnis zum Zeitpunkt des Abschlusses der Betriebsvereinbarung anknüpft.

5. Betriebsrente – Verweisung auf Beamtenversorgungsrecht
BAG, 14.12.2010 – 3 AZR 898/08 – BeckRS 2011, 70751
Orientierungssätze:
1. Wird in einer Versorgungsordnung ein Ruhegeld nach beamtenrechtlichen Grundsätzen zugesagt, schließt die Verweisung auch die beamtenrechtlichen Regelungen über die Gewährung einer Jahressonderzuwendung ein.
2. Dynamische Verweisungen in Allgemeinen Geschäftsbedingungen auf das Beamtenversorgungsrecht sind im Rahmen einer Kontrolle anhand des Rechts der Allgemeinen Geschäftsbedingungen lediglich auf Transparenz (§307 Abs. 1

Satz 2 BGB) zu überprüfen. Eine weitergehende Inhaltskontrolle nach §§ 307 ff. BGB findet nicht statt.

3. Die Anwendung des Beamtenversorgungsrechts führt für sich genommen nicht dazu, dass gegen zwingende Grundwertungen des Betriebsrentenrechts verstoßen wird.

4. Soweit die Anwendung der Regelungen des Beamtenversorgungsrechts jedoch dazu führt, dass das mit der bei Eintritt des Versorgungsfalls entstandenen Ausgangsrente definierte Versorgungsniveau beeinträchtigt wird, fehlt es an einer rechtmäßigen vertraglichen Regelung. Die so entstandene Lücke ist im Wege der ergänzenden Vertragsauslegung so zu schließen, dass das Versorgungsniveau nicht beeinträchtigt wird.

6. Auslegung einer Versorgungszusage – Ablösung einer Gesamtzusage – Kündigung einer Betriebsvereinbarung
BAG, 15.2.2011 – 3 AZR 45/09 – DB 2011, 1928 = BB 2011, 3068 (Schnitker/Sittard)
Orientierungssätze:

1. Bei der Auslegung Allgemeiner Geschäftsbedingungen können Begleitumstände, die nur den konkreten Vertragspartnern bekannt sind oder die den konkreten Einzelfall kennzeichnen, grundsätzlich nicht berücksichtigt werden. Zur Auslegung heranzuziehen sind demgegenüber Begleitumstände dann, wenn sie nicht ausschließlich die konkrete Vertragsabschlusssituation betreffen, sondern den Abschluss einer jeden vergleichbaren vertraglichen Abrede begleiten.

7. Verweis auf Hamburgisches Ruhegeldgesetz – Auslegung – Gesamtzusage
BAG, 13.12.2011 – 3 AZR 852/09 – DB 2012, 984
Orientierungssätze:

1. Eine Gesamtzusage kann auch dadurch erteilt werden, dass innerbetrieblich auf eine Regelung verwiesen wird, in die die Arbeitnehmer jederzeit Einblick nehmen können.

2. Das Bundesarbeitsgericht als Revisionsgericht ist berechtigt, eine gesetzliche Entwicklung, die für die Auslegung einer Willenserklärung maßgeblich ist, auch dann zu berücksichtigen, wenn das Landesarbeitsgericht sie nicht festgestellt hat.

8. Auslegung einer Versorgungsordnung – Verweisung auf die Grundsätze des Beamtenversorgungsrechts – Berücksichtigung eines Kindererziehungszuschlags nach §50a BeamtVG
BAG, 15.4.2014 – 3 AZR 83/12 – NZA-RR 2014, 373
Orientierungssatz: Eine Verweisung in einer Dienstvereinbarung, wonach sich die Höhe des Versorgungszuschusses nach den Grundsätzen des Beamtenversorgungsrechts richtet, umfasst den Kindererziehungszuschlag nach §50a BeamtVG nicht.

9. Auslegung einer Versorgungszusage – Gesamtzusage
BAG, 13.1.2015 – 3 AZR 897/12 – NZA 2015, 1192
1. Ein im Wege der Gesamtzusage erteiltes Versorgungsversprechen ist regelmäßig dynamisch.
2. Verspricht der Arbeitgeber dem Arbeitnehmer eine Gesamtversorgung, ist regelmäßig davon auszugehen, dass die Betriebsrente erst beansprucht werden kann, wenn gleichzeitig eine Rente aus der gesetzlichen Rentenversicherung bezogen wird.

Weitere Orientierungssätze:
1. Der Arbeitgeber, der Leistungen der betrieblichen Altersversorgung im Wege einer Gesamtzusage verspricht, will diese Leistungen regelmäßig nach einheitlichen Regeln, das heißt als System erbringen. Ein solches System darf nicht erstarren. Der Arbeitgeber sagt daher mit einer Gesamtzusage im Regelfall nur eine Versorgung nach den jeweils bei ihm geltenden Versorgungsregeln zu.
2. Sagt der Arbeitgeber dem Arbeitnehmer eine Gesamtversorgung zu, ist regelmäßig davon auszugehen, dass er die Betriebsrente erst ab dem Zeitpunkt zahlen will, ab dem der Versorgungsberechtigte eine Rente aus der gesetzlichen Rentenversicherung in Anspruch nimmt, die bei der Ermittlung der betrieblichen Versorgungsleistung berücksichtigt bzw. auf die betrieblichen Versorgungsleistung angerechnet werden kann. Eine Gesamtversorgung zeichnete sich dadurch aus, dass der Arbeitgeber dem Arbeitnehmer nicht eine bestimmte Versorgungsleistung, sondern einen bestimmten Gesamtversorgungsgrad zusagt. Die vom Arbeitgeber gewährte Leistung soll gemeinsam mit der gesetzlichen Rente sowie gegebenenfalls anderen betrieblichen oder sonstigen Versorgungsleistungen ein bestimmtes Versorgungsniveau sicherstellen, das typischerweise in Abhängigkeit von der zuletzt bezogenen Vergütung ermittelt wird. Die Gesamtversorgung soll die Versorgungslücke schließen, die sich zwischen den anderen Ruhestandsbezügen und den zugesagten Versorgungsniveau ergibt.

10. Anspruch auf Fortführung einer Versorgungszusage – Auslegung von Versorgungsbestimmungen
BAG, 8.12.2015 – 3 AZR 267/14 – NZA-RR 2016, 374
Orientierungssätze:
1. Wird eine auslegungsbedürftige Betriebsvereinbarung im Arbeitsvertrag eindeutig in Bezug genommen, führt die Notwendigkeit der Auslegung der Betriebsvereinbarung nicht dazu, dass die arbeitsvertragliche Bezugnahmeklausel ihrerseits unklar würde und deshalb nach §305c Abs. 2 BGB Auslegungszweifel zulasten des Verwenders der Bezugnahmeklausel gingen. Eine mögliche Unklarheit des in Bezug genommenen Regelwerks wirkt sich nicht auf die Bezugnahmeklausel selbst aus.

2. Die Umstände bei Vertragsschluss sind bei der Prüfung der Unklarheitenregel des §305c Abs. 2 BGB nicht zu berücksichtigen. §310 Abs. 3 Nr. 3 BGB gilt
nur für die Wirksamkeitskontrolle nach §307 Abs. 1 und Abs. 2 BGB, nicht aber
für die Anwendung des §305c Abs. 2 BGB.

11. Betriebliche Altersversorgung – Geltung von Versorgungsbestimmungen – Berechnung einer Betriebsrente – Anerkennung von Beschäftigungszeiten – Berechnung des rentenfähigen Einkommens – Berücksichtigung von Altersteilzeit – Berechnung von Bonuszahlungen während der Arbeitsphase der Altersteilzeit

BAG, 23.2.2016 – 3 AZR 44/14 – NZA 2016, 961

Orientierungssätze: ...

1. Beruht die Versorgungsverpflichtung auf einer betrieblichen Übung, so
ist dem Arbeitnehmer damit im Regelfall nur eine Versorgung nach den jeweils beim Arbeitgeber geltenden Versorgungsregeln zugesagt. Der Arbeitgeber, der Leistungen der betrieblichen Altersversorgung auf Grundlage
einer betrieblichen Übung verspricht, will diese nach einem einheitlichen
System erbringen. Da die Geltung der Versorgungsregelungen auf einen längeren und unbestimmten Zeitraum angelegt ist, sind diese von vornherein
für die Begünstigten erkennbar einem etwaigen zukünftigen Änderungsbedarf ausgesetzt. Soll sich die Versorgung dagegen ausschließlich nach
den bei erstmaliger Begründung der betrieblichen Übung geltenden Versorgungsbedingungen richten, müssen hierfür deutliche Anhaltspunkte gegeben sein.

2. Mit der Zusage einer Versorgung nach den jeweils beim Arbeitgeber geltenden Versorgungsregeln wird auch die Möglichkeit für eine Ablösung auf
kollektivvertraglicher Grundlage eröffnet.

12. Betriebliche Altersversorgung – Verzinsung eines Versorgungskapitals

BAG, 30.8.2016 – 3 AZR 272/15 – NZA 2016, 1541

Orientierungssätze:

1. Obliegt einer Vertragspartei die Bestimmung der vertraglichen Leistung,
hat dies nach billigem Ermessen zu erfolgen, §315 Abs. 1 BGB. Nach §315 Abs. 3
BGB ist die Leistungsbestimmung durch einen Teil für den anderen verbind-
lich, falls sie der Billigkeit entspricht. Trifft der Berechtigte eine Bestimmung,
so ist eine gerichtliche Leistungsbestimmung nur möglich, wenn die getroffene unbillig ist. Dem Gericht ist es nicht gestattet, seine eigene Entscheidung
an die Stelle der Bestimmung durch den hierzu Berechtigten zu setzen.

2. Sieht eine Betriebsvereinbarung vor, dass ein dem Arbeitnehmer im Versorgungsfall zustehendes Versorgungskapital in mehreren Jahresraten auszuzahlen und mit einem marktüblichen Zinssatz zu verzinsen ist, den der Arbeitgeber festlegt, ist es rechtlich nicht zu beanstanden, wenn dieser sich bei der

Festlegung des Zinssatzes an der Rendite für Nullkuponanleihen risikoarmer Eurostaaten orientiert.

Sonstiges

1. Betriebsrente – Betriebsübergang – Gesamterledigungsklausel – Verwirkung
BAG, 20.4.2010 – 3 AZR 225/08 – NZA 2010, 883 = DB 2010, 1589 (H.-H. Schumann)
1. Gesamterledigungsklauseln sind im Regelfall dahin auszulegen, dass sie Betriebsrentenansprüche nicht erfassen. Die große Bedeutung von Versorgungsansprüchen erfordert eine unmissverständliche Erklärung; ein Verzicht muss eindeutig und zweifelsfrei zum Ausdruck gebracht werden.
2. Ist ein zwischen dem Übernehmer und dem Arbeitnehmer geschlossener Arbeitsvertrag wegen Umgehung des §613a BGB unwirksam, kommt eine Verwirkung von Betriebsrentenansprüchen gegen den Erwerber regelmäßig nicht in Betracht.

Weitere Orientierungssätze:
1. Revisionsanträge müssen nicht notwendig in einem bestimmt gefassten Antrag niedergelegt werden. §551 Abs. 3 Satz 1 Nr. 1 ZPO verlangt lediglich, dass die Revisionsbegründungsschrift ihrem gesamten Inhalt nach erkennen lässt, in welchem Umfang das landesarbeitsgerichtliche Urteil angefochten werden soll.
2. Welche Rechtsqualität und welchen Umfang eine Ausgleichsklausel hat, ist durch Auslegung nach den Regeln der §§133, 157 BGB zu ermitteln. Als rechtstechnische Mittel zur Bereinigung der Rechtsbeziehungen der Parteien kommen insbesondere der Erlassvertrag (§397 Abs. 1 BGB), das konstitutive negative Schuldanerkenntnis (§397 Abs. 2 BGB) und das deklaratorische negative Schuldanerkenntnis in Betracht.
3. Gesamterledigungsklauseln haben eine besondere Funktion. Sie sollen nach Beendigung des Arbeitsverhältnisses klare Verhältnisse schaffen und künftige Streitigkeiten unter den ehemaligen Arbeitsvertragsparteien verhindern. Deshalb sind Gesamterledigungsklauseln im Regelfall weit auszulegen.
4. Für Versorgungsansprüche gelten aber Besonderheiten. Diese haben meist einen hohen Wert; ihre Erhaltung und Erfüllung ist für den daraus Berechtigten von großer Bedeutung. Kein Arbeitnehmer wird ohne besonderen Grund auf derartige Rechte verzichten wollen. Diese Bedeutung der Versorgungsansprüche erfordert deshalb eine unmissverständliche Erklärung; ein Verzicht muss eindeutig und zweifelsfrei zum Ausdruck gebracht werden. Vor diesem Hintergrund sind Gesamterledigungsklauseln im Regelfall dahin auszulegen, dass sie Betriebsrentenansprüche nicht erfassen (vgl. Leitsatz 1).
5. Die Verwirkung ist ein Sonderfall der unzulässigen Rechtsausübung. Deshalb kann allein der Zeitablauf (Zeitmoment) die Verwirkung eines Rechts nicht recht-

fertigen. Zu dem Zeitmoment müssen besondere Umstände sowohl im Verhalten des Berechtigten als auch des Verpflichteten hinzutreten (Umstandsmoment), die es rechtfertigen, die späte Geltendmachung des Rechts als mit Treu und Glauben unvereinbar und für den Verpflichteten als unzumutbar anzusehen.

6. Eine Verwirkung scheidet von vornherein aus, solange das geltend gemachte Recht noch nicht besteht. Für Betriebsrentenansprüche bedeutet dies, dass bereits das Zeitmoment nicht vor Fälligkeit der sich aus dem Rentenstammrecht ergebenden Leistungen beginnt.

7. Der Senat hat offengelassen, ob für das Umstandsmoment an Geschehnisse angeknüpft werden kann, die sich vor dem Beginn des Zeitmoments ereignet haben.

8. Ist ein zwischen dem Übernehmer und dem Arbeitnehmer geschlossener Arbeitsvertrag wegen Umgehung des §613a BGB unwirksam, kommt eine Verwirkung von Betriebsrentenansprüchen gegen den Erwerber regelmäßig nicht in Betracht (s. Leitsatz 2).

2. Zinsvergünstigung bei Bauspardarlehen für Arbeitnehmer
BAG, 18.5.2010 – 3 AZR 102/08 – BeckRS 2010, 70797
Orientierungssätze:

1. Hat ein Arbeitgeber, der selbst das Bauspargeschäft betreibt, einem bestimmten Personenkreis im Wege der Gesamtzusage zugesagt, deren Bausparguthaben mit 1% über Kundenkonditionen zu verzinsen, so ist diese Zusage regelmäßig dahin auszulegen, dass ihre Erfüllung im Rahmen des jeweiligen Bausparvertrages geschuldet ist. Dies gilt auch dann, wenn der Arbeitgeber das Bauspargeschäft über eine rechtlich unselbständige Einrichtung betreibt.

2. Der Anspruch folgt aus dem Bausparvertrag auch dann, wenn dieser den Sonderzins nicht ausdrücklich ausweist.

3. Der Anspruch aus dem Bausparvertrag richtet sich nach Ausgliederung und Übertragung der rechtlich unselbständigen Einrichtung nach dem LBSG gegen die dadurch gegründete AG.

4. Dass der ursprüngliche Arbeitgeber infolge der Ausgliederung und Übertragung das Bauspargeschäft nicht mehr betreibt, führt nicht zu einer Störung der Geschäftsgrundlage im Verhältnis des Bausparers zur nunmehrigen Schuldnerin.

3. Arbeitsverhältnis als Voraussetzung für den Anspruch auf tarifvertragliches Beurlaubungsgeld – Anrechnung der ungekürzten, nicht durch den Zugangsfaktor nach §77 Abs. 2 Nr. 2 Buchst. a SGB VI verringerten gesetzlichen Altersrente bei Gesamtversorgungsansprüchen
BAG, 21.1.2011 – 9 AZR 565/08 – NZA-RR 2011, 439
Orientierungssätze:

1. Der Anspruch eines Arbeitnehmers auf Gesamtruhegeld in Form von Beurlaubungsgeld nach Nr. 17 Abs. 1 Buchst. a Anlage 6a TKT i.V.m. §30 Abs. 2 TKT setzt

voraus, dass das Arbeitsverhältnis fortbesteht. Endet das Arbeitsverhältnis nach §31 TKT, weil dem Arbeitnehmer ein Rentenbescheid über vorgezogenes Altersruhegeld zugestellt worden ist, erlischt der Anspruch auf Beurlaubungsgeld.

2. Die Zustellung des Rentenbescheids über die Bewilligung vorzeitigen Altersruhegelds, die gemäß §31 TKT die Beendigung des Arbeitsverhältnisses zur Folge hat, ist eine auflösende Bedingung i.S.d. §21 TzBfG. Sucht der Arbeitnehmer nicht binnen der in §17 Satz 1 TzBfG bezeichneten Frist Rechtsschutz vor den Gerichten für Arbeitssachen, endet das Arbeitsverhältnis unabhängig davon, ob die Bedingung Frauen wegen des Geschlechts benachteiligt (§17 Satz 1 TzBfG, §7 KSchG).

3. Die Entgeltbedingungen von männlichen Arbeitnehmern, die im fortbestehenden Arbeitsverhältnis unabhängig von einer Arbeitsleistung Überbrückungszahlungen des Arbeitgebers erhalten, bis sie das gesetzliche Renteneintrittsalters erreichen, sind nicht mit denen weiblicher Versorgungsempfänger vergleichbar, die bei gleichem Alter gesetzliche Altersrente beziehen.

4. Auf das ruhegeldfähige Gehalt i.S.d. Nr. 10 Anlage 6a TKT ist lediglich die von dem Versorgungsempfänger tatsächlich bezogene gesetzliche Altersrente, nicht aber die gesetzliche Altersrente, welche der Versorgungsempfänger bezogen hätte, wenn er die vorzeitige Altersrente nicht in Anspruch genommen hätte, anzurechnen. Für die Anrechnung der ungekürzten, nicht durch den Zugangsfaktor nach §77 Abs. 2 Nr. 2 Buchst. a SGB VI verringerten gesetzlichen Altersrente findet sich in der Tarifbestimmung kein Anhalt.

4. Klarstellende Tarifregelung – Zusammentreffen von Pension und Betriebsrente
BAG, 15.11.2011 – 3 AZR 113/10 – NZA-RR 2012, 544
Orientierungssätze:

1. Das Revisionsgericht hat bei seiner Beurteilung auch Tarifverträge zugrunde zu legen, die erst nach Abschluss der mündlichen Verhandlung im Berufungsverfahren abgeschlossen wurden.

2. Führt eine tarifliche Norm zur rückwirkenden Beseitigung einer unklaren oder verworrenen Rechtslage, wird dadurch nicht in schutzwürdiges Vertrauen auf den Fortbestand einer etwa begünstigenden Rechtslage eingegriffen. Eine derartige Regelung verstößt nicht gegen die Grundsätze des Vertrauensschutzes und der Verhältnismäßigkeit.

3. Die DFS Deutsche Flugsicherung GmbH ist nicht Teil des öffentlichen Dienstes i.S.v. §55a Abs. 1 Satz 1 und Satz 2 Nr. 2 sowie Abs. 2 des Soldatenversorgungsgesetzes. Ihre Altersversorgung ist deshalb keine zusätzliche Alters- oder Hinterbliebenenversorgung für Angehörige des öffentlichen Dienstes, die im Rahmen dieser Vorschrift die Soldatenpension mindern könnte. Die versorgungsrechtliche Bestimmung verbietet es deshalb auch nicht, die Kollision zwischen Pensionsansprüchen und Betriebsrentenansprüchen bei der DFS im

VersTV 2009 zu regeln und pensionsberechtigte ehemalige Soldaten aus der an sich bestehenden betrieblichen Altersversorgung herauszunehmen.

4. Es verstößt nicht gegen den arbeitsrechtlichen Gleichbehandlungsgrundsatz, Versorgungsberechtigte je nach ihrer anderweitigen Absicherung im Alter unterschiedlich zu behandeln.

5. Betriebliche Altersversorgung früherer Arbeitnehmer der Deutschen Reichsbahn
BAG, 17.1.2012 – 3 AZR 805/09 – BeckRS 2012, 67970
Orientierungssätze: Die Versorgung der Beschäftigten der Deutschen Reichsbahn wurde mit Inkrafttreten der Verordnung über die Pflichten und Rechte der Eisenbahner vom 28. März 1973 i. V. m. der Versorgungsordnung der Deutschen Reichsbahn in die Sozialpflichtversicherung der DDR überführt und war damit Teil der gesetzlichen Sozialversicherung. Ansprüche gegen die Deutsche Reichsbahn und ihre Nachfolger bestehen deshalb nicht.

6. Störung der Geschäftsgrundlage – planwidrige Überversorgung – Wechsel von Bruttogesamtversorgungsobergrenze zu Nettogesamtversorgungsobergrenze – Ausübung des Anpassungsrechts – Besteuerung der Sozialversicherungsrente – Besteuerung der Betriebsrente – Beitragspflicht zur gesetzlichen Kranken- und Pflegeversicherung
BAG, 17.1.2012 – 3 AZR 555/09 – BeckRS 2012, 69833
Orientierungssätze:

1. § 55 Beamtenversorgungsgesetz (BeamtVG) in der am 31. August 2006 geltenden Fassung gilt derzeit nach Art. 125a GG für kommunale Wahlbeamte im Freistaat Bayern als Bundesrecht fort.

2. Nach § 55 Abs. 1 Satz 1 und Satz 2 Nr. 2 BeamtVG in der am 31. August 2006 geltenden Fassung ist die Anrechnung der Versorgungsbezüge aus einer Tätigkeit als kommunaler Wahlbeamter auf zusätzliche Altersversorgungsleistungen für Angehörige des öffentlichen Dienstes ausgeschlossen.

3. Das gilt auch, soweit Leistungen der zusätzlichen Altersversorgung für Angehörige des öffentlichen Dienstes auf Tarifverträgen beruhen. Die durch Art. 9 Abs. 3 GG geschützte Koalitionsfreiheit steht nicht dem entgegen.

7. Zwangsvollstreckung – Prozessvergleich – Übertragung einer Direktversicherung
BAG, 31.5.2012 – 3 AZB 29/12 – BeckRS 2012, 70375
Orientierungssätze:

1. Für die Auslegung eines Prozessvergleichs als Vollstreckungstitel ist allein der protokollierte Inhalt des Vergleichs maßgebend. Dabei ist darauf abzustellen, wie das hierzu berufene Vollstreckungsorgan den Inhalt der zu erzwingenden Leistungen versteht.

2. Ein Prozessvergleich, mit dem sich der Arbeitgeber verpflichtet, auf erstes Anfordern alle für die Übertragung einer bestimmten Direktversicherung erforderlichen Erklärungen abzugeben, hat keinen vollstreckungsfähigen Inhalt. Zwar ist es für die Vollstreckungsfähigkeit ausreichend, wenn der durch die abzugebenden Erklärungen zu bewirkende Erfolg konkret bezeichnet ist. Daran fehlt es jedoch, wenn der geschuldete Erfolg (Übertragung der Direktversicherung) nicht bestimmt ist, weil nicht zweifelsfrei feststeht, ob sich damit der Arbeitgeber verpflichtet hat, die sog. versicherungsförmige Lösung nach §2 Abs. 2 Satz 2 BetrAVG zu wählen, oder ob der geschuldete Erfolg darin bestehen soll, dem Arbeitnehmer die Eigenschaft als Versicherungsnehmer zu verschaffen.

8. Fortführung der Rentenzusatzversicherung der ehemaligen Bahnversicherungsanstalt durch das Bundeseisenbahnvermögen für ehemalige Arbeitnehmer der Deutschen Bundesbahn
BAG, 18.9.2012 – 3 AZR 307/10 – BeckRS 2012, 75661
Orientierungssatz: Das Bundeseisenbahnvermögen ist nach §14 Abs. 2 Satz 2 DBGrG verpflichtet, die Pflichtversicherung eines ehemaligen Arbeitnehmers der Deutschen Bundesbahn fortzuführen, solange das bei der Eintragung der Deutsche Bahn AG in das Handelsregister am 5. Januar 1994 mit der Deutschen Bundesbahn bestandene Arbeitsverhältnis mit Betriebserwerbern fortbesteht und der Arbeitnehmer in der am 5. Januar 1994 von der Deutsche Bahn AG übernommenen Betriebsstätte beschäftigt ist.

9. Betriebsrente ab dem 60. Lebensjahr – Fremdgeschäftsführer
BAG, 15.4.2014 – 3 AZR 114/12 – NZA 2014, 767
Der Fremdgeschäftsführer einer GmbH kann nach §17 Abs. 1 Satz 2 i.V.m. §30a BetrAVG bereits ab dem 60. Lebensjahr eine vorgezogene Betriebsrente verlangen, wenn er die in §30a Abs. 1 BetrAVG genannten Voraussetzungen erfüllt. Dazu ist nicht erforderlich, dass ab dem 60. Lebensjahr ein Anspruch auf eine Rente aus der gesetzlichen Rentenversicherung besteht.

Weitere Orientierungssätze:
1. Nach §17 Abs. 1 Satz 2 i.V.m. §30a BetrAVG kann auch der Fremdgeschäftsführer einer GmbH – abweichend von §6 BetrAVG – bereits ab dem 60. Lebensjahr eine vorgezogene Betriebsrente verlangen, wenn er die in §30a Abs. 1 BetrAVG genannten Voraussetzungen erfüllt. Auf die konkrete Schutzbedürftigkeit des Fremdgeschäftsführers im Einzelfall kommt es nicht an.
2. Bei §30a BetrAVG handelt es sich um eine Anspruchsgrundlage.
3. Die in §17 Abs. 1 Satz 2 BetrAVG enthaltene Verweisung auf die §§1 bis 16 BetrAVG erfasst über die Verweisung auf §6 BetrAVG auch die Vorschrift des §30a BetrAVG.

10. Betriebliche Altersversorgung – Öffentlicher Dienst – vorzeitiges Ausscheiden – Übergangsregelung
BAG, 13.10.2016 – 3 AZR 438/15 – NZA 2017, 510
Orientierungssätze:

1. § 30d Abs. 3 BetrAVG enthält eine Übergangsregelung für Arbeitnehmer des öffentlichen Dienstes, die bis zum 31. Dezember 1998 aufgrund von § 18 Abs. 1 Satz 1 Nr. 4, 5 und 6 BetrAVG in der seinerzeit geltenden – für verfassungswidrig erklärten – Fassung des Betriebsrentengesetzes bei Ausscheiden aus dem öffentlichen Dienst vor Eintritt eines Versorgungsfalls keine Ansprüche auf betriebliche Altersversorgung gegenüber ihrem Arbeitgeber, sondern einen Anspruch auf Nachversicherung bei einer Zusatzversorgungseinrichtung hatten.

2. Nach § 30d Abs. 3 BetrAVG haben diese Arbeitnehmer bei Eintritt des Versorgungsfalls Anspruch auf den Anteil des ohne dieses Ausscheiden erreichbaren Leistungsanspruchs, der dem Verhältnis ihrer tatsächlichen Betriebszugehörigkeit zur möglichen bei Erreichen der festen Altersgrenze entspricht. Das gilt jedenfalls dann, wenn die Versorgungsanwartschaft beim Ausscheiden gesetzlich unverfallbar war.

3. Für die Berechnung des erreichbaren Leistungsanspruchs – der fiktiven Vollrente – ist das Arbeitsverhältnis als unter Weiterbezug des letzten Gehalts fortbestehend zu behandeln. Im Übrigen sind die rechtlichen Grundlagen heranzuziehen, die am 31. Dezember 2000 galten.

4. Errechnet sich die Höhe der Betriebsrente bei Erreichen des Versorgungsfalls im Arbeitsverhältnis so, dass auf eine bestimmte Versorgung die Rente aus der gesetzlichen Rentenversicherung angerechnet wird – Gesamtversorgung –, ist bei der Errechnung der fiktiven Vollrente auch die gesetzliche Rente hochzurechnen. Dabei sind für Zeiten vor dem Ausscheiden aus dem Arbeitsverhältnis die tatsächlich erworbenen Entgeltpunkte zugrunde zu legen. Für die Zeit danach bis zur festen Altersgrenze sind für den gesamten Zeitraum die Entgeltpunkte nach dem Rentenrecht und den Rechengrößen anzusetzen, die am 31. Dezember 2000 galten.

11. Betriebliche Altersversorgung – Streitwertfestsetzung – wiederkehrende Leistungen
BAG, 8.3.2017 – 3 AZN 886/16 (A) – BeckRS 2017, 104358
Orientierungssätze:

1. Für die Wertfestsetzung bei Klagen auf wiederkehrende Leistungen bestimmt § 42 Abs. 1 GKG eine Begrenzung auf den 3-fachen Jahresbetrag und nach § 42 Abs. 3 GKG werden rückständige Beträge nicht werterhöhend berücksichtigt. Eine weitere Begrenzung des Streitwertes kommt nur in Betracht, wenn die wirtschaftliche Bedeutung eine andere Beurteilung gebietet.

2. Klagt ein Versorgungsempfänger auf den Gesamtbetrag der monatlichen Betriebsrente und beschränkt seine Klage nicht auf den letztlich zwischen den Parteien umstrittenen Teilbetrag (sog. Spitzenbetragsklage), so kommt eine zusätzliche Begrenzung des Streitwertes nicht in Betracht. Nur mit der Klage auf den gesamten monatlichen Betrag kann der Kläger eine rechtskräftige Entscheidung über die Leistung seiner Betriebsrente erreichen.

12. Betriebliche Altersversorgung – Beschwerdewert – wiederkehrende Leistungen

BAG, 15.5.2018 – 3 AZB 8/18 – BeckRS 2018, 10586

Orientierungssätze: Klagt ein Versorgungsempfänger auf den Gesamtbetrag der monatlichen Betriebsrente und beschränkt seine Klage nicht auf den zwischen den Parteien streitigen Teilbetrag (sog. Spitzenbetragsklage), ist für die Berechnung des Beschwerdewerts die Höhe der gesamten künftig begehrten monatlichen Betriebsrente maßgeblich (Rn.9).

Glossar

Abfindung

Die Abfindung gesetzlich unverfallbarer Anwartschaften im Fall der Beendigung des Arbeitsverhältnisses sowie laufender Rentenleistungen nach dem Eintritt des Versorgungsfalles ist gem. §3 Abs. 1 BetrAVG grundsätzlich unzulässig. Ausnahmen zu diesem Grundsatz statuiert §3 Abs. 2–6 BetrAVG. Danach können unter bestimmten Umständen insbesondere Kleinstanwartschaften sowie während des laufenden Insolvenzverfahrens erdiente Anwartschaften ohne Zustimmung des Arbeitnehmers abgefunden werden.

§3 Abs.1 BetrAVG ist gegenüber Arbeitnehmern nicht dispositiv, d.h. der Arbeitnehmer kann nicht beispielsweise in einem Aufhebungsvertrag auf gesetzlich unverfallbare Anwartschaften verzichten.

Die Abfindung vertraglich unverfallbarer Anwartschaften und die Abfindung von Anwartschaften während des laufenden Arbeitsverhältnisses ist hingegen möglich.

Zur Ermittlung der Höhe des Abfindungsbetrags gilt §4 Abs. 5 BetrAVG. Damit richtet sich die Höhe der Abfindung nach dem jeweiligen Durchführungsweg.

Abfindungen sind gesondert auszuweisen und einmalig auszuzahlen.

Anpassung

§16 BetrAVG statuiert die Pflicht des Arbeitgebers, die Betriebsrenten alle drei Jahre darauf zu überprüfen, ob die Leistungen aus betrieblicher Altersversorgung der Höhe nach angepasst werden müssen, um einen evtl. eingetretenen Kaufkraftverlust auszugleichen.

Bei der Frage, ob eine Anpassungsverpflichtung des Arbeitgebers besteht oder nicht, sind die Belange der Versorgungsempfänger sowie die wirtschaftliche Lage des Arbeitgebers zu berücksichtigen. Unter Umständen kann daher trotz eines eingetretenen Kaufkraftverlustes die Anpassungsverpflichtung des Arbeitgebers ganz oder teilweise entfallen. Dazu muss der Arbeitgeber darlegen, dass das Unternehmen voraussichtlich nicht in der Lage sein wird, die Anpassung aus dem Wertzuwachs des Unternehmens und seinen Erträgen zu erbringen. Eine Substanzgefährdung des Unternehmens muss vom Arbeitgeber nicht hingenommen werden, um einen Teuerungsausgleich zu gewährleisten.

Besonderheiten können sich u.U. bei der Anpassungsprüfungspflicht von Konzernunternehmen ergeben. So kann es im Einzelfall sein, dass nicht auf die wirtschaftliche Lage des Versorgungsschuldners, sondern auf die wirtschaftliche Lage eines beherrschenden Unternehmens oder die Unternehmensmutter abzustellen ist (siehe *Berechnungsdurchgriff*).

Die Pflicht zur Anpassungsprüfung entfällt, wenn die Voraussetzungen von §16 Abs. 3 BetrAVG vorliegen, insbesondere wenn die Versorgungszusage eine jährliche einprozentige Mindestanpassung enthält, die betriebliche Altersversorgung über eine Direktversicherung oder Pensionskasse durchgeführt wird und ab Rentenbeginn sämtliche auf den Rentenbestand anfallenden Überschussanteile zur Erhöhung der laufenden Leistungen genutzt werden oder eine Beitragszusage mit Mindestleistung erteilt wurde. Das Gleiche gilt bei Erteilung einer reinen Beitragszusage.

Anwartschaft

Eine Anwartschaft auf Leistungen der betrieblichen Altersversorgung ist die gesicherte Rechtsposition auf eine zukünftige Leistung aus der Versorgungszusage, die im Zeitraum zwischen der Erteilung der Versorgungszusage und dem Eintritt des Versorgungsfalls besteht. Die Höhe der Anwartschaft ergibt sich aus den Parametern der jeweiligen Versorgungszusage. Für die Berechnung des Barwertes der Anwartschaft ist §2 BetrAVG maßgeblich (siehe auch *Quotierungsverfahren*). Bei Eintritt der Unverfallbarkeit kann der Arbeitgeber dem Arbeitnehmer die Anwartschaft nicht mehr ohne Weiteres entziehen.

Auskunftsanspruch

Gemäß §4a BetrAVG hat der Arbeitnehmer gegen seinen Arbeitgeber einen Anspruch auf Auskunft darüber, ob und wie eine Anwartschaft auf betriebliche Altersversorgung erworben wird, wie hoch der Anspruch auf betriebliche Altersversorgung aus der bisher erworbenen Anwartschaft ist und bei Erreichen der Altersgrenze voraussichtlich sein wird. Ferner hat der Arbeitgeber auf Verlangen des Arbeitnehmers Auskunft darüber zu erteilen, wie sich die Beendigung des Arbeitsverhältnisses auf die Anwartschaft auswirkt und wie sich die Anwartschaft nach Beendigung des Arbeitsverhältnisses entwickeln wird. Die Auskunftspflicht erstreckt sich auch auf den Wert im Falle der Übertragung der Anwartschaft auf einen neuen Arbeitgeber. Auch ausgeschiedene Arbeitnehmer haben einen Auskunftsanspruch.

Die Mitteilung ist entweder vom Arbeitgeber selbst oder dem Versorgungsträger zu machen.

Beitragsbemessungsgrenze

Als Beitragsbemessungsgrenze (BBG) wird das Arbeitsentgelt bezeichnet, auf dessen Grundlage die Beiträge zur gesetzlichen Sozialversicherung berechnet werden. Darüber hinausgehende Entgelte bleiben beitragsfrei. Maßgeblich für die betriebliche Altersversorgung ist wegen § 1a BetrAVG die BBG der gesetzlichen Rentenversicherung. Relevant ist die BBG vor allem im Bereich der Entgeltumwandlung. Gem. § 1a Abs. 1 Satz 1 BetrAVG ist die Verwendung von Einkünften für die betriebliche Altersversorgung aus Entgeltumwandlung auf 4 % der jeweiligen BBG begrenzt.

Beitragsorientierte Leistungszusage

Die beitragsorientierte Leistungszusage ist eine Zusageart in der betrieblichen Altersversorgung. Bei einer beitragsorientierten Leistungszusage verpflichtet sich der Arbeitgeber, bestimmte Beiträge in eine Anwartschaft auf Versorgungsleistungen umzuwandeln. Verwaltungskosten, Steuern sowie sonstige Einflussgrößen können in die Kalkulation des (fiktiven) Beitrags eingerechnet werden. Dem Arbeitnehmer werden die Beiträge sowie die sich daraus ergebenden Leistungen mitgeteilt. Die beitragsorientierte Leistungszusage kann in allen Durchführungswegen der betrieblichen Altersversorgung gewählt werden. Sie kann arbeitgeber-, arbeitnehmer- oder mischfinanziert sein.

Beitragszusage mit Mindestleistung

Die Beitragszusage mit Mindestleistung ist eine Zusageart in der betrieblichen Altersversorgung. Bei der Beitragszusage mit Mindestleistung muss der Arbeitgeber zumindest die Summe der eingezahlten Beiträge (abzüglich eines biometrischen Risikoausgleichs) garantieren. Darüber hinaus ist er verpflichtet, dem Arbeitnehmer das planmäßig erwirtschaftete Versorgungskapital als Versorgungsleistung zu gewähren. Anlagechancen bzw. das Anlagerisiko trägt damit weitgehend der Versorgungsberechtigte. Der Anspruch auf die Mindestleistung bleibt davon jedoch unberührt. Die Beitragszusage mit Mindestleistung ist ausschließlich bei den versicherungsförmigen Durchführungswegen Pensionsfonds, Pensionskasse und Direktversicherung möglich.

Berechnungsdurchgriff

Die Frage, inwieweit die Anpassungsprüfungspflicht tatsächlich eine Pflicht zum Teuerungsausgleich nach sich zieht, hängt neben der Kaufkraftentwicklung maßgeblich von der wirtschaftlichen Lage des Arbeitgebers ab, § 16 Abs. 1 Hs. 2 BetrAVG. Das gilt grundsätzlich auch dann, wenn der zusagende Arbeitgeber in eine Konzernstruktur eingebunden ist und Unterschiede bei der finanziellen Leistungsfähigkeit einzelner Konzernunternehmen bestehen. Etwas anderes ist aber denkbar unter der Figur des Berechnungsdurchgriffs. Hier wird über den zusagenden Arbeitgeber hinaus auf weitere Konzerngesellschaften abgestellt. Dabei sind zwei Möglichkeiten denkbar: Zum einen der Fall, dass der zusagende Arbeitgeber leistungsfähig ist, der Konzern sich aber in einer schwierigen Lage befindet (siehe nachfolgend). Zum anderen der Fall, dass sich der zusagende Arbeitgeber in einer schwierigen wirtschaftlichen Lage befindet, unter Einbeziehung des Konzerns aber eine Leistungsfähigkeit bejaht werden könnte (siehe nachfolgend). In diesen Fällen bleibt es allerdings dabei, dass Anpassungsschuldner allein das zusagende Konzernunternehmen bleibt. Es erfolgt lediglich eine Zurechnung der Leistungsfähigkeit der anderen Konzernunternehmen.

Berechnungsdurchgriff – Nicht der Konzern, aber der Arbeitgeber selbst ist leistungsfähig
In diesem Fall rechtfertigt die Figur des Berechnungsdurchgriffs es nicht, dass sich der Arbeitgeber unter Berufung auf die schlechte wirtschaftliche Lage des Konzerns der Anpassungsverpflichtung entzieht. Der Berechnungsdurchgriff soll nicht den Konzern, sondern den Versorgungsberechtigten schützen. Er kann also nicht zugunsten des zusagenden Arbeitgebers angewendet werden. Zulässig ist eine Berücksichtigung hingegen, wenn der verpflichtete Arbeitgeber darlegen kann, dass sich die schlechte wirtschaftliche Lage anderer Konzernunternehmen in absehbarer Zeit und in konkreter Art auch auf seine eigene Leistungsfähigkeit negativ auswirken wird. Dies ist allerdings weniger eine Frage des Berechnungsdurchgriffs, als vielmehr eine Frage, inwieweit der verpflichtete Arbeitgeber im Rahmen der Prognose seiner wirtschaftlichen Entwicklung nachweisen kann, dass, auch wenn in der Vergangenheit eine Leistungsfähigkeit vorhanden war, er gleichwohl in der Zukunft aufgrund greifbarer Anhaltspunkte die Anpassungsverpflichtungen nicht wird erfüllen können.

Berechnungsdurchgriff – Nicht der Arbeitgeber, aber der Konzern ist leistungsfähig
Es ist möglich, dass sich der verpflichtete Arbeitgeber die Leistungsfähigkeit eines anderen Konzernunternehmens zurechnen lassen muss mit der Folge, dass er, obwohl individuell dazu nicht in der Lage, die Anpassung vornehmen muss.

a) Qualifiziert faktischer Konzern und Vertragskonzern
In der älteren Rechtsprechung des BAG war dieser Berechnungsdurchgriff entsprechend dem Haftungsdurchgriff nach der Rechtsprechung des BGH ausgestaltet (3 AZR 519/93). Danach bedurfte es zunächst einer Konzernbeziehung, entweder weil es sich um einen Vertragskonzern handelte oder weil die Obergesellschaft tatsächlich dauerhaft und umfassend die Geschäfte der Tochtergesellschaft an sich gezogen hat (sog. qualifiziert faktischer Konzern). Kumulativ war aber auch noch erforderlich, dass die Leitungsmacht ohne Rücksicht auf die Interessen der Tochtergesellschaft durchgeführt wurde und

das Verhalten der Obergesellschaft kausal für die Möglichkeit der Anpassung geblieben ist.

Diese Rechtsprechung wurde ihrer Grundlage beraubt, nachdem der BGH in seiner Trihotel-Entscheidung seine Rechtsprechung zum Haftungsdurchgriff im Konzern grundlegend geändert hat (II ZR 3/04). Seitdem hat das BAG mehrfach offengelassen, ob im Bereich des faktischen Konzerns die Rechtsprechung zum Berechnungsdurchgriff noch anwendbar sein kann (3 AZR 427/08; 3 AZR 727/07).

Im Bereich des Vertragskonzerns hat es die Möglichkeit des Berechnungsdurchgriffs demgegenüber zunächst erweitert (3 AZR 369/07). Demnach war ein Berechnungsdurchgriff bereits dann zulässig, wenn ein Beherrschungsvertrag existierte. Weitere Voraussetzungen, wie etwa die missbräuchliche Ausnutzung von Leitungsmacht und darauf aufbauend der Verlust der wirtschaftlichen Leitungsmacht, wurden dann nicht mehr verlangt. Diese Judikatur wurde im Jahr 2015 (3 AZR 739/13) aufgegeben: Ein Berechnungsdurchgriff im Vertragskonzern setzt seither neben dem Vorliegen des Beherrschungsvertrags weiter voraus, dass sich die durch das Bestehen des Beherrschungsvertrags geschaffene Gefahr auch tatsächlich negativ auf die Leistungsfähigkeit der anpassungspflichtigen Gesellschaft auswirkt. Es muss sich also das Risiko der Einwirkungsmöglichkeit realisiert haben.

b) Konzerninterne harte Patronatserklärung

Ein weiterer Fall, bei dem ein Berechnungsdurchgriff in Betracht kommen kann, ist der Fall der sog. konzerninternen »harten« Patronatserklärung. Bei einer solchen gibt die Obergesellschaft (Patronin) gegenüber dem konzerngebundenen Anpassungsschuldner eine – im Gegensatz zur »weichen« Patronatserklärung – rechtsverbindliche Erklärung dahin gehend ab, dass die Patronin sicherstellt, dass der Anpassungsschuldner die Anpassungsverpflichtungen erfüllt. Da der Anpassungsschuldner wegen der rechtlichen Bindungswirkung der Erklärung seine Refinanzierung sicherstellen kann, ist hier ein Gleichlauf von Zurechnung und Innenhaftung vorhanden. Handelt es sich hingegen um eine sog. konzernexterne »harte« Patronatserklärung gegenüber einem Gläubiger, kann das zur Anpassung verpflichtete Tochterunternehmen aus dieser Patronatserklärung regelmäßig keine eigenen Ansprüche ableiten, da es sich zumeist nur um einen unechten Vertrag zugunsten Dritter (§329 BGB) handelt. Da in einem solchen Fall der Innenhaftungstatbestand nicht besteht, scheidet auch ein Berechnungsdurchgriff aus.

Betriebsrentenstärkungsgesetz

Mit dem Betriebsrentenstärkungsgesetz sind zum 1.1.2018 Ergänzungen und Änderungen des Betriebsrentengesetzes (BetrAVG) in Kraft getreten. Neu eingeführt hat die Gesetzesänderung insbesondere die sog. reine Beitragszusage sowie ein sog. Opting-out-Modell für tarifvertragliche Versorgungszusagen. Ziel des Gesetzgebers ist die Förderung und Verbreitung der betrieblichen Altersversorgung.

CTA

Das Contractual Trust Arrangement (CTA) ist kein eigenständiger Durchführungsweg, sondern ein Instrument, das vor allem zur Finanzierung von Versorgungsverbindlichkeiten aus Direktzusagen verwendet wird. Das CTA dient insbesondere als privatrechtliches Insolvenzsicherungsmittel. Für CTAs können vielfältige Gestaltungsvarianten gewählt werden. In der Praxis am häufigsten gewählt ist die Ausgestaltung als sog. doppelseitiges Treuhandmodell oder als Pfandrechtsmodell. Zielsetzung bei der Gestaltung und Verwendung von CTA ist immer (auch) die Generierung sog. Planvermögens (plan assets), welches sowohl nach IAS und US-GAAP als auch nach HGB saldierungsfähig (vgl. §246 Abs. 2 Satz 2 HGB) ist.

Saldierungsfähig sind die Vermögensgegenstände nach IAS 19.8 u.a. dann, wenn sie

- von einer rechtlich selbstständigen Versorgungseinrichtung gehalten werden;
- ausschließlich dazu dienen, Leistungen an Arbeitnehmer zu zahlen oder zu finanzieren;
- insolvenzsicher dem Zugriff des Arbeitgebers oder seiner anderen Gläubiger entzogen gehalten werden und eine Rückübertragung nur bei Überdeckung oder zum Zwecke der Erstattung von durch den Arbeitgeber bereits erfüllten Versorgungsverpflichtungen oder die Auszahlung an den Arbeitgeber im Wege der Erstattung für bereits geleistete Arbeitnehmerzahlungen erfolgt.

Die eigentliche Versorgungszusage bleibt von der Verwendung des CTA unberührt, sodass die wirksame Errichtung eines CTA daher bei sachgerechter Gestaltung auch nicht der Zustimmung der Arbeitnehmer bzw. ihrer Vertretungen bedarf.

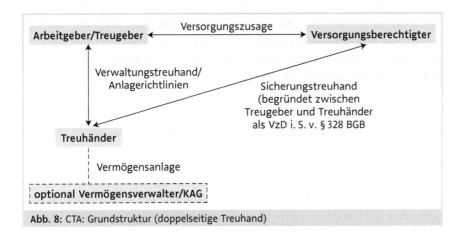

Abb. 8: CTA: Grundstruktur (doppelseitige Treuhand)

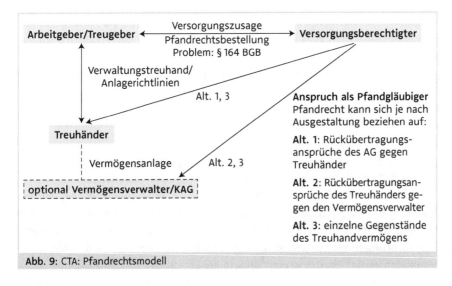

Abb. 9: CTA: Pfandrechtsmodell

Direktversicherung

Nach der Definition in §1b Abs. 2 Satz 1 BetrAVG liegt eine Direktversicherung vor, wenn der Arbeitgeber für die betriebliche Altersversorgung des Arbeitnehmers eine Lebensversicherung abschließt und der Arbeitnehmer bzw.
seine Hinterbliebenen hinsichtlich der Leistungen des Versicherers ganz oder
teilweise bezugsberechtigt werden. Bei der Direktversicherung handelt es sich
um eine sog. mittelbare Versorgungszusage, d.h. die Leistungserbringung erfolgt nicht durch den Arbeitgeber selbst, sondern durch den Versicherer. Der
Arbeitgeber bleibt jedoch gem. §1 Abs. 1 Satz 3 BetrAVG einstandspflichtig, soweit der Versicherer mit seinen Leistungen hinter dem Versorgungsanspruch

des Arbeitnehmers zurückbleibt. Die Versorgungsleistung wird aus den Beiträgen des Arbeitgebers finanziert, da er der Versicherungsnehmer ist. Dies gilt auch, wenn die Direktversicherung zur Durchführung der betrieblichen Altersversorgung aus Entgeltumwandlung gewählt wird.

Lebensversicherungsverträge, die zugunsten eines Dritten (Versicherter) geschlossen werden, bedürfen gem. §150 Abs. 2 VVG grundsätzlich der Schriftform. Nach der zum 1.1.2018 in Kraft getretenen Neufassung des §150 Abs. 2 Satz 1 letzter Halbsatz VVG gilt dies für sämtliche Lebensversicherungsverträge aus betrieblicher Altersversorgung nicht mehr. Das heißt, der zwischen dem Arbeitgeber und dem Versicherer geschlossene Versicherungsvertrag ist auch ohne die schriftliche Einwilligung des Arbeitnehmers wirksam.

Das Bezugsrecht kann dem Arbeitnehmer widerruflich oder unwiderruflich eingeräumt werden (vgl. §159 VVG). Arbeitsrechtlich ist die Ausübung des Widerrufsrechts durch den Arbeitgeber nach Eintritt der Unverfallbarkeitsvoraussetzungen jedoch unzulässig. In der Praxis sehen die Versicherungsverträge daher in der Regel sog. eingeschränkte unwiderrufliche Bezugsrechte vor, welche einen Widerruf nur zulassen, wenn ein Arbeitnehmer ohne gesetzlich unverfallbare Anwartschaft ausscheidet.

Direktzusage
Bei der Direktzusage verpflichtet sich der Arbeitgeber, die Versorgungsleistungen nach Eintritt des Versorgungsfalls selbst an den Arbeitnehmer und ggf. seine Hinterbliebenen zu erbringen (unmittelbare Versorgungszusage). Für die Erfüllung der Versorgungsverpflichtungen haftet der Arbeitgeber mit seinem Vermögen. Der Arbeitgeber hat zur internen Finanzierung der Versorgungsverpflichtungen Pensionsrückstellungen zu bilden. Zum Teil werden hier auch Vermögensmittel über eine verpfändete Rückdeckungsversicherung oder Contractual Trust Arrangements (CTA) reserviert. Die Verpflichtungen aus der Direktzusage werden dann zusätzlich zum Schutz über den PSV noch über die Rückdeckungsversicherung oder das CTA insolvenzgesichert. Für den Arbeitgeber bietet dies zudem den Vorteil, dass er gem. §246 Abs. 2 Satz 2 HGB entgegen dem grundsätzlichen geltenden Verrechnungsverbot das sog. Planvermögen mit den Schulden aus betrieblicher Altersversorgung verrechnen kann.

Drei-Stufen-Theorie
Als Drei-Stufen-Theorie wird die arbeitsrechtliche Rechts- oder Billigkeitskontrolle bei der (verschlechternden) Ablösung von Versorgungszusagen bezeichnet. Dabei ist das Bestandsinteresse des Arbeitnehmers gegen das Abänderungsinteresse das Arbeitnehmers abzuwägen, wobei die Grundsätze der Verhältnismäßigkeit und des Vertrauensschutzes gelten. Die Rechtfertigung

eines verschlechternden Eingriffs in die Versorgungszusage unterliegt nach der Drei-Stufen-Theorie je nach Besitzstandsstufe unterschiedlich hohen Voraussetzungen. Für Eingriffe auf der dritten Besitzstandsstufe (noch erdienbare Versorgungsbeträge/Steigerungsbeträge) reichen sachlich-proportionale Gründe, während für Eingriffe auf der zweiten Besitzstandsstufe (erdiente Dynamik) triftige Gründe und für Eingriffe in die erste Besitzstandsstufe (erdiente Anwartschaften) zwingende Gründe vorliegen müssen. Zu den konkreten Anforderungen an die jeweiligen Rechtfertigungsgründe existiert eine ausdifferenzierte Rechtsprechung des BAG, anhand derer im Vorfeld einer Verschlechterung die Rechtmäßigkeit dieser überprüft werden sollte.

Durchführungswege
Dem Arbeitgeber stehen zur Durchführung der betrieblichen Altersversorgung, d.h. zu ihrer Finanzierung und Administration, fünf verschiedene Wege offen. Er kann die betriebliche Altersversorgung als Direktzusage, über eine Unterstützungskasse, eine Direktversicherung sowie über eine Pensionskasse oder einen Pensionsfonds durchführen. Bei der Wahl des Durchführungsweges ist der Arbeitgeber grundsätzlich frei. Ein Mitbestimmungsrecht des Betriebsrats gibt es bei der Wahl des Durchführungsweges nicht. Des Weiteren ist auch eine Kombination verschiedener Durchführungswege möglich.

Die Durchführungswege unterscheiden sich vor allem hinsichtlich ihrer Finanzierung, ihrer Kapitalanlagemöglichkeiten sowie aus bilanz- und steuerrechtlicher Sicht.

Einstandspflicht
Mit dem Begriff »Einstandspflicht« wird die verschuldensunabhängige subsidiäre Haftung des Arbeitgebers aus §1 Abs. 1 Satz 3 BetrAVG bezeichnet, wenn bei der Durchführung der betrieblichen Altersversorgung über einen externen Durchführungsweg (Unterstützungskasse, Direktversicherung, Pensionskasse, Pensionsfonds) der Versorgungsträger mit seinen Leistungen hinter den Versorgungsansprüchen der Arbeitnehmer aus der Versorgungszusage zurückbleibt.

Keine Einstandspflicht trifft den Arbeitgeber bei der reinen Beitragszusage. Mit Entrichtung des zugesagten Beitrags wird der Arbeitgeber hier von seiner Versorgungsverpflichtung frei.

Entgeltumwandlung
Von betrieblicher Altersversorgung aus Entgeltumwandlung spricht man, wenn Arbeitgeber und Arbeitnehmer vereinbaren, dass bestimmte künftige Ansprüche aus dem Arbeitseinkommen zur Finanzierung einer wertgleichen

Versorgungsanwartschaft verwendet werden. Arbeitnehmer haben grundsätzlich gem. §1a BetrAVG einen Rechtsanspruch auf Entgeltumwandlung. Ein Arbeitnehmer kann nach der Vorschrift verlangen, dass von seinem Gehalt bis zu 4% der für das jeweilige Kalenderjahr geltenden Beitragsbemessungsgrenze in der Rentenversicherung für eine Entgeltumwandlung verwendet werden. Entgeltumwandlung ist grundsätzlich in allen Durchführungswegen und Zusagearten möglich. Ist der Arbeitgeber bereit, die Entgeltumwandlung über eine Pensionskasse oder einen Pensionsfonds oder eine Versorgungseinrichtung nach §22 BetrAVG durchzuführen, so ist er in der Wahl des Durchführungswegs frei. Soweit er eine derartige Bereitschaft nicht signalisiert, hat der Arbeitnehmer einen Anspruch darauf, dass die Entgeltumwandlung über eine Direktversicherung durchgeführt wird. Die Entgeltumwandlung wird durch steuerliche und sozialversicherungsrechtliche Privilegierungen gefördert.

Future Service
Als Future Service wird der noch nicht erdiente, aber erdienbare Teil der Versorgungszusage bezeichnet.

Gesamtzusage
Als Gesamtzusage wird die einseitige Erklärung des Arbeitgebers bezeichnet, einem bestimmten Personenkreis eine bestimmte Leistung zu gewähren. Dabei gelten die zivilrechtlichen Regelungen über Rechtsgeschäfte, d.h. die Erklärung des Arbeitgebers muss ein Angebot sein, dass jedenfalls konkludent auch durch den Arbeitnehmer angenommen werden muss (vgl. §§145 ff. BGB), wobei auf den Zugang der Annahme verzichtet werden kann (§151 BGB). Der Arbeitnehmer erwirbt dann einen Anspruch auf die Versorgungsleistung. Besonderheiten sind bei der Frage der Ablösbarkeit von Gesamtzusagen durch Betriebsvereinbarung zu beachten. Grundsätzlich gilt ebenso wie für rein individualvertragliche Zusagen, dass sie durch Betriebsvereinbarung nur dann verschlechternd abgelöst werden können, wenn sie betriebsvereinbarungsoffen gestaltet sind.

Insolvenzschutz
Insolvenzschutz in der betrieblichen Altersversorgung wird zum einen durch die Pflichtmitgliedschaft der Arbeitgeber im Pensions-Sicherungs-Verein (PSV) gewährleistet. Zum anderen stehen den Arbeitgebern auch privatrechtliche Insolvenzsicherungsmittel zur Verfügung. Insbesondere sei hier das Contractual Trust Arrangement (CTA, siehe oben) als Insolvenzsicherungsmittel genannt. Es ist auch eine Kombination verschiedener Sicherungsmittel zulässig. Zu beachten ist jedoch, dass ein privatrechtliches Insolvenzsicherungsmittel nicht von der Pflichtmitgliedschaft im PSV entbindet und auch nicht zu Bei-

tragsreduzierungen gegenüber dem PSV führt. Diese Sicherungsinstrumente stehen damit neben der gesetzlichen Insolvenzsicherung.

Leistungsplan

Als Leistungsplan oder Versorgungsordnung wird das Regelwerk bezeichnet, das die Einzelheiten der Versorgungszusage regelt. In ihm sind beispielsweise die Zusageart, die Höhe der Versorgungsleistung, der begünstigte Personenkreis, der Eintritt des Versorgungsfalls und die Art der Versorgungsleistung (Rentenzahlung oder Kapitalzahlung) geregelt. Ferner kann der Leistungsplan Anrechnungs-, Ausschluss- oder Härteklauseln enthalten. Im Leistungsplan können ferner erleichterte Unverfallbarkeitsvoraussetzungen aufgenommen werden.

Zusammengefasst beschreibt der Leistungsplan die Rechte und Pflichten in Bezug auf das Versorgungsverhältnis. Zum Teil wird im Leistungsplan auch nur auf die Regelungen bei einem externen Versorgungsträger verwiesen (etwa auf die Versorgungsordnung einer Unterstützungskasse oder den Versicherungstarif einer Pensionskasse).

Leistungszusage

Die Leistungszusage ist eine Zusageart in der betrieblichen Altersversorgung. Sie ist dadurch gekennzeichnet, dass der Arbeitgeber dem Versorgungsberechtigten eine bereits bei Erteilung der Zusage genau bestimmte Versorgungshöhe – z.B. durch die Nennung eines Festbetrags (sog. Festbetragszusage) oder in Abhängigkeit vom letzten Gehalt vor Versorgungseintritt (sog. Endgehaltszusage) – verspricht. Das Risiko der Kapitalanlage liegt hier beim Arbeitgeber.

Opting-out

Seit dem 1.1.2018 sieht das BetrAVG die Möglichkeit eines sog. Opting-outs (Optionssystems) vor. Danach besteht die Möglichkeit, in einem Tarifvertrag oder aufgrund eines Tarifvertrags in einer Betriebs- oder Dienstvereinbarung eine automatische Entgeltumwandlung zu vereinbaren. Die Einführung hat zur Folge, dass ein Arbeitnehmer dann an der Entgeltumwandlung teilnimmt, soweit er nicht ausdrücklich widerspricht. Das ist für die deutsche betriebliche Altersversorgung eine entscheidende Neuregelung: Zuvor musste sich jeder Arbeitnehmer aktiv für die Entgeltumwandlung entscheiden.

Past Service

Als Past Service wird – im Gegensatz zum Future Service – der zu einem bestimmten Stichtag bereits erdiente Teil der Versorgungszusage bezeichnet.

Pensionsfonds

Der Pensionsfonds untersteht als versicherungsförmiger Durchführungsweg – ähnlich der Pensionskasse – ebenfalls der Aufsicht durch die Bundesanstalt für die Finanzdienstleistungsaufsicht (BaFin). Er ist ein rechtlich selbstständiger Versorgungsträger, der dem Arbeitnehmer oder seinen Hinterbliebenen einen Rechtsanspruch auf die Leistungen aus betrieblicher Altersversorgung gewährt. Ein Vorteil des Pensionsfonds besteht darin, dass er im Vergleich mit der Pensionskasse oder der Direktversicherung einen weiteren Anlagespielraum hat, da die Anlagevorschriften weniger restriktiv sind. Ein Pensionsfonds hat einen sog. Pensionsplan, der die Leistungen des Pensionsfonds definiert. Auch bei der Durchführung der betrieblichen Altersversorgung über einen Pensionsfonds bleibt der Arbeitgeber einstandspflichtig gem. §1 Abs. 1 Satz 3 BetrAVG.

Pensionskasse

Die Pensionskasse ist eine rechtsfähige Versorgungseinrichtung, die der Versicherungsaufsicht unterliegt und dem Arbeitnehmer oder seinen Hinterbliebenen auf ihre Leistungen einen Rechtsanspruch gewährt (§1b Abs. 3 Satz 1 BetrAVG). Die Pensionskasse kann als regulierte sowie als deregulierte Pensionskasse betrieben werden. In der Praxis üblich sind regulierte Pensionskassen, zu deren Betrieb die Voraussetzungen des §233 VAG erfüllt sein müssen. Insbesondere größere Konzerne haben in der Vergangenheit zur Durchführung der betrieblichen Altersversorgung eine Pensionskasse gegründet. Die Arbeitnehmer sind bei Pensionskassen, die in der Rechtsform des VVaG betrieben werden, in der Regel als Mitglied der Pensionskasse selbst Versicherungsnehmer und haben auch einen direkten Rechtsanspruch auf Leistung gegen die Pensionskasse. Unberührt bleibt die Einstandspflicht des Arbeitgebers aus §1 Abs. 1 Satz 3 BetrAVG, soweit die Pensionskasse mit ihren Leistungen hinter den dem Arbeitnehmer zugesagten Leistungen zurückbleibt.

Pensionsrückstellungen

Pensionsrückstellungen sind Rückstellungen für ungewisse Verbindlichkeiten aus betrieblicher Altersversorgung. Die Rückstellungen werden zur Abbildung der Versorgungsleistung aus Direktzusagen in der Bilanz gebildet.

Pensions-Sicherungs-Verein (PSV)

Der PSV wurde zu Zwecken der Insolvenzsicherung gegründet. Seine Aufgabe ist es, im Falle der Zahlungsunfähigkeit des Arbeitgebers die gesetzlich unverfallbaren Anwartschaften und laufenden Leistungen der Arbeitnehmer aus bestimmten Durchführungswegen zu sichern.

Insbesondere die Durchführungswege Direktzusage, Unterstützungskasse und Pensionsfonds sind über den PSV insolvenzgesichert. Bei Vorliegen eines widerruflichen Bezugsrechts oder einer Beleihung oder Abtretung der Ansprüche aus dem Versicherungsvertrag gilt dies auch für die Direktversicherung.

Der PSV finanziert sich primär aus Pflichtbeiträgen der Arbeitgeber, die der Insolvenzsicherungspflicht unterliegen.

Planvermögen

Als Planvermögen werden die Vermögenswerte des Arbeitgebers bezeichnet, die zur Finanzierung der Versorgungsleistungen der Arbeitnehmer vorgesehen sind. Um als Planvermögen im Sinne der Bilanzierungsstandards nach IFRS, US-GAAP oder HGB zu gelten, müssen die Vermögenswerte weitere Voraussetzungen erfüllen (siehe CTA).

Quotierungsverfahren

Die Höhe der unverfallbaren Anwartschaft wird in bestimmten Fällen über das sog. Quotierungsverfahren (auch: m/n-tel-Verfahren) ermittelt. Für Direktzusagen gilt dabei gem. §2 Abs. 1 Satz 1 BetrAVG, dass sich der Versorgungsanspruch des Arbeitnehmers anteilig an seinem hypothetischen Anspruch bei planmäßigem Eintritt des Versorgungsfalls bemisst. Die Höhe des Anspruchs ergibt sich aus dem Verhältnis der tatsächlichen Dienstzeit zur insgesamt möglichen Dienstzeit, die der Arbeitnehmer von seinem Eintritt in das Arbeitsverhältnis bis zum vorgesehenen Pensionierungsalter hätte erreichen können.

Das Quotierungsverfahren gilt grundsätzlich für alle Durchführungswege. Für Direktversicherungen und Pensionskassen sieht das Gesetz in §2 Abs. 2 und Abs. 3 BetrAVG jedoch die sog. versicherungsvertragliche Lösung vor. Besonderheiten gelten außerdem für die Berechnung der Höhe der unverfallbaren Anwartschaften aus Entgeltumwandlungen und beitragsorientierten Leistungszusagen sowie aus Beitragszusagen mit Mindestleistung und reinen Beitragszusagen.

Reine Beitragszusage

Die reine Beitragszusage ist eine Zusageart in der betrieblichen Altersversorgung. Seit dem 1.1.2018 gibt es die Möglichkeit einer reinen Beitragszusage. Die reine Beitragszusage zeichnet sich dadurch aus, dass der Arbeitgeber mit der Entrichtung der dem Arbeitnehmer zugesagten Beiträge an die Versorgungseinrichtung von seiner Versorgungsverpflichtung frei wird. Für den Arbeitgeber bedeutet es, dass er nicht mehr wie bisher verschuldensunabhängig für die Höhe der zugesagten Versorgungsleistung einzustehen hat (pay and forget). Die Einstandspflicht aus §1 Abs. 1 Satz 3 BetrAVG gilt nicht. Die reine

Beitragszusage kann durch oder aufgrund eines Tarifvertrags gewährt werden. Damit legt das Gesetz bei der Gestaltung reiner Beitragszusagen einen Vorrang der Tarifpartner fest. Die Einführung der reinen Beitragszusage soll nach der gesetzgeberischen Intention zu einer Verbreitung der betrieblichen Altersversorgung gerade auch in ggf. weniger leistungsstarken kleinen und mittelständischen Unternehmen führen, die durch das »pay and forget« entlastet werden sollen.

(Verpfändete) Rückdeckungsversicherung

Als sog. Rückdeckungsversicherung wird eine Lebensversicherung bezeichnet, die der Arbeitgeber zur Sicherung der Risiken aus der Versorgungszusage für den Arbeitnehmer abschließt. Bezugsberechtigt ist grundsätzlich allein der Arbeitgeber. Bei der Verpfändung der Rückdeckungsversicherung kann sich der Arbeitnehmer im Falle der Zahlungsunfähigkeit des Arbeitgebers aus dem Pfandgegenstand – dem Bezugsrecht gegen die Versicherung – befriedigen. Die (verpfändete) Rückdeckungsversicherung ist damit wie das CTA ein privatrechtliches Insolvenzsicherungsmittel.

Schuldbeitritt

Der Schuldbeitritt beschreibt ein Rechtsgeschäft, auf dessen Grundlage zu dem bisherigen Versorgungsschuldner ein weiterer Schuldner als Gesamtschuldner (§§ 421 ff.) hinzutritt. In der betrieblichen Altersversorgung werden Schuldbeitritte häufig dazu genutzt, die Versorgungsverpflichtungen wirtschaftlich einem anderen – dem Beitretenden – zuzuordnen. Dazu müssen der eigentliche Versorgungsschuldner und der Beitretende zusätzlich zum Schuldbeitritt – der dem Versorgungsberechtigten einen eigenständigen Leistungsanspruch gegen den Beitretenden einräumt – vereinbaren, dass der Beitretende im Innenverhältnis die Kosten aus den Versorgungsverpflichtungen trägt (Schuldbeitritt mit interner Erfüllungsübernahme). Folge des Schuldbeitrittes ist in diesem Fall, dass die Versorgungsverpflichtungen nicht mehr bei dem eigentlichen Versorgungsschuldner, d. h. dem Vertragsarbeitgeber, sondern bei dem Schuldbeitretenden bilanziert werden. Primär ist dann in der Regel der beitretende Versorgungsschuldner für die Erfüllung der Verbindlichkeiten verantwortlich. Der originäre Versorgungsschuldner bleibt ebenfalls zur Leistungserbringung verpflichtet. Schuldbeitritte sind vor allem in Konzernstrukturen anzutreffen.

Übertragung

§ 4 BetrAVG sieht vor, dass unverfallbare Anwartschaften und laufende Leistungen unter den Voraussetzungen des § 4 Abs. 2–6 bei einem Arbeitgeberwechsel des Arbeitnehmers auf den neuen Arbeitgeber übertragen werden können. § 4 BetrAVG dient dazu, die Arbeitnehmermobilität zu fördern und

Versorgungsansprüche bei einem Versorgungsschuldner zu bündeln. Im Übrigen unterliegen unverfallbare Anwartschaften und laufende Leistungen nach §4 Abs. 1 BetrAVG grundsätzlich einem Übertragungsverbot.

Die Übertragung kann erfolgen, indem der neue Arbeitgeber die originäre Versorgungszusage übernimmt oder eine wertgleiche Zusage erteilt. In diesen Fällen erlischt die Leistungspflicht des bisherigen Arbeitgebers. Die Übertragung wird durch einen dreiseitigen Vertrag zwischen dem bisherigen und dem neuen Arbeitgeber sowie dem Arbeitnehmer vereinbart.

Der Arbeitnehmer kann ferner einseitig verlangen, dass sein bisheriger Arbeitgeber bzw. dessen Versorgungsträger die bis zu seinem Ausscheiden erdienten Anwartschaften innerhalb eines Jahres nach Beendigung des Arbeitsverhältnisses auf seinen neuen Arbeitgeber bzw. dessen Versorgungsträger überträgt, wenn die betriebliche Altersversorgung über einen Pensionsfonds, eine Pensionskasse oder eine Direktversicherung durchgeführt worden ist und der Beitragswert die Beitragsbemessungsgrenze in der allgemeinen Rentenversicherung nicht übersteigt. Dasselbe gilt seit dem 1.1.2018 für die Übertragung auf Versorgungseinrichtungen des neuen Arbeitgebers nach §22 BetrAVG.

Ausgeschlossen ist die Übertragung von Versorgungsleistungen für Direkt- und Unterstützungskassenzusagen. Der Arbeitgeber soll nicht gezwungen werden, im Unternehmen gebundene Mittel vorzeitig herauszugeben.

Übertragungswert
Als Übertragungswert wird die Höhe des Wertes der übertragbaren Versorgungsanwartschaft bezeichnet. Die Ermittlung des Übertragungswertes erfolgt nach §4 Abs. 5 BetrAVG. Bei Direkt- und Unterstützungskassenzusagen entspricht der Übertragungswert dem nach §2 BetrAVG ermittelten Barwert der Anwartschaft zum Zeitpunkt des Ausscheidens aus dem Unternehmen. Wird die betriebliche Altersversorgung über einen Pensionsfonds, eine Pensionskasse oder eine Direktversicherung durchgeführt, entspricht der Übertragungswert dem gebildeten Kapital im Zeitpunkt der Übertragung.

Überschussanteile
Als Überschussanteile werden die mit der Versicherungsprämie erwirtschafteten Vermögenswerte bezeichnet. Im Versicherungsverhältnis ist geregelt, wie Überschüsse ermittelt und zugeteilt werden. Die Verwendung von Überschüssen zur Leistungserhöhung hat Auswirkungen auf die Anpassungsprüfungspflicht des Arbeitgebers nach §16 BetrAVG.

Unterstützungskasse

Die Unterstützungskasse ist eine gem. §1b Abs. 4 BetrAVG rechtsfähige Versorgungseinrichtung, die auf ihre Leistungen keinen Rechtsanspruch gewährt. Das BAG hat den Ausschluss des Rechtsanspruchs nur als ein an sachliche Gründe gebundenes Widerrufsrecht interpretiert und damit dem Arbeitnehmer tatsächlich einen Anspruch auf die zugesagten Leistungen eingeräumt. Zwischen dem Arbeitgeber und der Unterstützungskasse besteht ein Auftragsverhältnis oder ein Schuldverhältnis sui generis. Eine Unterstützungskasse hat grundsätzlich keinen Anspruch auf Dotierung. Jedenfalls reservepolsterfinanzierte Unterstützungskassen sind aus steuerrechtlichen Gründen (§4d EstG) häufig im Verhältnis zum Versorgungsaufwand erheblich unterdeckt.

Die Unterstützungskasse fällt nicht in den Anwendungsbereich des VAG, sodass für sie Kapitalanlagefreiheit gilt. Die Kasse kann das ihr zur Finanzierung der Versorgungsleistungen zur Verfügung gestellte Versorgungskapital auch bei den Trägerunternehmen selbst anlegen. Dies geschieht durch die Gewährung von Darlehen an die Trägerunternehmen zu einem angemessenen Zins. Denkbar ist auch der Kauf einer Rückdeckungsversicherung (siehe oben).

Unverfallbarkeit

Eine Versorgungszusage wird unverfallbar, sobald der Arbeitnehmer die gesetzlichen oder vertraglichen Unverfallbarkeitsvoraussetzungen erfüllt. Unverfallbarkeit bedeutet, dass dem Arbeitnehmer die bis zu seinem Ausscheiden aus dem Arbeitsverhältnis erdienten Versorgungsanwartschaften auch dann erhalten bleiben, wenn er vor Eintritt des Versorgungsfalls ausscheidet. Gesetzliche Unverfallbarkeit tritt gem. §1b BetrVAG ein, wenn der Arbeitnehmer das 21. Lebensjahr vollendet hat und die Versorgungszusage zu diesem Zeitpunkt mindestens drei Jahre bestanden hat. Anwartschaften aus Entgeltumwandlung und reiner Beitragszusage werden sofort unverfallbar.

Arbeitgeber und Arbeitnehmer können vertragliche Unverfallbarkeitsbedingungen vereinbaren, diese sind jedoch nur insofern zulässig, als sie gegenüber der gesetzlichen Regelung eine Besserstellung des Arbeitnehmers bedeuten.

Die Höhe der unverfallbaren Anwartschaft ist in §2 BetrAVG geregelt.

Versorgungszusage

Als Versorgungszusage wird das Versprechen des Arbeitgebers an den Arbeitnehmer bezeichnet, Leistungen aus betrieblicher Altersversorgung zu erbringen. Der Arbeitgeber kann dabei zwischen verschiedenen Zusagearten wählen. In der derzeitigen Rentenlandschaft stehen ihm die folgenden Zusagearten zur Verfügung:

- Leistungszusage
- Beitragsorientierte Leistungszusage
- Beitragszusage mit Mindestleistung
- reine Beitragszusage

Nicht für alle Zusagearten sind auch alle Durchführungswege zugelassen.

Vorzeitige Altersrente

Mit vorzeitiger Altersrente wird die Inanspruchnahme der Leistungen aus betrieblicher Altersversorgung vor dem Eintritt des Versorgungsfalls bezeichnet. Nach §6 Satz 1 BetrAVG kann der Arbeitnehmer vorzeitig Leistungen der betrieblichen Altersversorgung in Anspruch nehmen, wenn er die gesetzliche Vollrente in Anspruch nimmt. Außerdem muss er die in der Versorgungszusage vereinbarten Voraussetzungen (z. B. Wartezeiten) zur vorzeitigen Inanspruchnahme der Versorgungsleistung erfüllt haben. Die Versorgungszusage kann für die vorzeitige Inanspruchnahme Kürzungen vorsehen. Diese können auch neben die Kürzungen treten, die sich daraus ergeben, dass ein Mitarbeiter vor Eintritt des Versorgungsfalls mit einer unverfallbaren Anwartschaft ausgeschieden ist.

Zielrente

Als sog. Zielrente (defined ambition) wird das Rentenversprechen bei der reinen Beitragszusage bezeichnet. Die prognostizierte Höhe der Zielrente bemisst sich anhand der planmäßig bereitgestellten Beiträge des Arbeitgebers nach versicherungsmathematischen Grundsätzen zum Eintritt des Versorgungsfalls. Dem Arbeitnehmer darf die Versorgungsleistung der Höhe nach nicht garantiert werden, d. h. der Wert der Anwartschaft kann je nach Kapitalmarktlage oder Anlagestrategie sinken oder steigen. Damit trägt im Ergebnis der Arbeitnehmer das Anlagerisiko. Umgekehrt ermöglicht der Verzicht auf Garantien jedoch auch eine liberalere Anlagepolitik mit u. U. wesentlich höheren Gewinnchancen, die sich positiv auf die Versorgungsleistung des Arbeitgebers auswirken können.

Zillmerung

Als Zillmerung wird in der Versicherungsmathematik der Umstand bezeichnet, dass bei Abschluss einer Lebensversicherung das Konto des Arbeitnehmers sofort mit den beim Zustandekommen des Versicherungsvertrags anfallenden einmaligen Abschluss- und Vertriebskosten belastet wird. Scheidet der Arbeitnehmer entsprechend früh aus dem Arbeitsverhältnis aus, wird er aufgrund der hohen Abzüge nur geringe Ansprüche aus dem Versicherungsvertrag haben. Das BAG hat entschieden, dass das Zillmerungsverfahren eine unangemessene Benachteiligung des Arbeitnehmers nach § 307 Abs. 1 BGB bedeuten kann und daher nur in bestimmten Grenzen möglich ist. Dem Arbeitnehmer steht dann ggf. eine höhere Versorgungsanwartschaft zu.

Literaturübersicht

Blomeyer, Wolfgang: Betriebliche Altersversorgung und Unterstützungskassen, BB 1980, S. 789–796

Blomeyer, Wolfgang (Begr.); Rolfs, Christian; Otto, Klaus (Hrsg.): Betriebsrentengesetz, 7. Aufl., München 2018

Cisch, Theodor; Kruip, Dirk: Baustelle Betriebsrentenanpassung im Konzern, NZA 2010, S. 540–545

Diller, Martin: Abfindung von Betriebsrenten und Anwartschaften, NZA 2011, S. 1021–1024

Doetsch, Peter; Förster, Wolfgang; Rühmann, Jochen: Gesetzgebungsübersicht, DB 1998, S. 258–263

Fitting, Karl (Hrsg.): Betriebsverfassungsgesetz, 29. Aufl., München 2018

Forst, Gerrit; Granetzny, Thomas: Betriebliche Altersversorgung im Konzern versus gesellschaftsrechtliche Haftung im Konzern. Der Konzern 2011, S. 1–11

Förster, Wolfgang; Cisch, Theodor: Die Änderungen im Betriebsrentengesetz durch das Alterseinkünftegesetz und deren Bedeutung für die Praxis, BB 2004, S. 2126–2134

Förster, Wolfgang; Cisch, Theodor; Karst, Michael (Hrsg.): Betriebsrentengesetz: BetrAVG, 13. Aufl., München 2012

Goldbach, Rainer; Obenberger, Thomas: Die betriebliche Altersversorgung nach dem Betriebsrentengesetz, 3. Aufl., Berlin 2013

Granetzny, Thomas: Die Informationspflichten von Arbeitgebern gegenüber Arbeitnehmern in der betrieblichen Altersversorgung, Berlin 2011

Granetzny, Thomas: Zahlungsunfähigkeit Arbeitgeber/Betriebliche Altersversorgung, ZESAR 2018, S. 284–286

Granetzny, Thomas; Wallraven, Hannah: Ausgewählte Rechtsfragen der betrieblichen Altersversorgung im Konzern, NZA 2017, S. 1231–1237

de Groot, Simone Evke: Der deutsche Pensionsfonds als Instrument der betrieblichen Altersversorgung im Spannungsfeld zwischen Betriebsrenten- und Versicherungsrecht, München 2010

Hanau, Peter; Arteaga, Marco; Kessel, Hans: Änderungsvorschläge zur Neufassung des Betriebsrentengesetzes, DB 1997, S. 1401–1406

Hanau, Peter; Preis, Ulrich: Beschränkung der Rückwirkung neuer Rechtsprechung zur Gleichberechtigung im Recht der betrieblichen Altersversorgung, DB 1991, S. 1276

Höfer, Reinhold: Die Neuregelung des Betriebsrentengesetzes durch das Alterseinkünftegesetz, DB 2004, S. 1426–1430

Höfer, Reinhold; de Groot, Simone Evke; Küpper, Peter; Reich, Torsten (Hrsg.): Betriebsrentenrecht (BetrAVG) Band I: Arbeitsrecht, 22. Aufl., München 2018

Höfer, Reinhold; Veit, Annekatrin; Verhuven, Thomas (Hrsg.): Betriebsrentenrecht (BetrAVG) Band II: Steuerrecht/Sozialabgaben, HGB/IFRS, 16. Ergänzungslieferung, München 2016

Kemper, Kurt; Kisters-Kölkes, Margret; Berenz, Claus; Huber, Brigitte: BetrAVG. Kommentar zum Betriebsrentengesetz mit Insolvenzsicherung und Versorgungsausgleich, 7. Aufl., München 2016

Klemm, Bernd; Frank, Thomas: Betriebsrentenrechtliche Fallstricke bei M&A-Transaktionen, BB 2013, S. 2741–2747

Langohr-Plato, Uwe: Der betriebsrentenrechtliche Verschaffungsanspruch: die unterschätzte Haftungsnorm, in: FS Höfer, 2011, S. 159–168

Langohr-Plato, Uwe; Teslau, Johannes: Das Alterseinkünftegesetz und seine arbeitsrechtlichen Konsequenzen für die betriebliche Altersversorgung – Teil I, NZA 2004, S. 1297–1301

Löwisch, Manfred; Rieble, Volker (Hrsg.): Tarifverfassungsgesetz. Kommentar, 4. Aufl., München 2017

Moll, Wilhelm (Hrsg.): Münchener Anwaltshandbuch zum Arbeitsrecht, 4. Aufl., München 2017

Müller-Glöge, Rudi; Preis, Ulrich; Schmidt, Ingrid (Hrsg.): Erfurter Kommentar zum Arbeitsrecht, 18. Aufl., München 2018

Paul, Frederik; Daub, Falko: Die betriebliche Altersversorgung im Rahmen von M&A-Deals, BB 2011, S. 1525–1533

Rawe, Luca: Auslegung von Zusagen der betrieblichen Altersversorgung, Bern 2017

Rengier, Bernhard: Grenzen umstrukturierender Betriebsvereinbarungen im Bereich der betrieblichen Altersversorgung, BB 2004, S. 2185–2189

Richardi, Reinhard (Hrsg.): Betriebsverfassungsgesetz, 16. Aufl. 2018

Richardi, Reinhard; Wißmann, Hellmut; Wlotzke, Ottfried; Oetker, Hartmut (Hrsg.): Münchener Handbuch zum Arbeitsrecht, 3. Aufl., München 2009

Rößler, Nicolas: Rückgedeckte Gruppen-Unterstützungskassen, BetrAV 1991, 141

Schäfer, Carsten: Betriebsrentenanpassung im Konzern aus gesellschaftsrechtlicher Sicht, ZIP 2010, S. 2025–2030

Schaub, Günter (Begr.): Arbeitsrechts-Handbuch, 17. Aufl., München 2017

Schlewing, Anja: Fortgeltung oder Nachwirkung gekündigter Betriebsvereinbarungen über Leistungen der betrieblichen Altersversorgung?, NZA 2010, S. 529–536

Schlewing, Anja; Henssler, Martin; Schipp, Johannes; Schnitker, Elmar (Hrsg.): Arbeitsrecht der betrieblichen Altersversorgung, Köln 2015

Schnitker, Elmar; Grau, Timon: Fixkostenblock betriebliche Altersversorgung?, NZA-Beil. 2018, S. 68–76

Schnitker, Elmar; Sittard, Ulrich: Wie frei ist der Arbeitgeber? Betriebliche Altersversorgung und Mitbestimmung, NZA 2011, S. 311–335

Thüsing, Gregor; Braun, Axel: Tarifrecht, Handbuch, 2. Aufl. München 2016

Thüsing, Gregor; Granetzny, Thomas: Der Wechsel des Durchführungswegs in der betrieblichen Altersversorgung, BetrAV 2009, S. 485–488

Uckermann, Sebastian: Unterstützungskasse »pauschaldotiert« – Sinn oder Unsinn?, NZA 2015, S. 1164–1168

Uckermann, Sebastian; Doetsch, Peter: Die Auslegung von betrieblichen Versorgungszusagen, NZA 2013, S. 717–721

Wiedemann, Herbert (Hrsg.): Tarifvertragsgesetz: TVG, 7. Aufl., München 2007

Wiese, Günther u. a. (Hrsg.): Gemeinschaftskommentar zum Betriebsverfassungsgesetz (GK-BetrVG), 11. Aufl., München 2018

Willemsen, Heinz Josef; Hohenstatt, Klaus-Stefan; Schweibert, Ulrike; Seibt, Christoph: Umstrukturierung und Übertragung von Unternehmen, 5. Aufl., München 2016

Zwanziger, Bertram: Der Anspruch auf Einhaltung des Durchführungswegs und der Durchführungsweise im Betriebsrentenrecht, in: FS Bepler, München 2012

Stichwortverzeichnis